구글로 공부하는 파이썬

이 책은 파이썬을 배우고 싶어하던 지인에게 파이썬으로 할 수 있는 여러 가지 작업을 조금씩 정리해서 알려 주던 내용을 토대로 만들어졌습니다. 그래서 저 자신이 문제를 해결하기 위해 헤매며 겪은 시행착오와 고민을 기반으로 만들어진 책입니다. 파이썬을 체계적으로 설명한 좋은 강의나 글이 많지만, 많은 경우 강사나 저자의 잘 정제된 지식의 결과를 따라가는 방식이어서, 시간이 지나면 프로그램의 버전 변경 등으로 내용이 바뀌어 진행이 막히기도 하고, 강의를 따라하면서 새로운 시도를 하다가, 책에 설명되어 있지 않은 이해하기 어려운 에러를 만나 공부할 의욕을 잃기도 합니다.

프로그래밍 공부에서 피할 수 없는 중요한 과정 중 하나는 막다른 상황에서 이리저리 헤매면서 좌충우돌 시행착오를 통해 문제를 해결해 가는 과정이라고 생각합니다. 그 과정에서 겪게 된 여러 종류의 시행착오는 이후에 비슷한 문제를 만났을 때 침착하게 문제를 해결하게 해주는 개인만의 내적 패턴이 될 것입니다. 그 개개인의 패턴이 개발자 커뮤니티의 글에서 시작하여, 구글 같은 검색 엔진으로 확장되고, 현재의 웹 세계에서 통용되는 공공의 패턴이 된 것이 아닐까 싶습니다.

그래서 많은 종류의 파이썬 책에서 체계적인 문법, 좋은 코딩 습관, 프로젝트와 모듈 구성, 유지보수 등 언어의 구조적 측면에 대해서 잘 설명하고 있긴 하지만, 이 책에서는 반대로 만들고 싶은 기능을 선택하고, 모르거나 막히는 부분에 대해 구글을 찾아 헤매며 의도했던 기능을 만들어 가는 과정을 명확하게 보여 주는 방식으로 진행하려 합니다. 부분부분 설명이 장황하다는 단점도 있겠지만, 시행착오와 문제해결 방법에 대한 개인의 경험을 생생하게 전달할 수 있다는 장점에 포커스를 두려 합니다. 저

자신을 객관적으로 볼 때 프로그래밍 전문가라고 하긴 힘들지만, 전문 프로그래머들과 달리 업무나 개인적인 관심사에 필요한 기능 구현에 포커스를 두고 프로그래밍 언어들을 사용해 왔기에, 초보자 입장에서 궁금해하는 부분을 설명하기가 더 쉽지 않을까 조심스럽게 기대해 봅니다. 그래서 예제를 구현할 때에도 가능한 해당 방식이나 코드를 선택하게 된 이유를 알려 주면서 상황을 중계하듯 진행하려 합니다.

마지막으로 이 책을 보면서 프로그래밍 공부를 위해 영어도 열심히 익혀야겠다는 생각이 드시게 된다면, 더 바랄 것은 없을 것 같습니다. 그럼 이 책을 통해 재미있게 파이썬을 공부하기를 기원하며 내용을 소개하겠습니다.

책의 구성과 접근 방법

이 책의 각 장에서는 여러 다양한 장르에 대해 관련 모듈을 사용하여 파이썬 예제들을 만들어 봅니다. 예를 들면 MSSQL, MySQL, 오라클, SQLite3, 몽고디비와 같은 다양한 데이터베이스의 사용, 정규표현식, 엑셀 다루기, JSON 방식의 API 사용, 웹 페이지 파싱, GUI 화면 구현, 웹, 윈도우, 작업에 대한 자동화, 암호화, 수학과 과학 라이브러리를 이용한 머신러닝, 플라스크, 장고를 이용한 웹 프로그래밍 등입니다. 예제를 통해 프로그래밍을 구성하는 요소들과 프로그래밍에 필요한 배경 지식, 문법을 익힐 수 있도록 구성했습니다. 각 장의 뒤에는 해당 장에 나온 코드를 이해하는 데 추가적 도움을 주는 미니문법 섹션이 제시되어 있습니다.

책에 나온 모든 예제와 쿼리들은 아래의 경로에서 다운로드할 수 있습니다.
https://github.com/bjpublic/python_study/

모든 일이 그렇지만, 프로그래밍을 공부하는 데에도 개인별 성향에 적합한 다양한 방식이 있습니다. 저 개인적으로는 전통적으로 한 자 한 자 타이핑하면서 익히는 방식도 좋아하지만, 이 방식은 진행 속도가 느려서 요즘같이 빠르게 변화하는 세상에서 사용하려면 마음이 조급해지기 쉽습니다. 그래서 이 책에서 구현한 코드와 쿼리 창에 입력하는 대부분의 명령어를 온라인에서 파일로 제공합니다. 웹 환경에서처럼 해당 내용을 복사하여 적절히 편집하고 코드를 완성해 동작시켜, 전체적인 프로그램의 흐름을 이해하고, 이후 자신이 생각하는 방식대로 조금씩 확장해 바꿔 볼 것을 권장합니다.

파이썬 문법이나 타 프로그램에 익숙한 분이라면, 2주나 1달 정도면 책의 모든 샘플을 실행하며 이해할 수 있을 것입니다. 세세한 부분을 들여다보기보다, 전체적인 흐름과 각 모듈을 어떻게 볼 것인지를 중심으로 파이썬으로 할 수 있는 일이 무엇인지 살펴보길 권합니다. 이후 본인이 더 알기 원하는 분야에 대해서는 해당 장에서 소개한 접근 방법을 기반으로 인터넷 매뉴얼이나 다른 책들을 참고하면 될 듯싶습니다. 이 책에 나오는 각 주제에 대해 자세히 설명하려면 이 책의 몇 배에 해당하는 내용이 필요하므로, 우선은 전체를 이해하고 추가적인 공부로 꼭 보완해야 합니다.

책 전체에 걸쳐 실제 파이썬이 동작하는 명령어 환경을 이해할 수 있도록, 메모장으로 소스 코드를 만들어 파일로 저장하고, 윈도우 10 커맨드 창에서 코드를 실행하도록 구성했습니다. 그러나 IDE를 원할 경우 부록에 있는 세 가지 무료 IDE나 자신의 취향에 맞는 IDE로 진행해도 됩니다. 다만 윈도우나 리눅스 커맨드 창에서 프로그래밍 언어를 실행시켜 본 적이 없다면, 2교시 예제까지는 커맨드 창에서 진행해 볼 것을 권장합니다. IDE를 사용하더라도 모듈 설치 등에서는 일반적으로 커맨드 창을 이용하게 될 것입니다.

책에서 궁금한 내용이 있다면 freesugar@gmail.com으로 연락 주세요. 실시간 응답은 아니더라도 꼭 답변하도록 노력하겠습니다.

감사의 말

먼저 이 책이 나오게 된 계기를 주신 다혜님께 감사드립니다. 계속해서 새로운 파이썬 주제에 대해 공부하도록 동기를 부여하고, 진행된 내용에 대해 고객 관점에서 많은 피드백을 주신 덕분에, 조금 힘들긴 했지만(^^) 이 책의 내용을 균형 있게 구성하게 되었습니다. 그리고 새로운 분야의 공부에 대해 지속적인 자극을 주고, 가끔 숙제도 내주고, 책도 사주면서 격려해 주신 경아님과 효영님에게도 감사드립니다.

책의 내용을 살펴보고 여러 가지 구성이나 틀린 부분에 대한 조언을 주신 소현님, 고운님, 지현님, 경두님에게도 감사드립니다. 책의 출간에 꾸준히 관심 가져 주신 의원님, 진석님, 광태님, 현님, 주현님, 본주님, 경아님, 언지님, 종빈님, 민선님, 준현님, 정현님, 요람님, 준호님, 미영님, 영희님, 그리고 제가 항상 많이 의지하는 친구들과(특히 선기^^) 가족들에게도 감사드립니다. 책을 한 권 써 보라고 열심히 부추기셨던 기현님께도 감사드립니다. 혹시 감사의 말에서 이름이 누락되었더라도 제 깜빡하는 기억력 탓이니, 넓게 이해해 주시기 바랍니다.

미완의 글에서 가능성을 보고, 이렇게 표지를 갖춘 책으로 탄생하기까지 초보 저자를 가이드해 주시고, 조정하시느라 고생하신 서현 팀장님께 다시 한 번 감사 말씀을 드립니다. 덕분에 생애 첫 책을 발간하게 되었습니다.

마지막으로, 이 책의 거의 모든 코드를 구글 검색의 도움을 받아 구현했습니다. 인터넷 세상의 구글님과 여러 블로그나 프로그래밍 지식 사이트에 글을 올려 제가 참조할 수 있게 해주신 얼굴 모르는 많은 개발자 분들께도 특별히 감사 인사를 드립니다. 어쩌면 저는 많은 개발자들이 올려 준 노하우를 열심히 주워 이 책에 정리하는 역할을 했을 뿐일지도 모릅니다. 이 책의 보람과 긍지를 그분들과 나누고 싶습니다. 감사합니다.

| 저자 소개 |

김용재

이베이코리아 Technology 본부에서 근무하고 있으며 주력 분야는 테스팅과 보안입니다. 게임 아이디였던 『자유로운설탕』이란 이름의 작은 블로그를 운영하고 있으며, 명확한 까망과 하양보다는 모호한 회색의 영역을 선호하며, 어려워 보이는 주제들에 대해 쉽게 풀어 이해하고 설명하는 데 관심이 많습니다.

이 책은 먼저 문법을 익히고 그 다음에 프로그램을 만든다는 기존의 방식들과는 반대의 방향으로 구성되었습니다. 먼저 만들고 싶은 기능을 선택합니다. 그리고 막힐 때마다 구글을 통해 해결해 가면서 필요한 문법을 익히는 방식으로 파이썬을 공부하는 책입니다. 각 장의 뒤에는 해당 장에 나온 코드를 이해하는 데 도움을 주는 미니문법 섹션이 있습니다.

이 책은 다양다색의 장르에 대해 관련 모듈을 사용하여 파이썬 예제를 만들어 가면서, 프로그래밍의 구성요소, 프로그래밍에 필요한 배경 지식, 문법을 익힐 수 있도록 구성했습니다. 예를 들면, MSSQL, MySQL, 오라클, SQLite3, 몽고디비와 같은 다양한 데이터베이스의 사용, 정규표현식, 엑셀 다루기, JSON 방식의 API 사용, 웹 페이지 파싱, GUI 화면 구현, 웹, 윈도우, 작업에 대한 자동화, 암호화, 수학과 과학 라이브러리를 이용한 머신러닝, 플라스크, 장고를 이용한 웹 프로그래밍 등입니다.

| 차례 |

°0교시°

파이썬 공부에
구글을 이용하는 이유

구글에서 파이썬에 대해서 검색했을 때, 검색 결과로 나타나는 한글 자료와 영문 자료의 비율을 비교해 보겠습니다. http://www.google.co.kr/로 이동해서 검색어에 "파이썬"을 입력하고 검색 버튼(돋보기 표시)을 누릅니다. 아래와 같이 약 110만 건이 나열됩니다. 파이썬의 인기가 높아지면서 시간이 지날수록 점차 한글 페이지 수도 늘고 있습니다.

[그림 0교시-1: 구글에서 한글로 파이썬 검색]

한국에서도 영문으로 페이지를 만든 사람이 있을 테죠. 영문 "python"으로 검색하고 오른쪽의 "도구" 버튼을 눌러서 "한국어 웹"만 선택합니다. 약 40만 건 정도가 나옵니다. 두 검색에서 중복된 페이지가 상당수 있겠지만, 대략적으로 한국어 페이지는 150만 건 정도라고 보면 무방하겠습니다.

[그림 0교시-2: 구글에서 영문으로 파이썬 검색]

마지막으로 영문 페이지에서만 검색하면 어떻게 될까요? 이때에는 주소창 URL의 "?" 표시 뒤쪽에 "&lr=lang_en" 인자를 추가해서 검색하면 됩니다. 또한 "python"에는 "비단뱀"이라는 의미도 있기 때문에, "python -snake -animal"과 같이 python이라는 단어로 검색하면서, "snake(뱀)"와 "animal(동물)"이 들어간 페이지는 제외하도록 합니다. 그러면 1억 3천만 건 정도가 나옵니다. 대략적인 비율을 봐도 한글 문서 페이지의 85배 정도 됩니다(앞에서 사용한 구글을 검색하는 팁이 궁금하면 "구글 검색 팁"이란 검색어로 구글을 검색하거나 아래 블로그들의 내용을 살펴보면 됩니다).

[구글 검색 시 도움되는 몇 가지 방법 – Laonbud 님의 블로그]
https://bit.ly/2x0dgLF

[구글 검색 고수가 되는 방법, 알아두면 도움이 되는 구글링 Tip! – 포스코 기업 블로그]
https://bit.ly/2QkAFjw

Google	python -snake -animal

전체 이미지 동영상 뉴스 도서 더보기   설정 도구

영어 웹 ▾   모든 날짜 ▾   모든 결과 ▾   초기화

[그림 0교사-3: 구글에서 영문 파이썬 검색 시 비단뱀 검색어 제외하기]

물론 페이지의 양이 콘텐츠의 품질을 보장한다고 100% 확신할 순 없겠지만, 파이썬에 대해 한글로 정리한 페이지만을 찾아보는 것은 수많은 온라인 자료 중 약 1~5%만을 살펴보는 것이 됩니다. 현실적으로 대부분의 첨단기술 지식은 외국에서 시작되어, 국내의 엔지니어들이 한글로 풀어 소개하기까지는 어느 정도 기간이 걸린다는 점도 감안해야 합니다. 따라서 찾으려는 주제에 대한 검색 결과가 제대로 안 나온다면 반드시 적절한 영문으로 변환, 검색하여 관련된 영문 페이지를 찾아봐야 합니다. 그래서 예제들에서는 한글로 된 페이지뿐만 아니라 영어로 포스팅한 내용에서도 많은 정보를 얻을 것입니다.

프로그래밍을 공부하고자 한다면, 영어 공부도 꾸준히 해서 원하는 영문 내용을 대략 읽을 수 있는 실력을 기르는 것이 좋습니다(프로그래밍뿐만 아니라 모든 IT 관련 기술이나 그 외 분야들도 마찬가지입니다). 또 요즘은 유튜브(YouTube)와 같은 사이트에서 강

사의 직접 강의를 통해 기술지식을 소개하는 경우도 많기 때문에, 듣기도 기술지식을 습득하는 데 중요한 요소가 되어 가는 것 같습니다. 필자도 영어 청취 능력이 원활하지 못해 아쉬울 때가 많습니다.

마지막으로 구글 검색의 차별화되는 장점 중 하나는 사람들이 가장 많이 링크한 자료를 맨 첫 페이지에 나타낼 가능성이 높다는 것입니다. 그래서 적절한 검색어로 찾는다면, 특히 파이썬과 같이 유명한 프로그래밍 분야에서는 1, 2페이지에서 원하는 힌트를 찾을 수 있습니다. 이것은 앞으로 실제 예제를 통해 확인할 수 있습니다.

◦1교시◦

언어를 바라보는 방법.
파이썬을 어떻게
바라봐야 할까?

프로그래밍 언어라는 것은 복잡하게 보면 한없이 복잡하지만, 복잡하지 않게 보면 생각 외로 단순한 구조라고 생각합니다. 아래의 그림을 하나씩 살펴보겠습니다(각 영역 사이에 확장자가 ".py"인 파이썬 확장자를 가진 파일 이름들이 표시되어 있는데, 이 부분은 2교시 때 실제로 파이썬을 설치한 다음에 하나씩 실행해 보겠습니다).

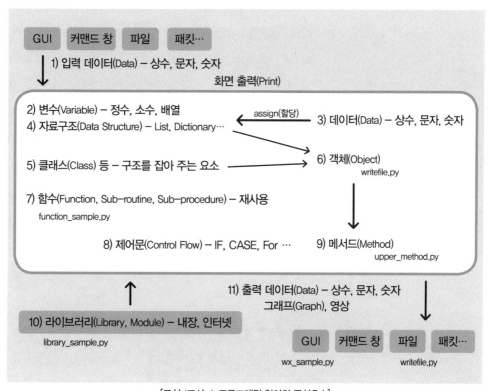

[도식 1교시-1: 프로그래밍 언어의 구성요소]

먼저 **입력을 나타내는 1)번 영역**을 살펴보겠습니다. GUI, 커맨드 창(CMD), 파일(File), 패킷(Packet)…이 보입니다. 프로그램에서 "입력"은 다양한 형태로 이루어집니다. 우리가 현재 사용하고 있는 브라우저도 하나의 프로그램이며, 구글의 검색 창에 "python" 이라는 검색어를 넣고 "검색" 버튼을 누르는 순간, "구글"이라는 웹 서버 프로그램에 "python"이라는 인자(그 외에 브라우저의 주소 창이나 다른 곳에 숨겨져 있는 여러 가지 인자가 있습니다)를 입력으로 전달한 것입니다.

이렇게 입력이라는 것은 우리가 쓰는 윈도우 응용프로그램에서처럼 비주얼한 인터페이스를 제공할 수 있고(GUI: 그래픽 사용자 인터페이스Graphic User Interface), 명령어(CMD) 화면에서 수행히는 프로그램에 인자를 전달해 줄 수도 있습니다. 또한 워드 프로그램에서 읽어 올 워드 문서 파일을 선택하는 행위도 입력이고, 카카오톡 같은 메신저 프로그램에서 우리가 입력한 문장이나 사진 등도 결국은 통신 패킷의 형태로 변환되어서 메신저 프로그램 사이를 돌아다니는 입력이 된다고 볼 수 있습니다.

다음은 **2)번 영역인 변수**입니다. 예를 들어, 우리가 머릿속에서 덧셈을 하는 과정을 생각해 봅시다. 우리가 덧셈을 잘 못하는 다섯 살짜리 아이라고 상상하고 "2+3"을 푼다고 가정하겠습니다. 먼저 "2"라는 글자가 머리에 떠오릅니다. 이후 "+" 기호, 그 다음에는 "3"이라는 숫자가 생각납니다. "두 숫자를 더함, 다섯이네"라고 생각하게 됩니다. 우리가 숫자를 떠올린 순간, 뭐라고 설명할 순 없지만 머릿속의 칠판에 "2"라는 숫자가 형상화됩니다. 컴퓨터는 그런 형상화를 메모리(램, 하드디스크, 레지스터)라는 기억 공간 안에서 하게 됩니다. 그렇다면 프로그램 언어 속에서도 "2+3=5"라고 적을 수 있을 것입니다.

그런데 단순한 숫자의 연산이 아니라, 빵을 친구가 2개 가지고 있고 내가 3개 가지고 있다는 뜻을 프로그램에 표시하고 싶다면 어떻게 해야 할까요? "bread_friend"를 친구가 가진 빵, "bread_me"를 내가 가진 빵이라 표시하고, 거기에다 수량을 넣는 방법이 있습니다. 이것이 프로그램에서 얘기하는 "변수"라는 개념입니다. 친구가 빵을 2개 가지고 있으면 "bread_friend"에 2를 넣으면 되고, 3개 가지고 있으면 "bread_

```
bread_friend = 2 (친구가 가진 빵은 2개)
bread_me = 3 (내가 가진 빵은 3개)
bread_we = bread_friend + bread_me (우리가 가진 빵 = 친구가 가진 빵 + 내가 가진 빵)
print(bread_we) (화면에 출력)
```

friend"에 3을 넣으면 됩니다. 프로그래밍 언어로 형상화하면 아래와 같습니다.

약간 억지스러운 가정이었지만, 실제와 크게 다르진 않습니다. 프로그래밍 언어는 항상 사람의 생각을 자연스럽게 기술하여 표현하고(다만 영어권에서 주로 만들고, 그렇지 않더라도 전 세계에서 사용되길 바라다 보니 보통 영어로 만들어질 경우가 많습니다), 그 표현을 좀 더 효율적인 구조로 나타내기 위해 꾸준히 노력하며 변화를 거듭하기 때문입니다. 자, 그럼 **3)번 데이터 영역**도 자연스럽게 설명되었습니다. 프로그램의 어느 공간 안에 변수라는 개념을 형상화한 방을 만들고, 그 안에 데이터(숫자, 글자 등 우리가 프로그램에 넣어 이용하고 싶어하는 값들)를 넣게 됩니다. 그리고 그 값들을 "+" 같은 도구 장치("+" 같은 기호는 공식적으로 "연산자(Operator)"라고 합니다)들을 이용하여, 이리저리 굴려서 가공하게 됩니다.

4)번 자료구조는 이렇게 생각해 보겠습니다. 단순하게 하나의 값을 넣는 변수들을 이리저리 정교하게 조합하다 보면 귀찮은 상황이 생기기도 합니다. 예를 들어 아래의 더하기 예에서 친구가 10명이라고 가정하면, 변수를 bread_friend1, bread_friend2, … bread_friend10으로 10개를 만들어야 할까요? 많은 친구들을 표시할 좀더 편한 방법이 있다면, 더 효율적이지 않을까요? "배열(Array)"이라는 자료구조가 이런 점을 해결하기 위해 만들어졌습니다(정확하게 파이썬에서는 리스트(list)라는 구조입니다). 리스트라는 해당 자료구조 덕분에 "bread_friend"라는 공통 이름을 가지고 그 뒤에 (대괄호

```
bread_friend[1] = 2
bread_friend[2] = 3

…

bread_friend[10] = 4
```

로 감싼) 숫자로 구분할 수 있게 되었습니다.

그런데 이런 방식도 10줄이나 되니, 좀더 간단하게 값을 넣을 수 있는 방법이 있을까요? 다음과 같이 하면 알아서 프로그램이 bread_friend[1], bread_friend[2], … 순으

```
bread_friend = [2, 3, ..., 4]
```

로 넣어 줍니다.

그럼 좀더 나아가 리스트를 더할 때에도 "bread_friend1 + bread_friend2 + …" 방식으로 하지 않고, "빵값을 더해라(친구 빵 리스트)" 이런 식으로 명령을 보낼 수 있지 않을까요? 네, 당연히 가능합니다. 그러한 예제를 설명한 다음 글에서 구현 사례를 참고할 수 있습니다.

[Python/파이썬]리스트(배열) 합계, 산술 평균 구하기; List-Array Sum, Average (Mean) – mwultong 님의 블로그]

https://bit.ly/2CEpkbl

파이썬에서, 숫자 리스트(배열)의 합계와 평균을 구하는 방법입니다.
sum() 함수를
sum(리스트명, 0.0)
이렇게 사용하여 리스트 요소의 합계를 구하고,

이제까지 설명한 내용을 종합해 보면, 5명 친구의 빵을 더해 화면에 출력하는 프로그램은 아래와 같습니다. 2교시 때 파이썬을 설치하고 실행하는 법을 배우고, 아래 예제 내용을 파이썬 파일로 만들어 실행하여, 5개의 값을 더한 결과인 20이 출력되는

```
bread_friend = [2, 3, 4, 5, 6]
bread_friend_sum = sum(bread_friend, 0.0)
print(bread_friend_sum)
```

것을 볼 예정입니다.

그런데 가운데 줄의 코드가 왠지 조금 어색합니다. 굳이 "sum"이라는 함수 안에 넣는 식으로 하지 말고, bread_friend.sum( )이라고 하여 계산해 주면 표현이 좀 더 직관적이지 않을까요? 구글을 찾아보니, 파이썬 자체는 그런 문법 방식을 지원하지 않는 것 같습니다. 하지만 나중에 수학 라이브러리를 설명할 때 살펴볼 "numpy"라는 수학 모듈(모듈은 10)번 영역에서 설명합니다)을 사용하면 아래와 같이 호출할 수도 있습니다. 아직 코드를 실행하는 방법을 배우지 않았으니, 여기서는 이 정도만 이해하고

```
import numpy
x = numpy.array([2,3,1])
print(x.sum())
```

넘어가겠습니다.

단순한 변수 이외에 자료구조들이 필요한 이유를 대략 정당화했으니, 아래 링크의 글을 읽어 볼 것을 제안하면서 자료구조에 대한 설명을 마치려 합니다. 서문에서 얘기했듯이, 파이썬의 자료구조는 어떤 것이 있는지만 알아두고, 필요할 때마다 문법을 이해해 가며 사용하는 방식으로 진행할 예정입니다. 다만 문법을 살펴볼 경우, 상세한 사용에 대해서는 대략적으로 이해해도 괜찮지만, 어떤 상황에서 사용하는 것이 좋은지에 대해서는 확실히 짚고 넘어가는 것이 구조적으로 기억하는 데 더 도움을 주게됩니다.

[[Python] 파이썬 기본내용 정리(2) - 자료구조 - 오늘, 행복하자! 님의 블로그]
https://bit.ly/2wZySHT

프로그래밍 언어를 다룬 책을 보면, 언뜻 직관적으로 이해되지 않는 복잡한 느낌을 주는 요소들을 접하게 됩니다. 예를 들면, 클래스(Class), 인스턴스(Instance), 인터페이스(Interface), 위임(Delegate) 같은 객체지향 개념입니다. 이런 요소들을 이리저리 섞고

정리해서, 효율적인 구조라고 소개하는 디자인 패턴이라는 개념만 다룬 책들도 있습니다. 그 중 가장 중심이 되는 5)번 클래스(객체지향 언어라는 말의 근간이 된 개념)에 대해 간단히 살펴보겠습니다. 유튜브의 디자인 패턴 관련 강의들에서는 클래스를 설계도에 비유해 설명하기도 합니다. 여기서는 설계도보다 덜 적합하지만, 더 이해하기 쉬운 "DNA 구조"라고 생각해 보겠습니다. 사람이나 생명체는 성장에 대한 정보가 DNA 구조에 담겨 있고, 그 정보가 구현되어 현재의 형체(프로그램에서 말하는 인스턴스나 객체)가 된다고 할 수 있습니다.

RPG 게임을 하면서 마법사 캐릭터를 생성한 순간, 내가 선택한 "설탕" 캐릭터는 마법사 클래스의 DNA를 물려받아 체력이 약하고, 마나 재생속도가 빠르고, 스킬 트리는 전격 스킬 쪽을 밟게 되는 특성을 지닌 객체(캐릭터)로 만들어지는 것이라고 생각해 봅시다. 이렇게 상상해 보면 6)번 객체(Object)까지 슬쩍 끼워 설명한 셈입니다. 유튜브에서 다음 링크의 강의나 "클래스 객체 인스턴스"로 검색하여 다른 분들이 잘 설명해 놓은 동영상 강의를 보길 권장합니다. 이 부분에 대한 필자의 지식이 깊지 못한데다, 클래스는 암호화 모듈과 장고 부분에서 잠시 스치는 곁가지 요소이기 때문입니다. 이 책에서는 각 장의 뒤에 나오는 미니문법에서 짧게 다루도록 하겠습니다.

[OOP에서의 클래스와 인스턴스 개념 – 이야기's G 님의 유튜브]
https://bit.ly/2NvfOvj

9)번 메서드는 마법사로 얘기하면 버프를 걸거나 파이어볼 스킬을 쏘거나 하는 객체의 액션이 구현된 부분이고, 다음에 설명할 "함수(Function)"가 클래스나 객체의 내부에 구현된 버전이라고 할 수 있습니다.

7)번 함수(Function) 또는 서브루틴(Sub-Routine)이라고 하는 부분(언어마다 다르게 불립니다)을 우리말로 하면, 각각 "기능", "루틴의 밑에 부수적으로 있는 로직"이 됩니다. 여기서 "루틴"이라는 단어는 길(Route)에서 파생된 말로 "특정한 길을 따라 가는 행위"

라는 뜻을 지녔다고 볼 수 있습니다. 서브루틴은 인자가 없고, 함수는 인자가 있을 수 있다는 점에서 이 두 용어가 구분될 수도 있겠지만, 이들은 비슷한 개념을 설명하기

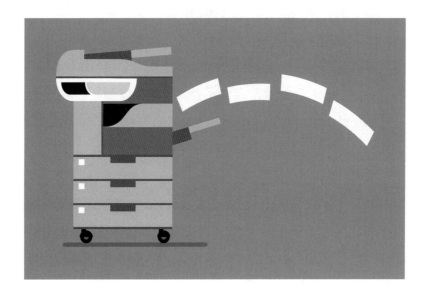

위해 만들어진 말입니다.

함수를 얘기할 때 늘 붙어다니는 말로 "재사용", "중복코드 제거"가 있습니다. 앞서 여러 명의 친구를 간단히 표시하기 위해 리스트(List)를 사용했듯이, 이 단어들은 코드에서 자주 반복되는 부분을 묶어 특정한 구역에 분리해 옮겨 놓고, 메인 코드에서 반복하여 호출해 사용하는 개념을 나타냅니다. 회사에 비유해 본다면, 복사기를 팀별로 한 대씩 놓고 사용하다가 OA 공간에 한 대만 놓고 팀들이 공용하게 하는 것이 바로 함수의 개념입니다. 또 게임회사에서 개발자 풀(리소스를 가진 개발자들을 모아 놓은 후보군)을 만들어 놓고 게임별 그룹이 그때그때 요청해서 여유 있는 개발 인력을 충원할 수 있게 하는 것도 개발자 풀이라는 함수를 재사용하는 것이라고 할 수 있습니다. 복사기 예로 돌아가서, 그렇게 되면 각 팀의 복사기 수십 대를 일일이 관리하지 않아도 되고, 최신형 복사기로 바꾸고 싶을 때에도 한 대의 복사기만 바꾸면 되기 때문에 유지보수가 쉬워집니다. 대신 많이 사용해서 자주 고장 나지 않겠느냐고 우려할 수도 있겠지만 그건 현실에서나 일어날 법한 일이고, 코드상의 로직은 일반적으로 많이 호출해 사용한다고 해서 고장이 나진 않을 테니 괜찮습니다.

이런 공용 기능의 함수는 요청하는 쪽에서 요청을 하면서 원하는 부분(복사하길 원하는 자료 등. 이것이 함수의 입력 인자입니다)을 말해야 하고, 자료가 복사되면 나온 결과물(이것이 함수의 리턴 값입니다)을 찾아가야 합니다. 물론 복합기에서 팩스 보내기 같은 작업을 한 경우에는 실제 찾아갈 결과물이 없을 수 있습니다. 마찬가지로, 함수의 리턴 값도 반환되는 값이 있을 수도 없을 수도 있습니다. 반대의 경우도 마찬가지여서, 멀리서 보낸 팩스를 받을 때처럼, 사용하는 입장에서는 아무런 입력 값이 없는 경우도 있습니다.

8)번 제어 로직(Control Flow)은 변수나 자료구조, 함수 등에 모두 적용할 수 있는 요소로, 앞에서 얘기한 사람의 생각을 자연스럽게 표현하도록 문법이 설계되어 있습니다. 그래서 영어의 단어 뜻과 사용법이 거의 일치합니다. 대표적인 제어 로직의 예를 들면 아래와 같습니다.

- For: 리스트의 첫 번째부터 마지막 번째까지 인자를 찾는 **동안**
- While: 리스트의 마지막 인자와 만날 **때까지**
- Case: 리스트의 인자가 **지정한 조건과 일치할 경우**
- If: 리스트의 세 번째 인자가 10일 **경우**

또는 함수와 같이 적용되어 If(함수의 리턴 값이 1일 경우)와 같이 원하는 조건을 만족시키는 경우를 찾게 됩니다. 이런 제어 로직들은 원하는 파이썬 코드를 구현하다 보면 자주 만나는 요소들이니, 해당 장의 미니문법에서 자세히 설명하겠습니다.

10)번 라이브러리(Library) 또는 **모듈**(Module)은 타인이 이미 만들어 놓은 기능을 빌려 사용하는 것이라고 보면 됩니다. 사실 대부분의 사람들이 하는 프로그래밍이라는 것은 어찌 보면 결국은 남이 만들어 놓은 기능들을 목적에 맞게 적절히 추상적으로 꾸미는 일이라고 볼수도 있습니다. 윈도우 API 같은 라이브러리도 같은 종류라고 볼 수 있

습니다. 파이썬에도 GUI, 엑셀(Excel), 웹크롤링, 통계, 머신러닝, 이미지, 텍스트, 그래프 처리 등 세계의 수많은 프로그래머들이 만들어 널리 쓰이고 있는 모듈이 무수히 많습니다.

예를 들어 엑셀을 다루는 기능을 가진 파이썬 프로그램을 만든다고 가정해 봅시다. 만약 엑셀 파일의 구조를 분석하여, 하나하나 다 정의된 구조대로 값을 불러오거나 저장하는 로직을 구현한다고 하면 시간이 오래 걸릴지도 모르고, 개인 혼자서는 엑셀 구조를 분석할 능력이 없어 구현 자체가 불가능할 수도 있습니다. 그러나 공개된 엑셀 모듈을 사용하면 아래와 같이 간단하게 엑셀 파일을 만들 수 있습니다. 이 코드에 대한 실제 예시는 7교시 엑셀 시간에 진행할 예정입니다.

> 1) 엑셀 모듈을 가져온다(import).
> 2) 엑셀 모듈 안에 있는 클래스를 이용해서 엑셀 객체를 하나 만든다.
> 3) 엑셀 객체 안에 시트를 만들고, "A1" 열에 "hello"라고 입력한다.
> 4) 메모리의 엑셀 객체를 "test.xls"라는 문서로 저장한다.

그런데 왜 군이 라이브러리나 모듈을 프로그램에 가져오기(import)를 해야만 할까요? 처음부터 모든 외부 모듈 기능을 한꺼번에 가져오면 프로그래밍 편집 및 실행 환경이 아주 무거워집니다. 그러나 필요한 순간에만 명시적으로 포함시켜 만들면, 선택한 라이브러리들만 내가 만든 프로그램과 같이 메모리상에서 실행되어 메모리 공간을 효율적으로 사용할 수 있기 때문입니다. 물론 이외에 프로그래밍 언어를 만든 사람들만 아는 나름의 설계상의 이유도 있을 듯 싶습니다.

특히 사람들이 많이 사용하는 파이썬 같은 프로그래밍 언어를 사용할 때, 구현이 필요한 기능이 있다면 구글을 잘 찾아보세요. 사람들이 많이 사용하는 기능이라면, 이미 모듈로 존재하고 있을 것입니다(게다가 소스까지 함께 공개해서 무료일 것입니다). 물론 해당 모듈을 그대로 사용하거나, 소스를 수정, 개선해 사용하거나, 자신의 프로그램에 적합하지 않아 새로 만들어 사용하는 것은 개발자의 선택에 달렸습니다. 하지만 일반적으로 유지보수가 지속적이고, 많은 사람들이 사용해 검증된 모듈이라면, 그것을 사용하는 것이 현명해 보입니다.

그래서 요즘에는 프로그래밍 환경도 SNS처럼 연결 지향적 환경이 되어 가고 있는 듯합니다. 좋은 연결고리를 많이 찾아내는 감각을 가진 사람이 쉽게 문제의 해결방법을 찾는 시대가 되고 있는 것 같습니다. 반대로 이야기 하면, 결국 자신의 똑똑해 보이는 결과물의 많은 부분이 수많은 사람들이 만든 기존 코드들의 도움으로 지지된다는 것을 인지함으로써, 거인의 어깨위에 편하게 서 있는 자신을 느껴 겸손해지고, 현재의 자신에게 만족하지 않고 노력을 할 수 있게 되는 것 같습니다.

[우리는 모두 거인의 어깨 위에 서 있다 – 한겨레]
https://bit.ly/2NxAfYC

11)번 출력(Output)은 입력과 같은 형태의 윈도우 프로그램 화면, 커맨드 창, 파일(File), 이미지, 패킷(Packet) 등으로 자유롭게 표현할 수 있습니다. 이는 이러한 출력이 다른 프로그램의 입력이 될 수도 있다는 것을 의미하기도 합니다. 실제로 리눅스의 명령어들이 파이프 연산자(Pipe: "|")로 연결되어 한 명령어의 출력을 다른 명령어의 입력으로 자유롭게 전해 주듯, 요즘과 같은 개방된 환경에서는 많은 프로그램이 자신의 출력이 다른 프로그램에서 사용될 것을 염두에 두고 만들어지는 것 같습니다.

마지막으로, 당부드릴 말은, 프로그래밍을 처음 하는 사람이라면 어쩔 수 없겠지만, 코드에 익숙한 사람조차도 남이 만든 소스를 보다가 이해 안 되는 복잡한 코드를 만나 자신의 지적 능력의 한계에 좌절할 수도 있습니다. 하지만 제 생각에는, 어려워 보이는 코드는 (물론 통계나 머신러닝 관련 코드같이 내부에 담겨 있는 도메인 지식이 부족한 경우나, 코드의 설계에 숨어 있는 디자인 패턴 자체를 이해하지 못해서 그런 경우는 예외입니다) 그 코드를 만든 사람이 문제를 명확히 이해하지 못했거나, 코드의 이해를 돕는 주석이나 설명을 빠뜨렸거나, 읽는 이들을 고려해 객관적인 코딩을 하지 못한 결과라고 생각합니다. 해답을 찾아 구글을 돌아다니다가 난해한 코드와 설명을 만나게 되면, 자격지심을 갖지 말고 가볍게 넘어가셨으면 합니다. 물론 일단은 이해해 보려고 노력은 해야겠지만요.

이렇게 해서 파이썬이라는 언어를 어떻게 바라볼 것인지에 대한 설명을 마치겠습니다. 다음 시간에는 실제 파이썬을 설치하고 위의 각 언어 구조의 샘플 파일들을 시연해 보겠습니다.

2교시

버전 선택 및
샘플 실행하기

이 시간에는 파이썬 버전을 선택하는 문제, 해당 파이썬 버전 및 실습 환경을 선택한 이유에 대해 설명한 후, 실제 파이썬을 설치하고, 1교시에 나왔던 언어 요소별 샘플 파일들을 실행해 결과를 보겠습니다.

01 ▶ 들어가면서

우선 시작에 앞서 프로그래밍 언어를 처음 공부할 때 누구나 한 번은 겪게 되는 어려움을 잠시 얘기하려 합니다.

A씨는 "PHP"라는 프로그래밍 언어로 웹 프로그래밍 공부를 시작합니다. 책에 나온 문법을 열심히 따라 하는데 갑자기 "HTML(Hypertext Markup Language)"이라는 웹 페이지를 구성하는 조금 아는 언어가 끼어듭니다. 브라우저 화면에 "테이블(Table)"을 출력하고, "폼(Form)"을 전송하더니, 좀더 나아가니 "데이터베이스(Database)"라는 요소가 출현해서 PHP에서 데이터베이스로부터 데이터를 조회하고 저장합니다. 설명에서는 데이터베이스를 잘 이용하려면 "SQL(Structured Query Language)"이라는 언어를 잘 알아야 한다고 합니다. 그리고 추가로 사용자의 액션에 따라 동적으로 움직이는 페이지를 만들려면 "자바스크립트(Javascript)"라는 또 다른 낯선 언어도 필요하다고 합니다. "참조(Referer)" 얘기가 나오면서 "HTTP 헤더(Header)" 얘기가 나오고, "GET", "POST" 등의 인자의 전송 방법이 나오며 점점 내용이 복잡해지기 시작합니다. HTML과 비슷하게 생긴 "XML"이라는 언어는 왜 또 책 뒷부분에 찜찜하게 스쳐가듯 언급될까요? 샘플을 보고 그대로 입력해서 실행하는데 왠지 에러는 계속 나고, 에러메시지는 이해가 잘 안 되어서 어떻게 해결해야 할지도 모르겠습니다. PHP는 참 어려운 언어 같습니다. 남들은 프로그래밍 중 웹 프로그램이 제일 쉽다고 하던데, 언어 하나 배우는 게 왜 이렇게 어려운가 싶어집니다.

이 경험은 처음에 이런저런 언어를 공부한다고 책을 이것저것 정신없이 볼 때 필자도 마찬가지로 겪었던 일입니다. 처음엔 뭔가 잘 알 것 같은 자신감이 있었는데, 진행할 수록 오리무중에 빠져 버리게 됩니다. 그런데 찬찬히 뒤돌아 따져 보면, 우리가 어려워하는 부분은 우리가 배우고자 한 "PHP" 웹 프로그래밍 언어가 아닙니다. 이 경우 프로그래밍 언어는 한 측면에서 보면 껍데기에 불과할 수도 있습니다. PHP를 배우면서 평생 처음 보는(또는 불완전하게만 알고 있는) 데이터베이스에 쿼리를 만들어 전송하는 것은, 말을 막 배우기 시작한 아이들이 철학적 논쟁을 하는 것과 비슷합니다. 중요한 것은 말을 배우는 것이 어려운 일이 아니라, 철학을 이해하지도 못하면서 말로 표현하려는 것이 문제입니다(물론 말을 배우는 것도 어렵긴 합니다).

프로그래밍 언어는 혼자서 움직이는 것이 아니라, 실제로는 이미 만들어졌거나 근간이 되는 여러 다른 언어와 시스템들과 상호작용하여 움직입니다. 컴퓨터 화면(GUI), 디렉터리, 파일, 데이터베이스, HTTP 프로토콜(Protocol), 자바스크립트(Javascript), CSS, AJAX, JSON, XML, 정규식, FTP, 웹 서버, 메모리, 레지스터, 이미지 등, 나아가 수학 및 물리학 같은 여러 방면의 지식을 포함해 그 밖의 많은 것과 함께 어울려 동작합니다.

그러다 보니 처음에 프로그래밍 언어를 공부하다 보면, 해당 언어의 설계에 따른 본질적 어려움이 아닌, 언어가 접근하고자 하는 대상을 이해하지 못해 막힐 수밖에 없습니다. 그렇다고 문법 위주로만 공부하면 영원히 현실적인 주제들과 유리되어 버리고(이 점은 영어 같은 외국어 공부와 비슷합니다), 반대로 너무 현실적인 예제로 공부하면 기초 지식의 부족으로 쉽게 진도가 안 나가고 지쳐 버립니다(기초 영어를 모르는 사람이 AFKN 동영상을 시청한다고 상상해 보세요). 설령 어찌어찌하여 강의나 책을 따라가 마무리했더라도, 조금 지나면 뭘 했는지 기억이 가물가물해지는 허무한 상태에 이르게 됩니다(나중에 도움될 작은 경험치가 쌓이긴 합니다).

결론적으로 말씀드리면, 적절한 문법 난이도와 위에 언급한 한두 가지의 외부 배경 요소들을 연결시켜 공부하는 것이 바람직합니다. 그 배경에서 각 문법 요소가 해당 언어에 존재해야만 하는 필요성을 차근차근 알게 된다면, 단지 암기하는 프로그래밍이 아닌 인지하는 프로그래밍이 될 듯합니다. 어떤 분야이건, 마음속에 배우려는 대상에 대해 어떤 모델을 구축하여 이해하느냐가 중요합니다. 어떤 측면에선, 문법을 상세히 몰라도 상관없습니다. 요즘 같은 검색 엔진의 시대에는 구글을 통해 얼마든지 문법을 찾아 이해하고 적용하면 됩니다.

중요한 것은 문법보다 "왜(why?)"입니다. 책이나 강좌를 선택할 때에도 그런 부분을 유의하는 것이 좋습니다. 반대로 얘기해 보면, 한 프로그래밍 언어에 국한되더라도 연결된 주제들을 적절히 잘 이해한다면, 다른 언어에 접근할 때 이미 아는 주제를 어떻게 이용할지에만 집중할 수 있어 수월해집니다. 어차피 이용하는 방식은 고급 언어로 갈수록 비슷해지니까요. 마지막으로, 막다른 길에 부딪혔을 때 힌트를 얻을 사람이 있다면 더 이상 좋을 순 없을 것 같습니다.

사실 이 점은 프로그래밍 언어뿐만 아니라 다른 분야를 공부할 때에도 마찬가지입니다. 또 다른 예를 들어 본다면, 하둡(Hadoop) 같은 빅데이터 관련 프레임워크나 머신러닝을 배우고 싶어하는 분들이 리눅스 환경의 기본 개념을 모른다면, 아마 리눅스 서버에 프로그램을 세팅하는 순간부터 이해 안 가는 개념들(사용자별 권한, SSH 설정, 환경변수, 모듈 설치, 서버간 동기화, 각종 디렉터리 및 파일 관련 명령어 등)로 헤매느라 정작 원했던 하둡 운영에 대해서는 다가서기가 힘들 것입니다.

02 > 파이썬 3.6.4 설치하기

파이썬 공부를 시작하면서 제일 먼저 고민이 된 부분은 버전 선택입니다. 결과적으론 2018년 2월 현재의 최신 버전인 3.6.4을 선택하게 되었지만, 고민했던 부분에 대해 부록으로 정리해 놓았으니 파이썬 2, 3버전들 간의 차이점에 관심 있는 분들은 참고하세요.

그럼 설치로 들어가겠습니다. 공식적인 진행 환경은 윈도우 10 Home, 64비트 버전입니다. 윈도우 7도 경험상 호환성 부분에서 큰 차이가 나지 않지만, 화면이나 해결법 등이 모두 윈도우 10을 기준으로 작성되었으므로 가능하다면 윈도우 10으로 진행하기 바랍니다.

먼저 다운로드하기 위해 구글에서 "python 3.6.4 download"를 입력하고 결과 페이지 맨 처음에 나오는 아래 링크를 클릭합니다.

[파이썬 다운로드 링크 – 파이썬 공식 홈페이지]
https://bit.ly/2F433ku

Files

Version	Operating System
Gzipped source tarball	Source release
XZ compressed source tarball	Source release
Mac OS X 64-bit/32-bit installer	Mac OS X
Windows help file	Windows
Windows x86-64 embeddable zip file	Windows
Windows x86-64 executable installer	Windows
Windows x86-64 web-based installer	Windows
Windows x86 embeddable zip file	Windows
Windows x86 executable installer	Windows
Windows x86 web-based installer	Windows

[그림 2교시–1: 파이썬 3.6.4 다운로드]

그림에 보이는 "windows x86"이 32비트 OS용이고, "windows x86-64"가 64비트 OS용입니다. "executable installer"가 우리가 보통 생각하는 exe 형태의 윈도우 설치 파일입니다. 현재 환경은 Windows 10 64비트 환경이니, "Windows x86-64 executable installer" 파일을 내려받습니다.

내려받은 파일을 실행합니다.

[그림 2교시-2: 파이썬 설치 단계 1]

"Add Python 3.6 to PATH" 체크 박스를 체크하고, 설치 디렉터리를 바꾸기 위해 "Customize installation"을 클릭합니다. "패스(PATH)"를 추가하는 이유는 어떤 경로에서든 "python" 명령어가 실행되게 하기 위해서입니다. 설치 디렉터리를 변경하는 이유는 커맨드 창에서 디폴트로 설치되는 다단계의 복잡한 디렉터리 경로를 찾아 들어가는 것을 피하기 위해서입니다. 패스란 것은 커맨드 창에서 명령어 실행 시 찾을 경로들을 지정하는 윈도우 환경 변수인데(리눅스 환경에서의 패스 개념과도 동일합니다), 혹시 잘 모른다면 아래의 블로그 설명이나 구글을 검색하여 참고하세요.

[JAVA 설치 후, 환경 변수(PATH) 설정 이유 – 臥薪嘗膽 님의 블로그]

https://bit.ly/2CKKKn8

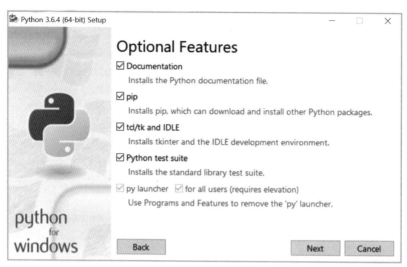

[그림 2교시-3: 파이썬 설치 단계 2]

두 번째 화면에서는 디폴트 옵션이 모두 체크된 상태이니 "Next" 버튼을 누릅니다.
앞으로 자주 보게 될 PIP 명령어를 설치하는 옵션도 보입니다.

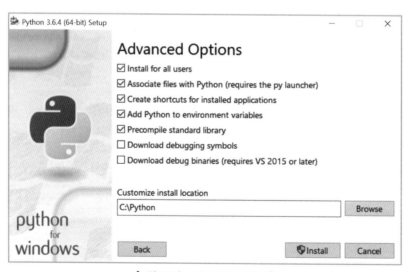

[그림 2교시-4: 파이썬 설치 단계 3]

마지막으로, 모든 사용자가 사용하도록 "Install for all users" 옵션을 체크하면 "Precompile standard library" 옵션도 같이 체크됩니다. 미리 기본 라이브러리들을 빌드해 놓는 것이니 나쁠 건 없습니다. 설치 경로를 "c:\Python"이라고 간단하게 바꿔 줍니다(현재 이 디렉터리가 없을 테니 "Browse" 버튼을 누르지 말고, 텍스트 박스에서 바로 경로를 수정합니다). 그리고 "Install" 버튼을 누르면 파이썬 설치가 시작됩니다.

파이썬을 편집 및 실행하는 통합 개발 환경(IDE: Integrated Development Environment) 도구들은 많이 있습니다. 구글에서 "python ide"로 검색하면, "29 best python ides of 2018"이라는 아래의 글이 나옵니다.

[30 best python ides of 2018 – slant 사이트]
https://bit.ly/2oU1SNz

이 글에서는 PyCharm, 아톰(Atom), 비주얼 스튜디오 코드(Visual Studio Code), 이클립스(Eclipse)등을 추천하고 있습니다. 국내의 블로그들을 검색해 보면, 상용과 커뮤니티 (무료) 버전을 동시에 제공하는 PyCharm이라는 툴이 많이 쓰이는 것 같습니다. 그러나 통합 개발 환경을 사용해 설명하면, 설명이나 화면이 복잡해질 것 같기도 하고, 또 처음 파이썬을 공부하는 입장에서 통합 개발 환경을 사용하지 않고 커맨드 창에서 라이브하게 실행해 보는 것이 구조 이해에 도움이 될 것 같아서(리눅스 서버에서 파이썬을 사용하면 어차피 모든 것이 텍스트 모드입니다), 이 책에서는 메모장이나 선호하는 텍스트 에디터와 커맨드 화면을 사용해 진행하려 합니다. 또한 디폴트로 있는 파이썬 쉘을 사용하는 것은 코드를 파편화해서 보여 주므로 전체 흐름을 보기 어려워져 제외했습니다.

이 책에서는 프로젝트, 클래스, 모듈 등의 복잡한 구조를 거의 사용하지 않기 때문에, 독자들은 처음에는 메모장으로 따라 오다가, 파일 하나만 잘 편집할 수 있는 편집기를 사용하길 권합니다. 편집기 선택은 취향과 구입 시 금전이 들어가는 문제이므로 각자 결정하셔야 할 것 같습니다. 다만 해당 편집기 중 무료이고 많이 쓰이는 PyCharm과 아톰, 비주얼 스튜디오 코드 편집기의 설치 및 환경 세팅 방법을 책 뒤 부록에 간단히 담았으니 참고하세요.

이제 윈도우 10에서 명령 프롬프트를 실행하겠습니다.

1) "윈도우키 + x"를 누르거나, 왼쪽 하단의 윈도우 시작 메뉴 아이콘에서 마우스 오른쪽 버튼을 눌러서 "파워유저 작업 메뉴"를 띄웁니다.

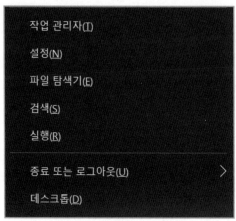

[그림 2교시-5: 파워유저 작업 메뉴]

2) "실행"을 클릭하고, 실행 창이 뜨면 "cmd"를 입력한 후, 확인 버튼을 누릅니다.

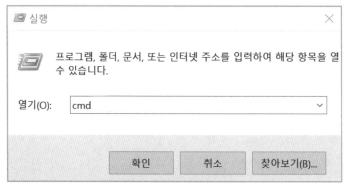

[그림 2교시-6: 커맨드 창 띄우기]

3) 그러면 윈도우 커맨드 창이 아래와 같이 뜹니다.

[그림 2교시-7: 커맨드 창]

4) 커맨드 창이 뜨면 "python"을 입력한 후 엔터키를 누릅니다. 아래와 같이 버전이 표시되면서 ">>>" 프롬프트의 창으로 바뀌면 정상적으로 설치가 완료된 것입니다.

[그림 2교시-8: 파이썬 명령어 입력]

5) "컨트롤(CTRL) + z" 키를 누른 후 엔터키를 눌러서 원래의 커맨드 창으로 돌아옵니다. 혹시 사용자에 따라서, 윈도우 10 UI에 적응하기 어렵다면, classic shell이라는 프리웨어를 설치하여 익숙한 윈도우 7 스타일로 시작 메뉴 등을 사용하기 바랍니다.

[클래식 쉘 – 클래식 쉘 공식 홈페이지]

http://www.classicshell.net/

파이썬 설치가 완료되었으니, 1교시 때 언급한 샘플 파일들을 하나씩 실행해 보겠습니다. 먼저 변수에 대해 얘기할 때 만들었던 친구들의 빵 개수 더하기 코드를 보겠습니다.

```python
bread_friend = [2, 3, 4, 5, 6]
bread_friend_sum = sum(bread_friend, 0.0)
print(bread_friend_sum)
```

[파이썬 소스 – bread_count.py]

윈도우 탐색기에서 c:\python 폴더 밑에 코드들을 저장할 "code"라는 디렉터리를 하나 만듭니다(c:\python\code 폴더가 됩니다). 이후 위의 내용을 메모장에 작성합니다(나중엔 코드가 길어지므로 직접 작성하는 것보다 예제 사이트에서 내려받은 샘플 파일의 내용을 복사해 사용할 것을 권합니다).

메모장 내용을 저장하면서 파일 형식을 "모든 파일"(그래야 원하는 확장자로 저장할 수 있습니다), 인코딩을 "UTF-8"(그래야 파일 안에 한글 주석 등이 들어갔을 때 에러가 나지 않습니다. 앞에 소개한 PyCharm 같은 IDE 로 편집했을때는 자동으로 UTF-8 로 저장하게 됩니다), 이름을 "breadcount.py"로 입력하고, 미리 만들어 놓은 code라는 폴더에 저장합니다. 처음 하는 작업이므로 메모장에서 저장하는 과정을 그림으로 표시해 놓았습니다.

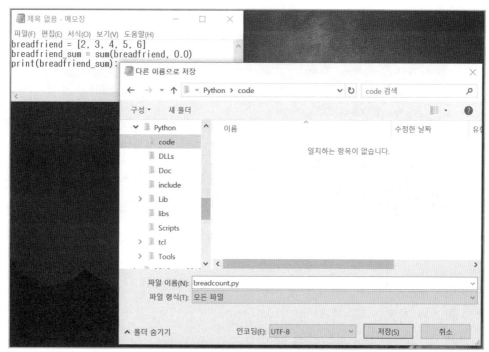

[그림 2교시-9: 메모장으로 편집한 파이썬 소스 저장]

이후 커맨드 창에서 "c:\python\code" 디렉터리로 이동합니다. 커맨드 창 사용이 처음인 독자들을 위해서 이동하는 방법을 설명하겠습니다. 처음 커맨드 창이 뜨면 경로가 "C:\Users\사용자 폴더"이거나 "C:\WINDOWS\system32" 폴더일 것입니다.

1) "cd /" 입력 후 엔터키를 누릅니다(최상위 폴더로 이동하라는 명령으로 "c:\"로 가게 됩니다).
2) "cd python\code" 입력 후 엔터키를 누르면 프롬프트의 현재 폴더가 "c:\python\code"로 변경될 것입니다.
3) 그 다음 파이썬 코드를 실행시키는 명령어인 python 뒤에 아까 메모장으로 만든 파이썬 코드가 담긴 파일 이름을 결합해 넣은 "python breadcount.py"를 입력한 후에 엔터키를 누릅니다(현재 폴더가 c:\python\code 폴더이고, 메모장으로 파일 저장 시 해당 폴더에 저장했기 때문에 파일 이름만 적어도 됩니다).

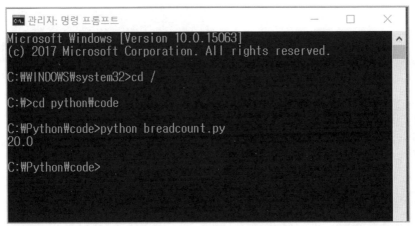

[그림 2교시-10: breadcount.py 실행 결과]

드디어 첫 코드가 실행되어 다섯 명 친구들의 빵 개수의 합인 20이 나왔습니다. 지금 이 메모장과 커맨드 창으로 하는 작업이 익숙하지 않다면, 프로그래밍 자체가 아닌 앞에서 얘기한 연결되어 있는 배경지식이 필요한 경우입니다. 이 경우 통합 개발 환경 (IDE)을 사용하지 말고 지금 하는 커맨드 창에서의 실행 방식을 조금 더 사용해 보길 추천합니다. 이렇게 헤매면서 얻은 지식은 잘 잊혀지지 않고, 이 커맨드 창에 명령어를 내리는 방식이 나중에 작업 자동화 시간에 파이썬 코드 내에서 사용되는 개념이기 때문입니다(단 코드가 복잡해지면, 메모장은 한계가 있으니 앞에서 추천한 통합 개발 환경이나 문법을 칼라로 표시해 주는 선호하는 편집기를 사용하는 것이 낫습니다). 사실상 통합 개발 환경에서 프로그램이 실행되는 원리도 현재 커맨드 창에서 실행되는 원리와 동일하다고 보면 됩니다.

두 번째 실행 코드 예제에서는 1교시에서 언어 구조 개념을 설명한 예제 코드들을 하나씩 가져와 보겠습니다.

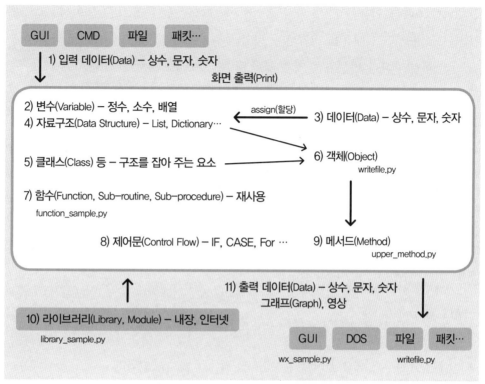

[도식 1교시-1: 프로그래밍 언어의 구성요소]

두 번째로 6) **객체**를 예제로 보여 주는 "writefile.py" 샘플 코드는 아래와 같습니다.

```
f = open('test.txt', 'w')
f.write("This is a test")
print("file is created")
```

[파이썬 소스 – writefile.py]

Print 문을 제외하면 사실 두 줄짜리인 엄청 간단한 코드입니다. 프로그래밍 언어를 하나라도 사용해 본 독자들은 한 번쯤 파일 작업을 할 때 본 코드와 비슷할 것입니다(물론 C 같은 예전 언어들에서는 코드를 좀더 길게 써야 했습니다). 코드를 설명하자면 "test.txt"라는 이름을 가진 파일 객체를 "write(w: 쓰기)" 모드로 열어서, 그 안에 "This is a test"라고 내용을 적습니다. 위의 "open"이라는 명령이 "test.txt"라는 이름을 가진 파일 객체를 만든다는 것을 보여 주는 코드라고 생각해 객체를 설명하는 샘플 코드로 소개해 봤습니다.

실행 시 똑같이 메모장에 입력한 후, "c:\python\code" 폴더에 "writefile.py"로 저장합니다. 그 다음 커맨드 창의 "c:\python\code" 폴더에서 "python writefile.py"를 입력한 후 엔터키를 누르면 "file is created"라고 결과가 나옵니다. 해당 폴더 안을 보면 "This is a test" 내용이 적힌 "test.txt" 파일이 생성되어 있을 것입니다.

```
C:\Python\code>python writefile.py

file is created
```

세 번째는 7) **함수**의 예를 보여 주는 "function_sample.py"입니다.

```
def myfn(x):
    if x > 100:
        print("over 100")
    else:
        print("under 100")


myfn(120)
myfn(90)
```

[파이썬 소스 – function_sample.py]

파이썬 문법에 대해 공부한 것은 없지만, 대략 보면 "def myfn(x):" 부분으로 함수가 시작되고, 다른 언어에서 "{ (" 등의 문법 문자로 구분되던 함수 코드 부분이 공백이나 탭으로 구분되는 것 같습니다. 파이썬 문법 표준을 제시하는 PEP 8에서는 스페이스만 사용하는 것을 권장하고 있습니다.

파이썬에서는 들여쓰기(indentation)가 문법적 의미를 가지기 때문에, 줄 맞추기를 잘 해야 합니다. 예를 들어, 앞의 "if x > 100:" 코드가 공백이 한 개여서 아래의 "else" 코드와 공백수가 다르면, 아래와 같은 문법 에러가 납니다. 문법을 나타내는 번거로운 경계 문자들을 없앤 대신, 만드는 사람이 문법에 맞춰 들여쓰기를 명확히 해줘야 하는 구조입니다. 처음엔 이 부분이 많이 혼란스럽지만, 자신에게 맞는 편집기를 잘 사용하면 자동 줄 맞춤을 지원해 주어 혼란을 크게 줄일 수 있습니다.

```
def myfn(x):
if x > 100:
 print("over 100")
   else:
     print("under 100")



myfn(120)
myfn(90)
```

[실행 시 나는 에러]

TabError: inconsistent use of tabs and spaces in indentation

코드 하단의 "myfn(120)", "myfn(90)"은 각각 함수를 호출한 것으로, 첫 번째의 정상 코드를 "function_sample.py"로 저장해 실행하면, 정의한 함수 myfn에 각각 120과 90의 값이 넘어가서 함수의 결과가 나오게 됩니다(이제 파일 저장 및 실행 등은 익숙해졌을 테니 생략하겠습니다).

```
C:\Python\code>python function_sample.py
over 100
under 100
```

네 번째 예는 9) 클래스 내의 메서드(method)를 보여주는 "upper_method.py"입니다.

```
input = "This is a sample"
result = input.upper()
print(result)
```

[파이썬 소스 – upper_method.py]

고급 언어로 갈수록 스트링(string)과 같이 단순한 문자열을 담는 기본 변수들도 클래스로 정의되어, 해당 변수에 담겨 있는 데이터에 대해 클래스에 내장된 유용한 메서드를 사용할 수 있게 합니다. 위의 예에서 고전 언어 같은 경우에는 "upper"라는 따로 만든 함수에 "input" 문자열을 넘겨줬어야 했을 테지만, 파이썬은 스트링 형태인 "input" 변수 자체가 "upper"라는 메서드를 소유하고 있어 스스로 위와 같이 바로 변환할 수 있습니다. "upper_method.py"로 저장하여 실행하면 아래와 같이 문자열을 대문자로 변환해 줍니다.

```
C:\Python\code>python upper_method.py
THIS IS A SAMPLE
```

다섯 번째 예는 **내부 라이브러리**(파이썬의 경우 모듈(module)이라고 합니다)를 사용하는 "library_sample.py"입니다.

```
import statistics

data = [3, 7, 4, 6]
print (statistics.mean(data))
```

[파이썬 소스 – library_sample.py]

기본적으로 파이썬 기본 기능에서는 배열의 평균을 한 번에 구할 수 없습니다. 하지만 위에선 "import" 명령어를 이용하여 기본 "통계(statistics) 모듈"을 가져온 후, 통계 모듈 안에 있는 "mean" 함수를 이용하여("statistics.mean(data)") 배열의 평균을 구해서 출력합니다. "library_sample.py" 이름으로 저장한 후 실행하면 아래와 같이 평균 값이 나옵니다.

```
C:\Python\code>python library_sample.py
5
```

마지막 예는 우리가 이제까지 커맨드 창 화면으로만 사용했던 파이썬 기능을 우리가 쓰는 윈도우 창과 같은 GUI 화면에 표시해 주는 예입니다. 실제 상세한 구현 예는 9교시에서 보겠지만, 여기서 간단한 샘플을 위해 해야 할 일도 적지는 않습니다. 우선 구글에서 어떤 GUI 모듈을 사용할지 판단해야 합니다.

구글에서 "python gui"로 검색해 보다가 아래의 글을 찾게 되었습니다. 2017년의 최신 글이니 참고할 만합니다.

[7 Top Python GUI Frameworks for 2017 – Dice 사이트]
https://bit.ly/2O4764n

이외에도 구글 상위순으로 이런저런 글을 보면, 제일 많이 나오는 GUI 모듈은

"PyQT"와 "wxPython"입니다(오래된 문서가 상위에 나오면 구글 검색 창의 도구 옵션에서 날짜를 1년 정도로 제한하는 것이 좋습니다).

그럼 다시 구글에서 "wxpython vs pyqt"로 검색해 보겠습니다. 나름 기술적으로 활발한 토론이 이루어지는 reddit(클리앙 같은 사이트에서 기술 관련 소식을 전할 때 자주 언급되는 곳입니다)의 2015년도 글을 하나 보겠습니다.

[Tkinter vs pyqt vs wxpython - reddit 사이트]
https://bit.ly/2O12Qm7

내용을 대략 요약하면, 파이썬에서 기본으로 제공하는 "Tkinter"라는 기능은 배우긴 쉬운데 기능이 너무 단순하며 수동으로 해야 하는 작업이 많고, "PyQT"는 기능은 제일 편하지만 상업적으로 사용하기엔 라이선스 관계가 복잡합니다(사실 관계는 좀더 확인해야겠지만, 아니라고 하는 댓글도 같이 달려 있긴 합니다). "wxpython"은 무료이긴 하지만 약간 어중간한가 봅니다. 일단 필자는 어중간한 "wxpython"을 선택했습니다. 어차피 GUI 라이브러리라는 것은 사용법이 비슷하기 때문에 하나를 감 잡으면 다른 것들은 적당히 적용할 수 있을 것이라 생각했기 때문입니다.

그럼 파이썬에서 "pip" 명령어를 이용해 "wxpython" 모듈을 설치해 보겠습니다. "pip"는 윈도우의 "프로그램 추가 삭제" 기능을 커맨드 창으로 옮겨 놓은 버전이라고 봐도 무방합니다. 리눅스의 apt-get, yum같이 해당 명령어를 이용해 특정 패키지를 설치하겠다고 실행하면 의존성까지 고려해서 한 번에 설치하거나 삭제해 주는 프로그램입니다. 설치된 패키지는 파이썬 설치 폴더 내의 "Lib" 폴더 안에 들어가게 됩니다.

일단 특정한 모듈들은 파이썬 2까지만 지원하고 종료된 경우도 있기 때문에, 해당 모듈이 파이썬 3를 지원하는지 체크해 보겠습니다. 구글에 "python3 wxpython pip"로 검색해 봅니다. 아래의 첫 번째 스택오버플로 글을 읽어 보니, wxpython은 2.x대만 지원하고 3.x를 지원하기 위해 wxpython Phoenix란 이름으로 모듈이 분리되었다고 합니다.

[wxPython in Python 3.4.1 - stackoverflow 사이트]
https://bit.ly/2rEJrO0

그런데 불행하게도 해당 페이지에 나온 아래 명령어로는 버전이 틀리다며 실패해서 설치되지 않습니다(이 방식은 3.5.3버전에서는 정상으로 설치되던 방식입니다).

pip install -U --pre -f https://wxpython.org/Phoenix/snapshot-builds/ wxPython_Phoenix

다시 구글 검색 결과를 보니, 세 번째쯤에 3.6버전에 대한 설치를 문의한 스택오버플로 글이 있습니다.

[How to install wxPython phoenix for python 3.6 - stackoverflow 사이트]
https://bit.ly/2wY2B41

이 글을 보고 누군가 설치가 잘된다고 올린 아래의 명령어를 cmd 창에서 실행시킵니다.

pip.exe install --upgrade --pre -f https://wxpython.org/Phoenix/snapshot-builds/ wxPython

패키지를 내려받고 나서 한참 진행되더니 성공적으로 설치되었다고 뜹니다. 운이 좋은 편입니다.

C:\Python\code>**pip.exe install --upgrade --pre -f https://wxpython.org/Phoenix/snapshot-**

그럼 이제 GUI 창을 맛보기로 띄워 주는 "wx_sample.py" 내용을 보겠습니다.

```
import wx

app = wx.App()

window = wx.Frame(None, title = "wxPython Frame", size = (300,200))
panel = wx.Panel(window)
label = wx.StaticText(panel, label = "Hello World", pos = (100,50))
window.Show(True)
app.MainLoop()
```

[파이썬 소스 – wx_sample.py]

여기서부터는 어쩔 수 없이 코드가 조금 길어집니다. 간단하게 설명하면, 저 복잡한 구조는 우리가 매일 쓰는 윈도우 애플리케이션의 구조와 연관되어 있습니다. 설치한 "wxPython" 모듈을 가져오고("import wx") → 애플리케이션 객체를 하나 만듭니다 ("ws.App") → 애플리케이션 객체 안에 작은 윈도우를 하나 만들고("wx.Frame") → 윈도우 안에 넣을 전광판 같은 공간(패널)을 하나 만듭니다("wx.Panel") → 패널 안에 넣을 "Hello World" 내용을 가진 정적(Static) 텍스트를 하나 만들고("wx.StaticText") → 윈도우를 화면에 보여 줍니다("window.show") → 이후 창이 닫히기 전까지 이벤트를 기다리면서 사용자 동작에 반응하게 됩니다("app.MainLoop").

"wx_sample.py"로 저장한 후 실행하면, 아래와 같이 Hello World 문구가 가운데 있는 작은 윈도우 창을 보여 줍니다.

C:\Python\code>python wx_sample.py

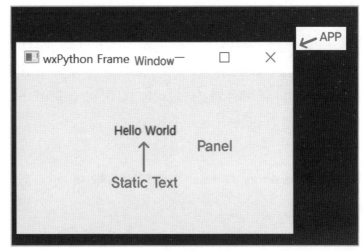

[그림 2교시-11: wxPython을 이용한 윈도우 창 실행]

이렇게 해서 파이썬 버전을 선택 후 설치하고, 샘플 파일들을 하나씩 실행해 보는 2교시가 끝났습니다. 다음 시간에는 만들어 보고자 하는 예제를 하나 정하고 구글을 이용해 원하는 기능을 만들어 보겠습니다.

다음은 파이썬 버전을 선택하면서 고민한 과정을 정리한 내용입니다.

[파이썬 2.x vs 3.x 선택]

파이썬 공부를 시작하면서 제일 먼저 고민한 부분은 버전 선택입니다. 구글에서 "python download"로 검색해서 들어간 파이썬 홈페이지에서 제일 먼저 보는 것이 2.x대 버전과 3.x대 버전의 두 개의 다운로드 버튼입니다. 이 글을 쓰고 있는 2018년 2월을 기준으로 3.6.4와 2.7.14 버전이 나타납니다.

[Download the latest version for Windows – 파이썬 공식 홈페이지]
https://bit.ly/1L2MyD2

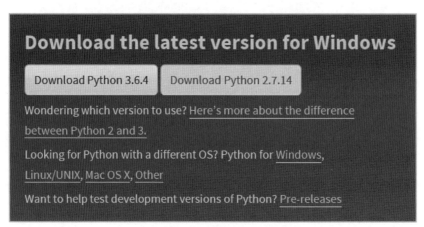

[그림 2교시-12: 파이썬 다운로드 페이지]

다운로드 버튼 아래의 "Here's more about the difference between Python 2 and 3." 링크를 열어 보면 어떤 버전을 선택할지 모르는 사람들을 위해, 두 개의 버전을 비교한 설명이 있습니다. 이 부분에 대해 스스로 객관적인 판단을 내리기 위해 이 링크의 비교 글을 한 번은 읽어 보길 바라면서, 구글에서 "파이썬 2 3 선택"으로 찾은 두 개의 한글 페이지를 소개합니다.

[Python의 미래, Python 3로 넘어가기 – tech.ssut 님의 블로그]
https://bit.ly/2MZT9rH

[python을 익히려 하는데, 어느 버전이 좋을까요? – KLDP 자유게시판]
https://bit.ly/2N3NzEC

우선 파이썬 버전 2를 선호하는 사용자들의 말을 들어보면, 파이썬 버전 2는 현재 많은 회사에서 버전 2를 기준으로 프로그램들이 개발되어 있어 현업에서 실용적인 버전이고, 많은 외부 모듈들이 버전 2는 완벽히 지원하지만 대부분 버전 3는 지원하지 않는다고 합니다(이 부분은 2008년 파이썬 버전 3가 등장하고 시간이 꽤 지난 현재, 정확히 애기하면 버전 2를 지원했던 모듈들이 해당 개발자의 개발 포기 등의 이유로 더 이상 버전 3를 지원하지 않는 문제일 것입니다. 코드를 변경할 리스크와 리소스만 감당할 수 있다면, 비슷한 기능을 가진 파이썬 버전 3용 새로운 모듈들로 대체될 가능성이 있다고 봅니다. 이 책에서도 그러한 경우를 종종 볼 수 있습니다). 따라서 파이썬 버전 3는 성능 측면이나 개발과 관련된 기술 문서를 웹에서 찾는 데 불리하다고 말합니다.

반면에 파이썬 버전 3를 선호하는 사람들의 입장은, 파이썬 버전 2는 2020년에 지원이 만료될 예정이고, 구조적으로 개선된 여러 프로그래밍 기능이 파이썬 버전 3에는 계속 추가되지만 버전 2는 향후 유지보수 수준으로만 개선될 예정이기 때문에 버전 3로 가는 것이 맞다고 합니다(파이썬 버전 3의 모듈 호환 같은 문제는 시간이 지나면서 점차 개선될 것 같습니다).

필자도 처음엔 2.7 버전으로 시작했습니다. 그런데 MSSQL 데이터베이스에서 한글로 된 내용을 가져와 커맨드 화면에 표현하려 하니, 아래와 같이 한글 출력 부분에서 유니코드 변환 에러를 만나게 되었습니다.

```
Traceback (most recent call last):
  File "mssql_sample_ver2_7.py", line 13, in <module>
    print str(row[0]) + " " + str(row[1]) + " " + str(row[2]) + " " + str(row[3]) + " " + str(row[4])
UnicodeEncodeError: 'ascii' codec can't encode characters in position 0-1: ordinal not in range(128)
```

[그림 2교시-13: 파이썬 버전 2.7에서 만난 유니코드 에러]

그래서 에러 메시지를 이용해 구글에서 찾아 아래의 "utf-8" 관련 코드를 상단에 추가하니 위의 인코딩 에러는 더 이상 나지 않았지만, 아래와 같이 한글이 깨져 보이게 되었습니다.

```
# -*- coding: utf-8 -*-

import sys

reload(sys)

sys.setdefaultencoding('utf-8')
```

```
C:\Windows\System32\cmd.exe

Microsoft Windows [Version 10.0.15063]
(c) 2017 Microsoft Corporation. All rights reserved.

c:\Python\code>python mssql_sample_ver2_7.py
1  ° úÀÎ                 ÀÚ ° ù       Â° íÀÒ½ º           ° ¶ Æ®      1
2 À½ · á¼õ              ½ÂÇy           ½ÀÂ®            1000
3 À½ · á¼õ              ½ÂÇy           ½ÀÂ®            1000
4 ° úÀÚ            ° Ô · ©       Á¶ °ÄÉÀÎ° ¡ ° Ô    3
```

[그림 2교시-14: 파이썬 버전 2.7에서 만난 커맨드 창 한글 깨짐 현상]

다시 구글링을 해보니 한글 윈도우 커맨드 창의 디폴트 코드 페이지(문자 코드를 어떤 언어의 코드로 해석해 보여줄 것인지 선택하는 옵션입니다)가 "cp949"이기 때문이라고 해서 아래 명령어를 통해 커맨드 창의 코드 페이지를 "utf-8"로 변경해 보았습니다.

```
c:\Python\code\chcp 65001
```

그 다음에 다시 샘플을 실행해 보니 아래와 같이 정상적으로 나오긴 했습니다.

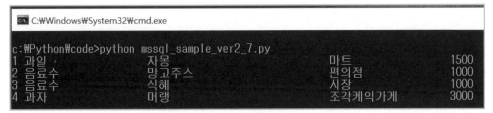

[그림 2교시-15: 코드 페이지 변경 후 정상 한글 출력]

이렇게 한참 헤매고 나서 보니, MSSQL 등의 데이터베이스와 연동했을 때 파이썬 2 버전의 한글 처리에 대해 명확하게 정리된 자료가 구글에 없는 것 같았습니다(물론 잘 정리되어 있는데 필자가 유니코드 및 한글 인코딩 구조를 잘 이해하지 못한 것일 수도 있습니다).

인코딩 문제는 화학에 비유하자면 같은 "가"라는 글자를 묘사하는데, A라는 인코딩 형식에서는 "산소(O_2)"의 화학식으로 묘사하고, B라는 인코딩 형식에서는 "물(H_2O)"의 화학식으로 묘사하는 것과 같습니다. 그래서 "산소" 진영에서 "물" 진영의 "가"를 만나게 되면, 이해할 수 없어 에러가 나는 것입니다.

그런데 이런 인코딩 오류는 서양 언어가 아닌 동양 언어를 모국어로 하는 국가들의 일반적인 약점 중의 하나로, 대부분의 프로그래밍 언어나 라이브러리, 유틸리티들은 처음 시작될 때 한글, 한자와 같은 2바이트(byte) 언어를 고려해 유니코드 대응 설계를 하지 않고 아스키 코드만 지원합니다. 이후 해당 프로그래밍 언어가 많이 유명해지고, 2바이트권 사용자(특히 글자수가 많은 중국어, 일본어, 한국어)들이 개발자에게 불만을 계속 토로해야 겨우 유니코드가 반영되긴 하는데, 이 시점이 보통 상당히 늦는데다 불완전하게 임시방편적으로 설계되는 경우도 있습니다.

물론 데이터를 모두 영문으로만 쓰면 상관없겠지만, 언젠가 한글 데이터를 사용하면 어떤 일이 일어나지 모르고, 이렇게 한글이 나올 때마다 문자열 처리에 신경 써야 한다는 것은 여간 번거로운 일이 아닙니다. 좀더 전문적인 파이썬 2.x의 한글 처리에 대한 내용은 아래 블로그를 참고하세요.

[파이썬에서의 한글 인코딩과의 싸움 - Nelops 님의 블로그]
https://bit.ly/2Qo5Pqy

그래서 3.x대 버전을 설치한 후에 동일한 코드를 실행해 보았습니다(파이썬 3에서 print 문의 문법 변경 때문에 코드를 조금 바꾸긴 했습니다). 다행히도 기본적으로 유니코드를 잘 지원해서 앞서 언급한 유니코드 관련 코드들을 안 넣어도 한글이 커맨드 창이나 엑셀 파일 등에 정상적으로 잘 출력되었습니다(다만 나중에 보니 주석 등을 한글로 달 때에는 파이썬 3 디폴트인 UTF-8 인코딩으로 소스 파일을 저장해야 합니다). 그래서 주저 없이 파이썬 버전 3를 사용해 학습하는 것을 선택하게 되었습니다.

학습을 위한 3.x 버전 선택

파이썬 버전 3로 결정한 후에도 고민은 사라지지 않았습니다. 최신 버전을 사용하느냐 아니면 그 이전 버전을 사용하느냐의 문제였습니다. 사실 마이너 버전끼리의 기능 차이가 별로 없을 경우 최신 버전의 가장 큰 문제는 모듈 호환성 관련 문제 발생 시 구글에 참조할 만한 글이 많지 않을 가능성이 높다는 점이었습니다.

또 모듈 설치 시 편한 자동 설치 방식인 "PIP" 명령어를 사용하려면 최신 버전은 아무래도 모듈 호환성 업데이트가 안 되어 있을 수 있어 좀 불리합니다. 새 버전의 윈도우가 출시되면 기존 애플리케이션들이 새 윈도우 버전에 맞게 재개발되어야 하는 것처럼, 새로운 파이썬 버전이 나오면 관련 모듈들이 새 버전에 맞춰 변경되어야만 합니다.

그런데 보통 이 변경이 해당 모듈을 만든 개발자가 얼마나 발 빠르게 작업하느냐에 달려 있기 때문에, 새 버전이 나오면 바로 업데이트되는 모듈도 있고 몇 달이 걸리는 모듈도 있습니다. 가장 운이 나쁜 경우로 더 이상 업데이트되지 않는 경우도 가끔 있습니다.

현 시점에서는 2017년 12월에 나온 3.6.4가 최신 버전입니다. 처음에는 머신러닝에서 사용되는 텐서플로(tensorflow)라는 프레임워크가 윈도우 환경에서 다소 늦게 업데이트되기 때문에 텐서플로 수동 설치가 가능했던 최종 버전인 3.6.1 버전으로 글을 썼습니다. 그러나 텐서플로가 3.6을 정식으로 지원하고, 다른 모듈들의 호환성에도 문제가 없어서 최신 버전인 3.6.4 버전으로 진행하기로 마음을 바꿨습니다.

만약 책 출시 후 버전이 업데이트된다면, 파이썬 공부를 처음 하는 분들은 메이저 버전의 변경이 아닌 이상 출시된 지 3~6개월 정도 지난 버전을 사용할 것을 추천합니다. 해당 버전은 여러 가지 모듈 호환성에 대한 문제들을 이미 많은 사람들이 해결해 놓은 상태이기 때문에, PIP로 모듈 설치 시 생기는 에러들을 이 책에서 시연하듯 구글을 찾아 비교적 쉽게 해결할 수 있습니다.

다만 실제 운영할 때에나 자신이 사용하는 파이썬 기능과 연관된 보안 문제가 생겨서 꼭 업데이트가 필요한 경우에는 운영 환경 등을 고려해 실익을 따져야 합니다. 물론 2.x 버전과의 선택에서도 마찬가지였지만, 호환성 문제는 시간이 지나면 모듈들이 업데이트되면서 자연스럽게 해결될 가능성이 높습니다.

∘3교시∘

만들고자 하는 기능을 모르는 조각으로 나눠 조사하기

3교시부터 6교시에 걸쳐, 이전 시간에 언급한 외부 환경을 사용하는 간단한 파이썬 프로그램을 몇 개 만들어 보면서 구글을 통해 문제를 해결하는 예를 보이려 합니다.

이 예제는 "데이터베이스에 암호화할 문자열 하나를 넣어 놓고, 그 값을 불러와서 암호화 및 복호화를 하여 데이터베이스로 저장한 후, 다시 전체 세 개의 값을 가져와 화면에 표시"하는 예제입니다. 이 예제를 문제를 나눠 해결하기(Divide and Conquer) 방식을 사용하여 단계적으로 만들어 보겠습니다. 프로그래밍 외적인 지식이 많이 필요해서 처음엔 조금 어려울 수 있지만, 하나씩 문제를 해결하다 보면 결과가 나오게 되니, 천천히 따라오시길 바랍니다.

이 내용을 도식으로 나타내면 아래와 같습니다.

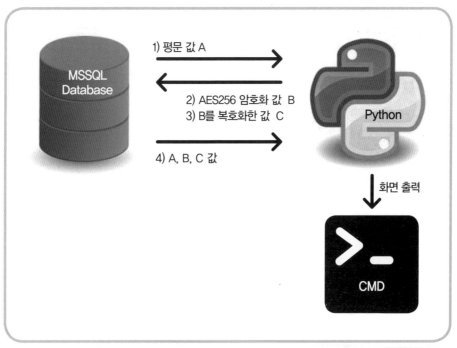

[도식 3교시-1: 암/복호화하여 데이터베이스에 저장하는 기능 구현]

01 ▶ 문제 나누기

문제를 풀려면 어떻게 해야 할까요? 일단 자신이 모르는 부분이 무엇인지 정리해야 합니다. 그래야 문제를 풀 수도 있을 테니까요. 이 문제를 구현하려면 (현재 생각으로는) 아래와 같은 절차가 필요합니다.

1) 우선 데이터베이스에서 데이터를 불러오고 저장하는(정확하게 여기서는 업데이트하는) 방법을 알아야 합니다. 그렇게 하려면 적절한 데이터베이스를 설치해야 하고, 해당 데이터베이스에 맞는 SQL 문장을 만들어야 합니다.
2) "AES256" 암호화 방식을 사용해 불러온 값을 암/복호화해야 합니다. AES가 무엇 인지부터 알아야 할 것 같습니다.
3) 최종으로 데이터베이스에 저장된 값들을 가져와 커맨드 화면에 출력해야 합니다.

1.1 첫 번째 문제

첫 번째로 SQL을 사용해서 데이터베이스에서 데이터를 불러오고 저장하는 방법을 알아보겠습니다. 일반적으로는 리눅스에서 무료 프로그램으로 자주 사용되는 MySQL 이 프로그래밍 언어를 다루는 책에서 예제로 많이 사용되지만, 이 책에서는 윈도우 와 가장 궁합이 잘 맞는다고 판단되는 마이크로소프트의 MSSQL 데이터베이스를 기 준으로 구현하려 합니다.

그러나 다른 데이터베이스 환경을 사용하고 싶어하는 독자들을 위해서, 4교시에 MSSQL 코드 구현에 더하여 SQLite3, MySQL, 오라클(Oracle), 몽고디비(Mongo DB)의 추가적인 데이터베이스에 대해 무료 버전 설치와 함께, 동일한 작업을 하는 코드를 어 떻게 만들 수 있는지에 대한 예제도 설명하겠습니다.

MSSQL은 원래는 고가의 유료 데이터베이스이지만, 몇 년 전부터 소규모 환경에서 무료로 사용할 수 있는 기능 제한이 거의 없는 익스프레스(Express) 버전이 제공되고 있습니다(나중에 보겠지만 현재 오라클도 비슷한 형태의 버전을 제공하고 있습니다).

MSSQL 연결을 지원하는 모듈을 찾기 위해서, 구글에서 "python 3 mssql"을 입력해 검색합니다. 스택오버플로 글을 보면 "pyodbc"와 "pymssql" 모듈을 사용하라는 두 개의 제안이 보입니다.

[Connecting python 3.3 to microsoftsql server 2008 – stackoverflow 사이트]
https://bit.ly/2QigNO4

pyodbc supports python3 and can connect to any databas for wich there's an odbc driver, including sql server

[python 3.5 using pymssql – stackoverflow 사이트]
https://bit.ly/2Qj0NLH

I installed python 3.5 and it worked fine.

위에 나오는 라이브러리 이름 중 pyodbc의 ODBC(Open Database Connectivity)란 MSSQL, MySQL, 오라클 등의 여러 데이터베이스에 대한 호출을, 각 데이터베이스 회사에서 윈도우를 위해 제작한 공통된 드라이버(API가 좀더 정확한 표현일 것 같습니다)를 통해 사용하는 개념입니다. 우리가 쓰는 컴퓨터 하드웨어와 비교해 본다면, 그래픽 카드의 종류가 다르더라도 해당 그래픽 카드용 드라이버(예를 들어 엔비디아나 지포스)를 설치하면, 게임 프로그램은 비디오 카드의 종류와 상관없이 공통된 코드로 해당 그래픽 카드의 기능을 사용할 수 있는 것과 같은 개념입니다. 실제로도 해당 라이브러리는 MSSQL뿐만 아니라 MySQL, 오라클 등에 연결할 때에도 사용할 수 있습니다(물론 모듈이나 데이터베이스 회사에서 해당 데이터베이스를 지원하는 드라이버를 제공하기 때문입니다). 추가적인 설명은 아래의 링크를 참고하세요.

[ODBC란? – Make it simple. 님의 블로그]

https://bit.ly/2N4wRVN

두 가지 모듈이 비슷하게 사용되지만, 여기에서는 우선 pymssql 모듈을 사용하려 합니다.

1.2 두 번째 문제

두 번째로 AES 256으로 암/복호화하기 위한 모듈을 찾아보겠습니다. 갑자기 암호화 모듈 얘기가 나와서 조금 어렵긴 하지만, AES(Advanced Encryption Standard)는 양방향 암호화(하나의 키로 암호화와 복호화가 동시에 가능한 방식)가 가능한 표준 중의 하나입니다. 여기서 256이란 숫자는 암호키의 길이를 나타내며 길이가 길수록 좀더 무작위로 암호를 깨뜨리려는 공격에 안전합니다. 일반적으로 보호하고 싶은 자료를 암호화하거나 복호화하기 위해 현재 사용되는 표준 중 하나라고 생각하면 됩니다. 구글에서 "python 3 aes256"으로 찾게 되면 스택오버플로를 정리해 코드를 제공한 한글 블로그가 하나 나왔지만, 현 시점에서는 해당 블로그가 문을 닫은 것 같습니다.

[AES265 암호화 – donkenzy.com 님의 블로그]

블로그가 활성화되던 시점에는 파이썬 3.4버전에서 동작하며, 스택오버플로 글들을 참고해서 만든 코드를 테스트하는 코드까지 추가되어 상세히 만들어져 있었기 때문에 가져다 사용하기가 적절해 보였습니다. 게다가 영문 기준 코드들은 보통 2바이트 문자열 처리를 고려하지 않아서 영문으로는 아무 문제 없었던 코드도 한글 메시지를 암호화하려 하면 에러가 발생하는데, 이런 부분도 해결되어 있었습니다.

그러나 삭제된 블로그의 코드를 책에서 참조하는 것이 적절하지 못해, 아래의 깃허브 (GitHub) 코드를 참조해 사용해 보려 합니다. "깃허브"는 우리나라를 포함해서 많은 나라의 사람들이 자신이 만든 코드나 공개 프로젝트를 올려 놓은 공개 소스 저장소 사이트입니다. 그래서 앞에서 봤던 스택오버플로(stackoverflow) 사이트만큼 동작을 신뢰할 수 있는 코드가 많이 있어 프로그래밍 언어에 대해 구글 검색 시 자주 만나는 사이트 중 하나입니다. 게다가 구글 검색 상위권에 노출된 코드라면 더욱 신뢰할 만합니다.

[swinton/AESCipher.py — GitHub 사이트]
https://bit.ly/2oWd0cL

물론 실제로 필요한 프로그램을 만들 때에는 암호화 모듈 같은 경우, 샘플 코드가 인자 값들을 적절하게 설정하여 사용했는지, 해당 라이브러리가 보안 취약점이 없고 계속 유지보수되고 있는지를 따져 봐야겠습니다. 하지만 여기서는 학습을 위해 프로그램을 만들고 있는 중이니, 해당 코드에 특별한 문제가 없다고 가정하고 가져와 사용하겠습니다.

1.3 세 번째 문제
세 번째는 데이터베이스에서 조회한 내용을 커맨드 창에 프린트하는 부분으로, 아직 파이썬 문법에 관한 부분을 모르기 때문에 어렵게 느껴질 수 있습니다. 그러나 데이터베이스에서 가져온 내용을 프린트하는 부분이므로, 데이터베이스를 조회하는 샘플을 찾다 보면 자연스럽게 문제가 해결될 것 같습니다.

그럼 4교시에는 해당 프로그램을 만드는 첫 번째 단계로 다양한 무료 데이터베이스를 설치하여 계정, 테이블 등을 세팅하고, 다양한 외부 파이썬 모듈들을 이용하여 데이터베이스를 조회하는 코드를 구현해 보겠습니다. 이후 여러 데이터베이스 간의 차이에 대한 필자의 짧은 식견도 도움말로 곁들이고자 합니다.

필자 개인의 스타일이긴 하지만, 모르는 어떤 프로그래밍 언어를 간단히 참조해서 사용해야 할 경우, 매뉴얼이 어느 정도 잘 정리되어 있다면 목차 중심으로 훑어보면 언어가 지원하는 기능의 범위를 대략 알게 됩니다. 예를 들어 파이썬 문법을 훑어보기 위해 구글에 "python 3 manual"을 입력해 나온 아래의 공식 튜토리얼(Tutorial) 페이지의 내용 중 관심 있는 항목들을 하나씩 예문 위주로 보는 것도 나쁘지 않습니다.

각 장의 처음에 해당 장의 예제에서 필요한 미니문법을 다루겠지만, 혹시 이 책의 내용이 구현 위주로 구성되어 있어서 알아야 할 중요한 문법 요소를 놓치는 것 같아 불안하다면, 아래 튜토리얼을 꼼꼼히, 레퍼런스(Reference)는 스쳐가듯 보기 바랍니다. 다만 자세하게 읽지 않고, 전체적인 흐름을 파악하는 정도로 알아두었으면 합니다. 이후 코드 작성 시 관련 문법이 필요하면 구글 등의 검색 엔진을 이용해 해당 문법을 찾아보면 됩니다.

[파이썬 튜토리얼, 라이브러리, 레퍼런스]

https://bit.ly/2hG4MCM

https://bit.ly/1OXdaKw

https://bit.ly/2x1vyfC

The Glossary is also worth going through.

- 1. Whetting Your Appetite
- 2. Using the Python Interpreter
    - 2.1. Invoking the Interpreter
        - 2.1.1. Argument Passing
        - 2.1.2. Interactive Mode
    - 2.2. The Interpreter and Its Environment
        - 2.2.1. Source Code Encoding
- 3. An Informal Introduction to Python
    - 3.1. Using Python as a Calculator
        - 3.1.1. Numbers
        - 3.1.2. Strings
        - 3.1.3. Lists
    - 3.2. First Steps Towards Programming
- 4. More Control Flow Tools
    - 4.1. if Statements
    - 4.2. for Statements
    - 4.3. The range() Function
    - 4.4. break and continue Statements, and else Clauses on Loops
    - 4.5. pass Statements
    - 4.6. Defining Functions
    - 4.7. More on Defining Functions

[그림 3교시-2: 파이썬 튜토리얼 페이지]

4교시

데이터베이스에서
내용 가져와 출력하기

이 시간에는 지난 시간에 언급한 기능 중 데이터베이스와의 연결 부분을 구현하기 위해 MSSQL Express 데이터베이스 서버를 설치하고, 파이썬 프로그램에서 사용하기 위해 세팅한 후, 쿼리를 호출하여 테이블 내의 값을 가져오려 합니다. 이 예제 다음에는 다른 데이터베이스를 사용하고 싶어하는 독자들을 위해 SQLite3, MySQL, 오라클 (Oracle), 몽고디비(MongoDB)를 기준으로 데이터베이스를 설정하고, 동일한 코드를 구현해 보겠습니다.

아래의 3교시 그림을 기준으로 하면, 회색 박스로 표시한 "MSSQL Database"에 해당합니다. MSSQL 설치 및 원격 연결 설정, 데이터베이스 생성 및 사용자 생성 부분을 이미 알거나 이용할 수 있는 MSSQL 환경이 준비되어 있다면, 이 부분을 건너뛰어도 좋습니다. 상용 버전으로만 설치해 보았다면, Express 버전에서 설정이 다른 부분만 보면 되겠습니다.

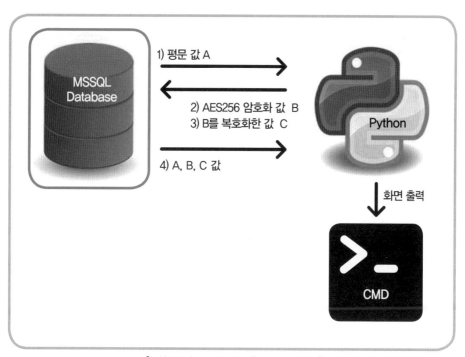

[도식 4교시-1: MSSQL 호출 코드 부분 구현]

01 들어가면서

필자 개인의 의견이지만, 파이썬은 펄(Perl)이라는 언어가 현대 스타일로 환생한 듯한 느낌이 듭니다. 펄은 리눅스쉘 환경을 언어로 축약해 놓은 것 같아 재미있기도 하고, 30년의 오랜 역사를 통해(파이썬도 25년이 된 언어랍니다. 놀랍죠?) 방대하게 축적된 라이브러리와 참고 가능한 코드들이 구글에 많아 필요한 기능을 만들기 편하다고 생각해 왔습니다(물론 파이썬보다 축약적 표현을 더 많이 사용하는 탓에 조금은 암호문 같아서 코드 가독성이 확실히 떨어지긴 합니다).

한편 파이썬을 경험해 보고 나서는 펄과 비슷하지만 현대적으로 무척 깔끔하다는 느낌을 받았습니다. 파이썬은 사용 용도나 프로젝트 성격에 따라 스타일을 선택해 사용 가능하도록 스펙트럼을 넓혀 놓은 것 같습니다. 프로그래밍하는 사람의 스타일에 따라 펄같이 가볍게 만들어 유틸성으로 사용하는 스크립트형 코딩도 가능하고, JAVA나 C# 같은 구조적 언어가 가진 객체지향이나 웹의 MVC 같은 구조적 접근 방식을 취할 수도 있기 때문입니다. 기회가 닿는다면 파이썬과 비슷한 느낌이지만 고전미와 정규식의 미를 겸비한 펄이라는 언어도 사용해 보길 권합니다.

그럼 사담은 그만하고, MSSQL을 설치하고, 파이썬에서 필요한 모듈도 설치하고, 예제 코드를 만들어 보겠습니다. 진행 순서는 아래와 같으니, 무엇 때문에 이런 작업을 하는 것인지 의식하면서 따라 해보기 바랍니다. 이와 같은 방식은 뒤에서 다른 데이터베이스를 이용할 때에도 동일하게 적용됩니다.

1) MSSQL 설치
2) 서비스 설정
3) 실습용 DB 및 사용자 설정
4) 테이블 생성과 데이터 입력

5) 파이썬으로 조회

02 ▶ MSSQL을 이용해 파이썬 코드 개발하기

2.1 MSSQL 설치

먼저 구글에서 "mssql 2017 express download"로 검색하여 다운로드 가능한 링크를 찾습니다. 맨 처음 나온 아래의 링크에서 "지금 다운로드" 버튼을 클릭하여 SQL Server 2017 express 에디션을 다운로드합니다.

[MSSQL Server 다운로드 페이지 – 마이크로소프트 사이트]

https://bit.ly/2CJMWvr

[그림 4교시-1: MSSQL Server Express 버전 다운로드]

다운로드한 설치 파일을 실행하여 [그림 4교시-2]의 설치 유형에서 "기본"을 선택합니다. 다음 화면에서 라이선스를 수락하고, 기본 설치 위치로 설치합니다(그 다음 두 개의 화면은 간단해서 스크린샷을 생략했습니다).

400메가바이트 정도의 다운로드가 시작되며 설치가 완료됩니다(예전 버전들에 비해 설치가 간략해진 듯합니다).

[그림 4교시-2: MSSQL 설치 방식 선택]

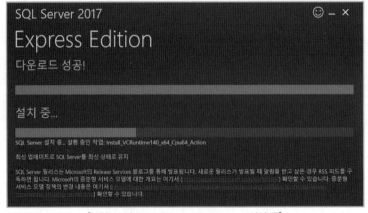

[그림 4교시-3: MSSQL Server Express 설치 중]

그림 [그림 4교시-4]와 같이 설치가 완료되었다는 화면이 나옵니다. 창을 닫지 말고 아래에 있는 "SSMS 설치" 버튼을 클릭합니다. SSMS는 SQL Server Management Studio의 약자로 SQL 서버 접속용 클라이언트입니다. 오라클과 비교하면 Oracle

Developer, 오렌지(Orange), 토드(Toad)와 같은 툴입니다. 앞으로는 이 SSMS 클라이언트 툴에서 테이블을 생성하거나 쿼리를 만들어 조회하여, 사전 작업과 검증을 해보고, 이후 실제 파이썬으로 코드를 개발할 것입니다.

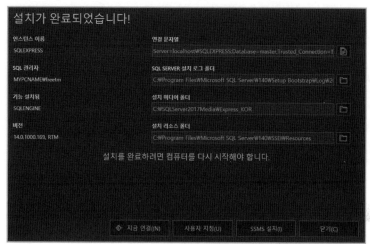

[그림 4교시-4: MSSQL Server Express 설치 완료 화면]

[그림 4교시-5]의 페이지로 이동하면, "SQL Server Management Studio 17.4 다운로드" 링크를 클릭하고, 내려받아 설치합니다(마이크로소프트의 페이지 특성상 경로나 버전은 변할 수 있으며 일반적으로 하위 호환이 되기 때문에 가장 최신 버전으로 내려받으면 됩니다. 현재 버전은 약 900메가바이트 정도의 용량을 가지고 있습니다).

[SSMS 다운로드 페이지 – 마이크로소프트 사이트]

https://bit.ly/2EUxbSY

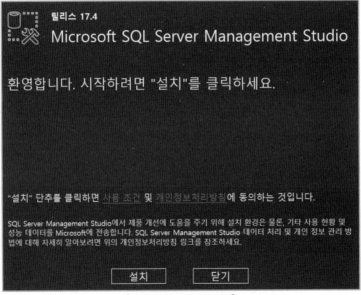

SSMS(SQL Server Management Studio) 다운로드

📅 2017년 12월 07일 · 🕐 읽는 데 10분 · 참가자 👤 🐱 👹

이 항목 적용 대상: ✅ SQL Server ✅ Azure SQL 데이터베이스 ✅ Azure SQL 데이터 웨어하우스 ✅ 병렬 데이
터 웨어하우스 SSMS는 SQL Server에서 SQL Database까지 모든 SQL 인프라를 관리하기 위한 통합 환경입니다.
SSMS는 SQL의 인스턴스를 구성, 모니터링 및 관리하는 도구를 제공합니다. SSMS를 사용하면 응용 프로그램에 사
용되는 데이터 계층 구성 요소를 배포, 모니터링 및 업그레이드하고 쿼리 및 스크립트를 작성할 수 있습니다.

로컬 컴퓨터 또는 클라우드 등 어디에서나 SSMS(SQL Server Management Studio)를 사용하여 데이터베이스 및 데
이터 웨어하우스를 쿼리, 디자인 및 관리할 수 있습니다.

SSMS는 무료입니다.

SSMS 17.X는 *SQL Server Management Studio*의 최신 세대이며 SQL Server 2017을 지원합니다.

⬇️ **SQL Server Management Studio 17.4 다운로드**

[그림 4교시-5: SSMS 다운로드 페이지]

내려받은 파일을 실행하고 [그림 4교시-6] 화면에서 "설치" 버튼을 눌러 설치를 시작합니다.

[그림 4교시-6: SSMS 설치]

SSMS 설치가 완료되면 MSSQL 설치가 전부 완료된 것입니다. 혹 MSSQL 설치 완료
후에 리부팅을 하라는 문구가 나오면, 다음에 진행하는 서비스 설정 전에 리부팅을

한번 해주기 바랍니다.

2.2 서비스 설정

MSSQL 서비스 설정을 해보겠습니다. 데이터베이스와 같이 항상 동작해야 하는 프로그램들은 윈도우 내에서 서비스라는 형태의 프로그램으로 등록되어서, 윈도우 시작과 함께 기동되어 계속 실행되면서 사용자에게 서비스를 제공하게 됩니다. 필자는 설정 과정에서 몇 가지 문제에 부딪혀 구글을 통해 해결했지만, 파이썬과 관련성이 낮으므로 선택과 집중을 위해 헤맨 과정은 생략하고 찾은 결과만 안내하겠습니다.

또 한 가지 첨언하는 것은, 여기서 설명하는 설정 방법은 실습에 필요한 최소한의 설정이라는 점입니다. 실제 운영에서는 보안이나 성능 측면에서 다르게 설정해야 할 수도 있습니다. 이는 뒤에 나올 다른 데이터베이스의 설정 시에도 마찬가지입니다.

먼저 아래와 같이 시작 메뉴의 설치된 프로그램에서 "Microsoft SQL Server Management Studio 17"을 실행합니다.

[그림 4교시-7: SSMS 실행]

SSMS가 뜨면서 디폴트로 연결된 데이터베이스 이름(서버이름\SQLEXPRESS)이 나옵니다. Windows 인증이 선택된 상태에서 "연결" 버튼을 눌러 연결합니다.

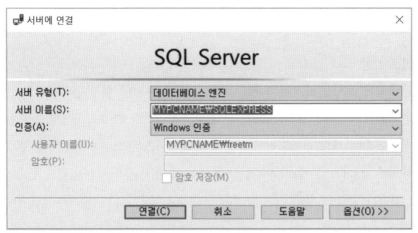

[그림 4교시-8: SSMS 접속]

그럼 [그림 4교시-9]와 같은 개체 탐색기 창이 나타납니다. SQL 서버는 인증 방법이 두 가지입니다.

첫째는 SQL 서버가 설치된 서버에 사용자가 로그인한 상태에서, 윈도우 인증을 통해 아이디와 패스워드 입력 없이도 설치한 계정의 인증으로 들어가는 방법입니다. 둘째는 새로 사용자를 생성하거나, 시스템 관리자(SA: System Administrator) 계정을 활성화하고 아이디와 패스워드를 입력하여 들어가는 방법입니다.

일반적으로 파이썬 같은 외부 프로그램에서는 후자의 방법으로 접근합니다.

MSSQL을 처음 설치하면 활성화되거나 만들어진 사용자가 아직 없기 때문에, 윈도우 인증으로만 로그인이 가능합니다. 하지만 우리가 만들 파이썬 프로그램은 아이디와 패스워드를 넣어서 SQL 서버에서 연결해 사용할 것이므로, 해당 아이디와 패스워드로 로그인 가능하도록 옵션을 설정해 주어야 합니다.

맨 위의 연결된 SQL 서버의 이름 항목을 선택하고, 마우스 오른쪽 버튼을 눌러서 컨텍스트 메뉴를 띄운 후, 맨 아래에 보이는 "속성" 메뉴를 클릭합니다.

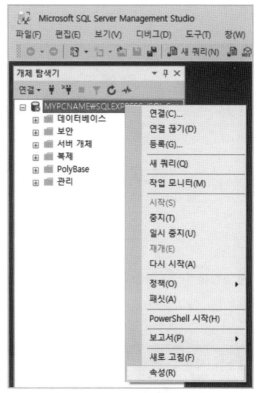

[그림 4교시-9: SSMS 개체 탐색기 창]

그럼 [그림 4교시-10]의 "서버 속성" 창이 뜹니다. 왼쪽 트리 메뉴에서 "보안" 항목을 선택하면 서버 인증 옵션이 보입니다. 기본값으로는 아래와 같이 "Windows 인증 모드"가 선택되어 있습니다. "SQL Server 및 Windows 인증 모드" 라디오 버튼을 선택한 후 "확인" 버튼을 눌러 적용합니다. 그럼 SQL 서버를 다시 시작해야 한다는 경고(Alert) 창이 뜨면서 적용됩니다.

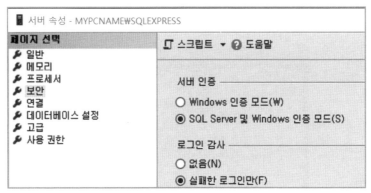

[그림 4교시-10: SSMS 서버 속성 설정]

SQL 서버의 재시작은 커맨드 창 명령어로 하거나 컴퓨터를 재부팅해도 가능하겠지만, 여기서는 시작 프로그램에서 "Microsoft SQL Server 2016 〉 SQL Server 2016 구성 관리자"를 실행합니다.

[그림 4교시-11: SSMS 구성 관리자 실행]

아래와 같은 "Sql Server Configuration Manager" 창이 뜹니다.

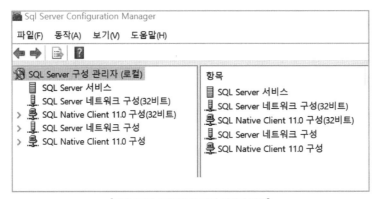

[그림 4교시-12: SSMS 구성 관리자 화면]

그런데 실제 서비스를 재시작하기 전에 할 일이 하나 더 있습니다. 현재 설정한 상태로만 운영할 경우, SSMS 프로그램을 이용하면 아이디와 패스워드를 이용해 잘 접속됩니다. 그러나 "python"이나 "텔넷(telnet)" 연결로는 접속이 안 되는 일이 발생합니다. 구글을 찾아보니 아래와 같은 안내가 있어, 추가 설정을 한 후 서비스를 재시작하려 합니다.

[Can't connect to localhost on SQL Server Express 2012/2016 – stackoverflow 사이트]
https://bit.ly/2MjPYpx

Make sure that TCP/IP is enabled under Client Protocols.

이 페이지에서 안내한 대로 먼저 TCP/IP를 활성화하겠습니다. 구성 관리자의 왼쪽 트리 메뉴에서 "SQL Server 네트워크 구성 〉 SQLEXPRESS에 대한 프로토콜"을 선택하고, 오른쪽에서 "TCP/IP" 항목을 더블 클릭합니다. "TCP/IP 속성" 팝업 창이 뜨면 "프로토콜" 탭에서 "사용" 속성을 "예"로 바꾸어 줍니다.

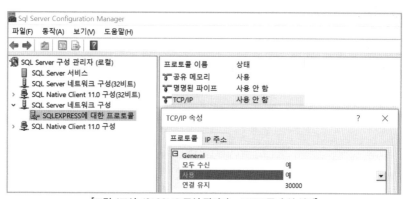

[그림 4교시-13: SSMS 구성 관리자 – 프로토콜 속성 설정]

이후 IP 주소 탭을 클릭하고 맨 아래의 "IPALL" 섹션에서 "TCP 동적 포트" 속성의 내용을 지우고, "TCP 포트" 속성에 MSSQL의 디폴트 포트인 "1433"을 넣은 후 확인 버튼을 누릅니다. 그러면 앞과 마찬가지로 서비스를 재시작해야 한다는 메시지가 나옵니다.

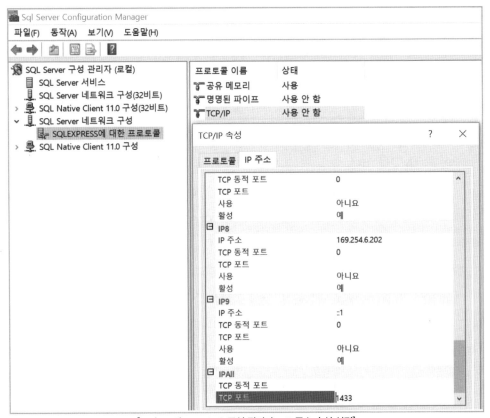

[그림 4교시-14: SSMS 구성 관리자 – IP 주소 속성 설정]

서비스 재시작을 위해, 다시 왼쪽 트리 메뉴에서 "SQL Server 서비스"를 선택하고, 오른쪽에서 "SQL Server (Sqlexpress)" 항목을 클릭한 후, 마우스 오른쪽 버튼으로 컨텍스트 메뉴를 띄우고, "다시 시작" 메뉴를 클릭해서, 서비스를 종료했다 다시 시작합니다.

[그림 4교시-15: SSMS 다시 시작]

이렇게 되면 서비스 설정이 완료됩니다.

📖 참고_ 텔넷 클라이언트

익숙하지 않은 새로운 환경을 설정한 후, 파이썬 프로그램으로 연결하기 전에 다른 방식으로 그 환경의 동작여부를 확인해 보는 것이 유용할 때가 있습니다. 그렇게 되면 파이썬 코드 실행 중 에러가 났을 때, 해당 코드 부분이 호출된 외부 환경의 기본 설정에서 비롯된 문제가 아니라고 가정할 수 있어서, 문제범위를 좁히고 해결 실마리를 좀더 쉽게 찾을 수 있기 때문입니다. 파이썬을 돌리기 전에 간단히 구축된 MSSQL 서버의 연결을 확인하려면, 윈도우에서 제공하는 텔넷(Telnet) 서비스를 설치하고 커맨드 창에서 MSSQL 서버로의 연결을 확인합니다.

윈도우 10에서는 기본적으로 텔넷 클라이언트가 설치되어 있지 않기 때문에, "윈도우키 + S키"를 클릭해서, 검색 창을 띄운 후(또는 시작 메뉴 위에서 마우스 오른쪽 버튼을 눌러 나온 메뉴에서 "검색" 메뉴를 선택해도 됩니다), 하단 검색 창에 "프로그램"이라고 입력합니다. 상단에 있는 "프로그램 추가/제거" 메뉴를 클릭합니다.

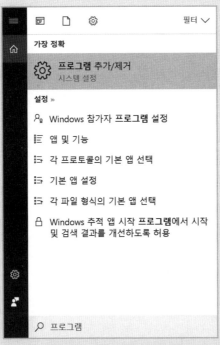

[그림 4교시-16: 프로그램 추가/제거 실행]

실행된 "앱 및 기능" 창에서 맨 아래 항목까지 스크롤하면, 관련 설정 부분에 "프로그램 및 기능" 메뉴
가 있습니다(윈도우 10에서는 사용성을 위해 세부 설정 메뉴들을 깊게 숨겨 놓았습니다).

[그림 4교시-17: 앱 및 기능 창]

"프로그램 및 기능" 창이 뜨면, 왼쪽에서 "Windows 기능 켜기/끄기" 메뉴를 클릭한 후에, "Windows
기능" 팝업 창에서 "텔넷 클라이언트" 체크 박스를 체크한 후 확인 버튼을 눌러 설치합니다.

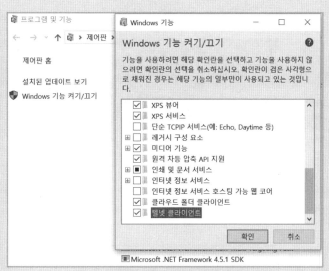

[그림 4교시-18: Windows 기능 창]

그 다음, "윈도우키 + R"을 눌러 실행 창을 열고, "cmd"를 입력한 후, 확인 버튼을 누릅니다.

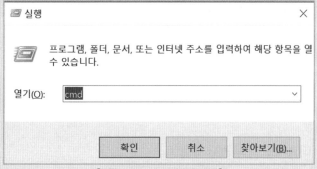

[그림 4교시-19: 커맨드 창 실행]

아래와 같이 커맨드 창이 뜨면 "telnet localhost 1433"이라 입력한 후 엔터키를 누릅니다. 정상적으로 MSSQL 서버에 연결되면 까만 화면만 보이면서, 커서가 깜빡거리고 입력 상태로 됩니다(실제 입력되는 글자는 보이지 않습니다).

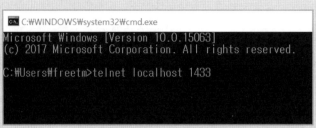
[그림 4교시-20: MSSQL 서버로 텔넷 연결]

빠져나오려면 "컨트롤(CTRL) +]"를 입력한 후, "Microsoft Telnet)"이라는 프롬프트가 나오면 "q"를 입력한 후 엔터키를 누릅니다.

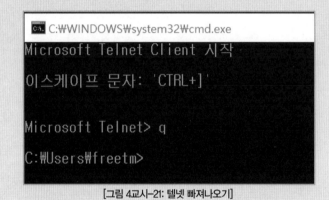
[그림 4교시-21: 텔넷 빠져나오기]

2.3 실습용 데이터베이스 및 사용자 설정

데이터베이스 생성 및 파이썬에서 사용할 사용자 계정을 생성하겠습니다. 탐색기에서 "데이터베이스" 항목을 선택한 후 컨텍스트 메뉴를 띄워(이후부터 마우스 오른쪽 버튼을 누르라는 절차는 생략합니다), "새 데이터베이스" 항목을 선택합니다.

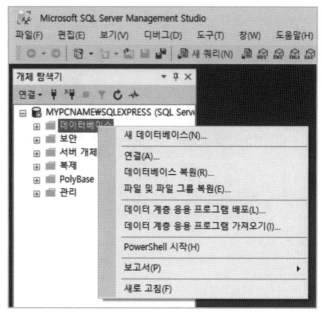

[그림 4교시-22: 새 데이터베이스 명령어 실행]

데이터베이스 이름을 "mytest"로 입력하고(다른 이름으로 해도 되지만, 그렇게 되면 앞으로 작성할 소스들에서 "데이터베이스 이름" 항목을 해당 이름으로 수정해 주어야 합니다), "확인" 버튼을 누릅니다.

[그림 4교시-23: 새 데이터베이스 생성]

아래와 데이터베이스 트리 안에 방금 만든 "mytest"란 데이터베이스가 보입니다.

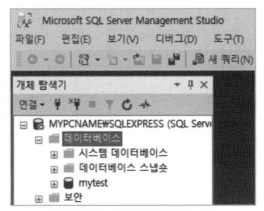

[그림 4교시-24: 생성된 데이터베이스 확인]

이제 파이썬 프로그램에서 사용할 사용자를 하나 만들어 보겠습니다. "보안 〉 로그인" 항목을 선택하고, 컨텍스트 메뉴를 띄워 "새 로그인" 항목을 클릭합니다.

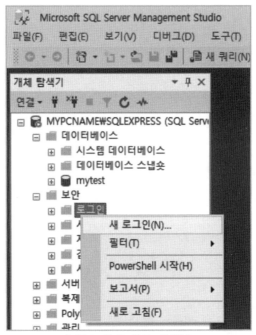

[그림 4교시-25: 새 로그인 생성]

"로그인 - 신규" 창이 뜨면, 왼쪽의 "페이지 선택" 섹션에서 "일반" 항목을 선택하고, 로그인 이름으로 "pyuser"를 입력하고, "SQL Server 인증" 라디오 버튼을 클릭하고, 암호에 "test1234", 암호 확인에 "test1234"를 넣습니다. 실제 운영 시에는 패스워드를 주기적으로 바꾸는 것이 보안상 안전하지만, 학습 시 암호가 만료되면 귀찮아지므로 아래와 같이 "암호 정책 강제 적용" 체크 박스를 해제합니다.

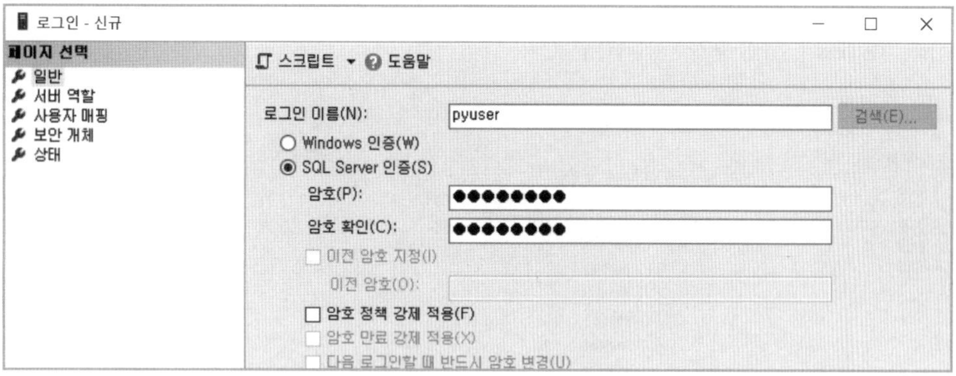

[그림 4교시-26: 새로운 사용자 등록]

이후 왼쪽에서 "서버 역할" 항목을 클릭하고 "sysadmin"을 체크합니다(이것도 사실 데이터베이스에 대한 관리자 권한을 주는 것이므로 실제 웹 애플리케이션 운영 시에는 필요한 권한만 부여하여 사용해야 안전합니다).

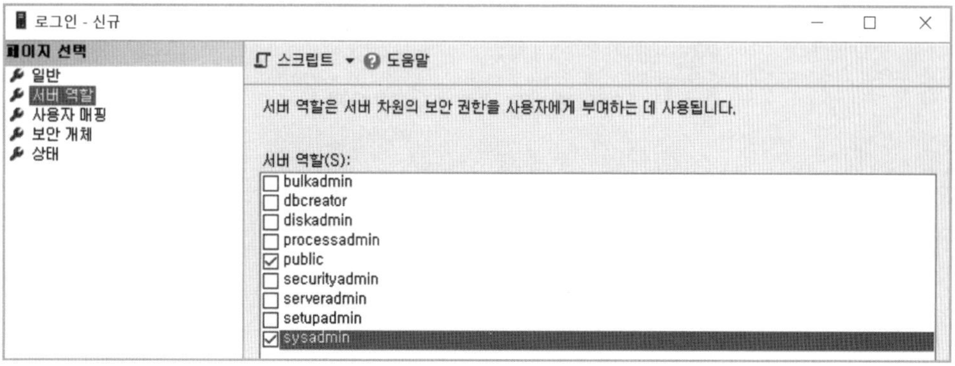

[그림 4교시-27: 사용자에게 권한 부여]

마지막으로 왼쪽에서 "사용자 매핑"을 선택하고, 우리가 만든 "mytest" 데이터베이스를 체크하고, 하단의 "데이터베이스 역할 멤버 자격" 섹션에서 "db_owner" 권한을 체크합니다(이것도 "디비의 주인" 역할이기 때문에 운영 시에는 과도한 권한입니다). 그리고 하단의 "확인" 버튼을 눌러 사용자 생성을 완료합니다.

이렇게 되면 "mytest" 데이터베이스에 "db_owner" 권한을 가진, "sysadmin" 역할을 지닌 "pyuser" 사용자가 생성됩니다.

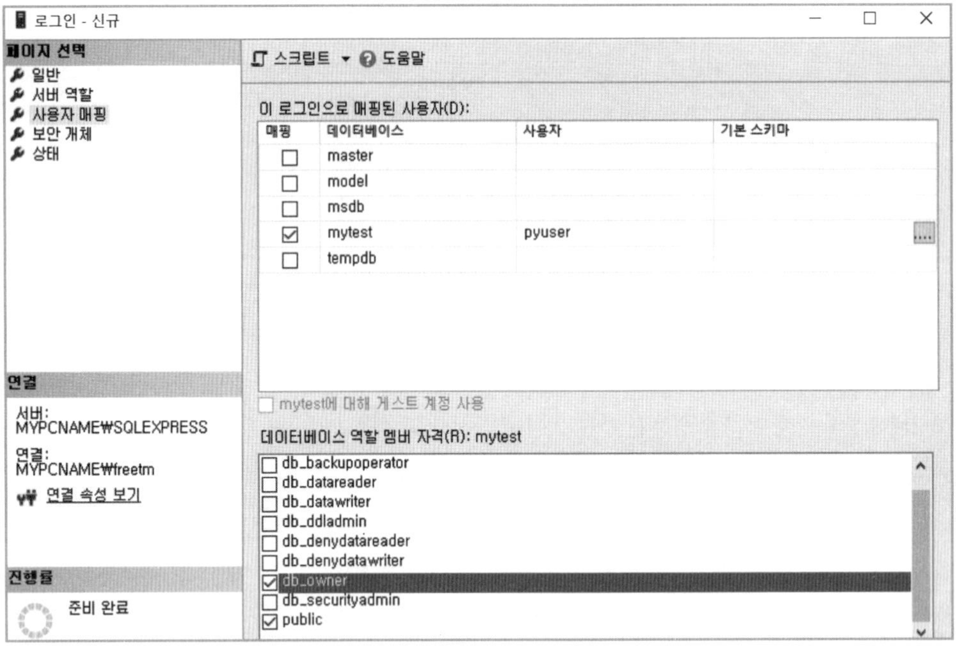

[그림 4교시-28: 사용자에게 권한 부여]

이후 SSMS 화면 상단의 "파일 〉 개체 탐색기 연결" 메뉴를 선택하여 "서버에 연결" 창을 띄운 후, 인증 부분을 "SQL Server 인증"으로 바꾸고, 아이디/패스워드에 우리가 생성한 "pyuser"와 "test1234"를 입력합니다. 그 다음 "연결" 버튼을 누릅니다.

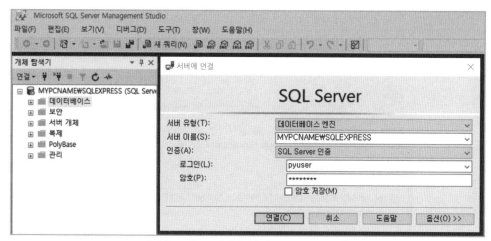

[그림 4교시-29: 생성한 사용자로 SQL 서버 로그인]

이제 개체 탐색기를 보면, 두 개의 연결 항목이 있습니다. 항목 이름을 살펴보면 위쪽은 최초에 윈도우 인증으로 연결한 세션 항목이고, 아래쪽은 지금 "pyuser"로 연결한 세션 항목입니다. 처음 MSSQL을 사용하는 분들은 혼란스러울 수 있으니, 위쪽의 세션 항목을 선택한 후 컨텍스트 메뉴를 띄워 "연결 끊기"를 클릭합니다.

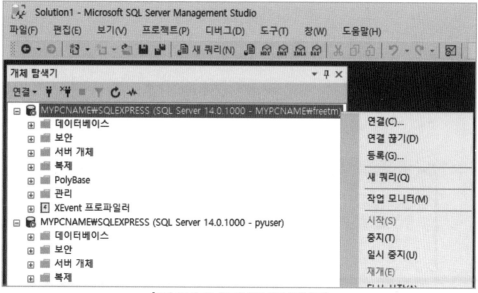

[그림 4교시-30: 윈도우 인증 연결 세션 끊기]

연결이 끊긴 후 개체 탐색기 메뉴를 보면, 두 번째 만든 "pyuser"에 대한 항목만 하나 남아 있습니다. 이제 "mytest" 데이터베이스 항목을 선택하고, 컨텍스트 메뉴에서 "새 쿼리"를 선택합니다.

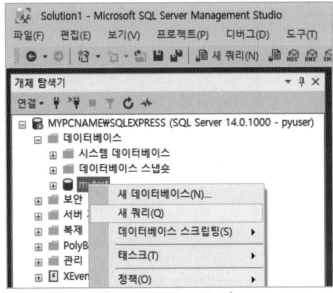

[그림 4교시-31: 새 쿼리 창 오픈]

그럼 아래와 같이 오른쪽에 쿼리 창이 열리면서 커서가 반짝거립니다. 쿼리 창 상단에 마우스를 오버해 올리면, "mytest (pyuser (54))"이라고 현재 사용하는 데이터베이스와 사용자 정보가 나옵니다.

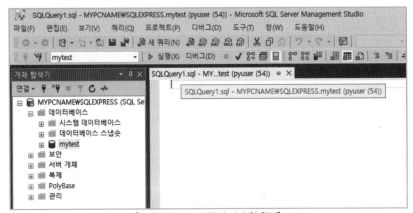

[그림 4교시-32: 오픈된 쿼리 창 확인]

마지막으로 쿼리 창에 "select SYSTEM_USER"라고 입력 후, 마우스로 드래그해 선택합니다. 그리고 "F5" 키를 누릅니다("F5" 키를 누르는 것은 SSMS 상단 메뉴에서 "쿼리 〉실행"을 선택하는 것과 동일합니다). 해당 명령은 현재 등록된 사용자를 보여주는 명령어로 하단 결과 창에 방금 등록한 "pyuser"가 보이게 됩니다(참고로 마우스로 드래그하여 선택하지 않으면 "F5"를 눌렀을 때, 쿼리 창에 있는 모든 쿼리가 다 실행되게 됩니다)

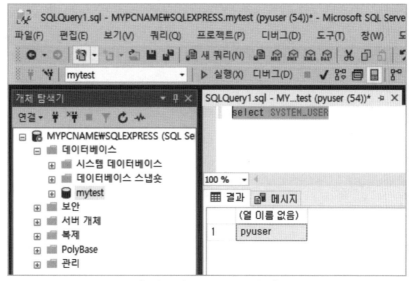

[그림 4교시-33: 테스트 쿼리 확인]

이로써 MSSQL을 파이썬에서 이용하기 위한 기본적인 데이터베이스와 사용자 준비가 끝났습니다.

2.4 테이블 생성과 데이터 입력

이제 데이터베이스에 테이블을 하나 만들어 보겠습니다. 구글에서 "mssql table create sample"로 검색합니다. 링크 상단에 나오는 마이크로소프트 페이지들의 설명은 가능한 모든 옵션을 나열해서 보기 힘들 수 있으니, 세 번째쯤에 나오는 비교적 간략한 샘플을 제공하는 페이지를 참고합니다.

[SQL Server: CREATE TABLE Statement – Tech ONTHE Net 사이트]

https://bit.ly/2Clf6qx

해당 페이지의 내용을 간략히 설명하면 아래와 같습니다.

```
create table '소유자'.'테이블이름'(
    '칼럼이름1' '담을 데이터형태' '각종제약조건(null 여부, primary, default, check 등)'
    '칼럼이름2' ............................................................. 이하 동일
```

소유자를 안 넣게 되면 현재 사용자의 테이블이 생성되기 때문에, 현재 환경에서는 "pyuser"가 "dbowner" 권한을 가지고 있기 때문에, 소유자에 "dbo(db owner)"가 무조건 붙습니다. 담을 데이터 형태는 파이썬과 마찬가지로 int, char, float 등 칼럼 안에 저장할 데이터의 형태를 지정합니다. 제약 조건에는 null, not null, primary, constraint, identity, foreign key, default value 등 여러 가지 항목이 있는데, 이 부분은 MSSQL뿐만 아니라 표준 SQL 전반에 대한 공통된 내용이므로 〈헤드퍼스트 SQL(Head First SQL)〉 같은 책이나 잘 정리되어 있는 블로그를 참고하면 좋습니다. 여기서는 null, not null만 설명하겠습니다.

"null"은 해당 칼럼에 값을 넣지 않아도 관계없다는 것을 의미하고, "not null"은 꼭 어떤 값이 들어가야 한다는 것을 의미합니다. 예를 들어 "buy"라는 테이블에 "no, name, card"라는 칼럼이 있고, "card"라는 칼럼이 null이 가능한 속성(nullable)이라면, 데이터 입력 시 ('1', '홍길동') 이런 식으로 세 번째 "card" 값을 생략하고 한 행을 넣을 수 있습니다(그 이유를 단순하게 생각해 볼까요? 카드가 없는 회원도 있을 수 있기 때문에, 해당 card라는 칼럼에 데이터가 비어 있는 것을 허용하게 하는 것입니다).

또 "null"이라는 개념은 "join"과 같이 테이블 사이의 공통된 관계를 연결할 때에는 해당 대상이 없는 부분을 판단할 때 같은 경우에도 사용하지만, 테이블만의 개념을

설명하면 위와 같이 단순히 이해하면 됩니다. 또 데이터형 뒤에 null, not null이 따라 붙지 않은 경우 MSSQL은 기본적으로 null 형태라고 판단하는데, null을 명시적으로 쓰는 것이 명확하긴 합니다. null은 프로그래밍 언어에서도 꽤 모호한 영역을 차지하고 있으니, 더 궁금하다면 구글에서 "null 개념"으로 검색 후 아래와 같은 글을 참고하세요.

[개발자들의 영원한 숙제, 'NULL' 이야기 – 슬로워크 블로그]

https://bit.ly/2wYRzvo

위의 지식을 토대로 우리 실습에 사용할 supermarket이란 테이블을 만들어 보겠습니다.

```
CREATE TABLE [dbo].[supermarket](
    [Itemno] [int] NULL,
    [Category] [char](20) NULL,
    [FoodName] [char](30) NULL,
    [Company] [char](20) NULL,
    [Price] [int] NULL
)
```

[query_01.txt]

테이블을 생성하는 쿼리의 내용을 보면 테이블 소유자는 "DBO(DB Owner:pyuser)"이고, 칼럼은 아이템번호(Itemno), 종류(Category), 음식이름(FoodName), 제조사(Company), 가격(Price)의 다섯 개입니다. 모두 비어 있을 수 있도록 "null"로 제약조건을 지정했고, 아이템번호와 가격은 정수(int) 형으로 지정했습니다. 나머지 값들은 20, 30개의 문자로 이루어진 문자열(char)로 지정했습니다(참고로 MSSQL은 대소문자를 안 가립니다).

위의 소스를 내려받은 샘플 파일에서 복사하여, 이전에 실행해 놓은 쿼리 창에 붙여 넣고, 내용 전체를 선택한 후 "F5"키를 누릅니다. 하단 결과 창에 명령이 완료되었다고 뜨며, 왼쪽 트리 창의 테이블 항목 안을 보면 방금 만든 "supermarket" 테이블이 보입니다.

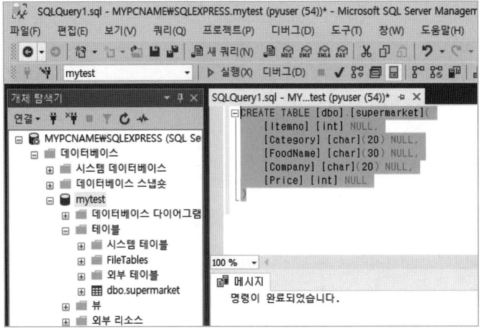

[그림 4교시-34: supermarket 테이블 생성]

이제 우리가 만든 테이블 내용을 조회해 보겠습니다. 내려받은 소스에서 첫째 줄인 "select ~ (nolock)" 부분만 복사하여 쿼리 창에 붙여 넣습니다. 참고로 "--"로 시작하는 줄들은 MSSQL 문법에서 사용하는 주석(코드가 아닌 코드에 대한 설명을 넣기 위한 줄로 실행 시 무시됩니다) 표시로, 쿼리가 처음인 분들에게 설명하기 위해 넣었습니다.

```
select * from supermarket(nolock)
 -- 슈퍼마켓 테이블(supermarket)로부터(from) 모든 걸(*) 가져옵니다(select)
 -- 다른 쿼리와는 부딪치지 않는 읽기 모드로(nolock)
```

[query_02.txt]

그런데 조회를 하면 아래와 같이 칼럼 이름만 표시되고 빈 내용이 표시됩니다.

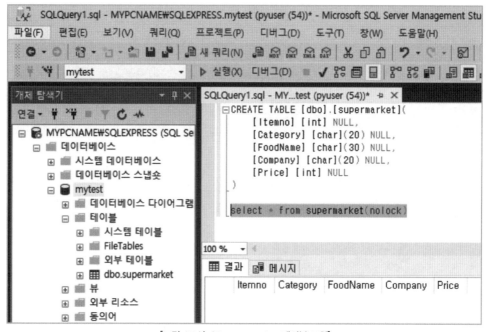

[그림 4교시-35: supermarket 테이블 조회]

아직 테이블만 만들고 데이터를 넣지 않았으니 당연한 결과입니다. 그럼 테이블에 데이터를 넣는 방법을 찾아보기 위해 구글에 "mssql insert sample"로 검색합니다. 이전처럼, 네 번째쯤 있는 Tech ON THE Net 사이트의 내용을 참고하겠습니다.

[SQL Server: INSERT Statement – Tech ON THE Net 사이트]
https://bit.ly/2x0QaFy

역시 비슷하게 설명하면 아래와 같습니다.

```
INSERT INTO 테이블
('칼럼1', '칼럼2', '칼럼3')
VALUES
('넣을값1', '넣을값2', '넣을값3');
```

이 방식을 이용해서 supermarket에 넣을 쿼리를 만들면 아래와 같습니다. 역시 아래 소스를 복사하여, 쿼리 분석기에 넣고 선택한 후 F5 키를 누릅니다(이제 "복사하여~F5 키"절차에도 익숙해졌을 테니 이를 생략하고 "쿼리를 실행한다"고 표현하겠습니다). 아래와 같은 네 개의 적용됐다는 메시지가 결과 창에 나오면 성공한 것입니다(테이블에 네 개의 데이터 건이 각각 들어갔으므로, 네 개 행이 영향을 받았다고 나온 것입니다).

```
insert into supermarket
values (1, '과일', '자몽', '마트', 1500)
-- 슈퍼마켓 테이블(supermarket)안에(into) 값들(1,'과일', '마트', '자몽',3000)을 넣습니다
(insert)

insert into supermarket
values (2, '음료수', '망고주스', '편의점', 1000)

insert into supermarket
values (3, '음료수', '식혜', '시장', 1000)

insert into supermarket
values (4, '과자', '머랭', '조각케익가게', 3000)
```

[query_03.txt]

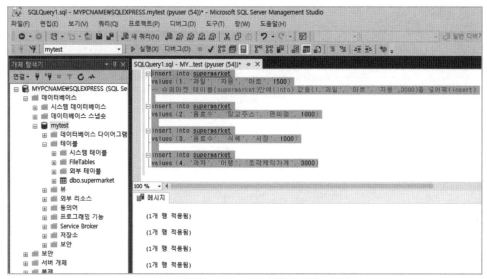

[그림 4교시-36: supermarket 테이블에 데이터 입력]

아래 쿼리를 다시 실행해 봅니다.

```
select * from supermarket(nolock)
```

이제 아래 화면과 같이 결과가 잘 나옵니다.

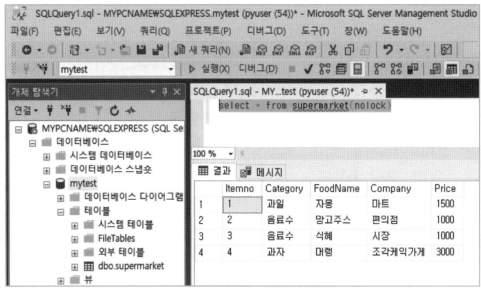

[그림 4교시-37: supermarket 테이블 조회]

참고로 SQL이 처음인 독자들은 아래와 같은 쿼리들도 추가로 돌려서 SQL의 셀렉트(select) 쿼리의 여러 측면을 느껴 보기 바랍니다. 이렇게 하여 파이썬에서 사용할 MSSQL 데이터베이스에 대한 모든 세팅이 완료되었습니다.

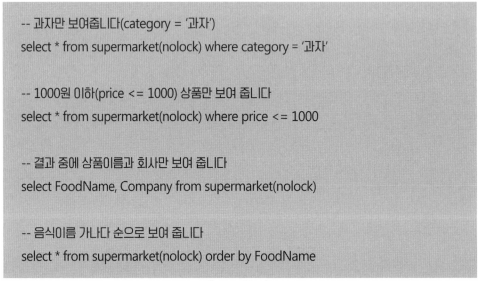

```
-- 과자만 보여줍니다(category = '과자')
select * from supermarket(nolock) where category = '과자'


-- 1000원 이하(price <= 1000) 상품만 보여 줍니다
select * from supermarket(nolock) where price <= 1000


-- 결과 중에 상품이름과 회사만 보여 줍니다
select FoodName, Company from supermarket(nolock)


-- 음식이름 가나다 순으로 보여 줍니다
select * from supermarket(nolock) order by FoodName
```

[query_04.txt]

2.5 python으로 조회해보기 – pymssql 모듈 사용

지금까지 MSSQL 설치 및 서비스 설정, 테이블 생성과 데이터 입력 후 조회를 해보았습니다. 작은 프로그램을 하나 만들기 위해 무척 번거롭고 긴 과정을 거친다고 느꼈을 수도 있지만, 앞 시간에서 얘기했듯이, 4교시에서 지금까지 진행한 모든 과정은 파이썬과 직접적인 관계가 없습니다. 사실은 파이썬 바깥의 일반적인 프로그래밍 요소에 대한 설명으로, 전체 요리를 맛본 것과 다름없습니다.

달리 말해, 여기서 얻은 MSSQL(그리고 많이 비슷한 SQL 표준을 따르는 오라클, MySQL 같은 관계형 데이터베이스들과 하둡(Hadoop) 기반의 하이브(Hive) 등)에 대한 지식은 한 번 잘 익혀 두면 다른 언어를 다룰 때에도 적절히 응용해 사용할 수 있습니다. 아마 나중에 루아(LUA)나 자바(JAVA) 같은 상이한 언어를 할 때에도, 지금 알게 된 지식으로 SQL을 호출하는 부분이 좀 더 수월할 것입니다.

프로그래밍은 어떤 측면에서는 코딩 작업이 아닙니다. 자기가 아는 구체적인 지식을 코드라는 수단을 이용해 표현하는 것에 불과할지 모릅니다. 구현할 주제와 관련된 모든 것을 잘 파악하고 있다면, 구현은 비교적 간단해집니다. 그래서 같은 회사 내에서도 바쁘게 보이지만 실제론 한가로운 프로그래머들도 있는 듯싶습니다. 요즘 많이 회자되는 폴리글랏(polyglot) 프로그래밍도 어떤 측면에서는 같은 맥락인 것 같습니다. 새로운 언어를 빨리 배우는 능력은 언어와 연결된 배경들의 핵심을 잘 아는데서 비롯된다고 생각합니다.

2.5.1 pymssql 설치

3교시에서 pymssql 모듈을 사용하기로 결정했기 때문에, 구글에서 "python 3 pymssql install"로 검색합니다. 상단에 아래의 모듈 공식 사이트 링크가 나옵니다(책을 쓰면서 느끼는 것이지만, 결과가 나열되는 순서는 항상 조금씩 바뀝니다. 페이지가 바뀌는 경우는 좀처럼 드물지만요).

[Docs 》 Introduction — pymssql.org 사이트]
https://bit.ly/2CPjzHQ

이 페이지를 들어가면 아래의 명령으로 설치하라고 합니다. 커맨드 창을 띄운 후 아래 명령어를 입력하고 실행합니다.

```
pip install pymssql
```

```
C:\Python\code>pip install pymssql
Collecting pymssql
… 생략
error: Microsoft Visual C++ 14.0 is required. Get it with "Microsoft Visual C++
Build Tools": http://landinghub.visualstudio.com/visual-cpp-build-tools
        ----------------------------------------
single-version-externally-managed --compile" failed with error code 1 in C:\Users\
freetm\AppData\Local\Temp\pip-build-wvx_yrun\pymssql\
```

그런데 불행하게도 위의 에러가 발생합니다. 사실 이 모듈은 처음 해당 샘플을 만들었던 3.5버전에서는 정상적으로 PIP 명령어로 설치되었는데, 3.6에서는 에러가 발생하고 있습니다. 아직 파이썬 공식 저장소에 쉽게 설치할 수 있는 바이너리 형태의 pymssql 모듈이 없는 것 같습니다. 어쩌면 이 모듈의 유지보수 속도가 꽤 느린 건지도 모르겠습니다. 에러 메시지의 내용을 자세히 보면, 공식 저장소에서 모듈 소스를 받아서 빌드하는 과정에서 에러가 났으며 "Visual C++ 14.0 빌드 툴"이 필요하다고 합니다.

그래서 에러에서 안내하는 아래의 링크로 이동해 봅니다. 아래와 같이 "Visual C++ 2015 Build Tools" 다운로드 링크가 나옵니다. 커맨드 창에서 C++ 프로그램을 컴파일하는 마이크로소프트의 프로그램입니다.

[Visual C++ 2015 Build Tools – Visual Studio 사이트]

https://bit.ly/2GAWert

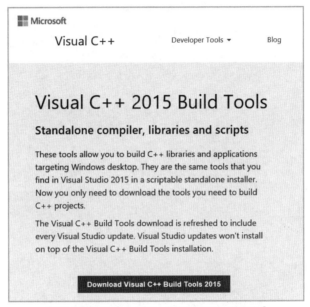

[그림 4교시-38: Visual C++ 2015 Build Tools 페이지]

막상 설치하려니 궁금한 게 하나 생깁니다. 에러에서는 Visual C++ 14.0 버전을 설치하라고 하는데, 2015 버전이 14.0이 맞을까 싶습니다. 구글에서 "visual studio 2015 version number"를 찾아 아래 위키 페이지의 맨 아래 내용을 보니 14.0버전이 2015 버전이 맞습니다. 그럼 고민하지 말고 링크를 클릭해서, Visual C++ Build Tools을 내려받아 설치합니다.

[Microsoft Visual Studio – WIKIPEDIA 페이지]

https://bit.ly/1T1ocfT

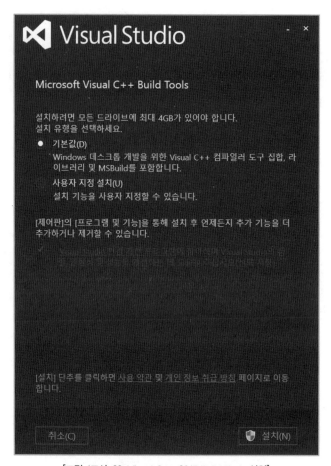

[그림 4교시-39: Visual C++ 2015 Build Tools 설치]

설치 후 다시 PIP 명령어를 실행했는데, 이번엔 다른 에러가 나옵니다.

C:\Python\code>**pip install pymssql**

Collecting pymssql

··· 생략

_mssql.c(266): fatal error C1083: Cannot open include file: 'sqlfront.h': No such file

or directory

빌드에 필요한 파일이 없다고 합니다. 다시 구글에 에러 문구인 "Cannot open include file: 'sqlfront.h': No such file or directory"로 검색하여 아래의 스택오버플로 페이지를 찾습니다.

[Install pymssql 2.1.3 in Pycharm – stackoverflow 페이지]
https://bit.ly/2oYQcsQ

Still, as the post found suggests, you can try the following options:
1.Drop back to Python 3.5
2.Use the Python 3.6 wheels available here:
3.Try to build pymssql using the advice given in the forum link above.

동일한 윈도우 10에 파이썬 3.6 문제이고, 답변한 사람의 글을 보면 세 가지 방법이 제안되었습니다. 첫째는 호환되는 3.5버전을 사용하기, 둘째는 wheel 파일을 가져다 쓰기, 셋째는 포럼의 글들을 잘 읽고 자신이 알아서 빌드해보기 입니다. 첫째 방법을 하자니 이제와 버전을 내릴 수는 없고, 셋째 방법은 쉬워 보이지 않으니, 둘째 방법으로 해보겠습니다.

글의 링크를 클릭하면 캘리포니아 대학의 어떤 연구실의 페이지로 이동합니다. 비공식적인 윈도우 파이썬 확장 패키지들의 바이너리 버전 페이지라고 하며(nofficial Windows Binaries for Python Extension Packages), 미리 wheel 파일들을 만들어 링크해 놓았습니다. 앞으로도 최신 버전의 파이썬을 사용하여 특정 모듈의 PIP 설치가 지원되지 않을 경우, 자주 방문하게 될 것 같습니다.

[Unofficial Windows Binaries for Python Extension Packages – University of California, Irvine 페이지]
https://bit.ly/2QiJPgF

참고_ Wheel 파일이란?

wheel 파일은 zip 파일의 확장자를 wheel이라고 바꾸어 저장한 파일입니다. 해당 압축 파일 안엔 이미 컴파일된 바이너리 모듈이 들어 있어, 파이썬이 단지 압축을 풀어 모듈 폴더로 복사함으로써 모듈이 설치되는 원리 같습니다. 설치 장소는 c:₩Python₩Lib₩site-packages₩ 안입니다. 상세한 내용은 아래 링크의 파이썬 공식 문서를 참고하세요.

[Package Index 〉 wheel 〉 0.30.0 – 파이썬 공식 페이지]
https://bit.ly/2O8iuMP

Pymssql, a simple MS SQL database interface based on FreeTDS.
- pymssql-1.0.3-cp27-none-win32.whl
- pymssql-2.1.3-cp27-cp27m-win32.whl
- pymssql-2.1.3-cp27-cp27m-win_amd64.whl
- pymssql-2.1.3-cp34-cp34m-win32.whl
- pymssql-2.1.3-cp34-cp34m-win_amd64.whl
- pymssql-2.1.3-cp35-cp35m-win32.whl
- pymssql-2.1.3-cp35-cp35m-win_amd64.whl
- pymssql-2.1.3-cp36-cp36m-win32.whl
- pymssql-2.1.3-cp36-cp36m-win_amd64.whl

[그림 4교시-40: Wheel 파일 다운로드]

[그림 4교시-40]의 리스트를 보면, "cp36"이 파이썬 버전을, "amd64"가 64비트 윈도우 버전을 나타냅니다. 그럼 현재 환경에 맞는 "pymssql-2.1.3-cp36-cp36m-win_amd64.whl" 파일을 내려받아야 할 것입니다. 해당 파일을 내려받아 "c:\python\code" 폴더에 저장합니다. 이후 커맨드 창을 띄워 c:\python\code 폴더로 이동하고(2교시에서 설명한 내용입니다), 아래와 같이 명령어를 입력합니다(이 모듈의 버전이 계속 업데이트되기 때문에 pymssql 버전은 달라질 수 있습니다. 이 경우 아래 명령어의 대상 wheel 파일 이름도 바뀌어야 합니다).

```
C:\Python\code>pip install pymssql-2.1.3-cp36-cp36m-win_amd64.whl

Processing c:\python\code\pymssql-2.1.3-cp36-cp36m-win_amd64.whl

Installing collected packages: pymssql

Successfully installed pymssql-2.1.3
```

이번엔 다행히 잘 설치되었습니다. 혹시 "Visual C++ 2015 Build Tools"를 괜히 설치했다고 생각할지도 모르시겠지만, 나중에 다른 모듈을 설치하면서 같이 설치할 가능성이 높으니 미리 할 일을 한거라고 생각하시기 바랍니다.

2.5.2 pymssql 샘플 페이지 만들기

이번에는 프로그램 소스에 이용할 관련 샘플을 찾아보겠습니다. "pymssql python sample"로 검색하면 상단에 공식 홈 출처의 설명 페이지가 나옵니다.

[Docs – pymssql examples – pymssql 공식 페이지]
https://bit.ly/2O9IxnE

이 페이지의 코드 중에, 맨 앞에 나오는 "Basic Features" 부분에서 이미 SSMS에서 작업해 놓은 테이블 생성(create table)과, 데이터 입력(insert) 부분을 제외하고, 조회(select) 코드 기준으로 편집해 가져오면 아래와 같게 됩니다.

```
import pymssql
conn = pymssql.connect(server, user, password, "tempdb")
cursor = conn.cursor()

cursor.execute('SELECT * FROM persons WHERE salesrep=%s', 'John Doe')
row = cursor.fetchone()
while row:
```

```
    print("ID=%d, Name=%s" % (row[0], row[1]))
    row = cursor.fetchone()


conn.close()
```

예제 코드의 동작을 확인하기 위해, 일단 다른 코드를 더 추가하지 않고, 이 코드 그대로 현재 환경에 맞춰 값을 조정해 넣겠습니다. 우리가 호출하는 SQL 문장에는 where 조건이 없으므로, cursor.execute의 뒷부분(John Doe)은 빼도 되겠습니다. 앞에서 만든 MSSQL 환경에 맞추면 아래와 같게 됩니다.

```
# 모듈을 불러옵니다.
import pymssql

# 데이터베이스에 연결합니다.
conn = pymssql.connect(server='localhost', user='pyuser', password='test1234',
database='mytest')

# 커서를 만듭니다.
cursor = conn.cursor()

# 커서에 쿼리를 입력해 실행 시킵니다.
cursor.execute('SELECT Itemno, Category, FoodName, Company, Price FROM
supermarket(nolock);')

# 한 행을 가져옵니다.
row = cursor.fetchone()
```

```
# 행이 존재할 때까지, 하나씩 행을 증가시키면서 1번째 컬럼을 숫자 2째번 컬럼을 문자로 출력
합니다.
while row:
    print("ID=%d, Category=%s" % (row[0], row[1]))
    row = cursor.fetchone()

#연결을 닫습니다.
conn.close()
```

[파이썬 소스 – pymssql_sample.py]

이 내용을 메모장에 복사하여 c:\python\code 디렉터리에, 파일 형식은 "모든 파일",
인코딩은 "UTF-8"로 선택하고, "pymssql_sample.py" 이름으로 저장한 후 실행하면
아래와 같은 결과가 나옵니다(저장하고 실행하는 부분이 생각나지 않을 경우, 2교시 때 스크
린샷과 함께 자세히 설명한 내용을 참고하세요). 인코딩을 "UTF-8"로 저장하는 이유는 한
글 주석이나 처리를 할 경우 에러를 방지하기 위해서입니다.

```
C:\Python\code>python pymssql_sample.py
ID=1,  Name=°úÀÏ
ID=2,  Name= À¹⁄₂·á¹⁄₄Ö
ID=3,  Name= À¹⁄₂·á¹⁄₄Ö
ID=4,  Name=°úÀÜ
```

그런데 안타깝게도, 한글 출력 부분이 깨져 나오는 것 같습니다. 혹시나 해서 처음 샘
플을 만들었던 파이썬 3.5.3 버전을 다시 설치해 확인해 보았습니다. 해당 버전에서는
PIP 명령어로 pymssql 모듈이 잘 설치되고, 출력 시 한글이 깨지지도 않습니다. 현재
Wheel 파일로 설치된 버전은 아직 버전 간 호환 문제가 완전히 해결되지 않은 것 같
습니다. 그렇다고 데이터를 영문으로 계속 진행할 수는 없고 무작정 호환성이 반영되

기만을 기다릴 수도 없으니, 3교시에서 검토해 본 MSSQL을 지원하는 또 다른 모듈인 "pyodbc" 모듈을 사용해 다시 확인해 보겠습니다.

2.6 python으로 조회해보기 – pyodbc 모듈 사용

구글에서 다시 "python 3.6 pyodbc mssql"로 검색하여 아래의 마이크로소프트 페이지로 이동합니다. 이 페이지에서도 pymssql과 pyodbc 두 가지 모듈을 중심으로 설명하고 있습니다. 우리가 길을 잘못 가고 있진 않은 것 같습니다.

[Python SQL Driver – 마이크로소프트 홈페이지]

https://bit.ly/2NyMkwl

페이지 하단의 "More Samples" 섹션에 있는 "Getting Started with Python on Windows" 링크를 클릭한 후, 2번 스텝인 "Create Python application with SQL server"를 클릭합니다.

[그림 4교시-41: pyodbc 샘플 파일 찾기]

그럼 아래쪽에 예제들이 펼쳐지는데, 거기에는 pyodbc를 이용하여 MSSQL 데이터베이스에 조회 및 업데이트, 입력하는 쿼리가 모두 들어 있습니다. SQL 인젝션을 방지하는 "Prepared Statement" 호출 방식으로 인자를 첨부하는 방법도 같이 설명되어 있습니다. 사용하는 방식을 보면 앞의 pymssql 모듈과 거의 유사합니다.

해당 예제를 가져와 실습을 위해 만든 환경에 맞게 조정한 코드가 아래와 같습니다. 예제에서 각각의 출력 값을 str( ) 함수로 감싸는 이유는 결과가 숫자와 문자가 동시에 있기 때문에, 두 개를 하나의 문자열로 합친 후 프린트하기 위해서입니다(해당 함수를 안 쓰면 숫자와 문자를 서로 합칠 수 없다고 에러가 납니다). 나머지 부분이 복잡해 보이지만, 모듈을 만든 사람이 제시한 문법에 맞춰 어쩔 수 없이 사용해야 하니, 각 문법 요소가 이런 식으로 쓰인다는 정도만 알고 넘어가겠습니다. 코드의 흐름을 보면 pymssql 때와 거의 비슷합니다.

```
# 모듈을 불러옵니다.
import pyodbc

# 연결 문자열을 세팅합니다.
server = 'localhost'
database = 'mytest'
username = 'pyuser'
password = 'test1234'

# 데이터베이스에 연결합니다.
cnxn = pyodbc.connect('DRIVER={ODBC Driver 13 for SQL Server};SERVER='+
server+';PORT=1433;DATABASE='+database+';UID='+username+';PWD='+
password)

# 커서를 만듭니다.
cursor = cnxn.cursor()

# 커서에 쿼리를 입력해 실행 시킵니다.
tsql = "SELECT * FROM supermarket"
with cursor.execute(tsql):
    # 한 행을 가져옵니다,
    row = cursor.fetchone()
```

```
# 행이 존재할 때까지, 하나씩 행을 증가시키면서 모든 컬럼을 공백으로 구분해 출력합니다.
while row:
    print (str(row[0]) + " " + str(row[1]) + " " + str(row[2]) + " " + str(row[3]) + " "
+ str(row[4]))
    row = cursor.fetchone()


# 연결을 닫습니다.
cnxn.close()
```

[파이썬 소스 – pyodbc_sample.py]

우선 pyodbc 모듈을 PIP 명령어로 설치하겠습니다. 정상적으로 설치되는 것을 보니, 다행히 pyodbc는 이미 3.6.4버전과 호환성을 맞춰 놓은 것 같습니다.

c:\Python\code>**pip install pyodbc**

Collecting pyodbc

  Using cached pyodbc-4.0.17-cp36-cp36m-win_amd64.whl

Installing collected packages: pyodbc

Successfully installed pyodbc-4.0.17

이제 위의 코드 내용을 복사하여 c:\python\code 디렉터리에, 파일 형식은 "모든 파일", 인코딩은 "UTF-8"로 선택하고, "pyodbc_sample.py" 이름으로 저장한 후 실행하면 아래와 같이 한글이 안 깨지고 정상적으로 결과가 나옵니다.

c:\Python\code>**python pyodbc_sample.py**

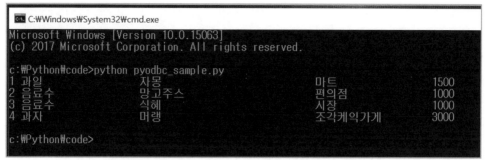

[그림 4교시-42: pyodbc를 이용한 MSSQL 데이터 조회 결과]

여기에 오기까지 꽤 멀리 돌아온 것 같지만, 파이썬 버전이 바뀌면서 모듈 호환성이 깨지는 경험을 해보고, 이 경우 해결하는 방식 중 하나를 실제 예시해 보았다는 점에서 의미 있었다고 생각합니다. 이 책의 목적 중 하나는 완벽한 프로그래밍 세상이 아닌 좌충우돌하는 실제 과정을 보여 주는 것이기 때문입니다.

위의 코드를 나중에 전체 프로그램을 만들 때 다시 사용하기 위해 저장해 둡니다. 다른 데이터베이스에 익숙하거나 사용하길 원하는 분들을 위해, 다른 데이터베이스로 방금 구현한 예제와 동일하게 동작하도록 구현해 보겠습니다. 모바일 프로그래밍 등에서 많이 쓰이는 로컬 파일 데이터베이스인 SQLite3, 대표적인 관계형 데이터베이스인 MySQL, 오라클 그리고 파이썬과 관련한 구글 검색에서 많이 볼 수 있는 NoSQL 데이터베이스의 하나인 몽고디비입니다. MSSQL로만 진행할 분들도 해당 섹션들을 따라 하면서, 데이터베이스 간의 유사점과 차이점을 느껴 보기 바랍니다.

03 ▶ SQLite3를 이용해 파이썬으로 조회해보기

모든 데이터베이스가 결국에는 파일에 데이터를 저장하고 이를 잘 구조적으로 관리하는 형태를 취하긴 합니다. 하지만 SQLite3는 좀더 명시적으로 사용자의 디렉터리안에 .db라는 확장자로 파일을 하나 만들어 놓고, 그 안에서 데이터를 관리합니다. 그리고 해당 데이터베이스 파일 안에 테이블을 만들고, 조회하고, 업데이트하는 등의 작업은 SQL 문법을 통해 가져오게 됩니다(보통 오픈소스 데이터베이스의 경우 여러 면에서 MSSQL보다는 오라클 문법에 가깝습니다). 그런 장점 덕분에, 파이썬뿐만 아니라 아이폰이나 안드로이드 프로그램에서도 주소록 같은 간단한 자료들을 부담 없이 저장할 때 사용하곤 합니다.

다만 보안상으로는 다른 SQL과 달리 아이디와 패스워드 기반의 인증보다는 장치나 파일 권한(permission) 관점에서의 접근제어만 하는 경우가 많아, 데이터베이스 파일이 유출될 경우 마음대로 내용을 볼 수 있습니다. 이런 점을 고려하여, 공개되어도 무방한 데이터에만 사용하는 것이 좋겠습니다.

3.1 SQLite3 코드 개발

파이썬에서 SQLite3의 장점 중 하나는 외부 모듈을 설치하지 않아도 기본적으로 파이썬에 내장되어 있다는 점입니다. 일단 구글에서 "python sqlite3 sample"로 검색하여 파이썬 공식 문서를 찾습니다. 문서에는 기본적으로 데이터베이스를 만들어서 데이터를 인서트하거나 셀렉트하는 방법들이 나와 있습니다.

[SQLite3 – 파이썬 공식 페이지]

https://bit.ly/1JF2Tel

파이썬 코드에서 데이터베이스를 만들고 직접 데이터를 넣는 방식으로 만들고 싶은데, 파이썬 코드 내에서 sqlite3 데이터베이스나 테이블을 만들면 조금 성가신 고려사항이 몇 가지 생깁니다. 예를 들어 이미 테이블(.db 파일 내에 생성됨)이 생성되어 있는 경우 새로 생성하지 않고 기존 테이블을 그대로 이용할지, 테이블 내의 데이터를 실행 시마다 초기화할지, 아니면 계속 누적해 사용할지 등을 결정해야 합니다.

여기서는 테이블을 유지하고, 항상 같은 결과가 나오도록 테이블 내의 데이터를 프로그램을 실행할 때마다 모두 삭제하는 방식을 취하려고 합니다. 먼저, 구글에서 "sqlite3 create table if not exist"로 검색하여 아래의 스택오버플로 페이지를 찾습니다. 여기에서 테이블이 없을 경우에만 생성하는 방법을 얻게 되었습니다.

[createtableinsqliteonlyifitdoesn'texistalready – stackoverflow 사이트]
https://bit.ly/2CPjTGy

CREATE TABLE IF NOT EXISTS foo (id INTEGER, ...);

그 다음, 기존의 데이터를 실행할 때마다 삭제하는 방법을 얻으려고 합니다. 구글에 다시 "sqlite truncate table"로 검색합니다. 트렁케이트(truncate)는 일반적으로 SQL에서 대량의 테이블 내용을 빠르게 삭제하는 명령어로, 영어로는 "잘라내어 길이를 줄이는" 의미를 지녔습니다. 불행하게도 sqlite3에는 truncate 명령어가 없으니 삭제(delete)하거나, 테이블을 지웠다가(drop) 다시 생성하는 방법을 추천합니다. 여기서는 데이터가 별로 없기 때문에, 삭제 시 시간이 걸리지 않을 테니 삭제 방식으로 구현하려 합니다.

[SQLite – TRUNCATE TABLE Command – Tutorials Point 사이트]
https://bit.ly/2MkAOQZ

Unfortunately, we do not have TRUNCATE TABLE command in SQLite but you can use SQLite DELETE command to delete complete data from an existing table, though it is recommended to use DROP TABLE command to drop the complete table and re-create it once again.

위의 sqlite3 매뉴얼과 테이블 생성 코드와 삭제 코드를 머지하여(merge: 코드 등을 합치다) 만들어 낸 코드는 아래와 같습니다.

```
# 모듈을 불러옵니다.
import sqlite3

# test.db 연결합니다(SQLite 는 없으면 자동으로 생성합니다).
conn = sqlite3.connect("test.db", isolation_level=None)
cursor = conn.cursor()


# 테이블이 없다면 해당 테이블을 생성합니다.
cursor.execute("""CREATE TABLE IF NOT EXISTS supermarket(Itemno INTEGER,
Category TEXT,
FoodName TEXT, Company TEXT, Price INTEGER)""")

# 테이블의 내용을 모두 지웁니다.
sql = "DELETE FROM supermarket"
cursor.execute(sql)

# 데이터를 2건 입력 합니다.
sql = "INSERT into supermarket(Itemno, Category, FoodName, Company, Price)
values (?, ?, ?, ?, ?)"
cursor.execute(sql, (1, '과일', '자몽', '마트', 1500))

sql = "INSERT into supermarket(Itemno, Category, FoodName, Company, Price)
values (?, ?, ?, ?, ?)"
cursor.execute(sql, (2, '음료수', '망고주스', '편의점', 1000))

# 입력된 데이터를 조회합니다.
```

```
sql = "select Itemno, Category, FoodName, Company, Price from supermarket"
cursor.execute(sql)


# 데이타를 모두 가져옵니다.
rows = cursor.fetchall()

# 가져온 내용을 한 줄씩 가져와서, 각 컬럼의 내용을 공백으로 구분해 출력합니다.
for row in rows:
    print (str(row[0]) + " " + str(row[1]) + " " + str(row[2]) + " " + str(row[3]) + " " + str(row[4]))

# 연결을 닫습니다.
conn.close()
```

[파이썬 소스 – sqlite3_sample.py]

위의 코드 내용을 복사하여 c:\python\code 디렉터리에, 파일 형식은 "모든 파일", 인코딩은 "UTF-8"로 선택하고, sqlite3_sample.py 이름으로 저장한 후 실행하면, 해당 폴더 안에 sqlite3 데이터베이스가 생성되고, 데이터가 저장되고, 다시 조회되어 결과가 나옵니다. C:\python\code 폴더로 가보면 "test.db" 파일이 생성되어 있습니다.

```
C:\Python\code>python sqlite3_sample.py

1 과일 자몽 마트  1500

2 음료수 망고주스 편의점 1000
```

3.2 SQLite3 클라이언트 소개

이왕 여기까지 온 김에, SQLite3 개발 시 사용할 수 있는 클라이언트를 사용하여 데이터베이스 파일 안의 내용을 보겠습니다. 클라이언트 툴을 이용하면 개발 도중 데이터를 조작해야 할 때에도 유용하게 사용할 수 있습니다. 구글에서 "sqlite browser"

로 검색합니다. 맨 처음에 나오는 아래의 링크로 들어갑니다.

[DB Browser for SQLite – 공식 홈페이지]

http://sqlitebrowser.org/

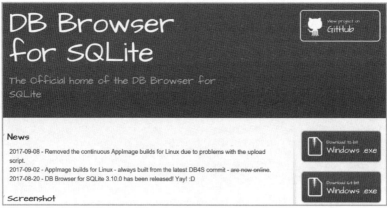

[그림 4교시-43: DB Browser for SQLite 사이트]

오른쪽에서 "Download 64-bit Windows.exe"를 클릭하고 파일을 다운로드하여 설치합니다. 모두 디폴트로 진행하면 됩니다. 설치가 완료되면 DB Browser for SQLite 창이 뜹니다.

[그림 4교시-44: DB Browser for SQLite 설치]

"파일 〉 데이터베이스 열기"메뉴를 선택하고, 파이썬에서 생성한 "C:\python\code\ test.db"파일을 다음과 같이 선택합니다.

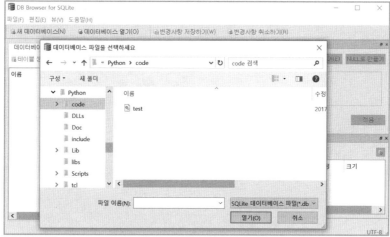

[그림 4교시-45: SQLite 데이터베이스 선택]

"데이터 보기"탭을 클릭하면, 테이블별로 저장된 데이터를 볼 수 있습니다. 테이블 명 옆에는 테이블을 다시 읽어 오는 리프레쉬(refresh) 버튼이 있으며, 내용을 수정해 "변경사항 저장하기"버튼을 눌러서 데이터베이스에 반영할 수도 있습니다.

"SQL 실행"탭에서는 여러 가지 SQL 문도 실행해서 결과를 볼 수도 있습니다. 참고 로 파이썬 코드 개발 시 같이 사용할 경우, DB Browser for SQLite 프로그램을 이용 해 데이터를 저장하고 나면, 데이터 파일이 잠겨 파이썬 코드에서 열지 못할 수도 있 습니다. 이 경우 DB Browser for SQLite 창에서 잠시 데이터베이스 파일을 닫았다 다시 열면 됩니다.

메뉴가 직관적이긴 하지만, 자세한 사용법이 궁금하면 공식 홈페이지나 구글을 검색 하여 영문, 한글 설명을 참조하세요.

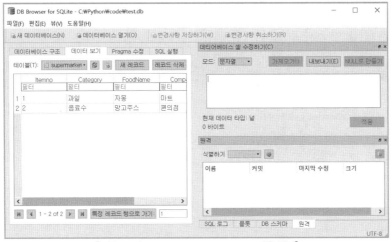

[그림 4교시-46: DB Browser for SQLite 사용 화면]

04 MySQL을 이용해 파이썬으로 조회해보기

MySQL은 오픈소스로 시작하여 열렬한 환영을 받았지만, 오라클 쪽으로 인수되면서, 현재는 상용 버전과 무료인 커뮤니티 버전으로 나누어져 있습니다. 그래서 예전보다는 조금 덜 자유롭지만, 무료이기 때문에 여전히 많은 사람이나 솔루션에서 사용되고 있습니다. 최근에는 MariaDB라는 데이터베이스도 많이 쓰이고 있는데, MySQL이 합병되면서 해당 소스가 오픈소스로 갈라져 나온 것이며 주요 문법이 대부분 호환됩니다.

4.1 MySQL 설치

MySQL도 MSSQL처럼 서비스 기반의 데이터베이스이기 때문에 SQLite3와 달리 설치해 줘야 합니다. 구글에서 "mysql community windows installer"로 검색합니다.

[Download MySQL Installer - MySQL 공식 페이지]

https://bit.ly/2nzajfz

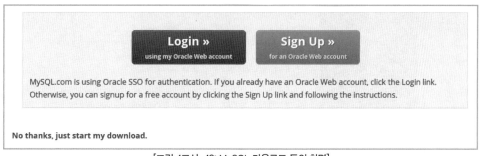

Generally Available (GA) Releases	Development Releases			

MySQL Installer 5.7.20

Select Operating System:

Microsoft Windows

Looking for previous GA versions?

Windows (x86, 32-bit), MSI Installer		5.7.20	18.5M	Download
(mysql-installer-web-community-5.7.20.0.msi)			MD5: d5316e440206eb0fd9f32cfff37cd132 | Signature	
Windows (x86, 32-bit), MSI Installer		5.7.20	376.3M	Download
(mysql-installer-community-5.7.20.0.msi)			MD5: 54d6526fbfa9eda6bb680b960d570b99 | Signature	

[그림 4교시-47: MySQL 다운로드 화면]

페이지 하단의 다운로드 경로에서 370메가바이트 정도 되는 풀 설치 버전을 다운로 드하면, 아래와 같이 오라클 회원에 가입하라는 버튼이 보입니다. 뒤에서 오라클을 설치할 때에는 필수이지만, 여기에서는 아래의 작은 링크인 "No thanks, just start my download"를 클릭하여 로그인 없이 내려받습니다.

Login »
using my Oracle Web account

Sign Up »
for an Oracle Web account

MySQL.com is using Oracle SSO for authentication. If you already have an Oracle Web account, click the Login link. Otherwise, you can signup for a free account by clicking the Sign Up link and following the instructions.

No thanks, just start my download.

[그림 4교시-48: MySQL 다운로드 동의 화면]

내려받을 파일을 실행하여 설치로 들어갑니다. 우선 라이선스에 동의 체크 박스를 체 크 후, "Next" 버튼을 누릅니다

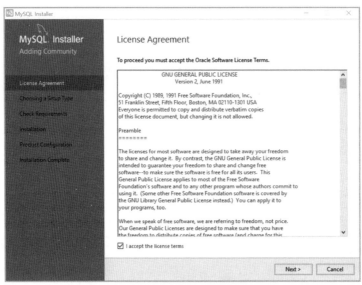

[그림 4교시-49: MySQL 설치(라이선스 동의 화면)]

이후 설치 타입으로 "Developer Default" 라디오 박스를 선택하고 "Next" 버튼을 누릅니다.

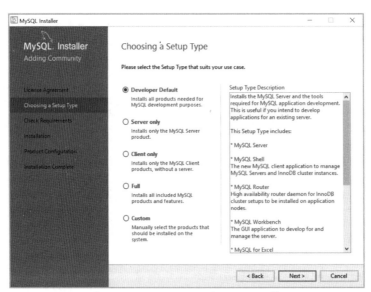

[그림 4교시-50: MySQL 설치(설치 타입 선택)]

필수 프로그램을 체크하는 Check Requirement 항목에서는 "Next" 버튼을 누릅니다. 계속 진행하겠느냐고 묻는 창이 뜨면, "예"를 클릭합니다.

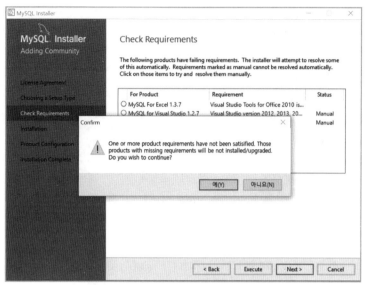

[그림 4교시-51: MySQL 설치(필수 프로그램 체크)]

설치될 프로그램 리스트들이 나타나면, "Execute" 버튼을 클릭합니다. 조금 시간이 걸려 각 요소가 설치됩니다. 설치가 완료되면, "Execute" 버튼이 사라지고 "Next" 버튼으로 바뀌어 표시됩니다. 버튼을 클릭합니다.

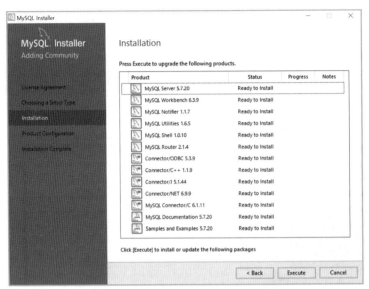

[그림 4교시-52: MySQL 설치(프로그램 설치)]

이제 MSSQL 때처럼 세팅 화면이 시작됩니다. Product Configuration 창에서 "Next" 버튼을 누릅니다.

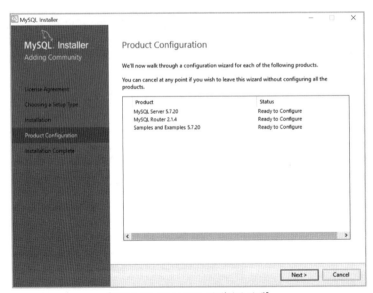

[그림 4교시-53: MySQL 설치(설정 시작)]

네트워킹 타입을 설정하는 창입니다. 테스트용으로 하나의 서버로 운영할 예정이므로 기본값인 "standalone"으로 두고, "Next" 버튼을 누릅니다.

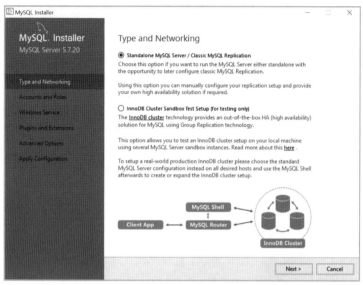
[그림 4교시-54: MySQL 설치(네트워킹 타입 설정)]

다음 화면에서도 MySQL 디폴트 포트인 3306 상태로 그대로 "Next" 버튼을 누릅니다.

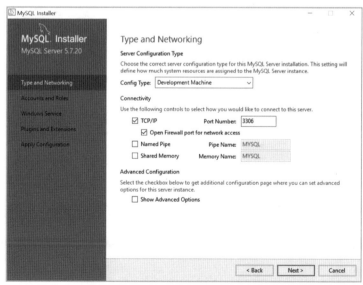
[그림 4교시-55: MySQL 설치(서비스 포트 설정)]

이후 계정을 설정하는 화면에서 루트 계정의 패스워드를 설정하는 "MySQL Root Password", "Repeat Password" 항목에 "test1234"를 입력합니다. 이 값을 입력하면 패스워드 강도가 낮다고 나오는데, 실제 운영 시에는 훨씬 더 복잡한 패스워드로 설정해야 합니다.

오른쪽 하단의 "Add User" 버튼을 누른 후, 사용자 등록 창이 나오면 Username 에 "pyuser", Password와 Confirm Password에 "test1234"를 동일하게 입력합니다. 역할은 데이터베이스 관리자("DB Admin")이고, 모든 곳에서 연결할 수 있습니다("All Hosts"). 이후 "OK" 버튼을 눌러 유저를 등록시키고, "Next" 버튼을 누릅니다.

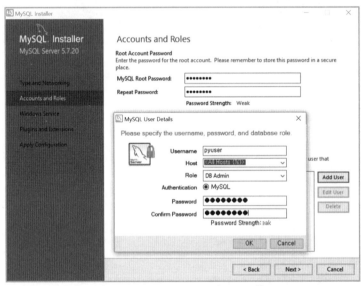

[그림 4교시-56: MySQL 설치(계정 추가)]

계속 실행하기 위해 윈도우 서비스로 등록하고, 부팅 시 시작하도록 옵션이 되어 있습니다. 웹 서버의 실행 계정은 기본 시스템 계정으로 돌아가게 됩니다. "Next" 버튼을 누릅니다.

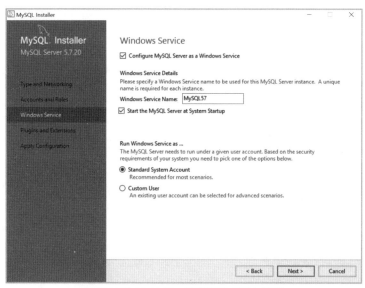

[그림 4교시-57: MySQL 설치(윈도우 서비스 설정)]

플러그인이나 확장 패키지는 설치할 필요가 없으므로 "Next" 버튼을 누릅니다.

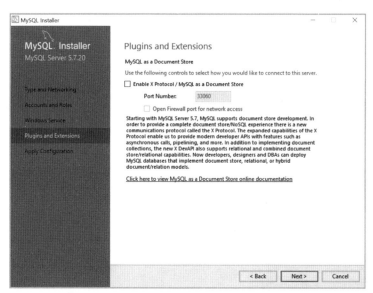

[그림 4교시-58: MySQL 설치(플러그인 및 확장 패키지 설정)]

"Execute" 버튼을 눌러 설정한 내용을 적용합니다. 이후 버튼이 "Finish"로 바뀌면
클릭합니다.

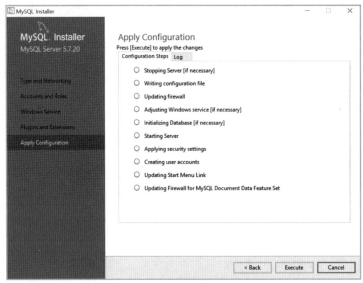

[그림 4교시-59: MySQL 설치(설정 적용)]

라우터 설정이 시작됩니다. "Next" 버튼을 누릅니다.

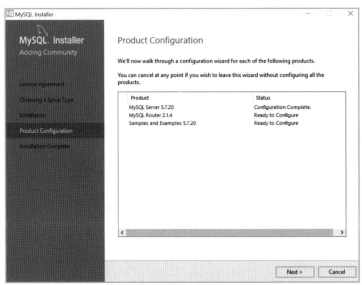

[그림 4교시-60: MySQL 설치(라우터 설정 시작)]

여기서는 라우팅 설정과 무관하니, "Finish" 버튼을 누릅니다.

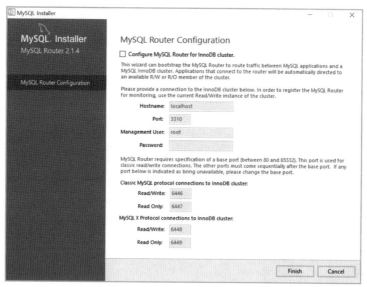

[그림 4교시-61: MySQL 설치(라우터 설정)]

연결 상태를 체크하는 최종 단계가 시작됩니다. "Next" 버튼을 누릅니다.

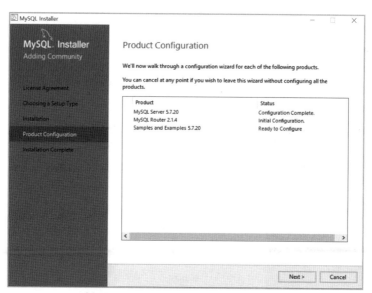

[그림 4교시-62: MySQL 설치(연결 상태 체크 시작)]

이전에 입력한 root 패스워드인 "test1234"를 넣고, "Check" 버튼을 누릅니다. 이후 잘 연결되면 "Next" 버튼이 활성화됩니다. "Next" 버튼을 누릅니다.

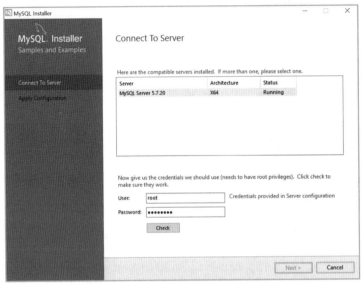

[그림 4교시-63: MySQL 설치(서버 연결 확인)]

최종으로 "Execute" 버튼을 누르고, 모든 설정이 적용된 후 "Finish" 버튼이 나오면 누릅니다.

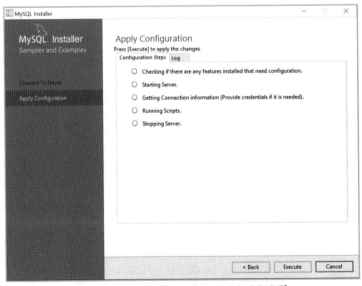

[그림 4교시-64: MySQL 설치(설정 확인과 서버 시작)]

완료 단계입니다. "Next" 버튼을 누릅니다.

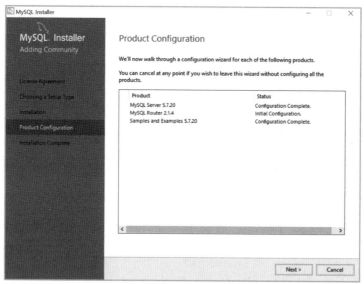

[그림 4교시-65: MySQL 설치(설치 마무리 시작)]

4.2 MySQL 테이블 및 데이터 설정

MySQL을 관리할 수 있는 쉘 창과 워크벤치(MSSQL SSMS과 비슷한 클라이언트입니다)가 완료된 후 실행됩니다. 예전에는 HeidiSQL 같은 외부 클라이언트를 사용했는데, 새롭게 생긴 워크벤치도 괜찮아 보입니다. 여기서는 워크벤치를 이용하여 데이터베이스 및 테이블을 설정하겠습니다.

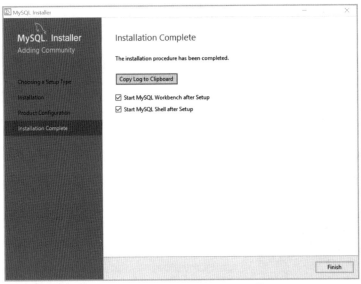

[그림 4교시-66: MySQL 설치(설치 완료)]

설치 완료 후 실행된 MySQL 워크벤치에서 "Database 〉 Connect to Database" 메뉴를 선택합니다. 아래와 같이 연결 창이 나오면 Username란에 "pyuser"를 입력하고 "Store in Vault" 버튼을 누릅니다. 그리고 Password란에 "test1234"를 입력하고 "OK" 버튼을 눌러 패스워드 입력 창을 닫습니다. 이후 "OK" 버튼을 눌러 데이터베이스에 연결합니다.

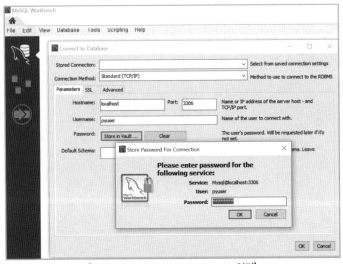

[그림 4교시-67: MySQL Workbench 연결]

연결되고 나면, 아래와 같은 쿼리 입력이 가능한 창이 생깁니다. 밑의 MySQL에 맞춘 쿼리 내용을 복사하여, 쿼리 입력 창에 붙여 넣습니다. 이후 해당 부분을 MSSQL 때처럼 마우스로 드래그하여 선택하고, "CTRL+SHIFT+ENTER" 키를 누르거나, 상단 메뉴에서 "Query 〉 Execute (All or Selection)" 메뉴를 실행합니다. 그러면 하단 아웃풋 창에 반영되었다는 결과 메시지가 나옵니다.

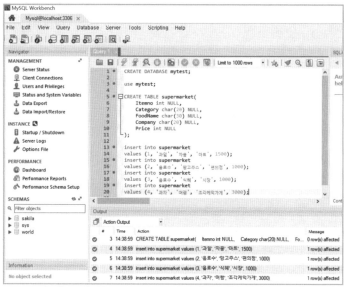

[그림 4교시-68: MySQL Workbench 테이블 생성 및 데이터 입력]

```
CREATE DATABASE mytest;

use mytest;

CREATE TABLE supermarket(
    Itemno int NULL,
    Category char(20) NULL,
    FoodName char(30) NULL,
    Company char(20) NULL,
    Price int NULL
```

```
);

insert into supermarket
values (1, '과일', '자몽', '마트', 1500);
insert into supermarket
values (2, '음료수', '망고주스', '편의점', 1000);
insert into supermarket
values (3, '음료수', '식혜', '시장', 1000);
insert into supermarket
values (4, '과자', '머랭', '조각케익가게', 3000);
```

[query_05.txt]

반영된 것을 확인하기 위해 아래의 쿼리를 복사하여 붙여 넣고, 다시 셀렉트한 후 실행합니다. 아래와 같이 결과가 정상적으로 나옵니다.

```
select * from supermarket;
```

[query_06.txt]

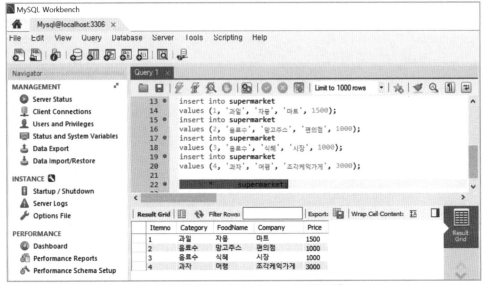

[그림 4교시-69: MySQL Workbench 테이블 조회]

4.3 MySQL 조회하는 파이썬 코드 만들기

이제 MySQL을 조회하는 파이썬 코드를 만들 시간입니다. 구글에서 MySQL용 파이썬 모듈을 찾다 보면 "pymysql"이란 모듈을 자주 만납니다. 구글에서 "python 3 pymysql sample"로 검색하여, 아래의 공식 사이트의 샘플 페이지를 참조합니다.

[pymysql_examples – pymysql 깃허브 사이트]

https://bit.ly/2O5YHNL

해당 코드를 참고하여, MSSQL 때의 코드와 비슷한 형태로 아래의 코드를 만듭니다.

```python
# 모듈을 불러옵니다.
import pymysql

# 연결 문자열을 세팅합니다.
server = 'localhost'
user = 'pyuser'
password = 'test1234'
dbname = 'mytest'

# 데이터베이스에 연결합니다.
conn = pymysql.connect(server, user, password, dbname, charset='utf8')

# 커서를 만듭니다.
cursor = conn.cursor()

# 커서에 쿼리를 입력해 실행 시킵니다.
cursor.execute('SELECT * FROM supermarket;')
```

```
# 한 행을 가져옵니다.
row = cursor.fetchone()

# 행이 존재할 때까지, 하나씩 행을 증가시키면서 모든 컬럼을 공백으로 구분해 출력합니다.
while row:
    print (str(row[0]) + " " + str(row[1]) + " " + str(row[2]) + " " + str(row[3]) + " " + str(row[4]))
    row = cursor.fetchone()

# 연결을 닫습니다.
conn.close()
```

[파이썬 소스 – pymysql_sample.py]

일단 PIP 명령어로 "pymysql" 모듈을 설치해 보겠습니다. 다행히도, 아래와 같이 정
상적으로 모듈이 설치됩니다.

C:\Python\code>**pip install pymysql**

Collecting pymysql

… 생략

Successfully installed pymysql-0.7.11

이제 앞의 코드 내용을 복사하여 c:\python\code 디렉터리에, 파일 형식은 "모든 파
일", 인코딩은 "UTF-8"로 선택하고, "pymysql_sample.py" 이름으로 저장한 후 실행
하면, 아래와 같이 정상적으로 출력됩니다. 역시 코드를 보면 앞의 코드들과 비슷함
을 알 수 있습니다.

C:\Python\code>**python pymysql_sample.py**

1 과일 자몽 마트 1500

2 음료수 망고주스 편의점 1000

3 음료수 식혜 시장 1000

4 과자 머랭 조각케익가게 3000

05 오라클을 이용해 파이썬으로 조회해보기

오라클은 MSSQL과 마찬가지로 고가의 유료 데이터베이스이긴 하지만, 역시 무료의 Express 버전을 제공합니다. 대신 현재 최신 버전은 12c버전인데, 11버전의 express 설치 파일을 지원하고 있습니다.

5.1 오라클 설치

구글에서 "oracle express download"로 검색하면 아래의 페이지가 나옵니다. 다운로드는 회원가입과 인증받을 메일 주소만 있으면 가능하니, 미리 회원가입해 두길 바랍니다.

"Accept License Agreement" 라디오 버튼을 클릭하고, "Download Oracle Database Express Edition 11g Release 2 for Windows x64" 링크를 클릭합니다. 로그인 창이 뜨면 가입한 계정 정보로 로그인합니다. Zip 파일이 다운로드되니, 바탕화면 같은 적당한 곳에 저장합니다. 이후 압축을 푼 후 안에 있는 "setup.exe" 파일을 실행합니다.

[oracle download – 오라클 공식 사이트]

https://bit.ly/Qmkzpt

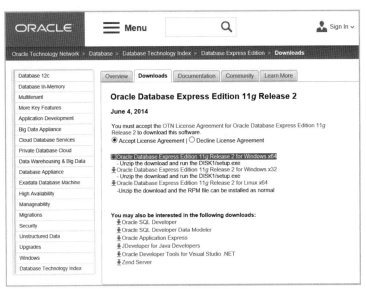

[그림 4교시-70: 오라클 다운로드]

설치가 시작되면 "Next" 버튼을 누릅니다.

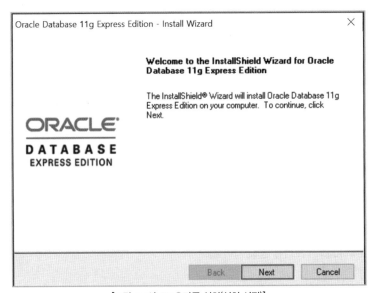

[그림 4교시-71: 오라클 설치(설치 시작)]

라이선스에 동의하고 "Next" 버튼을 누릅니다.

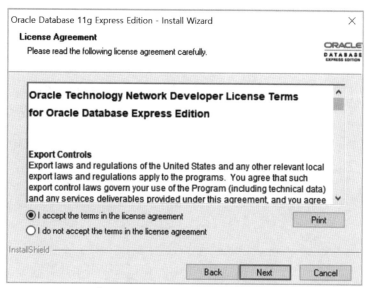

[그림 4교시-72: 오라클 설치(라이선스 동의)]

가능한 디스크 용량을 확인하고 "Next" 버튼을 누릅니다.

[그림 4교시-73: 오라클 설치(설치 경로 설정)]

최상위 계정인 SYS 계정의 패스워드를 넣습니다. 역시 실습용이니 "test1234"라고 간략히 입력하고 "Next" 버튼을 누릅니다.

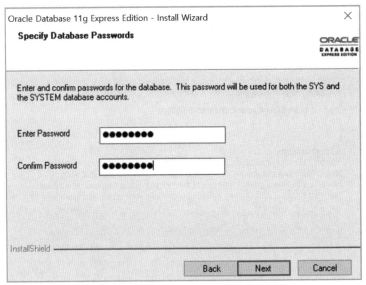

[그림 4교시-74: 오라클 설치(관리자 패스워드 설정)]

설치를 시작하기 위해 "Install" 버튼을 누릅니다. 완료되면 "Finish" 버튼을 눌러 설치를 종료합니다.

[그림 4교시-75: 오라클 설치(설치 시작)]

5.2 오라클 스키마와 데이터 설정

이제 사용자와 데이터베이스(오라클에서는 스키마라고 합니다) 설정을 하기 위해서는 클라이언트가 있어야 합니다. 그런데 오라클에서 제공하는 무료 클라이언트인 "SQL Developer" 같은 GUI 툴을 설치하려면, 자바 런타임 라이브러리 설치부터 패스 설정, TNS 연결 문자열 설정까지 할 일이 꽤 많아 다시 먼 여정이 됩니다. 시간을 아끼기 위해 해당 부분은 오라클 관련 책이나 구글 검색을 통해 각자 사용해 보길 바랍니다. 여기서는 오라클이 설치되면 사용할 수 있는 커맨드 창 형태의 "SQLPlus" 클라이언트를 사용하겠습니다.

"윈도우키+R"을 눌러 실행 창을 띄우고, "cmd"를 입력한 후, "확인" 버튼을 누릅니다. 커맨드 창이 뜨면 'sqlplus "as sysdba"'를 입력한 후 엔터키를 누릅니다. user-name 항목에 "SYS", password 항목에 "test1234"를 입력하고 로그인합니다.

```
C:\Users\freetm>sqlplus "as sysdba"
```

이후 SQLPlus 프롬프트가 생기면, 사용자를 생성하기 위해, 아래의 명령어를 넣습니다.

```
SQL > create user pyuser identified by test1234;
```

이후 해당 유저에게 DBA 권한을 주는 명령어를 입력합니다. 이렇게 되면 해당 사용자는 DBA권한을 가지게 되고, 파이썬에서 연결할 수 있게 됩니다.

```
SQL> grant connect, resource, dba to pyuser;
```

이후 "Exit"를 입력하고 엔터키를 눌러 로그아웃합니다. 아래에 해당 작업이 진행된 스크린샷을 캡처해 놓았습니다.

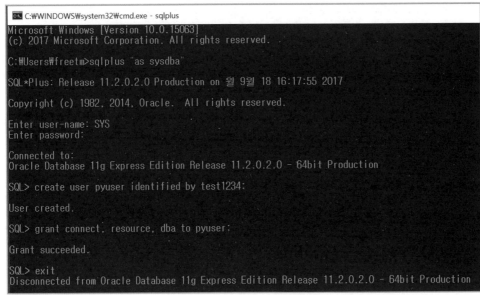

[그림 4교시-76: SQLPlus 사용자 생성]

이후 다시 커맨드 창에 "sqlplus"를 입력하여 실행 후, pyuser 계정으로 로그인을 합니다.

C:\Users\freetm>**sqlplus**

이후 스크린샷에 나온 대로 아래의 SQL 쿼리 명령어들을 차례로 넣어 테이블을 만들고, 데이터를 입력합니다. 다른 데이터베이스에 비해 특이한 점은, 모든 명령어 입력 후, 최종적으로 commit; 명령어를 명시적으로 실행해야 실제 물리적인 데이터가 반영되어 파이썬으로 조회 시 데이터가 나온다는 것입니다. 역시 스크린샷을 캡처해 놓았습니다.

```
create table supermarket(
Itemno NUMBER NULL, Category char(20) NULL, FoodName char(30) NULL,
Company char(20) NULL, Price NUMBER NULL);
```

```
insert into supermarket
values (1, '과일', '자몽', '마트', 1500);

insert into supermarket
values (2, '음료수', '망고주스', '편의점', 1000);

commit;
```

[query07.txt]

```
C:\WINDOWS\system32\cmd.exe - sqlplus

Enter user-name: pyuser
Enter password:

Connected to:
Oracle Database 11g Express Edition Release 11.2.0.2.0 - 64bit Production

SQL> create table supermarket(
  2  Itemno NUMBER NULL, Category char(20) NULL, FoodName char(30) NULL,
  3  Company char(20) NULL, Price NUMBER NULL);

Table created.

SQL>
SQL> insert into supermarket
  2  values (1, '과일', '자몽', '마트', 1500);

1 row created.

SQL> insert into supermarket
  2  values (2, '음료수', '망고주스', '편의점', 1000);

1 row created.

SQL> commit;

Commit complete.
```

[그림 4교시-77: SQLPlus 스키마 생성 및 데이터 입력]

5.3 오라클을 조회하는 파이썬 코드 만들기

파이썬에서 사용할 오라클 모듈을 찾아보기 위해 구글에서 "python oracle"로 검색하면, 맨 처음에 오라클 공식 페이지가 나옵니다. 거기에 소개되어 있는 cx_Oracle 모듈을 사용하려 합니다.

[Using Python With Oracle Database 11g – 오라클 공식 페이지]

https://bit.ly/2x6kNsa

해당 페이지의 예제들을 앞과 같이 적당히 조정하면, 아래의 코드가 나옵니다. 연결 부분만 빼고는 앞의 예제들과 거의 비슷합니다.

```python
# 모듈을 불러옵니다.
import cx_Oracle

# 데이터베이스에 연결합니다.
dsnStr = cx_Oracle.makedsn("127.0.0.1", "1521", "xe")
con = cx_Oracle.connect(user="pyuser", password="test1234", dsn=dsnStr)

# 커서를 만듭니다.
cur = con.cursor()

# 커서에 쿼리를 입력해 실행 시킵니다
cur.execute('select * from supermarket')

# 데이터를 모두 가져옵니다.
res = cur.fetchall()

# 가져온 내용을 한 줄씩 가져와서, 각 컬럼의 내용을 공백으로 구분해 출력합니다.
for row in res:
    print (str(row[0]) + " " + str(row[1]) + " " + str(row[2]) + " " + str(row[3]) + " " + str(row[4]))
```

```
# 연결을 닫습니다.
cur.close()
con.close()
```

[파이썬 소스 – cxoracle_sample.py]

우선 아래와 같이 cx_Oracle 모듈을 PIP 명령어로 설치합니다. 정상적으로 설치가 잘 됩니다.

```
C:\Python\code>pip install cx_Oracle
Collecting cx_Oracle
… 생략
Successfully installed cx-Oracle-6.0.2
```

이제 앞의 코드 내용을 복사하여 c:\python\code 디렉터리에, 파일 형식은 "모든 파일", 인코딩은 "UTF-8"로 선택하고, "cxoracle_sample.py" 이름으로 저장한 후 실행하면 아래와 같이 정상적으로 출력됩니다.

```
C:\Python\code>python cxoracle_sample.py
1 과일          자몽          마트          1500
2 음료수        망고주스       편의점        1000
```

06 몽고디비를 이용해 파이썬으로 조회해보기

마지막으로 몽고디비(MongoDB)를 이용하여 파이썬으로 조회해 보겠습니다. 몽고디비는 기존에 소개한 3개의 관계형 데이터베이스(RDB)와는 상이한 JSON 형태의 키(Key),

값(Value) 형태로 이루어진 NoSQL 데이터베이스의 한 종류입니다. 그래서 지금까지 사용한 SQL 쿼리와는 조금 다른 접근 방식이 필요합니다. 여기서는 기본적인 세팅과 조회 방법만 소개할 예정입니다. 몽고디비는 개념이 다르고 기능 범위가 넓으니 상세하고 깊은 내용은 별도의 공부로 익히기 바랍니다.

6.1 몽고디비 설치

먼저 구글에서 "mongodb download"로 검색하여, 아래의 다운로드 센터로 들어갑니다. 커뮤니티 서버(Community Server) 탭에서 "Download" 버튼을 누른 후, 다운로드한 파일을 실행합니다.

[MongoDB Download Center – MongoDB 홈페이지]

https://bit.ly/2aXk6uc

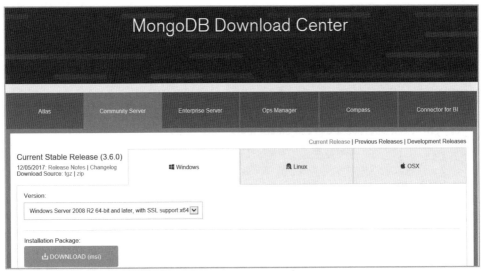

[그림 4교시-78: MongoDB 다운로드]

설치 화면이 뜨면 "Next" 버튼을 누릅니다.

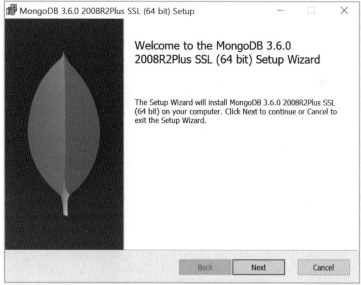

[그림 4교시-79: MongoDB 설치(설치 시작)]

라이선스 동의 체크 박스에 체크하고, "Next" 버튼을 누릅니다.

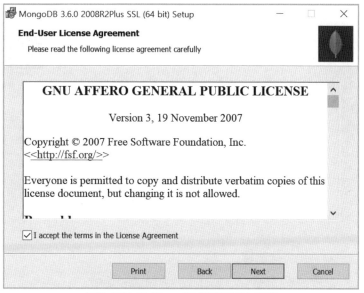

[그림 4교시-80: MongoDB 설치(라이선스 동의)]

설치 타입을 선택하는 화면에서 "Complete"를 선택하고, "Next" 버튼을 누릅니다.

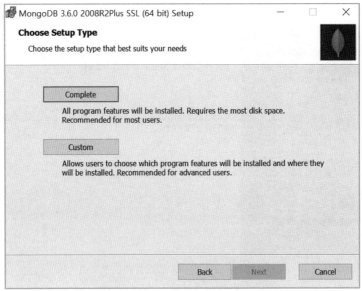

[그림 4교시-81: MongoDB 설치(설치 타입 선택)]

다음 화면에서 "Install MongoDB Compass"의 체크를 해제 하고(새로 나온 몽고디비용 GUI 툴 인 것 같은데, 여기서는 다른 툴을 소개하고, 해당 툴은 차후에 관심 있으시면 사용해보시면 될 것 같습니다), "Next" 버튼을 누릅니다.

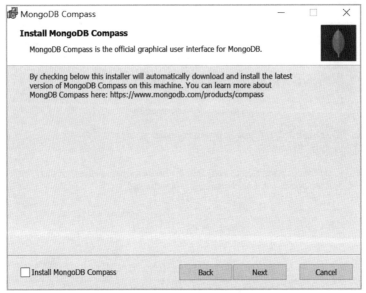

[그림 4교시-81a: MongoDB 설치(몽고디비 GUI 툴 설치 선택)]

다음 화면에서 "Install" 버튼을 눌러 설치합니다.

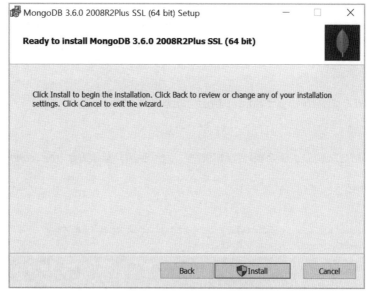

[그림 4교시-82: MongoDB 설치(설치 실행)]

6.2 몽고디비 설정과 클라이언트를 이용한 데이터 생성

기본적으로 몽고디비는 로그인 없이 사용 가능하기 때문에 여기에서는 빠른 구현을 위해 로그인을 하지 않고 실행하겠습니다. 명령어로 데이터베이스 서버를 실행해야 하는데, 그 전에 한 가지 해야 할 일이 있습니다.

탐색기를 열어 c:\ 루트에 "data"라는 폴더를 만들고, 그 안에 "db"라는 폴더를 만듭니다. c:\data\db라는 폴더가 만들어지며, 기본으로 몽고디비는 해당 폴더 안에 데이터 파일을 저장합니다(SQLite의 .db 파일을 생각해 보면 이해될 것 같습니다).

그 다음 아래와 같이 3개의 명령어를 입력하여, 몽고디비 폴더로 이동 후, mongod. exe를 실행하여 서비스를 실행합니다. 아래에 스크린샷을 첨부해 놓았습니다(몽고디비 버전이 바뀌면 명령어 내에 있는 Server 폴더내의 버전 번호가 바뀔 수 있습니다).

C:\Users\yourid>**cd /**

C:\>**cd Program Files\MongoDB\Server\3.6\bin**

C:\Program Files\MongoDB\Server\3.6\bin>**mongod.exe**

2017-09-18T01:38:52.778-0700 I CONTROL   [initandlisten] MongoDB starting :
pid=5072

port=27017 dbpath=C:\data\db\ 64-bit host=MyPCName

…

2017-09-18T17:38:53.183+0900 I NETWORK   [thread1] **waiting for connections on**
port 27017

[그림 4교시-83: MongoDB 서버 실행]

이후 데이터베이스에 연결하여 다큐먼트(document: 몽고디비에서는 RDB의 테이블 내의 Row와 비슷한 개념이 다큐먼트입니다)를 만들어야 합니다. 몽고디비의 무료 GUI 클라이언 트는 설치가 간단하니 설치를 진행하겠습니다. 구글에서 "mongodb gui"로 검색하면 아래의 Robo 3T 페이지가 나옵니다. 간단히 볼 것이니, 풀기능인 Studio 3T 프로그 램이 아닌 "Robo 3T"를 내려받습니다.

[robomongo 다운로드 – robomongo 홈페이지]

https://robomongo.org/

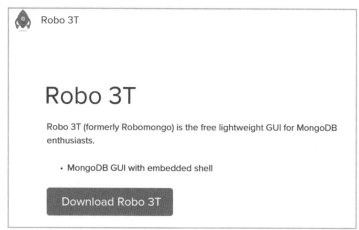

[그림 4교시-84: Robo 3T 홈]

상단의 "64비트 인스톨러" 버전을 내려받아 설치합니다.

[그림 4교시-85: Robo 3T 다운로드]

설치가 시작되면 "다음" 버튼을 누릅니다.

[그림 4교시-86: Robo 3T 설치(설치 시작)]

사용권 계약 창에서 "동의함" 버튼을 누릅니다.

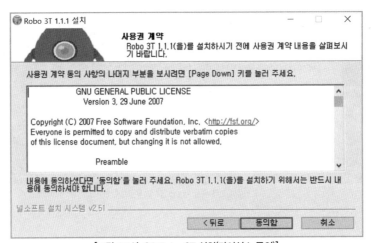

[그림 4교시-87: Robo 3T 설치(라이선스 동의)]

설치 위치 선택 창에서 "다음" 버튼을 누릅니다.

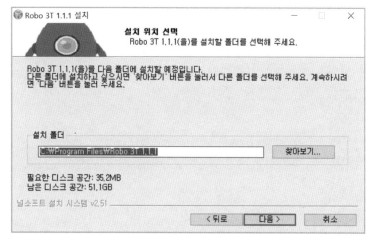

[그림 4교시-88: Robo 3T 설치(설치 경로 지정)]

시작 메뉴 폴더 선택 창에서 "설치" 버튼을 누릅니다.

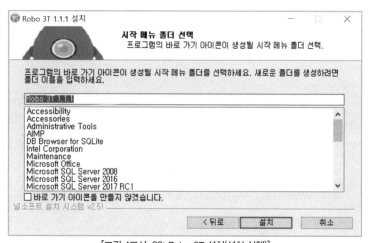

[그림 4교시-89: Robo 3T 설치(설치 실행)]

설치가 완료되면 Robo 3T가 실행되면서, 라이선스 동의 화면이 나옵니다. "I agree"를 선택하고, "Next" 버튼을 누르면 이메일 주소 등을 넣으라는 창이 뜨는데, "Finish" 버튼을 눌러서 빠져 나옵니다.

[그림 4교시-90: Robo 3T 설치(설치 후 라이선스 동의)]

Robo 3T 창이 뜨면 "MongoDB Connection" 다이얼로그가 같이 뜹니다. 위의 링크
에서 "Create" 링크를 클릭하면, 연결을 설정하는 창(Connection Settings)이 뜹니다. 인
증 없이 사용할 예정이니, "Test" 버튼이 잘 연결되는 것을 확인한 후, "Save" 버튼을
누릅니다. 이후 "Connect" 버튼을 눌러 몽고디비에 연결합니다.

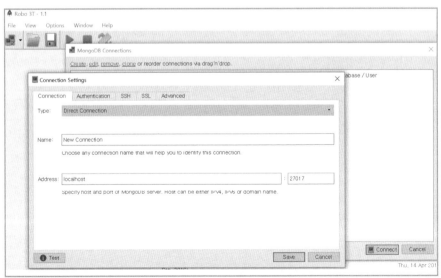

[그림 4교시-91: Robo 3T 연결 설정]

연결되고 나면 왼쪽 트리 구조에 데이터베이스와 컬렉션(collection: RDB의 테이블과 등가적인 개념이라고 보면 됩니다)들이 보입니다. "admin" 데이터베이스의 "Collections" 항목에서 마우스 오른쪽 버튼을 눌러 컨텍스트 메뉴를 띄워서, "Create Collection" 메뉴를 실행합니다. 등록 창이 뜨면 Collection Name에 "supermarket"이라고 이름을 입력하고 "Create" 버튼을 누릅니다.

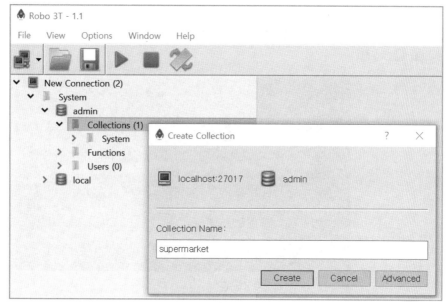

[그림 4교시-92: Robo 3T 컬렉션 생성]

이후 만들어진 supermarket 컬렉션을 선택한 후, 마우스 오른쪽 버튼을 눌러 다시 컨텍스트 메뉴를 띄워 "Insert Document" 메뉴를 실행합니다. [그림 4교시-93]과 같이 두 개의 JSON 형식의 쿼리를 두 번에 걸쳐 입력하면서, 하단의 "Validate" 버튼을 눌러 맞는 문법인지 확인하고, "저장" 버튼을 누릅니다(Robo T는 현재 여러 개의 다큐먼트를 동시에 입력할 수 없는 불편함이 있습니다).

"Itemno": 1, "Category": "과일", "FoodName": "자몽", "Company": "마트", "Price": 1500

"Itemno": 2, "Category": "음료수", "FoodName": "망고주스", "Company": "편의점", "Price": 1000

[query_08.txt]

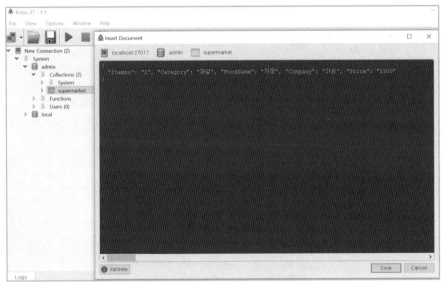

[그림 4교시-93: Robo 3T 다큐먼트 생성]

두 개의 다큐먼트가 입력 완료된 후 supermarket 컬렉션을 더블 클릭하면 오른쪽에 저장된 2개의 문서가 보입니다. 자세히 보면 _id라는 순차적인 일련번호 값도 임의로 생성되어 있습니다.

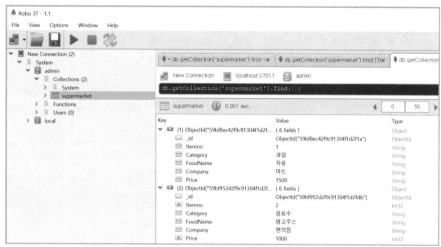

[그림 4교시-94: Robo 3T 컬렉션 내용 보기]

이제 파이썬으로 몽고디비 조회를 구현해 보도록 하겠습니다. 그런데 해당 키, 값 구조의 데이터를 데이터베이스처럼 취급하려 하니 몇 가지 트릭이 필요해집니다. 구글에서 "python get item in document mongodb"로 검색하여 얻은 스택오버플로 페이지에서, 다큐먼트에서 키, 값을 뽑아내는 부분을 찾은 후,

[How to get a single value from a pymongo query of a mongodb in python? – stackoverflow 페이지]

https://bit.ly/2x4lRxE

"pymongo except id"로 id 필드를 제외하고 값을 얻는 방법을 찾은 후,

[Removing _id element from Pymongo results – stackoverflow 페이지]

https://bit.ly/2O8N3BN

칼럼 값의 개념인 키 값을 얻기 위해, 다큐먼트 루프의 맨 처음에서만 키 값을 가져다 칼럼명처럼 표시하기로 결정했습니다. 해당 로직을 정리한 코드는 아래와 같습니다.

```python
# 모듈을 불러옵니다.
import json
import pymongo
from pymongo import MongoClient

# 데이터베이스에 연결합니다.
client = MongoClient("localhost", 27017, maxPoolSize=50)

# supermarket 컬렉션을 찾습니다.
db=client.admin
collection=db['supermarket']
cursor = collection.find({},{'_id': False})

# 커서를 루프로 돌립니다(i 에는 0 부터 루프의 숫자가 들어갑니다).
for i, document in enumerate(cursor):
    rowcontent = ""
    keycontent = ""

    # 다큐먼트에서 키와 값을 가져와서 공백으로 구분해 문자열로 만듭니다.
    for key, val in document.items():
        keycontent = keycontent + "   " + str(key)
        rowcontent = rowcontent + "   " + str(val)

    # 만약 첫 번째 루프라면 키 이름도 출력해 칼럼 이름 출력하는 것을 흉내냅니다.
    if i == 0:
        print(keycontent)
        print (rowcontent)
    else:
        print (rowcontent)
    i += 1
```

[파이썬 소스 – pymongo_sample.py]

우선 아래와 같이 pymongo 모듈을 PIP 명령어로 설치합니다. 설치가 정상적으로 잘 됩니다.

```
C:\Python\code>pip install pymongo
Collecting pymongo
… 생략함
Successfully installed pymongo-3.5.1
```

이제 위의 코드 내용을 복사하여 c:\python\code 디렉터리에, 파일 형식은 "모든 파일", 인코딩은 "UTF-8"로 선택하고, "pymongo_sample.py" 이름으로 저장한 후 실행하면 아래와 같이 테이블 모양으로 정상적으로 출력됩니다.

```
C:\Python\code>python pymongo_sample.py
Itemno   Category   FoodName   Company   Price
1    과일      자몽       마트      1500
2    음료수    망고주스   편의점    1000
```

여기에서는 본문의 코드 안에서 나온 여러 가지 제어 로직(control flow)에 대해 얘기해 보겠습니다. 2교시에서도 언급했지만, 해당 값들은 우리가 생각하는 것과 비슷한 로직을 코드 안에 넣어 줍니다.

1. for

첫 번째 "for"문 같은 경우, 처음 보았을 때 전통적인 자바나 C 같은 문법에서 보아 온 형식과는 다른 조금 낯선 모양을 보입니다. 예를 들어 자바에서 숫자 1부터 3까지 세 번 루프를 돌리면서 안에서 특정 처리를 하는 코드는 아래와 같은 문법으로 이루어집니다. "int"는 숫자를, ";"는 조건의 구분을, "i++"는 i 값이 하나씩 증가한다는 의미를 지니고 있습니다.

```
For (int i = 1; i <=3; i++)
{
    System.out.println(i);
}
```

파이썬에서는 해당 부분과 똑같은 로직을 만들 경우, 몇 가지 간략화가 가능한 문법을 가지고 있습니다. 첫 번째로 데이터형을 명시적으로 지정하지 않고 값이 할당될 때 지정되기 때문에, "int" 요소는 빠집니다. 또한 "{ }"로 for 문의 구역을 구분해 주는 요소도 없습니다. 대신 들여쓰기를 할 때 탭이나 스페이스 등을 이용하여 일정하게 줄맞춤을 해야 합니다. 탭은 보통 편집기에서 스페이스와 구별이 안 되어 혼란을 주는 경우가 많아서 보통 스페이스를 추천합니다. 또한 문장의 끝에 ";"를 표시하지 않아도 됩니다.

위의 요소들이 빠지는 대신 "in"이라는 요소가 추가됩니다. "~안에 들어 있는 항목들을 가져다가 차례로"라는 의미로 받아들이면 됩니다. "in" 뒤에는 (이 책의 범위에서는) 보통 "range 함수"나 "리스트" 등이 들어가게 됩니다. "해당 리스트 안의 요소를 하나하나 꺼내서 마지막이 될 때까지"의 의미입니다. 또 한 가지 고려할 요소가 있습니다. 보통 언어에서는 암묵적으로 리스트나 배열 안의 요소를 가리킬 때 0이나 1로 시작합니다. 현실에서는 사실 0부터 무언가를 세는 일이 거의 없지만, 파이썬을 포함한 대부분의 언어에서는 0으로 시작된다고 보면 됩니다.

예를 들어 리스트의 첫 번째 요소는 mylist[1]이 아닌 mylist[0]이라서 처음엔 좀 헷갈립니다. 이 부분이 for 문에서 in 뒤에 종종 들어가는 range 함수에서도 적용됩니다. 예를 들어 range(3)는 "0, 1, 2" 세 개의 값을 만들어 내게 됩니다. 위와 같이 세 번 루프를 돌리는 문장을 만들고 싶을 때, 파이썬에서는 아래와 같이 작성하면 세 번 루프를 돌면서 i에 0, 1, 2의 값을 차례로 지정하게 됩니다. for 문의 조건의 끝을 나타내기 위해 뒤에 ":" 문자가 하나 추가되긴 하지만, 결과적으로 보면 파이썬의 장점으로 보는 간결한 문법이 이렇게 완성됩니다.

```
for i in range(3):
    print(i)
```

[파이썬 소스 – for_range1.py]

```
C:\Python\code>python for_range1.py
0
1
2
```

그런데 이 경우 루프가 세 번 도는 건 맞지만, i가 0, 1, 2로 출력됩니다. 만약 i 값을 사용해야 하고, i가 1부터 3까지 변하기를 원한다면 어떻게 해야 할까요? range 함수를 변경하면 됩니다. "range(1, 4)"라고 두 번째 인자를 추가하면 "1, 2, 3"의 값을 가져옵니다(리스트의 시작을 0이나 1로 선정하는 것처럼, range 함수는 맨 뒤의 숫자 4를 조건에 포함시키지 않습니다. 4보다 작은 경우로 생각하면 될 것 같습니다. 이런 부분은 언어별로 만든 사람이 지정한 룰을 따르는 것이니 받아들여야 합니다).

```
for i in range(1, 4):
    print(i)
```

[파이썬 소스 – for_range2.py]

c:\Python\code>python for_range2.py

1

2

3

range 함수의 세 번째 요소를 지정해 증가폭을 결정할 수도 있으나, 자세한 내용은 구글에서 "python range"로 검색하여 아래와 같은 페이지들을 참고하세요.

[Python's range() Function Explained – pythoncentral.io 사이트]

https://bit.ly/2dS3h4w

다음으로 for 문과 자주 결합되어 사용하는 리스트 요소를 보겠습니다. 위의 문법을 리스트로 그대로 구현하면 아래와 같을 것입니다. 리스트의 요소를 하나씩 가져다 뿌려 주는 구조입니다. 물론 특별한 이슈가 없는 한 앞의 range 함수를 쓰는 것이 좀 더 현명해 보입니다.

```
my_list = [1, 2, 3]
for i in my_list:
    print(i)
```

[파이썬 소스 – for_list.py]

```
c:\Python\code>python for_list.py
1
2
3
```

마지막 응용으로, 만약 리스트 안에 루프를 돌리는 숫자가 아닌 다른 요소들이 들어 있고, 각 루프의 횟수를 참조해야 할 경우에는 어떻게 해야 할까요? 이때에는 enumerate(열거하다)라는 조금 낯선 함수의 도움을 받을 수도 있습니다. 아래를 보면 각 i에는 0부터 열거되는 숫자가 나타나고, item에는 각 리스트의 인자 "a, b, c"가 루프마다 차례로 들어갑니다.

```
my_list = ["a", "b", "c"]

for i, item in enumerate(my_list):
    print(i)
    print(item)
```

[파이썬 소스 – for_enumerate.py]

```
C:\Python\code>python for_enumerate.py
0
a
1
b
2
c
```

참고로, 파이썬의 for 문은 다른 언어의 foreach라는 문법 요소들과 비슷합니다.

2. while

"while" 문법은 for 문법과 비슷하게 구현할 수 있지만, 의미가 꽤 다릅니다. for란 나름 명확한 기간 동안의 반복을 얘기하는 반면, while은 특정한 조건의 만족을 기다린다고 보면 됩니다. 예를 들어 아래의 while 문은 위의 for 문과 결과적으론 비슷하지만, i가 3보다 작거나 같을 때까지 기다린다는 의미에서는 전혀 다를 수도 있습니다. 이러한 조건을 기다리는 while의 특성 때문에 while을 잘못 쓰면 조건이 무한하게 유효해져 무한 루프에 빠질 수도 있습니다.

```
i = 1
while (i <= 3):
    print (i)
    i = i + 1
```

[파이썬 소스 – while_sample.py]

C:\Python\code>python **while_sample.py**

1

2

3

while과 for를 어떤 경우에 사용하는 것이 맞는지에 대해 좀 더 파악하고 싶다면, 구글에서 "python while vs for"로 검색하여 아래의 문서 등을 참고하세요.

[when–to–use–while–or–for–in–python – stackoverflow 사이트]

https://bit.ly/2COpLQJ

3. if

If 문은 모두 알다시피 "어떤 경우에"라는 의미입니다. 위의 예제를 조금 변형해 볼까요? 루프를 돌리면서 "i가 3일 경우에"만 프린트를 하려 한다면, 아래와 같이 if 문을 추가해 작성하면 됩니다.

```
for i in range(1, 4):
    if i == 3:
        print(i)
```

[파이썬 소스 – if_sample.py]

C:\Python\code>python if_sample.py

3

4. 문자열(string)

많은 언어가 그렇지만, 프로그래밍을 하다 보면 문자열 작업이 많고, 새로 나온 언어일수록 해당 작업을 더 쉽게 지원하기 위해 많은 메서드들을 지원하고 있습니다. 파이썬에도 문자열 오브젝트들에 대해 여러 가지 작업을 할 수 있습니다. 소문자로 만들거나(lower), 대문자로 만들거나(upper), 글자 수를 세거나(count), 인코딩을 바꾸거나(encode), 특정 문자열의 위치를 찾거나(find, index), 안에 들어간 데이터의 종류를 알아내거나(isalpha, isdigit, isnumeric, isspace, islower, …), 공백을 제거하거나(strip, lstrip, rstrip), 특정 부분을 교체하거나(replace), 특정 문자를 기준으로 나누어 리스트로 만들거나(split, partition), 줄 구분 표시를 기준으로 나누어 리스트로 만들거나(splitlines), 특정 문자만을 제거한 결과만을 얻거나(strip) 하는 등의 작업입니다.

여기에서는 특정 문자열에서 양쪽 공백을 제거한 후, 대문자로 바꾸는 strip, upper 함수 예제를 보겠습니다.

```
my_string = "   the dog      "
print(my_string)
print(my_string.strip().upper())
```

[파이썬 소스 – string_sample.py]

```
C:\Python\code>python string_sample.py
      the dog
THE DOG
```

여기에서는 문자열 관련 메서드에 어떤 항목들이 있는지만 알아보겠습니다. 그 외의 내용은 해당 작업이 필요할 때 구글 등을 찾아 사용하는 것이 효율적이라고 생각합니다. 지원하는 전체 메서드에 대해서는 하단의 링크를 참고하세요.

[String Methods – 파이썬 공식 사이트]

https://bit.ly/1l0F1e8

데이터베이스 종류에 대한 짧은 설명

데이터베이스에 대해 잘 모르는 독자들을 위해, 짧은 지식이나마 요즘 회자되고 있는 여러 가지 데이터베이스를 간단히 분류해 정리하려 합니다(필자의 설명에 대해 이견이 있는 분께는 양해를 구합니다). 많이 듣는 데이터베이스로 관계형 데이터베이스인 오라클(Oracle), MSSQL, MySQL, PostgreSQL이 있습니다. 그리고 머신러닝이나 빅데이터용 데이터베이스로 얘기되는 하둡(Hadoop) 프레임워크를 기반으로 동작하는 HBase, JSON 베이스의 다큐먼트를 저장하는 몽고디비와 메모리 데이터베이스라고 부르는 키-값 베이스의 레디스(Redis)가 있습니다.

해당 항목 이외에도 확장팩 개념으로 하둡이나 Hbase의 데이터를 SQL 문법을 사용해 조회할 수 있게 하는 하이브(Hive), 하둡이나 카프카 등으로 전송된 데이터를 메모리 작업 공간을 이용하여 빠르게 연산하기 위한 프레임워크인 스파크(Spark)가 있습니다. 그리고 JSON 베이스의 다큐먼트 데이터를 저장하지만 검색엔진과 데이터베이스가 결합된 형식인 일래스틱서치(Elasticsearch)가 있습니다.

관계형 데이터베이스는 보통 ANSI-SQL이라는 표준을 따릅니다. 그러나 각자 자체적으로 확장한 문법이 많아서, 한 SQL 제품에 맞는 쿼리를 다른 쪽에 던지면 보통 미세한 차이로 인해 에러가 나기도 하지만, 몇 가지 제품에 날려 보면 큰 틀에서 비슷하다는 생각은 듭니다(오히려 많이 차이 나는 부분은 성능이나 관리 측면 같습니다).

관계형 데이터베이스의 장점은 관계형의 꽃이라고 할 수 있는 조인(Join) 기능을 통해 데이터들 간의 관계를 쉽게 연결할 수 있다는 점입니다. 그러나 성능 문제가 있으니 보통 하나의 서버(정확히 얘기하면 데이터가 저장되는 저장소 서버) 내의 테이블에서만 서로 조인이 가능하다고 보면 됩니다. 하나의 저장소에 데이터를 모두 저장하여 응답 속도가 빠르지만, 데이터량이 커지면 저장소 서버의 용량이 모자라거나 메모리, CPU에 부하가 걸리기도 합니다. NoSQL이 나오기 전에 데이터베이스계의 주류였으며, 지금도 여전히 빅데이터와는 다른 특성의 데이터 영역에서 굳건히 자리 매김하고 있습니다.

NoSQL에서 빅데이터 쪽은 보통 하둡이라는 프레임워크를 중심으로 이루어집니다. 이 시스템은 한 서버의 성능으로 모든 것을 해결해야 하는 관계형 데이터베이스와는 다릅니다. 토렌토나 컴퓨터들의 파워를 조금씩 나눠 쓰는 여러 그리드(Grid) 형태의 서비스처럼, 해야 할 일을 데이터를 분산하여 저장하고 있는 서버들에게 나눠 주어 일을 시킨 후, 다시 결과를 모아서 보여 주는 특징이 있습니다. 많은 서버가 동시에 일을 분담하는 것이 가능해서, 관계형 데이터베이스에 비해 대용량 데이터를 저장 및 연산하기가 유리하기 때문에, 빅데이터(Big Data)용 프레임워크라 불리는 것 같습니다.

이러한 분산 작업과 관련되어 맵(Map), 리듀스(Reduce), 셔플(Shuffle) 같은 낯선 개념 들이 사용되며, HBase는 이러한 하둡 시스템을 이용하여 키, 값 형식의 분산 데이터 베이스를 구축한 것입니다. 하둡이나 HBase에서 데이터를 처리하기 위해서는 각각 복잡한 고유의 문법으로 사용자가 직접 디자인해 줘야 하기 때문에, 해당 부분을 관 계형 데이터베이스에서 SQL 문을 사용하는 방식으로 인터페이스를 감싸 준 것이 하 이브(Hive)라고 보면 될 것 같습니다.

스파크는 하둡이 수행하는 작업들의 주요 병목 지점인 분산 데이터를 디스크에서 읽 어 와서 처리하는 부분을 메모리상에서 모두 작업하게 함으로써, 처리 속도를 높이려 는 목적으로 시작되었습니다. 하둡의 데이터뿐만 아니라 외부에서 전달된 여러 데이 터들을 받아들여 처리 가능하며 하이브의 쿼리적 기능 특징까지 포함합니다.

몽고디비는 다큐먼트 저장 방식의 대표적인 데이터베이스입니다. 다큐먼트 안에 원하 는 값의 형태를 다양하게 담을 수 있고, 다큐먼트의 크기도 자유롭게 조절할 수 있는 JSON 형태의 데이터를 저장하는 데이터베이스입니다. 관계형 데이터베이스 같은 경 우, 입력되는 필드가 추가되면 "alter table" 명령을 통해 칼럼을 만들거나 타입을 수정해 맞춰 주지 않으면 에러가 발생합니다(보통 스키마(schema) 변경이라고 합니다. 칼럼 타입이나 숫자가 변경되면 스키마가 같이 변경되어야 합니다).

하지만 몽고디비 같은 NoSQL은 데이터의 변화에 따라 알아서 스키마를 고무줄과 같이 조정하며 맞춰 주어서(고정된 스키마가 없다고 봐도 맞습니다), 비교적 데이터베이스를 신경 쓰지 않고 애플리케이션의 쿼리 호출을 편한 대로 바꿀 수 있다는 장점이 있어 개발자들에게 인기가 많습니다.

레디스와 같은 메모리 디비는 일단 가능한 한 많은 데이터베이스 내의 데이터들을 메모리에 올려 놓는 구조입니다. 필요한 데이터들을 메모리에 모두 올려 놓고 조회하는 구조로, 쿼리에 대해 빠른 응답이 필요한 경우 캐시용으로 많이 사용되는 듯합니다.

마지막으로 일래스틱서치는 메모리와 디스크를 동시에 운영하는 검색용 프레임워크로, 로그 검색이나 검색 엔진 등에서 주로 사용됩니다.

오픈소스의 사용료는 없지만, 보통 통합 관리나 성능 관리, 보안 등의 기능이 약한 경우가 있어 그런 부분을 커스터마이징하여 확장한 관련 솔루션을 추가로 구입, 운영해야 하며, 오픈소스에 대한 적합한 운영인력을 구하는 것도 어렵기 때문에, 숨은 비용을 고려해야 합니다.

∘5교시∘

암호화 모듈을 이용해
암/복호화해보기

이 시간에는 3교시에서 언급한 암/복호화하는 샘플을 찾아서 이용해 보려 합니다. 암/복호화가 낯선 개념이긴 하지만, 엑셀파일 암호화부터 zip 파일 암호화나 https 통신과 같은 곳에서 사용하는 개념이니 편하게 예제를 따라와 주기 바랍니다.

01 들어가면서

3교시 때 암호화 모듈을 찾아 보다 내린 결론이 아래와 같습니다. [도표 5교시-1]의 네모칸 친 회색 부분을 위한 코드 샘플을 찾는 중입니다.

다만 삭제된 블로그의 코드를 책에서 참조하는 것이 적절하지 못해, 아래의 깃허브 (GitHub) 코드를 참조해 사용해 보려고 합니다. "깃허브"는 우리나라를 포함해서 많은 나라의 사람들이 자신이 만든 코드나 공개 프로젝트를 올려놓은 공개 소스 저장소 사이트입니다. 그래서 앞에서 봤던 스택오버플로(stackoverflow) 사이트만큼 동작을 신뢰할 수 있는 코드들이 많이 있어 프로그래밍 언어에 대해 구글 검색 시 자주 만날 수 있는 사이트 중 하나입니다. 게다가 구글 검색 상위권에 노출된 코드라면 신뢰도가 더욱 높을 것입니다.

[swinton/AESCipher.py – GitHub 사이트]
https://bit.ly/2oWd0cL

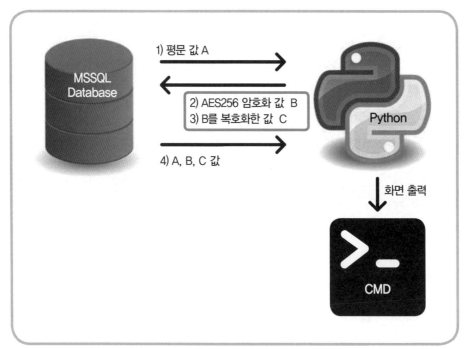

[도식 5교시-1: 암/복호화 코드 구현]

암호화 모듈 설치

해당 샘플을 이용하기 위해서, PyCrypto 모듈을 아래와 같이 일단 PIP 명령어로 설치하려고 합니다. 커맨드 창에 아래 명령어로 PyCrypto를 설치합니다.

```
C:\Python\code>pip install pycrypto
Collecting pycrypto
… 생략
error: command 'C:\\Program Files (x86)\\Microsoft Visual Studio 14.0\\VC\\
```

BIN\\x86_amd64\\cl.exe' failed with exit status 2

그런데 위와 같은 에러가 발생합니다. 파이썬 3.5.3버전에서는 정상으로 설치되었는데, 아마도 버전업이 되면서 또 무언가가 어긋난 것 같습니다. 다시 구글에서 "python 3.6 pycrypto"로 검색하여 최상단의 스택오버플로 글을 찾습니다.

[problems with installation pycrypto in python 3.6 – stackoverflow 사이트]
https://bit.ly/2x2tqE4

"PyCryptodome"이라는 모듈이 PyCrypto를 대체하여 나왔다고 합니다. 두 개의 차이점을 비교하기 위해 구글에서 "pycryptodome vs pycrypto"로 다시 검색하면 아래의 글이 나옵니다. PyCrypto에서 발견된 취약점들을 PyCryptodome에서 패치했고, 대부분의 함수들이 호환되어 그대로 쓸 수 있다고 합니다.

[Stop using pycrypto. Use pycryptodome instead – sqreen 사이트]
https://bit.ly/2x6KpVU

[Compatibility with PyCrypto – PyCryptodome 홈페이지]
https://bit.ly/2oZ9631

다만 실제로 pip 명령어를 이용하여 pycryptodome를 설치하고 예제 코드를 체크한 결과, "Only byte strings can be passed to C code"라는 에러가 발생합니다. 아래에서 제안한 해결 방식으로 해보면 영문 메시지 기준으로는 적절히 동작하지만 한글로 메시지를 교체하면 또 인코딩 관련 에러가 발생하게 됩니다.

[Python 3.5 error 'Only byte strings can be passed to C code' – GitHub 사이트]
https://bit.ly/2N7M7RU

그래서 결국 한글을 암호화하는 예제를 보여 주기 위해, PyCrypto를 설치하는 방법을 다시 찾아보게 되었습니다. 구글 어딘가에 wheel 파일이 있을 것 같다는 생각이 들어서, 구글에서 "pycrypto 3.6 wheels"로 검색하여 아래의 사이트를 찾았습니다.

[Precompiled wheel of PyCrypto 2.6.1 for Python 3.6 on Windows 7x64 – diaspora 사이트]

https://bit.ly/2MnMm5Y

해당 사람은 "visual studio community 2017" 버전의 빌드 툴을 이용하여 해결했다고 하면서, 고맙게도 윈도우 7 64bit로 컴파일된 wheel 파일을 깃허브에 올려놓았습니다. 그럼 해당 링크로 들어가서, 오른쪽의 다운로드 버튼을 눌러 "pycrypto-2.6.1-cp36-cp36m-win_amd64.whl" 파일을 c:\python\code 폴더에 저장합니다.

[pycrypto-2.6.1-cp36-cp36m-win_amd64.whl – GitHub 사이트]

https://bit.ly/2N3NOj4

이후 커맨드 창에서 아래의 명령어를 이용하여 pycrypto를 설치해 보겠습니다. 정상적으로 설치가 완료됩니다.

```
C:\Python\code>pip install pycrypto-2.6.1-cp36-cp36m-win_amd64.whl
Processing c:\python\code\pycrypto-2.6.1-cp36-cp36m-win_amd64.whl
Installing collected packages: pycrypto
Successfully installed pycrypto-2.6.1
```

03 ▶ 암호화 소스 코드

이번에는 AES 256으로 암/복호화를 하는 소스 코드를 가져와 보겠습니다. 아래의 깃허브 페이지의 코드를 보면 파이썬 2.7 코드인데, 아래쪽의 2016년 12월 코멘트를 보면 파이썬 3.x버전의 소스로 변경해 올려놓은 링크를 제공합니다.

[Encrypt & Decrypt using PyCrypto AES 256 From http://stackoverflow.com/a/12525165/119849 – GitHub 페이지]

https://bit.ly/2oWd0cL

링크된 아래의 코드 페이지를 방문하면 3.x대 버전의 코드가 있습니다. 현재는 삭제된 한글 블로그에 있었던 한글 처리 관련 코드와, 해당 코드 내에 빠져 있는 "hashlib" 모듈을 로드하는 부분을 추가하여, 코드를 사용하기 편하게 조금 수정해 정리하면 아래와 같습니다. encode() 함수 안에 아무 인자도 들어가지 않는다면 파이썬 3는 기본으로 "utf-8"로 인코딩됩니다.

[Encrypt & Decrypt using PyCrypto AES 256From http://stackoverflow.com/a/12525165/119849 – GitHub 페이지]

https://bit.ly/2NzcD61

```
# 모듈을 불러옵니다.
import base64
import hashlib
from Crypto import Random
from Crypto.Cipher import AES
```

```python
# 암호화할 문자열을 일정 크기로 나누기 위해서, 모자란 경우 크기를 채워줍니다.
BS = 16
pad = lambda s: s + (BS - len(s) % BS) * chr(BS - len(s) % BS).encode()
unpad = lambda s : s[0:-s[-1]]


# 암호화를 담당할 클래스 입니다.
class AESCipher:

    # 클래스 초기화 - 전달 받은 키를 해시 값으로 변환해 키로 사용합니다.
    def __init__( self, key ):
        self.key = key
        self.key = hashlib.sha256(key.encode()).digest()

    # 암호화 - 전달받은 평문을 패딩 후, AES 256 으로 암호화 합니다.
    def encrypt( self, raw ):
        raw = raw.encode()
        raw = pad(raw)
        iv = Random.new().read( AES.block_size )
        cipher = AES.new( self.key, AES.MODE_CBC, iv )
        return base64.b64encode( iv + cipher.encrypt( raw ) ).decode()

    # 복호화 - 전달 받은 값을 복호화 한후, 언패딩해 원문을 전달합니다.
    def decrypt( self, enc ):
        enc = base64.b64decode(enc)
        iv = enc[:16]
        cipher = AES.new(self.key, AES.MODE_CBC, iv )
        return unpad(cipher.decrypt( enc[16:] )).decode()
```

```
# 암호화 클래스를 이용해 cipherinstance 객체를 만들면서, 암호화키를 넣습니다.
cipherinstance = AESCipher('mysecretpassword')

# 암호화를 합니다.
encrypted = cipherinstance.encrypt('감추고 싶은 말')

# 암호화 한 값을 다시 복호화 합니다.
decrypted = cipherinstance.decrypt(encrypted)

# 암호화 한 값과 복호화 한 값을 출력 합니다.
print('암호화된 값 : ' + encrypted)
print('복호화된 값 : ' + decrypted)
```

[파이썬 소스 – pycrypto_aes256_sample.py]

위의 코드 내용을 복사하여 C:\python\code 디렉터리에, 파일 형식은 "모든 파일", 인코딩은 "UTF-8"로 선택하여, "pycrypto_aes256_sample.py" 이름으로 저장한 후 실행하면, 아래와 같이 winrandom 모듈이 없다는 에러가 발생하게 됩니다.

C:\Python\code>**python pycrypto_aes256_sample.py**

 ⋯ 생략

 File "C:\Python\lib\site-packages\Crypto\Random\OSRNG\nt.py", line 28,

 in <module>

  importwinrandom

*ModuleNotFoundError: **No module named 'winrandom'***

에러의 원인을 찾아보기 위해 구글에서 "python 3.6 No module named 'winrandom'"을 입력해 찾아봅니다.

[No module named 'winrandom' when using pycrypto - stackoverflow 사이트]

https://bit.ly/2x6ll2l

Problem is solved by editing string in crypto\Random\OSRNG\nt.py:

importwinrandom

to

from .importwinrandom

설치된 파일에서 nt.py 파일을 찾아, 아래 문장을 수정해 저장하라고 합니다. "C:\ Python\Lib\site-packages\Crypto\Random\OSRNG\nt.py" 파일을 열고 내용을 수 정합니다. "import winrandom" 문구를 "from . import winrandom"으로 바꾸어 줍니다. 아마도 참조하는 모듈 위치 지정이 잘못되서 에러가 난 것 같습니다.

수정 후 코드를 다시 실행해 봅니다. 그럼 아래와 같이 정상적으로 실행되어 결과가 나오게 됩니다.

```
C:\Python\code>python pycrypto_aes256_sample.py
암호화된 값 : zXBEhJLxhkNACU8jwLJv80Y7dzmypec16A0yLwJP00KcdBSEMpfTaAmfVC8S/AFu
복호화된 값 : 감추고 싶은 말
```

그럼 5교시를 마치고, 6교시에서는 4교시 때 사용했던 MSSQL 코드와 함께, 5교시 때 의 암호화 코드를 같이 합쳐서 만들고자 했던 기능을 만들겠습니다.

함수(function)와 람다(lambda) 함수

1. 함수

앞에서도 설명했지만, 함수란 공통된 기능을 프로그램의 특정한 부분으로 모아서 사용하는 개념입니다. 파이썬에서 함수는 "def"란 구문으로 시작되는데, "정의하다 (definition)"라는 단어의 약자입니다. 함수는 입력 값을 가질 수도, 안 가질 수도, 여러 개 가질 수도 있으며, 출력 값 역시 마찬가지입니다. 함수 또한 앞의 for, while 문 등과 같이 문법 괄호를 들여쓰기로 대체합니다. 앞의 for 문으로 루프를 돌리면서 루프의 횟수를 출력하던 예제를 조금 변형해, 내부에서 함수를 호출하여 곱하기 두 배의 값을 출력하는 예제로 바꾸면 아래와 같습니다.

```python
def muliply_by_two(loopnum):
    return loopnum*2


my_list = [1, 2, 3]
for i in my_list:
    print(muliply_by_two(i))
```

[파이썬소스 – function_basic.py]

```
C:\Python\code>python function_basic.py
2
4
6
```

뒤의 다른 예제에서 볼 수 있지만, 함수는 여러 개의 값을 반환할 수도 있습니다.

```
def muliply_by_two(loopnum):
  return loopnum, loopnum*2



my_list = [1, 2, 3]
for i in my_list:
    original, changed = muliply_by_two(i)
    print(original)
    print(changed)
```

[파이썬소스 – function_multiple_return.py]

C:\Python\code>python function_multiple_return.py

1

2

2

4

3

6

2. 람다 함수

람다(lambda) 함수는 수학적 개념에서 나왔다고 하는데, 단순하게 일반 함수와의 차이만 설명하면 기능은 동일하고 이름과 반환에 대한 정의를 잊어버린 함수라고 할 수있습니다. 이름을 잊어버렸다는 것은 "def" 문으로 이름을 지정하지 않아도 된다는 뜻이고, 반환은 람다 함수 내부에 정의된 식 자체를 반환이라고 내재적으로 가정하는 것 같습니다.

위의 함수 예제들을 람다로 만들어도 되지만, 사실 람다는 이름이 없는 함수이기 때문에 위의 함수들을 대체하기 위해 이름을 지정하는 경우 적절한 사용법이 맞는지

의문이 들기도 합니다. 그렇게 보면 본문의 암호화 예제 안에 들어 있는 람다 함수도 "pad"라는 이름을 가지고 일반 함수처럼 쓰이기 때문에 적절한 쓰임은 아닌 듯싶습니다.

우선 비교를 위해 위의 첫 번째 함수 예제를 람다 함수로 바꿔 보겠습니다. "lambda" 문으로 시작되고 뒤에 입력되는 인자가 나오며, ":"로 구분한 후에 함수의 로직이면서 동시에 리턴 값인 표현식이 나옵니다. 그리고 해당 함수를 "multiply_by_two" 변수에 할당함으로써 이름을 대신하게 합니다.

```python
multiply_by_two = lambda loopnum:loopnum*2

my_list = [1, 2, 3]
for i in my_list:
    print(multiply_by_two(i))
```

[파이썬소스 – lambda_function_basic.py]

```
C:\Python\code>python lambda_function_basic.py
2
4
6
```

그럼 람다 함수가 이름까지 익명이 되도록 쓰이는 경우는 어떤 경우일까요? 가장 간단히 보여 줄 수 있는 예제가 "filter" 함수와 만난 때일 것 같습니다. filter 함수는 앞의 인자로 함수를, 뒤의 인자로 리스트를 받아서, 리스트 안의 요소 중 함수 안에서 계산했을 때 참인 결과만을 골라 다시 리스트로 구성해서 돌려줍니다. 특정 조건에 맞는 값만을 골라내기 때문에 필터라고 얘기하는 것 같습니다. 아래의 예제에서는 리스트 값이 3보다 작은 건들만 골라 줍니다.

```
my_list = [1, 2, 3]
results = filter(lambda x: x < 3, my_list)

for result in results:
    print(result)
```

[파이썬소스 – lambda_function_filter.py]

C:\Python\code\style>**python lambda_function_filter.py**

1

2

람다 함수를 어떤 경우 사용하느냐는 주제에 대해서는 아래의 링크를 참고하세요.

[Which is more preferable to use in Python: lambda functions or nested functions ('def')?

– stackoverflow 사이트]

https://bit.ly/2Qqa4BE

•6교시•

퍼즐 조각들
합쳐 보기

이 시간에는 4교시에서 정리한 MSSQL 코드와 5교시에서 정리한 암호화 코드를 이용해 최종 기능을 만들어 보겠습니다.

01 ▶ 들어가면서

최종 기능은 테이블에 저장된 평문 문자열을 읽어서 암호화하거나, 암호화된 문자열을 읽어서 복호화한 후, 각 테이블 내 해당하는 칼럼에 저장하고, 이후 전체 내용을 조회해 암/복호화가 잘 되었다는 증거로 화면에 표시하는 기능입니다. 도식으로 나타내면 아래와 같습니다.

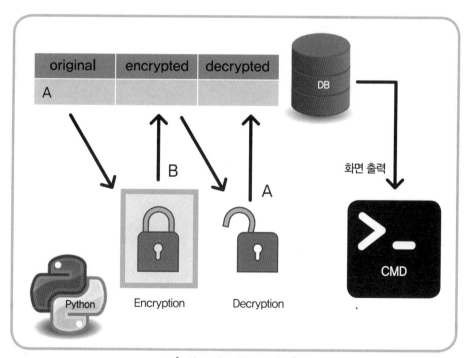

[도식 6교시-1: 최종 코드 완성]

일단 테이블을 하나 만들겠습니다. 4교시에서 만든 MSSQL 서버의 "mytest" 데이터
베이스에 저장하려 합니다. 만약 테이블을 생성하는 내용이 잘 기억나지 않는다면, 4
교시에 자세하게 설명한 부분을 참고하기 바랍니다.

```
CREATE TABLE [dbo].[play](
    [original] [char](30) NULL,
    [encrypted] [char](200) NULL,
    [decrypted] [char](30) NULL,
)
```

[query_09.txt]

[도식 6교시-1]의 "A"에 해당하는 암호화할 평문 값을 하나 넣습니다.

```
insert play values('비밀 문구','','')
```

[query_10.txt]

내용을 한번 조회해 봅니다.

```
select * from play(nolock)
```

[query_11.txt]

아래와 같이 "original" 칼럼에만 우리가 넣은 "비밀 문구" 라는 단어가 들어 있습니
다. 나머지 두 개의 필드는 파이썬 코드에서 채울 예정입니다.

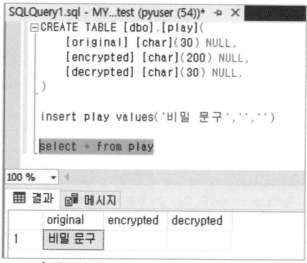

```
SQLQuery1.sql - MY...test (pyuser (54))*  ⊕ ✕
☐CREATE TABLE [dbo].[play](
     [original] [char](30) NULL,
     [encrypted] [char](200) NULL,
     [decrypted] [char](30) NULL,
)

insert play values('비밀 문구','','')

select * from play
```

100 % ▼

⊞ 결과 📄 메시지

	original	encrypted	decrypted
1	비밀 문구		

[그림 6교시-1: 데이터베이스 테이블 및 데이터 넣어 조회]

03 업데이트 쿼리 만들기

4, 5교시에서 진행한 내용을 돌아볼 때 현재 우리가 모르는 것은 테이블의 encrypted, decrypted 필드에 원하는 값을 업데이트(Update: 기존 값을 덮어쓰는 것)하는 부분입니다. 데이터베이스는 복잡하게 보면 많이 복잡한 영역이지만, 단순하게 보면 파일과 비슷한 면이 있습니다(사실 데이터베이스는 파일에 데이터를 저장하는 부분을 조금 더 구조화하여, 데이터 간의 상호 관계를 분석하거나 빠르게 결과를 찾기 위해 만들어진 구조화된 파일이라고 봐도 됩니다).

파일에 할 수 있는 일이 생성(Create), 내용 수정(Update), 파일 삭제(Delete), 읽기(Read)이듯, 데이터베이스 안에 들어 있는 테이블들에 할 수 있는 작업도 역시 이 네 가지입니다. 그래서 이 네 가지 행동의 앞 문자를 따서 "CRUD 작업"이라고 표현하기도 합니다. 조회(Select)하는 부분은 4교시에서 배웠으니, 여기에서는 업데이트에 대해 알아보겠습니다.

구글에서 "mssql update"로 검색합니다. 한글로 잘 정리된 페이지를 참조해도 좋고, 이전 시간에 참고한 아래 techonthenet 페이지를 봐도 좋습니다(개인적으로는 깔끔하게 핵심만 정리한 페이지 같습니다).

[SQL Server: UPDATE Statement – Tech ON THE NET 사이트]
https://bit.ly/2zchDnk

페이지의 내용을 간단히 설명하면 아래와 같습니다.

> UPDATE 테이블
> SET 칼럼1 = '값1',
>   칼럼2 = '값2' ...
> WHERE 칼럼x = '값3';
> -- 테이블을 업데이트하는데, 특정 칼럼에 "값3"이 들어 있는 행을 찾아서,
> -- "칼럼1,2"를 새로운 값으로 채웁니다.

해당 문법을 참조하여 좀 전에 만든 테이블 구조를 업데이트하는 쿼리를 만들면 아래와 같습니다.

> -- "비밀 문구"가 저장된 행을 찾아서 encrypted 칼럼을 암호화된 값으로 업데이트합니다.
> update play set encrypted = '암호화된 값' where original='비밀 문구'
>
> -- "비밀 문구"가 저장된 행을 찾아서 decrypted 칼럼을 복호화된 값으로 업데이트합니다.
> update play set decrypted = '복호화된 값' where original='비밀 문구'

이 encrypted 컬럼을 업데이트하는 코드를 이전 시간의 암호화 메서드를 호출하는 방식과 결합하면 아래와 같이 됩니다.

```
#### 1
# play 테이블에서 original 칼럼을 조회합니다.
cursor.execute('SELECT original FROM play(nolock);')
row = cursor.fetchone()
original = str(row[0])

# original 칼럼 값을 암호화합니다.
encrypted = cipherinstance.encrypt(original)

# 암호화한 값을 encrypted 칼럼에 업데이트합니다.
cursor.execute("update play set encrypted = ? where original='비밀 문구'",
encrypted)
cnxn.commit()
```

이 decrypted 컬럼을 업데이트하는 코드를 복호화 메서드를 호출하는 방식과 결합하면 아래와 같이 됩니다.

```
#### 2
# encrypted 칼럼을 조회합니다.
cursor.execute('SELECT encrypted FROM play(nolock);')
row = cursor.fetchone()
encrypted_select = str(row[0])

# encrypted 칼럼 값을 복호화합니다.
```

```
decrypted_insert = cipherinstance.decrypt(encrypted_select)

# 복호화한 값을 decrypted 필드에 업데이트합니다.
cursor.execute("update play set decrypted = ? where original='비밀 문구'",
decrypted_insert)
cnxn.commit()
```

전체 칼럼을 조회하는 쿼리는 4교시의 SQL 샘플들과 비슷합니다. 하지만 줄 바꿈을
하여 약간 보기 좋게 하기 위해서 문자열 더하기 연산자(+)와, 문자열 좌우의 빈 공간
을 지우는 함수(strip)를 이용하여 정렬하려 합니다. 해당 코드는 아래와 같습니다.

```
#### 3
# 모든 칼럼을 조회해서 줄로 나누어(\n) 출력합니다. strip() 함수는 문자열 양쪽의 공백을 없애 줍니다.
cursor.execute('SELECT * FROM play(nolock);')
row = cursor.fetchone()
while row:
    print ('original : ' + str(row[0]) + "\n" + 'encrypted : '
        + str(row[1]).strip() + "\n" + 'decrypted : ' + str(row[2]))
    row = cursor.fetchone()
```

05 전체 코드 조합하기

그럼 조금 코드가 길어지지만, 5교시의 암/복호화 함수와 합치면 아래와 같은 모양이 됩니다.

```python
# 모듈을 불러옵니다.
import base64
import pyodbc
import hashlib
from Crypto import Random
from Crypto.Cipher import AES

# 암호화된 문자열을 특정한 블록으로 잘라 연산하기 위해서 블록의 길이를 맞춰주는 코드입니다.
BS = 16
pad = lambda s: s + (BS - len(s) % BS) * chr(BS - len(s) % BS).encode()
unpad = lambda s : s[0:-s[-1]]



# 암호화를 담당할 클래스 입니다.
class AESCipher:

    # 클래스 초기화 - 전달 받은 키를 해시 값으로 변환해 키로 사용합니다.
    def __init__( self, key ):
        self.key = hashlib.sha256(key.encode()).digest()

    # 암호화 - 전달받은 평문을 패딩 후, AES 256 으로 암호화 합니다.
    def encrypt( self, raw ):
        raw = raw.encode()
        raw = pad(raw)
```

```python
        iv = Random.new().read( AES.block_size )
        cipher = AES.new( self.key, AES.MODE_CBC, iv )
        return base64.b64encode( iv + cipher.encrypt( raw ) ).decode()

    # 복호화 - 전달 받은 값을 복호화 한후, 언패딩해 원문을 전달합니다.
    def decrypt( self, enc ):
        enc = base64.b64decode(enc)
        iv = enc[:16]
        cipher = AES.new(self.key, AES.MODE_CBC, iv )
        return unpad(cipher.decrypt( enc[16:] )).decode()


# 암호화 클래스를 이용해 cipherinstance 인스턴트를 만들면서, 암호화키를 넣습니다.
cipherinstance = AESCipher('mysecretpassword')



# 데이터베이스 연결 커넥션을 만듭니다.
server = 'localhost'
database = 'mytest'
username = 'pyuser'
password = 'test1234'
cnxn = pyodbc.connect('DRIVER={ODBC Driver 13 for SQL Server};SERVER='+serve
r+';PORT=1433;DATABASE='+database+';UID='+username+';PWD='+ password)


# 커서를 생성 합니다.
cursor = cnxn.cursor()


#### 1
# play 테이블에서 original 컬럼을 조회합니다.
cursor.execute('SELECT original FROM play(nolock);')
row = cursor.fetchone()
original = str(row[0])
```

```python
# original 컬럼 값을 암호화 합니다.
encrypted = cipherinstance.encrypt(original)

# 암호화한 값을 encrypted 컬럼에 업데이트를 합니다.
cursor.execute("update play set encrypted = ? where original='비밀 문구'",
encrypted)
cnxn.commit()

#### 2
# encrypted 컬럼을 조회합니다.
cursor.execute('SELECT encrypted FROM play(nolock);')
row = cursor.fetchone()
encrypted_select = str(row[0])

# encrypted 컬럼 값을 복호화 합니다.
decrypted_insert = cipherinstance.decrypt(encrypted_select)

# 복호화 한 값을 decrypted 필드에 업데이트 합니다.
cursor.execute("update play set decrypted = ? where original='비밀 문구'",
decrypted_insert)
cnxn.commit()

#### 3
# 모든 컬럼을 조회해서 줄로 나누어('\n') 출력합니다. strip() 함수는 문자열 양쪽의 공백을 없애줍니다.
cursor.execute('SELECT * FROM play(nolock);')
row = cursor.fetchone()
while row:
    print ('original : ' + str(row[0]) + "\n" + 'encrypted : '
        + str(row[1]).strip() + "\n" + 'decrypted : ' + str(row[2]))
    row = cursor.fetchone()
```

[파이썬 코드 - mix_version.py]

위의 코드 내용을 복사하여 c:\python\code 디렉터리에, 파일 형식은 "모든 파일", 인코딩은 "UTF-8"로 선택하고, "mix_version.py" 이름으로 저장한 후 실행합니다(저장 및 실행 부분이 기억나지 않으면, 2교시에서 스크린샷과 함께 자세히 설명한 부분을 참고하세요).

```
c:\Python\code>python mix_version.py
original   : 비밀 문구
encrypted  : 0lht7w9ZrRF86xyJOL31mhY1WENT2UvdvGCwAURfOp4U1azRpJVW1hSNkpPSH/
AvG2o767dvAsKELce/t1V/ig==
decrypted  : 비밀 문구
```

부록 디버깅 및 리셋

직접 만들어 보는 경우에는 중간 중간에 print 문을 통해 변수를 출력하여(물론 리스트와 같은 단순 문자열이 아닌 복합 자료형은 원하는 값을 출력하는 방법에 익숙해져야 합니다) 해당 값이 정확히 나오는지 확인해 보는 것이 좋습니다. 아니면 앞에서 얘기한 PyCharm 같은 IDE 툴의 디버깅 기능을 이용해도 됩니다.

구글에서 "PyCharm 디버깅"이라고 입력하면 많은 블로그가 나옵니다. 하지만 여러 디버깅 책들에서 얘기하듯이, 디버깅은 머릿속으로 구조적으로 해야 하며, print 문이나 IDE의 디버깅 기능은 생각한 가설이 맞는지 실제 검증할 때 쓰는 것임을 잊으면 안 됩니다.

아무 생각 없이 코드를 돌아다니면서 값을 보는 것은 효율성 측면에서 많은 의미는 없어 보입니다. SQL이 낯선 분들을 위해 테스트 도중 값을 리셋하기 위해 쓸 수 있는 SQL 쿼리를 아래에 적어 둡니다. original 값만 빼고 나머지 두 값을 지워 주는 쿼리입니다.

```
update play set encrypted ='', decrypted = ''
where original = '비밀 문구'
```

[query_12.txt]

∘ 7교시 ∘

엑셀 파일
사용해보기

이 시간에는 엑셀을 다뤄 보려 합니다. 보통 프로그램에서 나온 결과를 텍스트 파일이나 데이터베이스 형태로 저장하지만, 엑셀로 저장하면 여러 가지 엑셀의 편집 및 통계 기능을 이용하여 정렬이나 편집이 쉬운 장점이 있습니다.

01 > 엑셀 모듈 설치하기

언제나처럼 구글에서 검색을 합니다. "python 3 excel"로 검색하면, 위쪽의 결과에 파이썬에서 쓸수 있는 엑셀 모듈들에 대해 정리한 사이트가 나옵니다.

[Working with Excel Files in Python – python-excel.org 사이트]
http://www.python-excel.org/

모듈이 다섯 개 정도 나오는데, 맨 위에 있는 "openpyxl"을 사용해 보겠습니다. 모듈을 설치하기 위해, 구글에서 "install openpyxl python3 pip"로 검색하여 아래의 스택오버플로 페이지를 참고합니다.

[How to install Openpyxl with pip – stackoverflow 사이트]
https://bit.ly/2p00M2V

Type pip installopenpyxl in windows command prompt.

커맨드 창에서 "pip install openpyxl"를 실행합니다. 아래와 같이 특별한 문제 없이 잘 설치됩니다.

```
C:\Python\code>pip install openpyxl
```

Collecting openpyxl

… 생략

Successfully installed et-xmlfile-1.0.1 jdcal-1.3 openpyxl-2.4.8

02 ▶ 샘플 동작 검증하기

일단 모듈이 잘 돌아간다는 것을 테스트하기 위해 샘플 파일을 찾아보겠습니다. 구글에서 "python openpyxl sample"로 찾으면 맨 위에 아래와 같은 공식 페이지의 샘플 링크가 있습니다.

[openpyxl – A Python library to read/write Excel 2010 xlsx/xlsm files – openpyxl 공식 페이지]

https://bit.ly/2h38rvi

그대로 돌려도 잘 동작하지만, 실수인지 내용 중 일부가 먼저 쓴 값을 덮어 쓰는 식으로 만들어져 있어서(ws['A2'] 부분), 한글 주석을 첨가하는 작업도 할 겸, 셀이 겹치지 않도록 일부를 수정해 보겠습니다.

```python
from openpyxl import Workbook
import datetime

# 워크북을 하나 만듭니다.
wb = Workbook()
```

```
# 활성 워크시트를 선택 합니다(첫 번째 시트가 선택 됩니다).
ws = wb.active

# A1 행에 42라는 숫자를 넣습니다.
ws['A1'] = 42

# 현재 글자가 쓰여있는 다음 row 에 1,2,3 이라고 넣습니다.
ws.append([1, 2, 3])

# 셀이 겹치는 부분을 수정 했습니다.
ws['A3'] = datetime.datetime.now()

# 메모리에 있는 워크 북을 실제 물리적인 엑셀 파일로 저장한다.
wb.save("sample.xlsx")


print("엑셀저장 완료")
```

[파이썬 소스 – excel_sample.py]

워크북(workbook), 워크시트(work sheet)라는 조금 낯선 용어가 나오지만, 평소 익숙한 엑셀을 기준으로 비교해 보면 아주 간단합니다. 아래의 그림만 이해하고 나면, 엑셀 모듈을 쓰는 작업은 단순한 퍼즐 맞추기 작업이 됩니다. 엑셀의 표들이 있는 가장 바깥쪽 부분이 워크북이며, 하나의 엑셀 문서 자체를 얘기한다고 봐도 무방하겠습니다. 그 안에 들어 있는 하나하나의 탭으로 이루어진 문서들이 워크시트입니다.

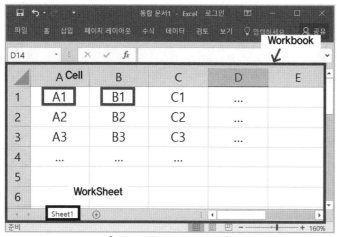

[그림 7교시-1: 엑셀 구조 설명]

위의 코드 내용을 복사하여 C:\python\code 디렉터리에, 파일 형식은 "모든 파일", 인코딩은 "UTF-8"로 선택하고, "excel_sample.py" 이름으로 저장하여 실행합니다(저장 및 실행하는 부분이 잘 기억나지 않으면, 2교시에서 스크린샷과 함께 자세히 설명한 부분을 참고하세요).

```
c:\Python\code>python excel_sample.py
엑셀 저장 완료
```

코드를 실행하면 커맨드 창에 "엑셀 저장 완료"라는 문구가 표시되며, 코드를 저장한 폴더 안을 보면 아래와 같이 우리가 만든 코드가 실행되어 "sample.xlsx" 파일이 만들어져 있습니다(참고로 테스트를 위해 여러 번 실행할 때, sample.xlsx 엑셀 파일을 열어 놓은 상태라면 쓰지 못해서 에러가 나니 실행 전 꼭 엑셀 문서를 닫길 바랍니다).

[그림 7교시-2]에 파이썬 코드와 결과로 만들어진 엑셀 셀 값의 상관관계를 표시해 놓았습니다.

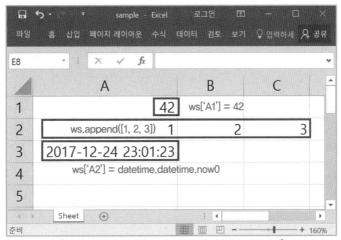

[그림 7교시-2: 저장된 엑셀에 대응되는 파이썬 코드 설명]

03 문제 나누기
- 칼럼 이름 얻어 오기

샘플을 실행하여 검증해 보았으니, 이제 우리가 원하는 기능을 만들어 보겠습니다. 4교시에서 만들어 본 "supermarket" 테이블 조회 내용을 엑셀에 저장해 보겠습니다. 그런데 단순히 내용만 저장하면 기존 내용의 반복이어서 지루할테니, 이번에는 추가로 칼럼 이름도 얻어 와서 저장된 엑셀의 맨 첫째 줄에 적어 보기 좋게 꾸미려 합니다.

그럼 테이블의 칼럼 이름을 어떻게 얻어 와야 할까요? 구글에서 "mssql table column name"으로 검색합니다. 맨 처음에 나오는 아래 스택오버플로의 문서를 보면 여러 방법을 설명하고 있는데, 제일 간단해 보이는 아래 코드를 선택하도록 하겠습니다. 테이블의 스키마(schema: 구조)를 저장하고 있는 시스템 테이블에서 칼럼의 이름을 가져오는 쿼리입니다.

[How can I get column names from a table in SQL Server? - stackoverflow 사이트]

https://bit.ly/2MIlu6E

SELECT COLUMN_NAME

FROM INFORMATION_SCHEMA.COLUMNS

WHERE TABLE_NAME ='name_of_your_table'

[query_13.txt]

쿼리 안의 "name_of_your_table"을 4교시에 만든 "supermarket"으로 바꾸고, 실제 파이썬 코드를 만들기 전에 잘 동작하는지 검증하기 위해 쿼리 분석기에서 실행해 봅니다(쿼리 실행 부분이 잘 기억나지 않는다면, 4교시에 상세히 설명한 부분을 참고하세요). 쿼리를 복사해 넣은 후, 선택하고, F5 키를 눌러 실행해 보면 우리가 원하는 칼럼 값이 잘 나오고 있음을 볼 수 있습니다.

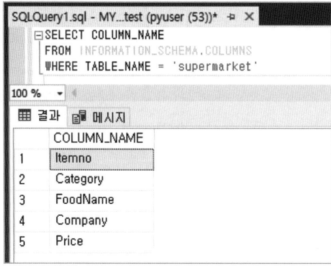

[그림 7교시-3: 칼럼 이름을 출력하는 SQL 문 실행]

04 문제 쪼개기
- 루프를 이용해 엑셀에 출력하기

또 하나 해결해야 할 것은 엑셀에 값들을 뿌려 주는 문제입니다. 데이터베이스 구조와 엑셀 구조는 상당히 비슷하기 때문에, 데이터베이스를 한 줄 읽어서 칼럼들을 가로로 쭉 쓰고, 또 한 줄 읽어서 가로로 쭉 써주는 작업을 반복하면 됩니다.

[그림 7교시-4]의 예제 코드를 보면 행이 증가하는 부분은 뒤의 숫자만 1, 2, 3으로 증가시켜 주면 되는데, 가로로 열이 증가하는 부분은 뒤의 숫자는 고정된 채 앞 문자가 하나씩(A, B, C, …) 늘어야 합니다. 말로 표현해 보면, "데이터베이스의 첫째 행을 가져와 A1~E1에 저장하고, 다음 행을 가져와 A2~E5에 저장해야 합니다"가 됩니다.

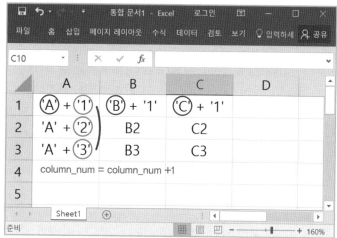

[그림 7교시-4: 엑셀 셀 위치 지정]

대략적으로 생각해 봤을 때, 루프를 돌리는 "for" 문 두 개를 중첩해 써야 한다는 생각이 듭니다. 안쪽의 for 문은 "A1~E1" 식으로 숫자는 고정한 채 알파벳만 늘게 해주어 한 줄을 표시하는 기능을 합니다. 그리고 바깥쪽 for 문은 안쪽 for 문에 의해 한 줄이 다 써진 후, 뒤에 붙은 숫자를 하나 증가시켜 다음 줄로 바꾸어 주고, 다음번 안쪽 for 문이 "A2~E2" 식으로 다음 줄에 표시하게 해주면 됩니다.

그런데 숫자를 증가시키는 부분은 "i = i + 1"로 하면 될 것 같은데, 문자를 어떻게 증가시킬지를 모르겠습니다(영어는 아스키(ACSII) 코드로 표현할 수 있으며, 내부적으로 영어 문자들이 숫자로 구성되어 있다는 것이 생각나긴 합니다).

그러면 다른 사람이 문자 증가 문제를 해결한 코드를 찾기 위해 "python increase alphabet"으로 구글을 조회합니다. 위에서 세 번째 쯤에 나오는 아래 스택오버플로 페이지를 보면, "char = chr(ord(column_char) + 1)"라는 코드가 나옵니다. "ord"가 뭘 하는 함수인지 모르니, 다시 구글에서 "python ord"로 찾아봅니다. ord는 문자를 아스키 코드로 바꿔 주는 함수이기 때문에, 해당 코드는 "문자를 아스키 코드로 변경하여 1을 더하고, 다시 문자로 바꿔 준다"의 기능을 하는 코드입니다.

물론 아스키 코드는 영문을 나타내므로 한글에서는 동작하지 않겠지만, 현재 엑셀의 칼럼 명을 나타내는 데에는 적절한 코드라고 생각합니다.

[Can we increase a lowercase character by one – stackoverflow 사이트]
https://bit.ly/2Na8vdp

Like this:
char = chr(ord(char) + 1)

해당 코드를 이용하여 첫 번째 칼럼 명을 출력하는 부분은 아래와 같이 만들어질 수 있습니다(맨 처음 한 행만 저장하면 되고 바깥쪽 루프가 없어도 되기 때문에 while 루프 안을 보면 칼럼 번호가 "1"로 고정되어 있습니다).

```
### 컬럼 이름 저장하기
# supermarket 의 컬럼들을 가져옵니다.
cursor.execute('SELECT column_name FROM INFORMATION_SCHEMA.
COLUMNS WHERE TABLE_NAME = \'supermarket\';')

# 첫 번째 컬럼을 나타냅니다.
column_char = 'a'

# 한 행씩 가져오면서,
row = cursor.fetchone()
while row:
    # 컬럼 문자를 하나씩 증가하면서 A1~E1에 조회해 온 컬럼 명을 넣습니다.
    ws[column_char + '1'] = row[0]
    column_char = chr(ord(column_char) + 1)
    row = cursor.fetchone()
```

해당 코드가 돌아가면 A1 = row[0](데이터베이스의 첫 번째 칼럼 이름), B1 = row[0](데이터베이스의 두 번째 칼럼 이름), … 이런 식으로 엑셀의 맨 첫 줄에 supermarket 테이블의 다섯 개의 칼럼 이름이 들어가게 됩니다.

두 번째는 내용을 출력하는 코드 부분입니다. 앞과 비슷하지만, 조회된 내용을 한 줄씩 가져오며, 내용이 없을 때까지 루프를 돌리는 while 문이 바깥쪽 for 루프 역할을 합니다. 지난번에 구상했듯이 안쪽 for 문이 한 행(다섯 개의 결과 칼럼)을 출력하는 역할을 합니다. 첫 행에는 칼럼 이름이 들어 있을 것이므로, 행의 시작을 나타내는 row_num 변수 값을 2로 해서 두 번째 행부터 내용이 출력되게 합니다.

```
### 테이블 내용 저장 하기
# supermarket 테이블의 내용을 가져옵니다.
cursor.execute('SELECT Itemno, Category, FoodName, Company, Price FROM
supermarket(nolock);')

# 2번째 행을 나타냅니다.
row_num = 2

# 한 행씩 가져오면서,
row = cursor.fetchone()
while row:
    # 예전 수동 타자기 처럼, 새로운 줄이 오게 되면, 첫째 열인 A 로 돌아가는 초기 값 입니다.
    column_char = 'a'

    # 1~5 까지 x 가 변하면서 컬럼 문자, row를 하나씩 늘여 결과를 하나씩 담습니다.
    # ws['a1'] = row[0], ws['b1'] = row[1], ws['c1'] = row[2]...
    for x in range(1, 6):
        ws[column_char + str(row_num)] = row[x-1]
        column_char = chr(ord(column_char) + 1)

    # 다음 행을 표시하기 위해 뒤의 숫자를 증가 시킵니다.
    row_num = row_num + 1
    row = cursor.fetchone()
```

05 해결된 조각 합치기

위의 코드들을 모두 적절히 합치면 아래와 같은 전체 소스가 됩니다.

```python
from openpyxl import Workbook
from openpyxl import load_workbook
from openpyxl.compat import range
import pyodbc

# 워크북을 하나 만듭니다.
wb = Workbook()

# 활성화된 엑셀 시트를 선택합니다.
ws = wb.active

# 엑셀 제목을 지정합니다.
ws.title = "output"


# 데이터베이스 연결 문자열을 세팅 합니다.
server = 'localhost'
database = 'mytest'
username = 'pyuser'
password = 'test1234'

# 데이터 베이스에 연결 합니다.
cnxn = pyodbc.connect('DRIVER={ODBC Driver 13 for SQL Server};SERVER='+server+';PORT=1433;DATABASE='+database+';UID='+username+';PWD='+ password)
```

```python
# 커서를 만듭니다.
cursor = cnxn.cursor()


### 컬럼 이름 저장하기
# supermarket 의 컬럼들을 가져옵니다.
cursor.execute('SELECT column_name FROM INFORMATION_SCHEMA.
COLUMNS WHERE TABLE_NAME = \'supermarket\';')

# 첫 번째 컬럼을 나타냅니다.
column_char = 'a'

# 한 행씩 가져오면서,
row = cursor.fetchone()
while row:
    # 컬럼 문자를 하나씩 증가하면서 A1~E1에 조회해 온 컬럼 명을 넣습니다.
    ws[column_char + '1'] = row[0]
    column_char = chr(ord(column_char) + 1)
    row = cursor.fetchone()


### 테이블 내용 저장 하기
# supermarket 테이블의 내용을 가져옵니다.
cursor.execute('SELECT Itemno, Category, FoodName, Company, Price FROM
supermarket(nolock);')

# 2번째 행을 나타냅니다.
row_num = 2
```

```
# 한 행씩 가져오면서,
row = cursor.fetchone()
while row:
    # 예전 수동 타자기 처럼, 새로운 줄이 오게 되면, 첫째 열인 A 로 돌아가는 초기 값 입니다.
    column_char = 'a'

    # 1~5 까지 x 가 변하면서 컬럼 문자, row를 하나씩 늘여 결과를 하나씩 담습니다.
    # ws['a1'] = row[0], ws['b1'] = row[1], ws['c1'] = row[2]...
    for x in range(1, 6):
        ws[column_char + str(row_num)] = row[x-1]
        column_char = chr(ord(column_char) + 1)

    # 다음 행을 표시하기 위해 뒤의 숫자를 증가 시킵니다.
    row_num = row_num + 1
    row = cursor.fetchone()


# 파일을 실제 저장 합니다.
wb.save("result.xlsx")


print("엑셀저장 완료")
```

[파이썬 소스 – excel_from_database.py]

위의 코드 내용을 복사하여 C:\python\code 디렉터리에, 파일 형식은 "모든 파일", 인코
딩은 "UTF-8"로 선택하고, "excel_from_database.py" 이름으로 저장하여 실행합니다.

C:\Python\code>python excel_from_database.py

엑셀저장 완료

폴더 안을 보면 "result.xlsx" 파일이 만들어져 있습니다. 저장된 엑셀 파일을 열어 보면 아래와 같이 칼럼 이름과 함께 테이블의 내용들이 들어 있습니다.

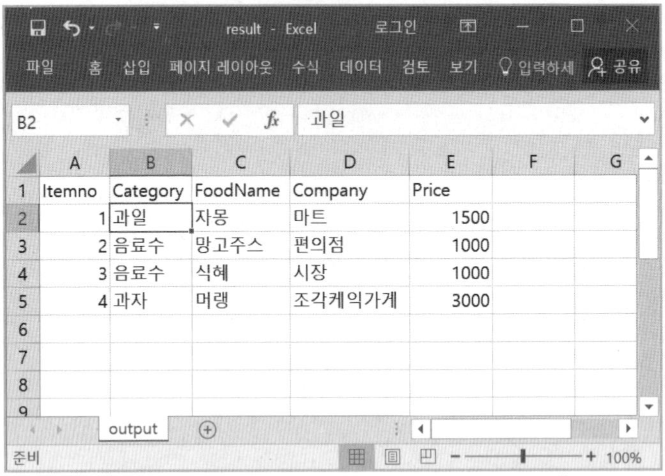

[그림 7교시-6: 칼럼 이름과 함께 내용을 엑셀에 저장한 결과]

06 셀을 칼럼 번호로 읽어 오기

이제 와서 고백하자면, 앞의 코드엔 알고도 놔둔 버그가 있습니다. 아스키 코드를 증가시키는 방법은 A~Z까지밖에 안 됩니다. 그래서 엑셀의 가로 행은 Z까지 가면 AA 같이 두 자리로 늘어나고 ZZ 다음에는 세 자리로 늘게 됩니다(엑셀을 가로로 쭉 드래그해 보세요). 그렇다면 문자를 증가시키는 코드에서도 그 부분을 고려해야 하는데, 테이블 칼럼이 26개(a~z)를 넘지는 않을 것 같아서 그대로 두었습니다. 궁색한 변명을 하자면, 필자는 파이썬을 필요할 때 유틸리티 방식으로 사용하는 편이라서 26개 이상 필요가 생기면 그때 고치려 했습니다.

그래서 마지막으로, 알파벳의 증가를 고려하지 않아도 되는 숫자 방식으로 셀에 접근하는 방법을 살펴보려 합니다. 처음에 보았던 openpyxl 설명 페이지에 가면, 엑셀 셀에 접근하는 방법을 알려 주는 아래의 access one cell 링크를 찾을 수 있습니다(처음부터 이 링크를 보았다면 좀 더 유용했을 것 같습니다).

[access one cell – openpyxl 공식 사이트]
https://bit.ly/2OaWTTL

This provides access to cells using row and column notation:
⟫⟫⟫ d = ws.cell(row=4, column=2, value=10)

Once we have aopenpyxl.cell.Cell, we can assign it a value:
⟫⟫⟫c.value = 'hello, world'
⟫⟫⟫print(c.value)
   'hello, world'


```
from openpyxl import Workbook
from openpyxl import load_workbook
from openpyxl.compat import range
import pyodbc

# 워크북을 하나 만듭니다.
wb = Workbook()

# 활성화된 엑셀 시트를 선택합니다.
ws = wb.active

# 엑셀 제목을 지정합니다.
```

```python
ws.title = "output"


# 데이터베이스 연결 문자열을 세팅 합니다.
server = 'localhost'
database = 'mytest'
username = 'pyuser'
password = 'test1234'

# 데이터베이스에 연결 합니다.
cnxn = pyodbc.connect('DRIVER={ODBC Driver 13 for SQL Server};SERVER='+serve
r+';PORT=1433;DATABASE='+database+';UID='+username+';PWD='+ password)

# 커서를 만듭니다.
cursor = cnxn.cursor()


### 컬럼 이름 저장하기
# supermarket 의 컬럼들을 가져옵니다.
cursor.execute('SELECT column_name FROM INFORMATION_SCHEMA.
COLUMNS WHERE TABLE_NAME = \'supermarket\';')

# 첫 번째 컬럼을 나타냅니다.
column_num = 1

# 한 행 씩 가져오면서,
row = cursor.fetchone()
while row:
    # 컬럼 문자를 하나씩 증가하면서 A1~E1에 조회해 온 컬럼 명을 넣습니다
    ws.cell(row = 1, column = column_num).value = row[0]
    column_num = column_num + 1
```

```
    row = cursor.fetchone()


### 테이블 내용 저장 하기
# supermarket 테이블의 내용을 가져옵니다.
cursor.execute('SELECT Itemno, Category, FoodName, Company, Price FROM
supermarket(nolock);')

# 2번째 행을 나타냅니다.
row_num = 2


# 한 행씩 가져오면서,
row = cursor.fetchone()
while row:
    # 예전 수동 타자기 처럼, 새로운 줄이 오게 되면, 첫째 셀 1 로 돌아가는 초기 값 입니다.
    column_num = 1

    # 1~5 까지 x 가 변하면서 컬럼 번호, row를 하나씩 늘여 결과를 하나씩 담습니다.
    for x in range(1, 6):
        ws.cell(row = row_num, column = column_num).value = row[x-1]
        column_num = column_num + 1

    # 다음 행을 표시하기 위해 뒤의 숫자를 증가합니다.
    row_num = row_num + 1
    row = cursor.fetchone()


# 파일을 실제 저장 합니다.
wb.save("result.xlsx")

print("엑셀저장 완료")
```

[파이썬 소스 – excel_from_database_by_number.py]

이 코드를 이용하여 앞의 엑셀에 저장한 샘플 코드를 수정하면 아래와 같습니다.

코드를 살펴보면 앞의 코드와 거의 비슷하지만, 칼럼 문자 대신 숫자를 쓰고, 칼럼 숫자를 증가시키는 코드로 변경한 후, 셀에 숫자로 지정해서 넣게 됩니다. 위의 코드 내용을 복사하여 c:\python\code 디렉터리에, 파일 형식은 "모든 파일", 인코딩은 "UTF-8"로 선택하고, "excel_from_database_by_number.py" 이름으로 저장하여 실행합니다.

```
C:\Python\code>python excel_from_database_by_number.py
엑셀 저장 완료
```

실행 결과는 물론 같습니다. 필자 개인적인 생각으로는 Z 이상의 칼럼을 쓰지 않는 경우(물론 코드를 Z 다음에 AA가 되도록 적절히 수정해 줘도 됩니다), 먼저 보인 코드는 엑셀 셀을 지칭하는 용어와 같아서 직관적이라는 장점이 있습니다. 반면에 수정한 셀을 숫자로 접근하는 코드는 가로 세로 숫자로 된 루프 개념이 명확해서 접근하기가 간략한 장점이 있다고 생각합니다. 자기에게 편한 코드 스타일로 사용하기 바랍니다(참고로 최근 2.5.0 버전부터는 ws.cell(4, 2, 10) 스타일로 숫자만 넣어도 되게되어, 문법이 더 간략하게 되었습니다).

07 엑셀 읽어 오기

엑셀을 읽어 오는 코드는 앞의 코드들과 비슷한 방식으로 루프를 돌리면서 가져오고 싶은 값을 지정하면 될 것입니다. 쓰기 부분에서 루프를 돌리는 방식을 구현하는 부분을 해결했다고 생각하기 때문에, 여기에서는 간단하게 앞에서 만든 result.xlsx 파일을 읽어 와서 그 중 A1(Itemno), B2(과일) 셀에 저장된 값을 출력하는 예제를 만들어 보겠습니다.

```
from openpyxl import Workbook
from openpyxl import load_workbook
from openpyxl.compat import range


# 엑셀을 읽어 옵니다.
wb_read = load_workbook(filename = 'result.xlsx')


# 이름이 output 인 sheet 를 가져옵니다.
my_sheet = wb_read['output']


# A1, B2 값을 출력합니다.
print ("A1 : " + my_sheet['A1'].value)
print ("B2 : " + my_sheet['B2'].value)
```

[파이썬 소스 – excel_read.py]

위의 코드 내용을 복사하여 C:\python\code 디렉터리에, 파일 형식은 "모든 파일",
인코딩은 "UTF-8"로 선택하고, "excel_read.py" 이름으로 저장하여 실행합니다.

```
c:\Python\code>python excel_read.py
A1 : Itemno
B2 : 과일
```

다음 시간에는 위의 엑셀 저장 코드를 이용해, 재사용이 가능한 함수 코드로 정리하
는 부록 시간을 가지겠습니다.

부록 | 함수로 정리하기

7교시에서는 데이터베이스에서 조회한 결과를 엑셀로 저장하는 코드를 만들어 보았습니다. 이번에는 그 코드를 함수를 이용해 정리해 보려 합니다. 과정을 설명하는 것이 조금은 난해하고, 저의 속마음의 흐름을 그대로 보여 주는 것 같아서 조금은 창피하지만, 한 번쯤은 다른 사람의 생각의 흐름을 따라가 보는 것도 나쁘지 않다고 생각해 넣었으니 전개가 어설프더라도 이해해 주시기 바랍니다.

1. 들어가면서

함수라는 것은 일반적으로 반복적인 코드를 독립된 기능으로 분리해 냄으로써 유지 보수성을 높여 줍니다. 함수로 분리된 기능을 원래 그러한 일을 하는 기능이구나 하고 개념적으로 따로 묶어 분류해 버림으로써, 함수를 호출하는 메인 코드들에만 집중하게 되어 가독성도 높일 수 있습니다.

또한 현재 우리가 사용하는 여러 모듈들처럼, 모듈 내의 구현된 코드를 알지 못하더라도 가져다가 다른 프로그램에서 사용할 수 있는 장점도 있습니다(클래스의 메서드 설명과 겹치는 것 같기도 하지만, 역할상 비슷한 개념이라고 보고 있습니다).

그리고 부수적으로 생기는 또 다른 기능이, 우리가 함수 안의 코드를 몰라도 인자만 집어 넣으면 사용할 수 있게 설계하는 과정에서, 자연스럽게 함수 내에 영향을 미치는 여러 요소 값들을 제거하고, 가능한 한 입력을 기준으로만 동작하게 만드는 "일반화"가 된다는 것입니다. 코드 내에 특정한 숫자나 문자를 표기하는 하드 코딩이 사라진다고 해도 될 듯합니다(바람직한 건 아니라고 많이들 얘기하지만 글로벌 변수를 참조할 수는 있을 것 같습니다). 함수에 대한 얘기는 아래의 링크들을 참고하세요.

[함수란 무엇인가요? – 해커스쿨]

https://bit.ly/2Navyox

[객체지향 프로그래밍 – the hitchhiker's guide to python]

https://bit.ly/2NGkj6m

그럼 7교시에서 만든 코드를 다시 한 번 보겠습니다.

```
from openpyxl import Workbook
from openpyxl import load_workbook
from openpyxl.compat import range
import pyodbc


# 워크북을 하나 만든다.
wb = Workbook()


# 활성화된 엑셀 시트를 선택한다.
ws = wb.active


# 엑셀 제목을 지정한다.
ws.title = "output"



# 데이터베이스 연결 문자열을 세팅한다.
server = 'localhost'
database = 'mytest'
username = 'pyuser'
password = 'test1234'


# 데이터베이스에 연결한다.
```

```
cnxn = pyodbc.connect('DRIVER={ODBC Driver 13 for SQL Server};SERVER='+serve
r+';PORT=1433;DATABASE='+database+';UID='+username+';PWD='+ password)

# 커서를 만든다.
cursor = cnxn.cursor()



### 칼럼 이름 저장하기
# supermarket의 칼럼들을 가져온다.
cursor.execute('SELECT column_name FROM INFORMATION_SCHEMA.
COLUMNS WHERE TABLE_NAME = \'supermarket\';')

# 첫 번째 칼럼을 나타낸다.
column_char = 'a'

# 한 행씩 가져오면서,
row = cursor.fetchone()
while row:
    # 칼럼 문자를 하나씩 증가시키면서 A1~E1에 조회해 온 칼럼 이름을 넣는다.
ws[column_char + '1'] = row[0]
column_char = chr(ord(column_char) + 1)
    row = cursor.fetchone()



### 테이블 내용 저장하기
# supermarket 테이블의 내용을 가져온다.
cursor.execute('SELECT Itemno, Category, FoodName, Company, Price FROM
supermarket(nolock);')

# 두 번째 행을 나타낸다.
```

```
row_num = 2

# 한 행씩 가져오면서,
row = cursor.fetchone()
while row:
    # 예전 수동 타자기처럼, 새로운 줄이 오게 되면, 첫째 열인 A로 돌아가는 초기 값이다.
column_char = 'a'

    # 1부터 5까지 x가 변하면서 칼럼 문자, row를 하나씩 늘려 결과를 하나씩 담는다.
    # ws['a1'] = row[0], ws['b1'] = row[1], ws['c1'] = row[2]...
    for x in range(1, 6):
ws[column_char + str(row_num)] = row[x-1]
column_char = chr(ord(column_char) + 1)

    # 다음 행을 표시하기 위해 뒤의 수를 증가시킨다.
row_num = row_num + 1
    row = cursor.fetchone()


# 파일을 실제 저장한다.
wb.save("result.xlsx")

print("엑셀저장 완료")
```

[파이썬 소스 – excel_from_database.py]

2. 함수로 기능 분리해보기

함수로 분리할 부분은 프로그램의 맥락상 크게 두 가지입니다. 칼럼 이름을 가져와서 엑셀에 저장하는 부분과 테이블 내용을 가져와서 엑셀에 저장하는 부분입니다.

그런데 개인적으로 생각하기에 두 번째 테이블 내용을 가져오는 쪽의 셀렉트 쿼리에 칼럼 이름들이 필요하기 때문에(코드에서는 "selectItemno, Category, …, Price" 이 부분을 이야기합니다. 물론 무시하고 "select *"를 사용하여 모든 칼럼을 가져올 수도 있지만, 필요 없는 칼럼까지 다 가져오게 되고, 테이블의 칼럼이 추가되면 예상했던 칼럼 수가 달라져 코드를 수정해야 될 수도 있기 때문에 좋은 전략은 아닌듯 싶습니다), 첫 번째 칼럼 이름을 가져와서 엑셀에 저장하는 코드 부분은 칼럼 이름 가져오기 기능과, 엑셀에 저장하기 기능으로 나누려 합니다. 그리고 칼럼 이름 가져오기 기능의 반환 결과인 리스트는 두 번째 테이블 내용을 가져올 때 함수의 인자로 재사용하고 싶습니다.

분리시키려는 기능에 대해 대략 그려 보면 아래의 [도식 7교시 부록-1]과 같습니다. 기능이나 취향에 따라, D) 테이블 내용을 조회해 엑셀에 저장하는 기능을 B) 칼럼이름을 엑셀에 저장하는 함수와 머지(merge: 프로그램 코드나 기능을 충돌하지 않게 합치는 것)해도 무방할 것도 같지만, 엑셀 저장 부분을 굳이 합칠 필요는 없을 듯 해서 분리해 놓았습니다.

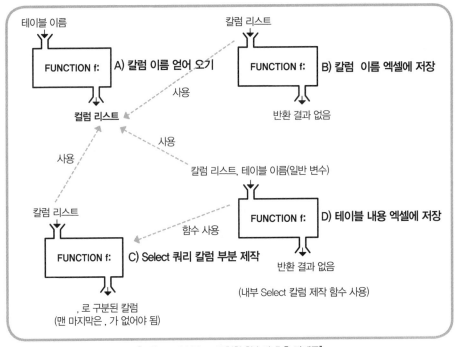

[도식 7교시 부록-1: 구현할 함수의 호출 관계들]

그럼 A) 칼럼 이름 얻어 오기부터 보겠습니다. 처음에는 얻어 온 값을 칼럼 숫자나 순서대로 쓰기 유용할 것 같아서 배열(Array)에 담아 저장하려 했습니다. 그런데 구글에 "python array"로 검색한 후 나온 아래의 글들을 보니, 배열보다는 리스트 쪽이 저장하는 데이터 형이나 사용성 면에서 편리할 것 같아서 리스트로 방향을 틀게 되었습니다.

[파이썬에 list가 있는데 array.array는 왜 쓰는 건가요? – HashCode 사이트]
https://bit.ly/2x6Lo8y

python에 list는 크기가 가변적이고 어떤 원소 타입이든 저장할 수 있다는 장점이 있습니다. 반면에 C의 array보다 메모리를 더 많이 필요로 한다는 단점이 있습니다.
그리고 묻지는 않으셨지만, array로 연산을 하는 경우에는 array.array보다는 NumPy를 쓰는 게 낫습니다(이쪽은 자동으로 vectorize).

[Python: Array v. List [duplicate] – stackoverflow 사이트]
https://bit.ly/1GkQ4bl

Nothing really concrete here and this answer is a bit subjective...
In general, I feel you should use a list just because it is supported in the syntax and is used more widely in the other libraries, etc.
You should use arrays if you know that everything in the "list" will be of the same type and you want to store the data more compactly.

그럼 리스트에 칼럼 이름을 조회한 값을 하나씩 넣어야 하니, 문법을 알기 위해 "python list add"로 검색합니다. 아래의 페이지를 보면 add는 아니고 append라는 명령어를 써야 하는 것 같습니다.

[Python List append() Method – tutorialspoint 사이트]

https://bit.ly/2N3Oe9j

너무 자세하게 진행하면 지루할 수 있으므로 중간에 헤맨 과정은 생략하겠습니다. 해당 부분을 이용해 만든 코드는 아래와 같습니다. 조회(select) 쿼리 내의 "\"는 문자열 내에 문자가 들어가야 할 때 쓰는 이스케이프(escape) 문자입니다. 이스케이프 문자를 이용해 줄 바꿈이나 탭 문자 같은 일반 문자로 표기하기 어려운 부분을 표시하거나, 문법에 쓰이는 문자를 문자열 안에 넣어 사용할 수 있습니다(예를 들면 '(홑따옴표)나 "(쌍따옴표)문자를 문법을 깨뜨리지 않고 문자열 안에 넣을 수 있습니다. 여기서는 후자의 경우로 쓰였습니다. 아래의 코드 안에서는 select … FROM … WHERE TABLE_NAME = '테이블 이름'으로 실제 쿼리가 실행됩니다. 위의 그림과 동일하게 입력은 테이블 이름, 출력은 리스트로 됩니다).

뒤의 미니문법에서는 해당 경우 쌍따옴표를 사용하여 이스케이프 문자를 쓰지 않는 방법도 명시했지만, 이스케이프 문자도 프로그래밍을 할 때 익숙해져야 하므로 여기서는 그대로 사용하겠습니다.

```python
# A) 컬럼 이름 얻어오기 함수 입니다.
def get_column_name(table_name):
    column_name = []

    cursor.execute('SELECT column_name FROM INFORMATION_SCHEMA.
COLUMNS WHERE TABLE_NAME = \'' + table_name + '\';')

    row = cursor.fetchone()
    while row:
        column_name.append(row[0])
        row = cursor.fetchone()
    return column_name
```

두 번째, B) 칼럼 이름 엑셀에 저장 부분은 기존 코드를 거의 그대로 가져옵니다. 입력으로 칼럼 이름들이 담긴 리스트를 사용하고, 루프를 돌리기 위해 구글에서 "python list loop"로 검색합니다. 아래의 스택오버플로에 가이드된 대로("for 변수 in 리스트") 코드를 구현합니다.

[Looping over a list in Python – stackoverflow 사이트]

https://bit.ly/2QI43Gy

Try this,

x in mylist is better and more readable than x in mylist[:] and your len(x) should be equal to 3.

```
# B) 칼럼 이름을엑셀에 저장하는 함수 입니다.
def save_column_name(column_name):
    column_char = 'a'

    for name in column_name:
        ws[column_char + '1'] = name
        column_char = chr(ord(column_char) + 1)
```

세 번째, C) select 쿼리 칼럼부분 제작은 칼럼 이름을 조합한 문자열이 A, B, C, D, … 이런 식으로 되어야 나중에 쿼리에 끼워 넣을 수 있는데, 문법에 맞추려면 마지막 E 뒤의 ","(쉼표)는 제거되어야 합니다. for 문을 돌리면서 리스트 마지막 요소일 때 쉼표를 안 붙이는 방법도 있겠지만, 무조건 쉼표를 붙이고 마지막 문자 하나를 빼서 마지막에 붙은 쉼표를 없애도록 만들려 합니다. 이 기능을 위해 구글에서 "python substring"으로 검색합니다. 아래의 스택오버플로 페이지를 참조해서 맨 마지막 문자를 잘라냅니다("문자열[:-1]").

[Is there a way to substring a string in Python? – stackoverflow 사이트]

https://bit.ly/2N9ZPn9

```
>>> x = "Hello World!"
>>>x[:-2]
'Hello Worl'
```

```
# C) select 칼럼 쿼리 제작하는 함수 입니다(Item, Category, ..., Price)
def make_column_query(column_name):
    column_query = ''

    for name in column_name:
        column_query = column_query + name + ','

column_query = column_query[:-1]
    return column_query
```

네 번째, **D) 테이블 내용을 엑셀에 저장** 부분을 볼 차례입니다. 앞서 얘기했듯이 엑셀에 저장하는 부분을 따로 함수로 떼어내거나 B) 기능과 합칠 수도 있습니다. 하지만 D) 기능에서 테이블 조회와 엑셀 저장을 하는 게 현재 용도로는 깔끔하게 느껴져서 그렇게 구현했습니다. 쿼리 부분을 보면 select 문에 칼럼 이름을 지정해 넣는 부분을 위해서, C) 기능(make_column_query)을 이용해 칼럼 이름이 쉼표로 결합된 문자열을 얻어 쿼리에 조합시켰습니다.

또 하나 달라진 부분은 앞서 얘기한 일반화를 위해서, for 루프 안의 range 값의 인자를 고정된 숫자 6에서 인자로 넘어온 "칼럼 이름 리스트의 엘리먼트(element) 수 +1"을 하도록 "(len(cName)+1)"로 바꾸었습니다. 이렇게 함으로써 혹시 테이블이 supermarket에서 다른 테이블로 바뀌더라도, 자동으로 칼럼 수를 추출해서 엑셀로 저장할 수 있게 기능이 일반화됩니다.

```
# D) 테이블 내용을 엑셀에 저장하는 함수 입니다.
def save_table_content(table_name, column_name):
    column_query = make_column_query(column_name)

    cursor.execute('SELECT ' + column_query + ' FROM ' + table_name + '(nolock);')
    row = cursor.fetchone()

    row_num = 2
    while row:
        column_char = 'a'
        for x in range(1, len(column_name)+1):  # 칼럼 수 참조하게 변경
            ws[column_char + str(row_num)] = row[x-1]
            column_char = chr(ord(column_char) + 1)

        row_num = row_num + 1
        row = cursor.fetchone()
```

마지막으로, 해당 함수들을 호출하는 실제 메인 코드를 보면 아래와 같이 간단해집니다. "칼럼 이름을 얻어 와 → 칼럼 이름을 저장하고 → 테이블 내용 조회 시 다시 인자로 넘겨주어, 내용을 조회해 저장합니다." 각 함수의 용도를 알고 있다면 함수의 세부 기능 코드를 무시하고 메인 코드에만 집중해서 함수를 사용하게 되어(사실 함수뿐만 아니라 클래스 등 모든 고급 문법 요소가 그런 목적을 가졌는지도 모르겠습니다), 가독성이 높아진다는 것을 조금은 알 수 있습니다.

```
### 만든 함수들 실행
# 칼럼 이름을 얻어옵니다.
my_column_name = get_column_name(my_table_name)
# 칼럼 이름을 저장합니다.
```

```
save_column_name(my_column_name)
# 테이블 내용을 저장합니다.
save_table_content(my_table_name, my_column_name)
```

3. 합쳐 보기

그럼 완성된 전체 코드를 보겠습니다.

```
from openpyxl import Workbook
from openpyxl import load_workbook
from openpyxl.compat import range
import pyodbc

# 워크북을 하나 만듭니다.
wb = Workbook()

# 활성화된 엑셀 시트를 선택합니다.
ws = wb.active

# 엑셀 제목을 지정합니다.
ws.title = "output"

# 데이터베이스 연결 문자열을 세팅 합니다.
server = 'localhost'
database = 'mytest'
username = 'pyuser'
password = 'test1234'

# 데이터 베이스에 연결 합니다.
```

```python
cnxn = pyodbc.connect('DRIVER={ODBC Driver 13 for SQL Server};SERVER='+
server+';PORT=1433;DATABASE='+database+';UID='+username+';PWD='+
password)

# 커서를 만듭니다.
cursor = cnxn.cursor()

# 가져올 테이블 이름 변수 입니다.
my_table_name = 'supermarket'


# A) 칼럼이름 얻어오기 함수 입니다.
def get_column_name(table_name):
    column_name = []

    cursor.execute('SELECT column_name FROM INFORMATION_SCHEMA.
COLUMNS WHERE TABLE_NAME = \'' + table_name + '\';')

    row = cursor.fetchone()
    while row:
        column_name.append(row[0])
        row = cursor.fetchone()
    return column_name


# B) 칼럼 이름을 엑셀에 저장하는 함수 입니다.
def save_column_name(column_name):
    column_char = 'a'

    for name in column_name:
```

```
        ws[column_char + '1'] = name
        column_char = chr(ord(column_char) + 1)



# C) select 칼럼 쿼리 제작하는 함수 입니다(Item, Category, ..., Price)
def make_column_query(column_name):
    column_query = ''

    for name in column_name:
        column_query = column_query + name + ','

    column_query = column_query[:-1]
    return column_query



# D) 테이블 내용을 엑셀에 저장하는 함수 입니다.
def save_table_content(table_name, column_name):
    column_query = make_column_query(column_name)

    cursor.execute('SELECT ' + column_query + ' FROM ' + table_name + '(nolock);')
    row = cursor.fetchone()

    row_num = 2
    while row:
        column_char = 'a'
        for x in range(1, len(column_name)+1):  #칼럼수 참조하게 변경
            ws[column_char + str(row_num)] = row[x-1]
            column_char = chr(ord(column_char) + 1)

        row_num = row_num + 1
        row = cursor.fetchone()
```

```
### 만든 함수들 실행
# 칼럼 이름을 얻어옵니다.
my_column_name = get_column_name(my_table_name)
# 칼럼 이름을 저장합니다.
save_column_name(my_column_name)
# 테이블 내용을 저장합니다.
save_table_content(my_table_name, my_column_name)


# 파일을 실제 저장 합니다.
wb.save("result2.xlsx")


print("엑셀저장 완료")
```

[파이썬 소스 – excel_from_database_function.py]

위의 코드 내용을 복사하여 C:\python\code 디렉터리에, 파일 형식은 "모든 파일", 인코딩은 "UTF-8"로 선택하고, "excel_from_database_function.py" 이름으로 저장하여 실행합니다(저장하고 실행하는 부분을 잘 모르겠으면, 2교시에서 스크린샷과 함께 자세히 설명한 부분을 다시 참고하세요).

실행 후 폴더 안을 보면 result2.xlsx 파일이 저장되어 있음을 볼 수 있습니다. 여기서 만든 함수는 나중에 10교시에 API를 호출하여 얻어 온 데이터를 엑셀에 저장하는 기능을 만들 때 재사용해 볼 예정입니다.

```
c:\Python\code>python excel_from_database_function.py
```
엑셀 저장 완료

4. 마무리하면서

데이터베이스에서 새로운 테이블을 만들고 코드 중 "my_table_name = 'supermarket'"

부분의 테이블 이름만 수정하면 해당 테이블의 내용을 가져다 저장할 수 있습니다. 지금 다시 생각해 보니 getTableContent 안에서 saveColName을 호출해서 아예 칼럼과 내용을 모두 저장하는 구조로 만들어도 괜찮아 보입니다.

그리고 위의 소스에 데이터베이스 내의 테이블 리스트를 모두 얻어 오는 쿼리를 이용하면(구글에서 "mssql table name"으로 검색하면 얻을 수 있습니다), 이 함수들을 거의 그대로 이용해서 더 큰 루프나 함수를 만들어 데이터베이스 내의 모든 테이블 내용을 10행씩 조회해(select top 10 …) 엑셀에 저장하게 할 수도 있을 것입니다. 물론 그 경우 엑셀에 저장하는 코드 부분은 테이블끼리 서로 쓰는 영역이 겹치지 않도록 적당히 수정되어야 할 것입니다.

이 시간에 예를 든 부분이 정말로 함수를 잘 설명했는지 모르겠습니다(사실 상황에 따라 달라져서 정답이 정확히 있는 것 같지는 않고, 들이는 시간을 고려해 실용성과 재사용성을 저울질하는 것이 좋을 것 같습니다). 하지만, 어느 정도는 함수를 만드는 도중에 만나는 문제와 만든 후의 모습을 보여 줄 수 있었다고 생각하며 이 시간을 마치려 합니다.

이스케이프 문자와 홑/쌍따옴표 문자

앞에서도 얘기했지만, 일반적으로 이스케이프 문자(escape character)는 문법으로 쓰이는 문자가 변수 안에 문자열(String) 형태로 들어가게 되었을 때, 문법이 깨지지 않고 문자를 표시하기 위해 사용하게 됩니다. 해당 부분은 일반적인 문자열에서도 쓰이지만, 정규 표현식 안의 문자에서 문법 문자를 구별하기 위해 사용하거나, 디렉터리 관련 문자들을 표시할 때도 사용하게 됩니다.

[Escape Characters – 파이썬 공식 페이지]
https://bit.ly/2Nzwh1K

이 장의 예제에서는 ''(홑따옴표)를 포함한 SQL 문장을 만들기 위해 이스케이프 문자를 사용했는데, 홑따옴표나 쌍따옴표의 경우에는 좀더 권장하는 방법이 있습니다. 파이썬에서 문자열을 만들 때, "와 ' 문자를 모두 허용하기 때문에, 문장 안에서 쓰는 문자와 반대되는 문자를 사용하면 좀더 가독성 높은 코드를 만들 수 있습니다. 다만 해당 문자열에 두 가지 문자가 동시에 들어간 경우는 어쩔 수 없긴 할 것 같습니다.

아래 두 개의 코드는 이스케이프 문자를 사용하거나 사용하지 않고 I'm a student를 출력한 결과입니다. 확실히 이스케이프 문자를 사용하지 않은 아래 코드가 좀더 가독성이 좋아 보입니다.

[이스케이프 문자 사용]

```
# escape 문자를 사용합니다.
mystring = '\'m a student'
print(mystring)
```

[파이썬 소스 – escape_use.py]

C:\Python\code>**python escape_use.py**

I'm a student

[쌍따옴표를 사용함으로써 이스케이프 문자 사용 안 함]

```
# escape 문자를 사용하지 않습니다.
mystring = "I'm a student"
print(mystring)
```

[파이썬 소스 – escape_nouse.py]

C:\Python\code>**python escape_nouse.py**

I'm a student

∘8교시∘

정규표현식
소개

이 시간에는 정규표현식이 무언지를 알아보고, 파이썬에서 사용하는 샘플을 시연하려 합니다.

01 ▶ 들어가면서

필자도 처음에 그랬지만, 정규표현식(regular expression)을 처음 보면 정말 이상한 기호로 이루어진 암호문 같다는 생각이 듭니다. 정규표현식에서는 ".", "*", "[", "-" 등 보통 프로그램에서는 문법을 나타내는 기호로만 쓰일 여러 가지 문자로 이루어진 문법을 사용하며, 웬만한 프로그래밍 책에서 간략하긴 하지만, 많이들 다루는 주제이기도 합니다.

이메일이나 전화번호 같은 형태를 검출하는 데 사용한다고 얘기는 들었지만, 당장 프로그래밍 언어도 배우기 힘들어 고달픈데 이걸 쓸 데가 있을지 의구심이 생깁니다. 또 이메일 검출이 필요하다면 구글에서 관련 샘플을 가져다 사용하면 되지 굳이 시간 들여 정규식을 배워야 하는지도 모르겠습니다. 그래서 한 번쯤 훑어보고 넘어가는 경우가 많을 것 같습니다. 그러나 이 시간을 통해 어떤 경우에 정규식을 유용하게 사용할 수 있을지에 대해서 느껴보고, 나중에 별도로 시간을 내어 찬찬히 공부해 보는 것도 유익하겠다는 생각이 드는 계기가 된다면 더 바랄 것이 없을 듯합니다.

언어나 툴마다 정규표현식의 사용법과 기능에는 차이가 있습니다. 예를 들어 펄, 파이썬, 자바 같은 언어뿐만 아니라, 내용이나 파일 이름 검색에서 정규표현식을 지원하는 울트라에디트(UltraEdit), 토탈커맨더(Total Commander) 같은 유틸리티도 약간의 문법 사용상의 차이가 있습니다. 아래의 예를 보면 울트라에디트라는 편집기에서 검색 시 펄, 유닉스, 울트라에디트 방식의 세 가지 정규표현식 스타일(문법)을 지원하는 화면을 볼 수 있습니다.

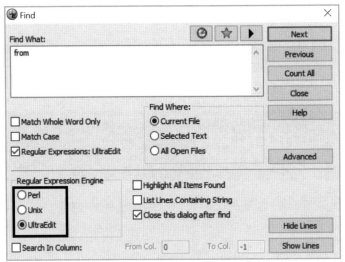

[그림 8교사-1: 울트라에디트 찾기 화면]

각 언어에서 이런 정규표현식 문법 표시 및 사용 스타일은 각 언어의 개발자가 사용하기에 편한 대로 디자인한 것일 테니, 차이가 있더라도 기본 틀에서 크게 벗어나지는 않는다고 생각합니다. 예를 들어 앞에서 얘기한 대로, SQL의 기본 베이스만 잘 이해한다면 관계형 데이터베이스인 오라클, MySQL, MSSQL의 확장된 차이점만 공부하면 되는 것과 마찬가지입니다(물론 언어별로 깊이 들어가면 디테일하게 다른 부분이 있긴 합니다).

각 언어의 사용법상의 세세한 차이보다 더 중요한 건, SQL의 여러 공통된 문법 구성요소들에 대한 깊고 정확한 이해라고 생각합니다. 어느 하나라도 기본 베이스가 되면 사실 다른 부분에서는 해당 언어에 따른 스타일만 적용하면 됩니다. 다만 예외적으로, SQL도 마찬가지지만, 사용자의 편의성을 위해 기본 기능에 추가로 확장한 부분은 언어별로 장단점이 있고 어느 정도의 러닝커브가 있으리라 생각합니다.

그래서 정규표현식도 SQL과 마찬가지로 기본 베이스가 중요합니다. 정규표현식의 기본 뼈대를 구성하는 요소들만 찬찬히 잘 이해하고, 정규표현식으로 할수 있는 일과 할 수 없는 일을 정확하게 인지만 할 수 있다면, 문법을 굳이 암기하지 못해도 크게 불편하진 않습니다(개인적으로는 매번 정규표현식이 필요할 때마다 다시 가물가물해져서 매뉴얼을 찾아보는 편입니다). 구글이나 해당 언어의 정규표현식 매뉴얼을 다시 찾아가면서 필요한 기능을 만들면 되기 때문입니다.

다시 한 번 강조하는 것 하나는, 정규표현식 역시 파이썬에서 자주 보고 사용도 하겠지만, 파이썬의 본질적 문법과는 거리가 먼 프로그래밍의 외적 요소에 불과하다는 것입니다. 다만 한 번 익혀 두면, 텍스트 형태의 데이터 내에서 의미 있는 패턴을 찾아내는 파싱(Parsing)이라는 측면에서, 정규식을 모르는 사람과는 조금쯤은 차이가 날 수 있다고 생각하여, 이렇게 따로 하나의 챕터로 분리하여 소개하려 합니다.

정규표현식은 어떤 때 유용할까요? 텍스트 형태라고 했으니 HTML을 파싱할 때, XML을 파싱할 때, JSON 결과를 파싱할 때일까요? 일단 기본적으로 텍스트 형태의 데이터는 모두 적용 가능합니다. 하지만 사실 HTML, XML, JSON과 같이 많이 쓰이고, 이미 구조화된 문법요소(태그)가 들어 있는 정형화된 텍스트 형태의 데이터들은 정규표현식보다 더 효율적으로 내부에 담긴 데이터 위치를 쉽게 찾아 접근할 수 있는 전용 모듈이 많이 만들어져 있습니다. 개인적으로 이런 부분에 정규표현식을 쓰는 것은 계륵(鷄肋)이라고 생각합니다(전동 드라이버가 집에 있는데, 특별한 이유 없이 작은 드라이버를 손으로 열심히 돌리는 것과 같다고 봅니다).

HTML, XML 구조에 대한 파싱의 경우 뒤에서 사용해 볼 "beautiful soup"이라는 레퍼런스가 풍부한 좋은 모듈이 있고, JSON의 경우 파이썬에 내장된 모듈이 있습니다. JSON 파싱은 나중에 API 샘플을 만드는 시간에 사용해 볼 예정이고, beautiful soup도 API나 웹 파싱하기 부분에서 다룰 예정입니다(구글을 검색해 보면 소스 보기, 웹 크롤링과 관련해서 잘 설명해 놓은 글이 많습니다).

그래서 사실 정규표현식은 적당히 비정형적인 텍스트 형태의 포맷에 잘 어울립니다. 다만 어느 정도 텍스트 포맷이 구조화되어 있을 때 더 유용합니다. 텔넷(Telnet: 텍스트 창 형태의 통신방법)으로 연결한 터미널의 출력 결과, 로그 파일이나, 메신저 프로그램 등의 텍스트 형태의 내보내기(export) 파일에 대한 분석 같은 부분에서 유용하게 사용될 수 있습니다. 여하튼 임의적이지 않고 적절하게 정형화된 텍스트 형태의 데이터를 대상으로 할 때 가장 적절하게 사용할 수 있다고 필자 개인적으로 생각합니다.

02 > 추천하는 공부방법

독자들이 공부하기 위해서 관련 책을 선택할 때 조금 혼란스러울 것 같은 부분이 있습니다. 정규표현식 책은 일반적으로 두 가지 스타일로 나뉩니다. 언어별로 다양한 스타일을 비교해 설명하는 책과, 한 가지 언어만 선택해서 자세하게 설명하는 책입니다. 전자는 다양한 언어의 사용 예를 다루기 때문에 자신이 선호하는 프로그래밍 언어를 사용해 샘플을 시연해 볼 수 있지만, 다양한 언어의 차이점을 다루다 보니 초점이 흐려져 중심 내용이 잘 전달되지 않을 수 있습니다. 반대로 후자는 한 가지 언어에 대해 일반적인 내용만을 다루거나, 반대로 너무 깊이 들어가 난이도가 높아져 초보자들에게는 어려울 수 있습니다.

필자가 추천할 만한 책은 예전에 읽은 〈손에 잡히는 정규표현식〉, 근래에 나온 책 중에서는 〈다양한 언어로 배우는 정규표현식〉입니다. 그 중 두 번째 책은 정규표현식의 구조적 원리까지 다루고 있어 초보자가 따라가기엔 시간이 좀 걸릴듯도 싶습니다. 한국어 책만 보고 싶다면, 위의 두 책을 순서대로 보거나, 앞 책을 먼저 보고 다음 책을 이어 볼지 고려해 보는 것도 좋겠습니다. 〈손에 잡히는 정규표현식〉은 개인적으로 평가했을 때, 초보자가 보기에도 확실히 잘 구성되어 있습니다.

필자가 추천하는 정규표현식 공부방법은, 일단 너무 어렵지 않은 책(앞에 언급한 것과 비슷한 책)을 한 권 찬찬히 읽어 전체적인 흐름을 파악한 후, 자기가 공부하고 싶은 언어의 정규표현식 사용법을 살펴보는 것입니다. 이후 좀더 전문적으로 배우고 싶으면 〈mastering regular expressions〉 같은 책을 보면 되겠지만, 이 책까지 정독하는 분은 그렇게 많을 것 같진 않습니다.

마지막으로, 실습을 하는 방법은 세 가지 정도 있습니다.

1) 정규표현식을 테스트할 수 있는 유틸리티 프로그램으로 실습하는 방법
2) 정규표현식을 테스트할 수 있는 웹 사이트를 이용하는 방법
3) 파이썬 코드를 그대로 이용해 실행해 보는 방법

파이썬 코드를 바로 실행하면서 직접 몸으로 부딪치며 공부해 보는 것도 나쁘진 않아 보이는데, 파이썬의 구현에 익숙하지 않은 경우에는 정규표현식 자체의 공부에만 집중할 수 있는 1), 2)번이 더 좋을 듯 싶습니다.

유틸리티 프로그램 사용 방식은 아래의 툴을 내려받으면 소스가 .NET 기반인 것으로 미루어보건대 .NET 형식의 정규식이겠지만, 처음 공부할 레벨의 기본 정규식은 거의 호환될 것입니다.

[The Regulator – sourceforge 사이트]
https://bit.ly/2x7btod

실습은 다음과 같이 하시면 됩니다. 프로그램을 내려받아 압축을 풀고 "Regulator. exe"를 실행합니다. 텍스트 편집기에 테스트할 내용을 아래와 같이 입력한 후 c:\python\code 폴더에 "reg.txt" 파일로 저장합니다.

```
<hi> test
 me <hello>
```

이후 [그림 8교시-2]의 프로그램 화면에서, 1) 입력 파일을 선택해서 저장한 "reg.txt"
를 불러오면 해당 내용이 Input 창에 보입니다(input 창에 직접 텍스트를 넣어도 됩니다).
2) 이후 문서 창에 우리가 원하는 정규표현식을 넣습니다. 여기서 넣은 내용은 "^⟨.*⟩"
　입니다.
3) 상단의 "Match" 버튼을 클릭합니다.
4) 해당하는 정규표현식과 매치된 결과들이 왼쪽 하단에 나옵니다.

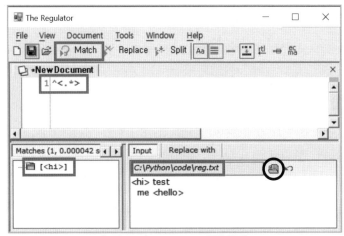

[그림 8교시-2: Regulator 실행 화면]

입력된 정규표현식(^⟨.*⟩)을 해석하면 "행의 처음 시작(^)이 '⟨' 문자이고, 그 뒤에 어떤
글자(.)이든 0개 이상(*) 나오고 다시 '⟩'로 끝나는 패턴들을 찾으려 한다"입니다. 그래
서 첫 번째 행의 "⟨hi⟩"는 "⟨"가 행의 처음 시작이기 때문에 선택되고, 두 번째 행의
"⟨hello⟩"는 공백이 먼저 나온 후 행의 내용 중간에서 "⟨"가 시작되어서 선택이 안 되
었습니다. 위쪽의 정규표현식에서 "^" 기호만 빼고 다시 "Match" 버튼을 눌러 보면,
이제는 "행의 시작"이라는 조건이 사라졌기 때문에 ⟨hi⟩, ⟨hello⟩ 모두 선택됩니다. 한
번 시도해 보시길 바랍니다.

두 번째는 좀 더 편할 수 있는 웹 페이지에서 사용하는 방식입니다. 구글에서
"regular expression tool"로 검색하면 맨 처음에 나오는 https://regex101.com/ 페

이지입니다. 사용법은 앞의 프로그램의 예와 거의 비슷합니다. 첫 번째로 왼쪽의 FLAVOR 섹션에서 "python"을 선택합니다. 그럼 이제부터 작성하는 모든 정규표현식은 파이썬 문법 스타일로 해석됩니다.

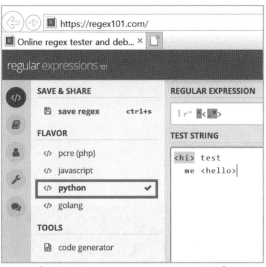

[그림 8교시-3: regular expression 101 사이트]

그후 [그림 8교시-3]에 있는 대로 "TEST STRING" 입력 박스 안에 앞서 텍스트 파일로 저장했던 내용을 복사해 넣고, "REGULAR EXPRESSION" 입력 박스 안에 우리가 넣었던 "^<.*>" 식을 넣으면, 실시간으로 해당 문구가 하이라이트되면서, 왼쪽 밑의 "MATCH INFORMATION" 쪽에 매칭된 내용이 나오며, "EXPLANATION" 부분에 각 문법 요소에 대한 설명이 나옵니다.

파이썬으로 정규표현식을 만들 필요가 있을 때 이런 웹 페이지에서 원하는 패턴의 텍스트와, 정규표현식을 충분히 테스트하고, 테스트가 완료되면 파이썬 코드에 적절히 적용해 주면 버그 발생에 따른 디버깅을 할 필요도 없고 좋을 듯합니다.

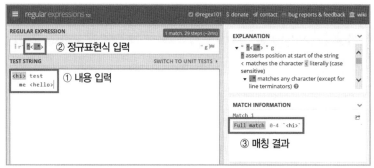

[그림 8교시-4: regular expression 101 사이트 사용해보기]

사실 이 시간은 언어 속의 부록 언어 같은 정규표현식을 얘기하는 시간이기 때문에, 앞의 도입부에서 이미 할 얘기를 모두 한듯도 싶습니다. 그럼 이제부터는 마음 편하게 파이썬에서 어떻게 정규표현식이 사용되는지 간단한 샘플과 함께 시연하려 합니다. 우선 파이썬에서 정규표현식이 어떻게 쓰이는지 알기 위해서 구글에서 "python regular expression"으로 검색을 합니다. 그럼 상단에 파이썬 공식 페이지의 문서가 있습니다.

[re-Regular expression operations – 파이썬 공식 페이지]
https://bit.ly/23uzzmM

정규표현식을 다른 언어에서 충분히 경험해 본 독자라면, 해당 페이지를 훑어보면서 다른 언어와의 적용 차이를 파악하고, 바로 사용할 수도 있을 것입니다. 그럼 파일을 읽어 와서 파일 안에서 특정 정규표현식과 일치하는 단어들을 찾는 예제를 만들어

보려 합니다. 위의 파이썬 예제 페이지의 샘플들은 바로 쓰기엔 구성이 직관적이지 못한 듯해서, 구글에서 "python regular expression file"로 검색합니다. 최상단의 스택오버플로 글을 보겠습니다.

[How do I search for a pattern within a text file using Python combining regex & string/ file operations and store instances of the pattern? – stackoverflow 사이트]
https://bit.ly/2CN8Q0Q

couple of notes about the regex:
 • You don't need the ?at the end and the outer (...) if you don't want to match the number with the angle brackets, but only want the number itself
 • It matches either 4 or 5 digits between the angle brackets

제일 위에 있는 샘플이 맘에 듭니다. 적절히 한글 주석만 달아서 내용을 보겠습니다.

```python
# regular expression 모듈을 불러옵니다.
import re

# 정규표현식 패턴을 등록합니다.
pattern = re.compile("<(\d{4,5})>")

# test.txt 파일을 한 줄 한 줄 가져와서(enumerate) 루프를 돌리면서,
for i, line in enumerate(open('test.txt')):
# 해당 줄에서 원하는 패턴을 모두 찾아 한 건 한 건 꺼내서,
    for match in re.finditer(pattern, line):
# 몇 번째 라인에서, 어떤 값을 찾았는지 모두(group()) 보여 줍니다.
        print 'Found on line %s: %s' % (i+1, match.groups())
```

위의 샘플을 적당히 변경해서, 우리가 앞서 만든 reg.txt에 대한 정규표현식 예제를 만들어 봅니다.

```
# regular expression 모듈을 불러 옵니다.
import re

# 정규표현식 패턴을 등록합니다(처음 시작이 < 이고 > 로 닫히는 단어).
pattern = re.compile("^<.*>")

# reg.txt 파일을 한줄 한줄 가져와서(enumerate) 루프를 돌리면서,
for i, line in enumerate(open('reg.txt')):
# 해당 줄에서 원하는 패턴을 모두 찾아 한건 한 건 꺼내어서,
    for match in re.finditer(pattern, line):
# 찾은 값을 출력합니다.
        print (match.groups())
```

[파이썬 소스 – reg_sample1.py]

위의 코드 내용을 복사하여 C:\python\code 디렉터리에, 파일 형식은 "모든 파일", 인코딩은 "UTF-8"로 선택하고, "reg_sample1.py"라는 이름으로 저장하여 실행합니다(저장하고 실행하는 부분을 잘 모르겠으면, 2교시 때 스크린샷과 함께 자세히 설명한 부분을 다시 참고하세요). 그런데 아래와 같이 빈 괄호 기호만 나오게 됩니다.

```
c:\Python\code>python reg_sample1.py
()
```

에러가 나진 않으니 샘플이 잘못된 것 같진 않은데, 왜 그럴까요? 원인을 찾기 위해서 처음 찾았던 파이썬 공식 페이지의 "regular expression"에서 "groups"에 대한 내용을 찾아봅니다. "7.2.4 Match Objects" 섹션에 있는 "group"과 "groups"의 설명과 예제를 보니, groups는 기본적으로 튜플로 반환하고(튜플에 대해서는 뒤의 미니문법 시간을 참고해 주세요), group(0)을 하거나 group()을 했을 때 전체 결과를 문자열로 반환한다고 합니다.

[re-Regular expression operations - 파이썬 공식 페이지]
https://bit.ly/23uzzmM

[groups]

Return a tuple containing all the subgroups of the match, from 1 up to however many groups are in the pattern.

⟩⟩⟩ m = re.match(r"(₩d+)₩.(₩d+)", "24.1632")

⟩⟩⟩m.groups()

('24', '1632')

[group]

Returns one or more subgroups of the match. If there is a single argument, the result is a single string; if there are multiple arguments, the result is a tuple with one item per argument. Without arguments, group1 defaults to zero (the whole match is returned). If a groupN argument is zero, the corresponding return value is the entire matching string; ⟩⟩⟩ m = re.match(r"(₩w+) (₩w+)", "Isaac Newton, physicist")

⟩⟩⟩m.group(0)   # The entire match

'Isaac Newton'

⟩⟩⟩m.group(1)   # The first parenthesized subgroup.

'Isaac'

⟩⟩⟩m.group(2)   # The second parenthesized subgroup.

'Newton'

⟩⟩⟩m.group(1, 2)   # Multiple arguments give us a tuple.

(*'Isaac'*, *'Newton'*)

둘 사이에 많은 차이가 있어 보이진 않지만, 마지막 print 문 안의 groups를 group으로 바꿔 보았습니다. 해당 소스가 다음에 있습니다.

```
# regular expression 모듈을 불러 옵니다.
import re

# 정규표현식 패턴을 등록합니다(처음 시작이 < 이고 > 로 닫히는 단어).
pattern = re.compile("^ < .*>")

# reg.txt 파일을 한줄 한줄 가져와서(enumerate) 루프를 돌리면서,
for i, line in enumerate(open('reg.txt')):
# 해당 줄에서 원하는 패턴을 모두 찾아 한건 한 건 꺼내어서,
    for match in re.finditer(pattern, line):
# 찾은 값을 출력합니다.
    print (match.group())
```

[파이썬 소스 – reg_sample2.py]

해당 내용을 C:\python\code 디렉터리에, 파일 형식은 "모든 파일", 인코딩은 "UTF-8"로 선택하고, "reg_sample2.py"라는 이름으로 저장하여 실행합니다.

c:\Python\code>python reg_sample2.py

⟨hi⟩

그런데 실행해 보니 s만 하나 뺐을 뿐인데, 값이 제대로 출력되어 나옵니다. 원래대로라면 groups와 group은 결과 전체를 가져오느냐 아니면 골라서 가져오느냐의 차이만 있는 것 같으니 양쪽 모두 어떤 결과이든 나와야 할 것 같은데, 상식적으로 groups만 빈 괄호로만 나오는 것이 이해되지 않습니다. 그럼 무언가를 설명에서 놓쳤거나, 원인이 있을 테니 구글에 좀더 자세히 검색해 보겠습니다. "python regular expression group vs groups"로 검색하면 맨 처음에 나오는 스택오버플로 페이지에 원하던 설명이 있습니다.

[What's the difference between groups and group in the re module? – stackoverflow 사이트]
https://bit.ly/2x8tq5t

groups() only returns any explicitly-captured groups in your regex (denoted by (round brackets) in your regex), whereas group(0) returns the entire substring that's matched by your regex regardless of whether your expression has any capture groups.

결국 우리가 패턴을 등록할 때, 명시적으로 그룹이 나올 수 있도록 정규식 내에 넣는 "( )" 부분이 없기 때문이라고 합니다. 실제 처음의 예제를 보면 원하는 패턴의 내용을 찾기 위해서 "( )"로 감싼 것을 볼 수 있습니다. 그 부분을 무심코 놓친 듯합니다. 학습 툴을 사용하는 것과 실제 프로그래밍 언어에 적용하는 것은 약간의 차이가 있습니다. 처음부터 group을 사용했다면 문제가 없었겠지만, 언젠가는 이런 일을 만나게 될 테니 잘된 일일지도 모릅니다. 정규표현식의 그룹(capturing group)은 패턴 전체가 아닌 특정한 패턴 안에 있는 괄호로 둘러싸인 작은 텍스트 패턴을 명시하여 찾는, 약간의 응용적인 문법 기능입니다.

그럼 해당 부분을 증명하기 위해 groups 를 사용한 첫 번째 에러 난 코드를 수정해 보겠습니다. 패턴 부분을 "( )"로 감싸서, 해당 패턴에 대한 그룹 결과가 나오게 만듭니다.

```
# regular expression 모듈을 불러 옵니다.
import re

# 정규표현식 패턴을  등록합니다(처음 시작이 < 이고 > 로 닫히는 단어).
# 패턴을 괄호로 감쌉니다.
pattern = re.compile("(^<.*>)")

# reg.txt 파일을 한줄 한줄 가져와서(enumerate) 루프를 돌리면서,
for i, line in enumerate(open('reg.txt')):
# 해당 줄에서 원하는 패턴을 모두 찾아 한건 한 건 꺼내어서,
    for match in re.finditer(pattern, line):
# 찾은 값을 출력합니다.
        print (match.groups())
```

[파이썬 소스 – reg_sample3.py]

해당 내용을 C:\python\code 디렉터리에, 파일 형식은 "모든 파일", 인코딩은 "UTF-8"로 선택하고, "reg_sample3.py"라는 이름으로 저장하여 실행합니다.

```
C:\Python\code>python reg_sample3.py
('<hi>',)
```

자, 이제 결과가 나오고 찾은 설명이 맞았다는 것이 증명되었습니다. 코드를 만드는 중 동작하지 않던 코드가 우연히 잘 돌아가게 되었을 때, 그냥 넘어가게 되면 다음에 똑같은 문제를 만나거나 버그가 생길 가능성이 높습니다. 몰랐던 것을 배울 수 있는 기회일지도 모르니, 꼭 원인을 찾아서 확인하고 넘어가시길 바랍니다.

부록으로 정상으로 잘 동작하는 reg_sample2.py에서 group을 출력하는 부분에서 〈〉를 제외한 hi 단어만 가져오려면 어떻게 해야 할까요? 이럴 때는 반대로 우리를 괴

롭혔던 그룹 표시 "( )"의 도움을 받게 됩니다. 패턴 코드에서 re.compile("^<(.*)>")
이렇게 안쪽에 괄호를 써 보겠습니다. 그럼 < > 안에 있는 어떤 글자이든(.) 0개 이상
나오면(*) 첫 번째 그룹으로 지정됩니다. 그후 match.group( )을 match.group(1)로
수정해서 첫 번째 그룹을 가져옵니다. 해당 코드가 아래에 있습니다.

```
# regular expression 모듈을 불러 옵니다.
import re

# 정규표현식 패턴을 등록합니다(처음 시작이 < 이고 > 로 닫히는 단어).
# 원하는 부분을 괄호로 감쌉니다.
pattern = re.compile("^<(.*)>")

# reg.txt 파일을 한줄 한줄 가져와서(enumerate) 루프를 돌리면서,
for i, line in enumerate(open('reg.txt')):
# 해당 줄에서 원하는 패턴을 모두 찾아 한건 한 건 꺼내어서,
    for match in re.finditer(pattern, line):
# 찾은 값을 출력합니다.
# 전체 그룹에서 1번 그룹을 가져오도록 변경
    print (match.group(1))
```

[파이썬 소스 – reg_sample4.py]

해당 내용을 C:\python\code 디렉터리에, 파일 형식은 "모든 파일", 인코딩은 "UTF-8"로 선택하고, "reg_sample4.py"라는 이름으로 저장하여 실행합니다.

```
c:\Python\code>python reg_sample4.py
hi
```

감을 잡은 김에 샘플을 하나 더 만들어 보려 합니다. 먼저 c:\Python\code 폴더에
reg2.txt 파일을 만들어 아래 내용을 넣습니다.

1cake - Right
jelly 12hey - Wrong
maybe12 - Wrong
  3joy - Wrong
4432 - Right
23b - Right
  5555b - Wrong

[파이썬 소스 – reg2.txt]

해당 파일의 내용 중 Right라고 적힌 3개의 줄 내용만 출력하고 싶습니다. 3개의 공
통점은 무엇일까요? 숫자로 시작되고 줄 처음에서 시작된다는 것입니다. 그럼 위에서
사용한 정규표현식에 두 가지 개념만 더 추가하면 됩니다. 1) "숫자로 시작한다는 것"
과 2) "문장 전체를 가져오려 한다는 것"입니다. 해당 부분을 목표로 정규표현식을 작
성하면 아래와 같습니다.

^[0-9]+.*

설명하자면 "숫자([0-9])가 한 개 이상(+) 문장의 맨 처음(^)에 나온다", "이후엔 아무
문자(.)가 나오거나 말거나 상관없다(*)"입니다. 그럼 잘 동작하던 위의 소스들에서, 파
일 가져오는 부분과 정규표현식 패턴 정의 부분만 수정한 소스는 아래와 같습니다.

```
# regular expression 모듈을 불러 옵니다.
import re

# 정규표현식 패턴 등록(처음 시작이 < 이고 > 로 닫히는 단어)
pattern = re.compile("^[0-9]+.*")

# reg.txt 파일을 한줄 한줄 가져와서(enumerate) 루프를 돌리면서,
for i, line in enumerate(open('reg2.txt')):
# 해당 줄에서 원하는 패턴을 모두 찾아 한건 한 건 꺼내어서,
    for match in re.finditer(pattern, line):
# 찾은 값을 출력합니다.
    print (match.group())
```

[파이썬 소스 – reg_sample5.py]

해당 내용을 C:\python\code 디렉터리에, 파일 형식은 "모든 파일", 인코딩은 "UTF-8"로 선택하고, "reg_sample5.py"라는 이름으로 저장하여 실행합니다.

```
C:\Python\code>python reg_sample5.py
1cake  -  Right
4432  -  Right
23b  -  Right
```

05 > 마무리하면서

이 시점에서 한번쯤은 생각해 봐야 할 부분이 있습니다. 프로그래밍을 할 때 스트레스를 덜 받으려면 도메인 지식이나 정규표현식과 같이 다양하게 연결된 배경 지식을 잘 알고 있어야 하듯이, 정규표현식을 잘 쓰려면 문법을 잘 알 뿐만 아니라 적용하려는 데이터의 패턴을 정규표현식에서 지원하는 방식으로 인지할 수 있어야 합니다.

만약 적절한 패턴이 없다면 데이터가 만들어질 때부터 파싱이 가능한 패턴을 갖도록 디자인을 고려해야 할지 모릅니다. 어쩌면 이것이 파이썬이나 정규표현식의 문법에 대해 아는 것보다 더 중요하고 어려운 문제일 수 있습니다. 이것은 프로그래밍뿐만 아니라 다른 분야에도 적용됩니다. 시대에 뒤처지면 안 되겠지만, 유행하는 트렌드에만 휩쓸리지만 말고 손가락보다는 손가락이 가리키는 대상을 보려고 노력하셨음 합니다.

[견월망지(見月望指, 見月忘指) – 21세기 문맹퇴치 블로그]
https://bit.ly/2x6LSeS

어찌보면 이 시간에서는 정규표현식의 그림자만 겨우 밟고 넘어가는 셈이지만, 이렇게 정규표현식 편을 마치겠습니다. 배워야 할 것이 너무 많은 세상이지만 기초 내용은 꼭 찬찬히 짚어 가면서 걸어 가길 바랍니다.

리스트(List), 딕셔너리(Dictionaries), 튜플(Tuple), 정규식 함수

1. 리스트

우선 리스트는(List)를 아래의 그림과 같이 페이지들로 이루어진 책이라고 보는 것은 어떨까요? 페이지는 0부터 시작되고, 각 페이지에 그림이 들어갈 수도, 글자나 표가 들어갈 수도 있듯이, 리스트 안에도 문자열, 숫자, 또 다른 리스트 등 여러가지 데이터 형태가 들어갈 수 있습니다.

리스트가 가지고 있는 메서드(앞서 클래스 설명 시 마법사가 사용할 수 있는 마법과 같은 개념입니다)에는 추가하기(append), 다른 리스트 합치기(extend), 끼워 넣기(insert), 특정 요소 빼내기(pop), 삭제하기(remove), 특정 요소 인덱스 위치 찾기(index), 정렬하기(sort), 거꾸로 뒤집기(reverse) 등이 있습니다. 책장을 편집한다는 개념으로 생각하면 비슷할 것 같습니다.

여기서는 1, 2, 3이 들어 있는 숫자 리스트 뒤에 "four"라는 문자열 항목을 추가하고, 순서를 거꾸로 뒤집은 후 출력하는 예제를 만들어 보겠습니다.

```
mylist = [1, 2, 3]
mylist.append("four")
mylist.reverse()
```

```
for i in mylist:
    print(i)
```

c:\Python\code>**python list_sample.py**

four

3

2

1

2. 튜플

튜플(Tuple)은 "값이 고정된 리스트"라고 보면 될 것 같습니다. 언뜻 쓰임이 잘 와 닿지는 않지만, 값이 고정되었기 때문에 내부 값들이 "읽기 전용(read-only)"인 부분이 보장되고, 속도 면에서 리스트보다 더 빠르다고 합니다. 지원하는 메서드들을 예상해 보면 값이 고정되었기 때문에, 리스트와 같이 내부의 여러 가지 값들을 조작하는 메서드들은 아마 없을 것입니다. 실제로도 현재 위치를 확인하고(index), 특정 요소의 숫자를 세는(count) 메서드만이 있습니다. 여기서는 전체 튜플 중에서 특정 숫자 3이 들어가 있는 횟수를 출력하는 간단한 예제를 보겠습니다.

```
mytuple = (1, 3, 2, 3)
mycount = mytuple.count(3)
print (mycount)
```

c:\Python\code>**python tuple_sample.py**

2

3. 딕셔너리

딕셔너리(Dictionaries)는 단어 그대로 "단어장"을 만드는 데 최적화된 자료형이라고 보면 좋습니다. 항상 찾고자 하는 단어가 있고, 그 단어가 가리키는 대상이 있게 됩니다. 딕셔너리는 키(key)에 대한 값(value)을 가져오는 데 최적화되어 있는 개체이며, 리스트와 비슷하게 전체 아이템을 가져오거나(items), 키 값들만을 가져오거나(key), 특정 값을 업데이트하거나(update) 하는 메서드들이 있습니다. 예를 들어 "boy"는 "a young man", "girl"은 "a young woman"을 나타내는 딕셔너리 개체를 만들어서 "boy"에 해당하는 값을 가져오는 예제는 아래와 같습니다.

```
my_dict = {'boy':'a young man', 'girl': 'a young women'}
print (my_dict['boy'])
```

[파이썬 소스 – dictionary_sample.py]

```
c:\Python\code>python dictionary_sample.py
```

a young man

4. 정규식 함수

파이썬 정규식에서는 search, match, findall, finditer의 네 가지 방식으로 패턴들을 찾는데, 그 차이를 간단하게 요약하면 다음과 같습니다.

- search - 맨 처음 만나는 문자열을 match object 구조로 반환합니다. 하나의 문자열을 찾을 때 사용하는 것이라고 보면 됩니다.
- match - search와 다른 점은 항상 패턴 앞에 ^(문장 처음)가 있는 것처럼 판단한다는 것입니다.
- findall - 해당하는 문자열을 모두 찾아 문자열 리스트로 반환합니다.
- finditer - 해당하는 문자열을 모두 찾아 match object 형태의 iterator로 반환합니다. 그래서 위의 예제들에서 이 개체를 이용해서 루프를 돌리며 match object

의 group 속성을 얻어냈습니다.

∘9교시∘

GUI 프로그램
만들어보기

이 시간에는 GUI(Graphic User Interface: 그래픽 사용자 인터페이스) 프로그래밍에 대한 얘기를 풀어 보고, 이전 시간에 사용한 암호화 모듈을 사용해서 윈도우 화면에 입력한 값을 암호화해서 보여 주는 샘플을 만들어 보려 합니다.

01 ▶ 들어가면서

초보자 입장으로 GUI 프로그램을 공부하는 것은 쉬운 일이 아닙니다. 사실 조금 더 간략화되어 있을 뿐이지 비주얼 C, 자바 등으로 만드는 윈도우 GUI 프로그래밍 기법과 거의 비슷한 레벨의 개념이 필요하기 때문입니다. 게다가 그쪽 언어 환경에서는 보통 비주얼 스튜디오(Visual Studio)나 이클립스(Eclipse) 같은 사용성이 뛰어난 IDE(Integrated Development Environment: 통합 개발 환경)를 통해 개발하기 때문에, GUI 요소 디자인이나 각 GUI 요소에 이벤트를 연결하는 부분을 거의 신경 쓰지 않고 실제 이벤트 시 실행되는 코드만 집중해 개발할 수 있습니다.

하지만 파이썬 쪽은 모듈별(PyQt, wxPython) 디자이너 툴이 있다고는 하지만 아직 IDE와 통합된 형태가 아니며, 디자인만 잡아 주는 수준인 듯합니다. 왠지 수동으로 디자인을 잡는다고 하니 좀 미련해 보이는 듯 해서, "wxpython" 모듈을 지원한다고 하는 "wxGlade", "wxformBuilder"라는 두 개의 툴을 설치해 검토해 보았습니다.

그런데 둘 다 파이썬 이외의 다른 언어도 같이 지원하는 일반적인 툴이라서 그런지 윈도우 환경의 파이썬 3.6에서는 아직 제대로 지원되지 않는 것 같습니다(이건 필자가 잘 몰라서 그럴 수도 있으니 단정하진 못하겠지만, 일단 최신 지원 버전이 파이썬 3.6.1이 나오기 이전인 2016년 버전입니다. wxGlade의 경우에는 2017년 10월에 알파 버전이 출시되었으며, 이 버전이 안정화되면 어떨지 모르겠습니다).

또 실제 오류가 나서 실행은 안 되었지만, 생성된 파이썬 코드를 살펴보니 가독성 면에서 깔끔해 보이지 않았습니다. 다른 모듈인 "pyqt" 쪽에서는 디자이너까진 잘 지원되는 것 같으니 그쪽 모듈을 사용해 보는 것도 고려해 볼 만합니다.

pyqt 디자이너에 대해서는 구글에서 "QtDesigner"로 검색하면 많은 글이 나옵니다. 하지만 어떤 GUI 생성 툴을 사용하든 간에 관련 코드가 어떤 원리로 만들어지고 동작하는지에 대한 개념은 이해할 필요가 있습니다. 그래야 툴을 좀더 정확하고 효율적으로 사용할 수 있다고 생각합니다.

그리고 GUI 모듈들의 사용도, 이전 시간에 다룬 SQL, 정규표현식과 같이 파이썬 언어의 기능 밖의 부분이라고 생각해도 무방할 듯합니다. 만약 다른 프로그래밍 언어로 GUI 툴을 개발해 보았거나, 꼭 윈도우 애플리케이션이 아니더라도, 웹 애플리케이션에서 자바스크립트로 이벤트가 발생할 때 DOM(Document Object Model) 개체를 조작하는 부분을 만들어 보았다면, GUI 모듈을 사용할 기초 소양은 다 갖춘 셈입니다.

만약 이에 대한 경험이 거의 없다면, 비주얼 스튜디오나 이클립스 같은 완성도 높은 IDE로 몇 개의 작은 GUI 애플리케이션을 작성해서, GUI 요소들과 사용자 코드가 상호 작용하는 부분에 대해 감을 익힌 후, 맨 뒤에 소개할 참조 페이지를 참조하여 파이썬 GUI 모듈의 상세한 개발 내용을 보는 방법을 추천합니다. 파이썬에서 수동으로 GUI 화면을 디자인할 경우에는 비주얼 스튜디오 같은 IDE로 모양을 잡은 후, 관련 좌표 등을 참고해 수동으로 옮기는 것도 하나의 방법일 것 같습니다. 여하튼 GUI 구현 환경이 열악한 부분인 것만은 아직까진 틀림없어 보입니다.

02 GUI 연결 고리 만들어보기

2교시 때 GUI 샘플을 실행하기 위해서 이미 아래와 같이 wxpython 모듈을 설치했습니다. 혹시 모듈 선택 이유 및 설치 과정이 기억나지 않는다면 2교시 내용을 참고하세요.

해당 글을 보고 누군가 설치가 잘된다고 올린 아래의 명령어를 cmd 창에서 실행합니다.

pip.exe install --upgrade --pre -f https://wxpython.org/Phoenix/snapshot-builds/ wxPython

만들려고 하는 기능은 아래와 같습니다. 윈도우 창에는 입력 박스 1개와 결과를 출력하는 라벨이 1개, 버튼이 1개 있습니다(조금 단출해서 민망하군요). 해당 필드들 안에는 여러 가지 디폴트 문장을 표시하게 했습니다.

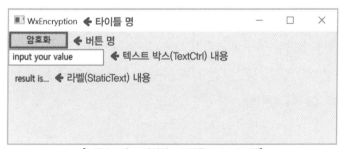

[그림 9교시-1: 파이썬으로 만들 GUI 프로그램]

텍스트 박스에 암호화하길 원하는 문장을 넣은 후 암호화 버튼을 누르면, 아래와 같이 암호화된 값이 하단 텍스트 라벨에 표시됩니다

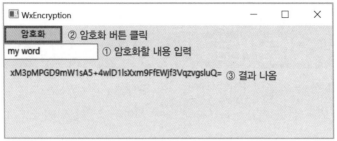

[그림 9교시-1: 파이썬으로 만들 GUI 프로그램 동작]

그럼 지금까지 해온 대로, 위의 부분을 만드는 데 모르는 것이 무언지 생각해 보겠습니다. 우선 윈도우 창을 만드는 법은 샘플 파일을 이미 만들어 실행해 보았으니 알고 있습니다.

1) 클릭할 버튼을 만들 수 있어야 합니다.
2) 암호화할 내용을 넣을 텍스트 박스를 만들 수 있어야 합니다. 안에 디폴트 값도 넣어 주어야 합니다.
3) 결과를 뿌릴 텍스트 라벨 영역을 만들 수 있어야 합니다. 이것은 2교시 샘플 파일에서 이미 StaticText란 요소로 출력해 보았습니다. 이것도 디폴트 값은 넣어 주어야 합니다.
4) 버튼이 클릭되었을 때, 특정한 함수 A를 실행해야 합니다. 그 "함수 A" 안에서는 텍스트 박스에 입력한 "my word" 항목을 가져와서, 미리 만들어 놓은 "암호화 함수 B"를 호출해서 암호화된 값을 돌려받은 후, 미리 만들어 놓은 텍스트 라벨 영역에 출력해 주어야 합니다.

첫 번째로 버튼을 만드는 방법을 찾아보겠습니다. wxPython 매뉴얼을 차례로 훑어봐도 되겠지만, 구글을 찾는 것이 편할 듯합니다. "wxpython show input box"로 검색하여 맨 위의 스택오버플로 결과를 클릭합니다.

[Using wxPython to get input from user – stackoverflow 사이트]
https://bit.ly/2OcM0B4

그런데 정말 운이 좋게도 이 페이지에 버튼뿐만 아니라 텍스트 박스를 만드는 코드도 같이 있습니다. 디폴트 값을 넣는 부분도 있습니다. 자세히 보면 버튼이 클릭되었을 때 특정한 함수를 호출하는 부분도 있습니다. 한 번 검색으로 거의 다 찾아낸 것 같습니다. 이 코드 앞에 한글 주석을 달아서 정리해 보겠습니다.

```python
import wx
class Frame(wx.Frame):
    def __init__(self, parent, title):
        wx.Frame.__init__(self, parent, title=title, size=(-1, -1))
        self.panel = wx.Panel(self)
        self.Bind(wx.EVT_CLOSE, self.OnCloseWindow)

        # 버튼을 만드는 코드 입니다.
        self.btn = wx.Button(self.panel, -1, "Name-a-matic")

        # 버튼 클릭 이벤트에 함수(메서드)를 연결하는 코드 입니다.
        self.Bind(wx.EVT_BUTTON, self.GetName, self.btn)

        # 텍스트 박스를 만들고, 디폴트 값을 넣는 코드입니다.
        self.txt = wx.TextCtrl(self.panel, -1, size=(140,-1))
        self.txt.SetValue('name goes here')

        sizer = wx.BoxSizer(wx.VERTICAL)
        sizer.Add(self.btn)
        sizer.Add(self.txt)

        self.panel.SetSizer(sizer)
        self.Show()

    # 버튼이 눌렸을 때 실행 되는 함수 입니다.
    # 사용자의 이름을 얻어 텍스트 박스에 넣어 줍니다.
```

```
    def GetName(self, e):

        dlg = wx.TextEntryDialog(self.panel, 'Whats yo
name?:',"name-o-rama","",
            style=wx.OK)
        dlg.ShowModal()
        self.txt.SetValue(dlg.GetValue())
        dlg.Destroy()

    def OnCloseWindow(self, e):
        self.Destroy()

app = wx.App()
frame = Frame(None, 'My Nameomatic')
app.MainLoop()
```

그럼 저 뼈대를 거의 그대로 쓴다는 가정하에 하나하나 살펴보겠습니다.

1) 버튼을 만드는 코드는 아래와 같습니다.

```
# 버튼을 생성합니다.
self.btn = wx.Button(self.panel, -1, '암호화')
```

2) 텍스트 박스를 만들고, 디폴트 값을 넣는 코드는 아래와 같습니다.

```
# 텍스트 박스를 생성합니다.
self.txt = wx.TextCtrl(self.panel, -1, size=(140,-1))
self.txt.SetValue('input your value')
```

3) 텍스트 라벨을 만들고, 디폴트 값을 넣는 코드는 아래와 같습니다.

```
# 텍스트 라벨을 생성합니다.
self.some_text = wx.StaticText(self.panel, size=(140,150), pos=(10,60))
self.some_text.SetLabel('result is...')
```

4) 버튼을 누르면 이벤트 함수를 연결하는 코드는 아래와 같습니다.

```
# 버튼 클릭 시 이벤트를 연결합니다.
self.Bind(wx.EVT_BUTTON, self.GetEncryption, self.btn)
```

5) 위의 4번에 있는 GetEncryption 함수가 텍스트 박스의 값을 가져다가, 암호화 함수에 전달하고, 반환된 값을 다시 라벨에 넣어 주는 코드는 아래와 같습니다.

```
def GetEncryption(self, e):
    # 텍스트 박스(self.txt)로부터 값을 얻어 와 암호화 함수로 넘겨줍니다.
    cipher = AESCipher('mysecretpassword')
    self.enc = cipher.encrypt(self.txt.GetValue())
```

이 코드를 전체적으로 정리한 코드는 아래와 같습니다. 암호화 관련 코드는 이번 시간과 관계없으니 집중을 위해 주석을 삭제했습니다. 상세한 내용이 궁금하면 5교시를 참고하세요.

```python
import wx
import base64
from Crypto import Random
from Crypto.Cipher import AES
import hashlib

# 암호화 관련 초기화 코드 입니다.
BS = 16
pad = lambda s: s + (BS - len(s) % BS) * chr(BS - len(s) % BS).encode()
unpad = lambda s : s[0:-s[-1]]


# 윈도우즈 정의 클래스 입니다.
class Frame(wx.Frame):
    def __init__(self, parent, title):
        wx.Frame.__init__(self, parent, title=title, size=(500, 200))
        self.panel = wx.Panel(self)
        self.Bind(wx.EVT_CLOSE, self.OnCloseWindow)

        # 버튼을 생성 합니다.
        self.btn = wx.Button(self.panel, -1, '암호화')

        # 텍스트 박스를 생성합니다.
        self.txt = wx.TextCtrl(self.panel, -1, size=(140,-1))
        self.txt.SetValue('input your value')

        # 텍스트 라벨을 생성합니다.
        self.some_text = wx.StaticText(self.panel, size=(140,150), pos=(10,60))
        self.some_text.SetLabel('result is...')

        # 버튼 클릭 시 이벤트를 연결 합니다.
```

```python
        self.Bind(wx.EVT_BUTTON, self.GetEncryption, self.btn)

        sizer = wx.BoxSizer(wx.VERTICAL)
        sizer.Add(self.btn)
        sizer.Add(self.txt)

        self.panel.SetSizer(sizer)
        self.Show()

    # 버튼 클릭 시 실행 되어, 암호화 하는 함수 입니다.
    def GetEncryption(self, e):
        # 텍스트 박스(self.txt)로 부터 값을 얻어 와 암호화 함수로 넘겨줍니다.
        cipher = AESCipher('mysecretpassword')
        self.enc = cipher.encrypt(self.txt.GetValue())

        # 받은 값을 텍스트 라벨에 출력합니다.
        self.some_text.SetLabel(self.enc)


    def OnCloseWindow(self, e):
        self.Destroy()


# 암호화 관련 클래스 입니다.
class AESCipher:

    def __init__( self, key ):
        self.key = hashlib.sha256(key.encode()).digest()

    def encrypt( self, raw ):
        raw = raw.encode()
```

```
        raw = pad(raw)
        iv = Random.new().read( AES.block_size )
        cipher = AES.new( self.key, AES.MODE_CBC, iv )
        return base64.b64encode( iv + cipher.encrypt( raw ) ).decode()


    def decrypt( self, enc ):
        enc = base64.b64decode(enc)
        iv = enc[:16]
        cipher = AES.new(self.key, AES.MODE_CBC, iv )
        return unpad(cipher.decrypt( enc[16:] )).decode()


# 메인코드 입니다.
# 윈도우를 띠우고 제목을 넣습니다.
app = wx.App()
frame = Frame(None, 'WxEncryption')
app.MainLoop()
```

[파이썬 소스 – wx_encryption.py]

위의 코드 내용을 복사해서 C:\python\code 디렉터리에, 파일 형식은 "모든 파일", 인코딩은 "UTF-8"로 선택하고, "wx_encryption.py"라는 이름으로 저장하여 실행합니다(저장하고 실행하는 부분을 잘 모르겠으면, 2교시 때 스크린샷과 함께 자세히 설명한 부분을 참고하세요).

c:\Python\code>**python wx_encryption.py**

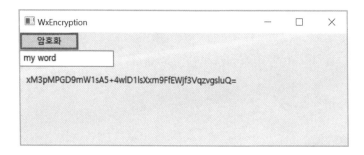

앞으로 더 복잡하거나 새로운 GUI 컨트롤들을 사용해서 만들려면 어떻게 해야 할까요?(예를 들면 파일 입력 박스, 라디오 버튼 등이 있습니다) 우리가 내려받아 사용한 wxPython 홈페이지의 문서를 보면 wxPython에서 현재 지원하고 있는 기능이 망라되어 있는 페이지가 있습니다. 여기에 있는 요소들을 참고할 필요가 있다면 구글을 검색해서 실제 사용 예들을 보면 됩니다. 예를 들어 파일 다이얼로그인 "filepickerctrl"을 사용하고 싶다면, 구글에서 "wxpython use filepickerctrl"로 검색합니다. 아마도 적절한 샘플을 구현한 페이지들을 보게 될 것입니다.

[Class Summary – wxPython 홈페이지]

https://bit.ly/2R1Y7T6

1. 클래스

클래스(Class)는 객체지향의 시작인 문법이기 때문에 가능한 한 이 책에서 제외하려 노력했지만, 굳이 클래스로 구조가 잘 잡혀 있는 예제에서 클래스를 제거할 필요는 없을 것 같아서 간단히 설명하고 넘어가려 합니다. 앞에서 설명했듯이 클래스는 DNA 와 같은 존재입니다. 클래스의 구성요소로는 생성자(Constructor), 소멸자(Destructor), 클래스 변수(Class Variable), 메서드(Method)가 대표적일 것입니다.

일단 클래스를 프로그램 내의 독립된 프로그램이라고 보겠습니다. 윈도우가 시작하거나 종료할 때 배치 파일이나, 서비스에 의해서 필요한 작업이 시작되고 종료됩니다. 이처럼, 클래스라는 독립된 객체가 만들어질 때 특정 작업들이 이루어져야 할 경우 생성자에 해당 코드를 넣고, 사라질 때 특정 작업이 일어나길 원하는 경우 소멸자에 특정 코드를 넣는다고 보면 됩니다.

파이썬에서는 생성자를 표시하기 위해서, 낯설기는 하지만 "def __init__(self, key):" 이라고 지정합니다. "__init__"가 생성자를 나타내는 요소이고, "self"는 만들어진 클래스 자기 자신, "key"는 임의로 지정한 인자입니다(함수의 인자와 비슷하다고 보면 되고, 그렇기 때문에 없을 수도 있습니다). 메서드는 클래스를 통해 하고 싶어하는 행위들을 적어 놓은 공간이고, 변수는 일반적인 프로그램이나 함수에서의 변수와 비슷하다고 보면 됩니다. 다만 일반적으로는 클래스 내에서만 독립적으로 유효할 뿐입니다.

그럼 "Character" 클래스를 이용해서, 만들 때 실행되는 생성자에 해당 "직업"을 전달한 후, "마법사"로 만든 캐릭터는 "fireball 메서드"를 사용할 수 있고, "도둑"으로 만든 캐릭터는 사용할 수 없는 예제를 간단히 만들어 보겠습니다.

```python
# 직업 클래스
class Character:
    def __init__(self, job):
        self.job_class = job

    def fireball(self):
        if self.job_class == "magician":
            print("fireball >> ***")
        else:
            print("I can't do it")

# 마법사 만들기
new_character = Character("magician")
# 파이어볼 쏘기
new_character.fireball()

# 도둑 만들기
new_character2 = Character("theif")
# 파이어볼 쏘기
new_character2.fireball()
```

[파이썬 소스 – class_sample.py]

c:\Python\code>**python class_sample.py**

*fireball ≫ ****

I can't do it

◦10교시◦

WHOIS API
이용해보기

이 시간에는 텍스트 파일에 저장되어 있는 IP(아이피) 목록을 읽어 각각 루프를 돌리면서 IP의 위치를 알려 주는 WHOIS API를 호출한 후, 반환된 JSON 형태의 데이터에서 원하는 항목을 파싱해서, 엑셀에 결과를 저장하는 예제를 시연하려 합니다. 이 시간을 통해 독자 여러분은 파이썬에서 API를 호출하는 방법과, API를 통한 데이터 응답에서 많이 사용하는 JSON 데이터를 다루는 방법을 익히게 될 것입니다.

01 ▶ 들어가면서

예제를 시작하기 전에, 노파심에서 한 가지 조심해야될 부분을 얘기 드리려고 합니다. 일반적으로 파이썬 예제를 찾다 보면 크롤링(crawling)이나 API 호출 등의 예제들이 많이 나오는데, 이들 방식의 호출에 대해서는 생각보다 좀더 조심스럽게 접근해야 한다는 것입니다. 용도에 맞지 않게 과도한 호출을 하게 되면, 대상 사이트에서 악성적인 시도로 판단하여 호출된 IP를 막을 수 있습니다(다만 보통 일반 사람들이 사용하는 IP는 국내 IP이며 유동적으로 변하는 IP이기 때문에, 블록시키는 기간이 일시적일 가능성이 높긴 합니다).

혹시 실습하는 PC가 회사 내의 PC인 경우, NAT(Network Address Translation: 여러 컴퓨터에서 하나의 IP를 통해 외부와 통신하는 기법)을 통해 하나의 대표 IP로 동일하게 나가는 경우가 대부분이기 때문에, 최악의 경우에는 회사 전체 PC에서 해당 사이트로의 연결이 거부될 수도 있습니다. 물론 공식적으로 제공되는 API는 어느 정도 익명 사용자의 잦은 호출을 가정하여 설계되긴 합니다. 그래도 용도에 필요한 만큼만 호출하는 것이 학습 목적에도 맞으니 이 점을 유의하여 호출하기 바랍니다. 현재 사이트에 대해 실습할 때에도 이 점을 숙지하고 필요할 때에만 작은 수의 IP만을 호출하기 바랍니다(필자가 곤란해질 수 있습니다).

02 API

시작하기 전에, API에 대해 확실히 모르는 독자들을 위해 간단하게 개념을 설명하려 합니다. 혹시 다음에 설명하는 내용 중 웹에 대한 용어들이 낯설다면 18교시의 레거시 웹 편을 먼저 보는 것도 좋습니다. API(Application Programming Interface)의 예 중 우리가 컴퓨터 내에서 가장 흔하게 볼 수 있는 것은 윈도우 API입니다(물론 이런 OS API와 분리해서 개념을 지을 수도 있지만 범위의 차이일 뿐 넓게 기능적 측면에서 보면 비슷하다고 생각합니다).

윈도우 내의 여러 애플리케이션은 이러한 기본 API들을 사용해서 윈도우 화면에 글자를 표시하거나, 앞의 wxPython 예제에서 보았듯이 윈도우 창과 메뉴를 표시하거나, 게임의 사운드를 내거나, 애니메이션 등을 보여 줍니다.

이외에도 다른 전문화된 API들이 많이 있습니다. 어떻게 보면 파이썬 언어 자체도, 이러한 API들을 잘 사용하기 위해 상위 수준에서 감싸서 만들어진 언어입니다. 리눅스 시스템도 윈도우즈와 마찬가지로, 이와 같은 측면을 가지고 있습니다.

비슷한 측면에서 인터넷이 발달한 이후에 이러한 API들이 컴퓨터 내부를 벗어나 네트워크(특히 WEB)를 통해 지원하는 방식이 늘게 되었습니다. 또한 요즘은 SOA(Service Oriented Architecture: 서비스 지향 아키텍처), DevOps의 마이크로 서비스 아키텍처(Micro Service Architecture), MVC(Model View Controller), Ajax(Asynchronous JavaScript and XML) 같은 설계들이 주류를 형성하면서(개인적으로 보았을 때, 해당 항목들의 공통점은 UI와 분리되어 데이터 전달만으로 소통하는 작은 기능, 즉 API들로의 작은 쪼갬 같습니다), API 형태의 서비스들이 대세가 된 것 같습니다(물론 마이크로 서비스와 같이 좀더 넓은 특성으로 확장하여 지칭하는 용어는 의미가 다를 수도 있습니다).

우리가 보통 파이썬 등의 언어에서 호출하는 구글, 네이버, 다음 등의 외부 API는 기존의 웹 환경에서 머리와 꼬리를 떼어낸 버전이라고 보면 됩니다. 머리와 꼬리를 떼면 무엇이 남을까요? 웹에서 화려한 화면을 다 떼고 나면 데이터만 남게 됩니다(실제 웹은 브라우저의 장식과 그것을 즐기는 사람들이 없다면, 기계들이 주고받는 단조로운 태그와 헤더, 데이터의 세상일지도 모릅니다).

데이터를 주고받을 때에도, 사실 기존의 GET, POST를 이용한 인자 및 폼 방식으로 보내도 되는데, 이 방식은 복잡한 구조적인 데이터를 보내거나 받을 때 다루기가 무척 까다롭습니다. 그래서 처음에는 주로 XML 같은 엄격한 데이터 형식으로 보내다가 요즘에는 실용적인 JSON 형식으로 바뀌었습니다(개인적으로 XML이 정장이라면 JSON은 캐주얼에 가까운 세미정장 같습니다). 현재 외부로 노출된 대부분의 API들은 XML이나 JSON 형태로 데이터를 주고받는다고 봐도 무방한 듯 싶습니다.

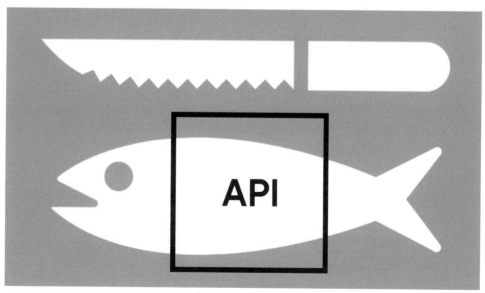

[그림 10교시-1: API란?]

그럼 진행할 예제를 설명해 보겠습니다. 약간 낯선 영역일지 몰라도 개발하다 보면 앞에서 다뤘던 암호화와 마찬가지로 언젠가 만나게 될 영역입니다. IP 주소의 실제 정보 (사실 여러 가지 이유로 100% 정확하진 않지만)를 찾을 때 보통 WHOIS라는 웹사이트에서 조회를 하게 됩니다. WHOIS는 우리가 인터넷에서 사용하는 "www.google.co.kr" 등의 도메인 이름이나, IP, 소유주, 위치 등을 조회할 수 있는 사이트입니다. 구글에서 "whois"로 검색하면 KISA(한국인터넷진흥원)에서 제공하는 아래의 WHOIS 페이지가 나옵니다.

[WHOIS – 한국인터넷진흥원(KISA) 사이트]

https://bit.ly/2MnPgaS

[그림 10교시-2: 한국인터넷진흥원 사이트]

해당 페이지에서 밑에 표시된 샘플 정보인 1) "202"로 시작되는 IP 주소를 클릭하면, 2) 검색 창에 해당 주소가 들어가고, 이후 3) "Search" 버튼을 클릭하면 해당 IP 주소에 대해 저장되어 있는 정보를 보여 줍니다. 보통 방화벽의 접근 로그 등에 수상한 호출을 하는 IP가 들어왔을 때, 어떤 나라, 지역에서 들어왔고, 어떤 서비스로 들어왔는지를 아래에 표시된 여러 정보를 참조해서 판단하게 됩니다.

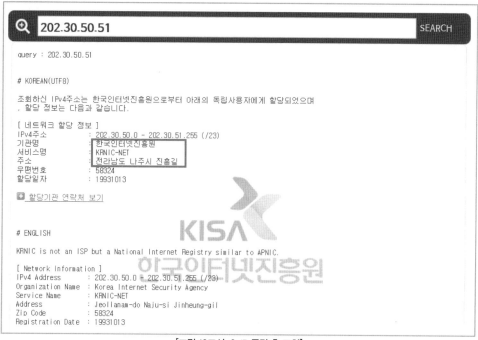

[그림 10교시-3: IP 클릭 후 조회]

그런데 해당 조회 방식을 사용한다고 할 때, 조회에 필요한 IP가 수십 개, 수백 개로 늘어나는 경우에는 어떻게 해야 할까요? 해당 개수만큼 매번 페이지를 호출해 확인해야 할 테고, 그럼으로써 생기는 스트레스나 소모되는 시간도 무시할 수 없을 만큼 커질 것입니다. 물론 웹이나 프로그램에서 여러 개의 IP를 조회해 주기도 하지만, 대부분의 공개된 프로그램은 국외의 WHOIS 서버(나라, 지역마다 해당 역할을 하는 서버들이 있는 듯합니다)를 호출하기 때문에, 영어로 표시된 정보이고, 국내 정보도 한국 내의 WHOIS 사이트만큼 정교하지 못할 수 있습니다.

그래서 처음에는 많은 웹 크롤링 예제에 있는 것처럼, 해당 페이지를 호출해서 결과 내용을 파싱하고 관련 내용을 추출해 저장하려고 했습니다(이 방식으로 구현 시 수반되는 미묘한 문제들은 다음 시간에 다루겠습니다). 그런데 파싱을 위한 코드들을 찾거나, 검색 페이지의 HTML 등을 분석하는 일이 은근 귀찮아질 때, 마침 해당 페이지의 오른쪽 하단에 자리잡은 OpenAPI 기능 제공이 눈에 띄었습니다.

OpenAPI라는 것은 모든 일반 사용자에게 사용을 허가하는 범용 API입니다. 앞의 물고기 그림에서 얘기했듯이, API를 쓰게 되면 일반적으로 정형화된 XML이나 JSON으로 데이터를 받을 수 있으므로, 웹 페이지상에서 HTML을 파싱하는 것보다 향후 페이지의 변경에 대해서 예외성이 좀더 적어집니다.

더 나아가 사이트들은 일반적으로 사이트의 페이지 수정 작업 시 무단으로 크롤링하는 프로그램을 배려하려고 하진 않습니다(엄밀하게 말해, 크롤링은 유명한 검색엔진들 외에는 해당 사이트에서 그다지 좋아하지 않는 트래픽 발생 행위이기 때문에 사이트가 배려해야 할 의무가 없다고 볼 수 있습니다).

하지만 API의 경우는 다릅니다. 해당 API를 이용하여 인터넷 저 너머에서 동작하는 다른 고객의 애플리케이션들이 있을 수 있기 때문에, 기존에 해당 API를 제공한 책임 (API를 사용할 때에는 고객들이 어떤 프로그램 언어로라도 API를 호출하고 결과를 받는 개발이 필요하기 때문입니다)을 생각해서라도 하위 호환성을 고려해서 수정하거나, 기능의 변경이 꼭 필요할 때에는 차라리 기존 API를 두고 확장된 대체 API를 만들 가능성이 많습니다. 그래서 한번 API를 호출하는 방식으로 기능을 만들게 되면, 해당 사이트가 사라지거나 대대적인 개편 작업이 있기 전에는 유지보수를 위해 변경할 필요가 거의 없는 장점을 가지게 됩니다.

04 API 사용자 등록하기

그럼 첫 페이지에서 아래의 "WHOIS OpenAPI" 링크를 클릭합니다.

[그림 10교시-4: OpenAPI 링크]

일반적으로 모두에게 공개된 OpenAPI라도 최소한의 호출 체크와 무분별한 사용을 제어하기 위해 인증키를 발급하는 경우가 많습니다. 아래를 보면, 이메일을 등록하면 해당되는 인증 키를 보내 준다고 합니다. 그럼 자신이 쓰는 이메일과 (준국가기관이라서 해당 이메일이 악용될 소지가 전혀 없지만, 인증 목적이므로 자주 쓰지 않는 이메일을 사용해도 됩니다) 사용 목적을 적고, "발급신청" 버튼을 누릅니다.

[그림 10교시-5: API 인증키 발급신청]

잠시 후 자신의 이메일로 가서 확인을 하면, 키가 발급되어 오고 아래의 인증 페이지 링크를 클릭해서 해당 키를 인증 받으라고 합니다. 발급된 키는 앞으로 API를 사용할 때마다 때 호출하는 인자에 넣어서 권한을 증명할 키이니, 해당 키를 복사해서 어딘가 잘 저장해 두고, 인증페이지 URL 을 클릭을 해 키 등록 페이지로 이동합니다.

[그림 10교시-6: 메일로 인증키 발급되어 옴]

이후 발급된 키 값을 넣고 "등록" 버튼을 누르면, 정상적으로 등록이 되었다고 나옵니다. 그럼 앞으로 특별히 악의적인 행위를 하지 않는 한, 해당 WHOIS API를 정당하게 호출해 사용할 수 있는 권한을 획득하게 되었다고 볼 수 있습니다.

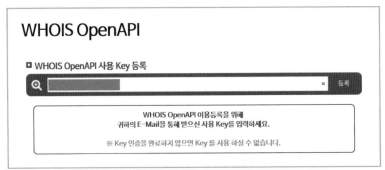

[그림 10교시-7: 인증키 등록]

05 API 예제 호출해 보기

파이썬으로 실제 코드를 만들기 전에, 예제를 확인하려 합니다. 아래의 Open API 사용 설명 페이지에서 API를 이용하여 IP를 호출해서 해당되는 등록 정보를 가져오는 예제입니다. "인터넷주소 검색요청 URL"의 두 번째 예시가 우리가 원하는 기능을 수행하는 API 예제입니다.

[WHOIS OpenAPI 사용안내 – 한국인터넷진흥원(KISA) 사이트]

https://bit.ly/2MolcvE

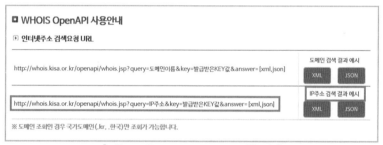

[그림 10교시-8: WHOIS OpenAPI 사용 예제]

http://whois.kisa.or.kr/openapi/whois.jsp?query=IP주소&key=발급받은KEY 값&answer=[xml,json]

해당 값을 편집해, 앞서의 샘플 IP 주소를 호출하는 예제를 만들어 보겠습니다. IP 주소는 웹에서 샘플로 사용했던 KISA 사이트 IP이고, 인증키는 여러분이 발급받은 키로 넣고, answer 형식은 JSON으로 합니다. XML 방식이 익숙한 독자들은 XML을 선택해도 되지만, JSON도 그만큼 간단하니 JSON 방식을 추천합니다.

http://whois.kisa.or.kr/openapi/whois.jsp?query=202.30.50.51&key=발급받은

키&answer=json

[query_14.txt]

해당 문장을 ("발급받은키" 부분은 꼭 자기가 발급받은 키로 교체해 넣어야 합니다) IE 주소 창에 복사해 넣습니다. 그럼 아래와 같이 대괄호(()), 콜론(:), 쌍따옴표(") 등의 기호로 구조적으로(나중에 보겠지만, 트리 모양의 구조입니다) 구분된 JSON 결과가 나옵니다(JSON 에 대해서는 맨 뒤의 미니문법을 참고하세요).

[그림 10교시-9: 브라우저를 이용한 WHOIS OpenAPI 호출 결과]

해당 출력 결과의 문법을 잘 분석해서 원하는 자료가 있는 위치를 찾거나, 아니면 크롬(Chrome), 파이어폭스(Firefox) 등에 있는 브라우저 플러그 인을 사용해도 좋겠습니다. 하지만 이 시점에서 웹 개발이나 페이지 구성 분석, 보안 테스트 등에 두루 잘 쓰일 수 있는 하나의 무료 툴을 이용하여 JSON 결과를 분석하는 방법을 소개하려 합니다(앞으로도 웹 프로그래밍 파트 등에서 종종 이 툴을 사용할 것입니다).

소개하고 싶은 툴은 피들러(Fiddler)라는 무료 툴인데, 아래와 같이 설치와 사용을 위한 설정을 시작해 보겠습니다(이미 사용해 본 독자는 설치를 건너뛰고, 설정 부분에서 혹시 모르는 부분이 있는지 확인하면 됩니다). 구글에 "fiddler"로 검색하여 아래의 링크로 이동합니다.

[fiddler – 공식 홈]

http://www.telerik.com/fiddler

무료 다운로드 버튼을 누릅니다.

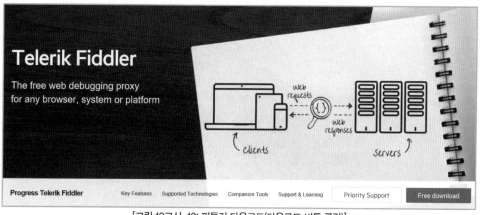

[그림 10교시-10: 피들러 다운로드(다운로드 버튼 클릭)]

이후 [그림 10교시-11]처럼 맨 위의 드롭박스에서 사용 목적으로 "Website Analytics monitoring"을 선택하고, 이메일 주소를 넣습니다(앞서의 API 발급처럼 이메일로 인증받는 것은 아닙니다). 정보를 안내받고 싶지 않으면, 위쪽의 정보제공(Keep me informed…) 동의를 체크 해지하고, 아래의 라이선스 동의(I accept the Fiddler…)를 체크합니다. 그 다음 "Download for Windows" 버튼을 눌러 적절한 폴더에 설치 파일을 저장한 후 실행하거나, 바로 실행합니다.

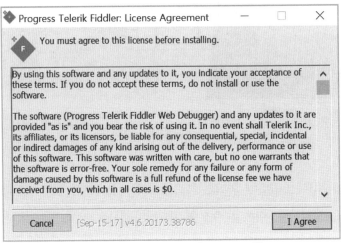

[그림 10교시-11: 피들러 다운로드(라이선스 동의)]

설치 파일을 실행해 아래의 라이선스 창에서 "I Agree" 버튼을 클릭하고, 그 다음에는 디폴트 옵션으로 계속해 설치합니다. 과정이 간단하니 이 후의 스크린샷은 생략하겠습니다.

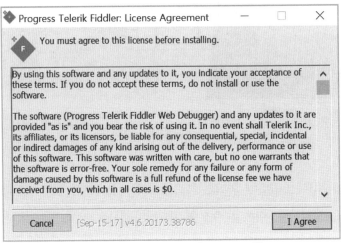

[그림 10교시-12: 피들러 설치(라이선스 동의)]

설치가 완료되면 시작 메뉴에서 "Fiddler 4"를 실행합니다. 이후 아래에 있는 "App

Container Configuration"이라는 창(아마 윈도우10에서만 에지 브라우저 때문에 나오는 듯 합니다)이 나오는데, "Cancel"을 눌러서 경고 창을 끄겠습니다.

[그림 10교시-13: 피들러 실행]

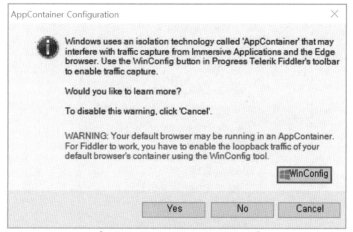

[그림 10교시-14: 피들러 실행 시 경고 창]

※ 혹시 피들러 사용중 위쪽에 [그림 10교시-15]와 같이 노란색으로 프록시(proxy)가 변경되었다는 바가 뜨면 클릭을 해서 바를 없애고, 브라우저와 피들러를 전부 닫았다 열어 주세요.

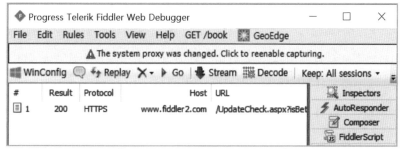

[그림 10교시-15: 피들러 프록시 변경 알림]

처음 실행하면 브라우저에서 전송하고 가져오는 모든 리소스를 다 표시하기 때문에 사용 편의상 설정할 것이 몇 개 있습니다. 일단 상단의 "Rules" 메뉴로 가서 "Hide Image Requests"(보통 웹 페이지는 내부에 포함된 작은 이미지가 많기 때문에 이미지들의 호출이 모두 리스트에 나타나면, 실제 살펴보길 원하는 웹 프로그램 페이지, 예를 들면 .JSP, .PHP들을 찾아볼 때 방해됩니다. 그래서 프로그램 페이지나 JS 파일 등, 분석에 의미 있는 파일들만을 리스트에 나오게 하는 옵션입니다. 물론 이미지에 대한 분석이 필요하다면 옵션을 해지하면 됩니다)와 "Remove All Encodings"(가져온 페이지 내용에 대해 자동으로 인코딩을 풀어서 피들러에서 바로 평문으로 볼 수 있게 해줍니다) 두 개를 체크합니다.

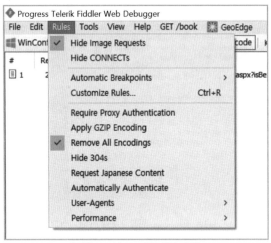

[그림 10교시-16: 피들러 룰 세팅]

그 다음에는 SSL(Secure Socket Layer: 암호화된 채널로 통신하는 것, HTTPS 호출이라고도 합니다) 프로토콜에 대한 복호화 설정을 해야 합니다. 원칙적으로 HTTPS는 브라우저와 서버 간에 암호화된 데이터가 전송되어서 피들러와 같이 중간에서 가로채 보는 툴이 내용을 알아볼 수 없는 것이 정상입니다. 그 부분을 회피하기 위해서 컴퓨터 안에 피들러에서 사용할 수 있는 테스트용 인증서를 설치하여, 브라우저는 피들러와 암/복호화를 해서 통신하고, 다시 피들러가 브라우저 대신 서버와 암/복호화를 해서 통신해서, 중간에서 암호화된 통신의 내용을 살펴볼 수 있게 해주는 트릭 기법입니다.

이 설정이 잘 안 되어 있으면, 구글과 같이 호출 전체가 HTTPS로 이루어진 사이트나, 여러 사이트의 로그인 페이지, 회원 정보 페이지 등 개인정보의 보호를 위해서(법적인 사항이기도 합니다) HTTPS로 호출되는 페이지들의 내용을 볼 수 없게 됩니다(피들러에 서만 쓰는 인증서이긴 하지만, 걱정되는 독자들은 사용 용도가 끝난 후 마지막에 명시해 둔 테스트용 인증서 제거 방법대로 제거해도 됩니다).

특정 사이트들은 HTTP로만 통신하기 때문에 설정 안해도 괜찮은 경우도 있지만, SSL 복호화 기능을 빼고 피들러를 쓰면, HTTP로 호출하는 페이지들만 볼 수 있는 반쪽짜리 툴이 되어 버립니다.

그럼 메뉴에서 "Tools 〉 Options…" 메뉴를 클릭하여 옵션 창을 띄웁니다. "HTTPS" 탭을 클릭한 후, "Capture HTTPS CONNTECTs"(HTTPS 통신을 캡처합니다), "Decrypt HTTPS traffic"(HTTPS 트래픽을 복호화합니다)를 체크합니다. 체크하는 순간에 하단에 "Trust the Fiddler Root certificate?" 알림 창이 뜹니다. HTTPS 트래픽을 가로채 기 위해서, 피들러가 테스트용 루트 인증서를 윈도우에 설치하려 한다는 안내입니다. "YES"를 클릭합니다.

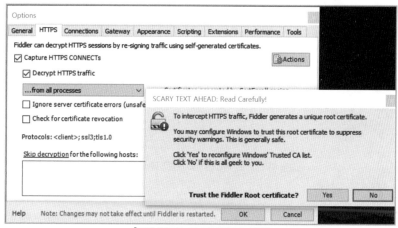

[그림 10교시-17: 피들러 SSL 세팅]

아래와 같이 보안 경고 창이 뜨면, "예" 버튼을 누릅니다.

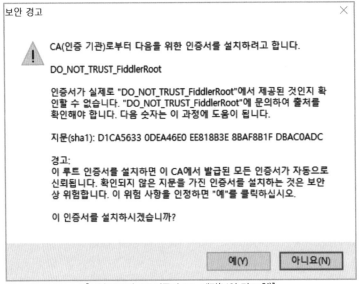

[그림 10교시-18: 피들러 SSL 세팅(보안 경고 창)]

한 번 더 묻는 창이 나옵니다. "예" 버튼을 누릅니다.

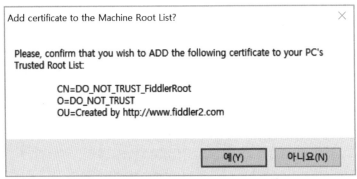

[그림 10교시-19: 피들러 SSL 세팅(인증서 확인 창)]

아래의 창이 뜨면 최종으로 "확인" 버튼을 누릅니다.

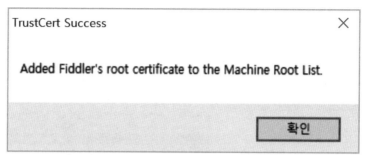

[그림 10교시-20: 피들러 SSL 세팅(추가된 인증서 확인 창)]

마지막으로 옵션 창의 HTTPS 탭 안에서 "Ignore server certificate errors (unsafe)"를 클릭합니다.

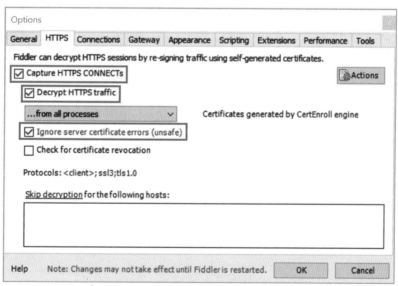

[그림 10교시-21: 피들러 SSL 세팅(에러 무시 옵션 체크)]

브라우저에서 구글 페이지에 접속해 봅니다. 이전에 HTTPS 복호화 설정을 안 했을 때에는 안 보이던 구글 페이지의 호출 내용이 다 보이게 됩니다.

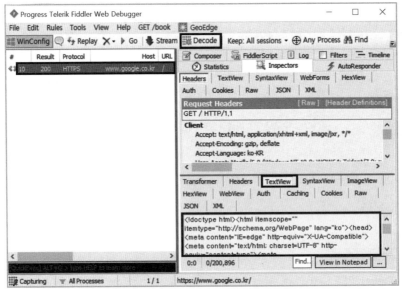

[그림 10교시-22: 피들러로 구글 페이지 확인]

🖥 참고_ [설치된 인증서 삭제하기]

설치된 테스트 인증서를 제거하는 방법입니다. 옵션 창의 "HTTPS" 탭에서 오른쪽에 있는 "Action" 버튼을 누르고, "Open Windows Certificate Manager"를 클릭합니다.

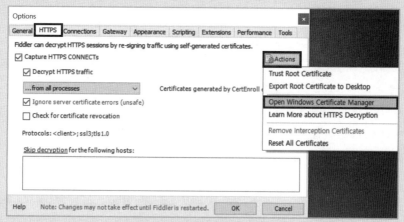

[그림 10교시-23: 인증서 관리 창 열기]

윈도우 인증서 관리자 화면이 뜨면, 왼쪽 트리에서 "신뢰할 수 있는 루트 인증 기관 〉 인증서"를 클릭한 후, 오른쪽에 있는 인증서 중 앞서 설치한 "DO_NOT_TRUST_FiddlerRoot" 인증서 두 개를 삭제합니다(선택하고 마우스 오른쪽 버튼을 누르면 "삭제" 메뉴가 나옵니다). 그렇게 하면 설치했던 인증서들이 제거되고, 대신 이제부터는 피들러가 HTTPS 트래픽은 해석하지 못하게 됩니다. 옵션의 "Decrypt HTTPS traffic" 항목도 체크 해제해 주길 바랍니다.

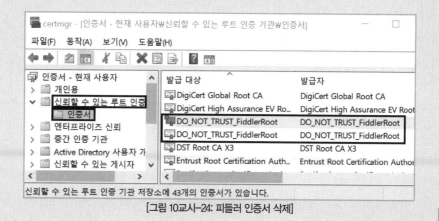

[그림 10교시-24: 피들러 인증서 삭제]

실제 WHOIS API를 피들러로 분석해 보기 전에, 피들러의 동작 원리에 대해 간단히 설명하겠습니다. 단지 사용법만 익혀 사용하는 것보다 개념을 이해하고 사용해야 기억에도 오래남고 툴을 바라보는 관점도 생기게 된다고 생각하기 때문입니다.

아래 그림과 같이 웹 브라우저는 웹 서버와 통신을 할 때 네트워크 카드를 통해서 직접 통신을 주고받습니다. 그런데 피들러 같은 웹 프록시들이 설정되면, 네트워크 카드로 HTTP 패킷을 바로 보내지 않고, 보낼 패킷들을 피들러에게 전달해 주고, 이후 피들러가 그 패킷을 네트워크 카드로 보내게 됩니다. 그렇게 함으로써 피들러는 중계하는 패킷의 내용을 중간에서 볼 수도 있고(사실 우리가 보는 피들러 화면이 바로 그 중간에 잡은 패킷 내용을 HTTP 통신 문법에 맞춰 해석한 것입니다), 보안 테스트에서 주로 사용하는 기능이긴 하지만 심지어 중간에서 패킷의 내용을 조작할 수도 있습니다.

피들러가 개발자 도구와 비슷하다고 생각하는 독자들도 있겠지만, 개발자 도구는 브라우저의 메모리 내에서 작동하는 도구이니 브라우저에 종속적이고, 피들러 같은 종류의 툴은 브라우저를 벗어나 버린 HTTP 패킷을 가로채 보여 주는 것이니 네트워크에 의존적입니다. 할 수 있는 일도, 겹치는 범위도 많지만 범위가 조금 다르긴 합니다. 상호보완적이라 생각하면 편할 듯 싶습니다.

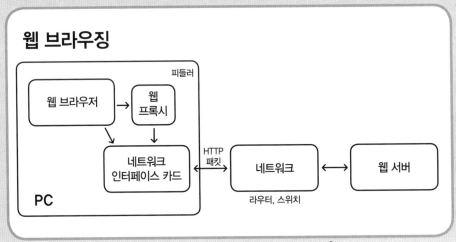

[도식 10교시-1: 웹 브라우징 안에서의 피들러의 원리]

피들러가 브라우저의 전송 내용을 중계한다는 부분을 간접적으로 확인해 보겠습니다. 앞서 보았던 피들러 옵션에서 "Connections" 탭을 클릭하면, "Fiddler listens on port : 8888"(피들러가 8888 포트에서 신호를 기다리고 있다)라는 옵션이 있습니다.

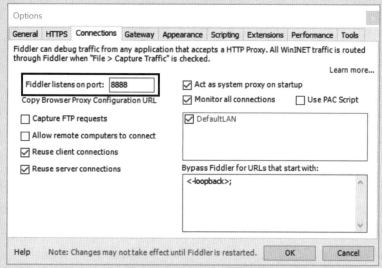

[그림 10교시-25: 피들러 연결 옵션 확인]

추가로 피들러를 실행한 상태에서, IE나 크롬 등의 "인터넷 옵션" 창의 "연결" 탭을 클릭한 후 "LAN 설정" 버튼을 눌러 "LAN 설정" 창을 띄워 보면, [그림 10교시-26]의 "프록시 서버"라는 옵션이 체크되어 있습니다(피들러를 끄면 자동으로 체크 해제되니 확인해 보길 바랍니다. 다만 자주 일어나는 일은 아니지만, 혹시 피들러를 켰다 껐는데 인터넷이 안 되는 경우, 해당 옵션이 그대로 체크되어 있어 그러는 경우도 있으니, 피들러를 사용하다 인터넷이 안 되는 경우 참고 부탁 드립니다.

체크 박스 옆의 "고급" 버튼을 누르면, "프록시 설정" 창이 뜨는데 "127.0.0.1"(현재 내 로컬 PC의 IP 주소 - localhost와 같은 개념입니다) 주소의 8888 포트를 프록시로 사용한다는 옵션이 설정되어 있습니다. 그 "127.0.0.1(내 컴퓨터)" 주소에서 8888 포트로 브라우저가 패킷을 보내 주기를 기다리는 프로그램이 바로 피들러입니다. 반대로 웹 서버에서 응답을 받을 때에도 피들러가 먼저 응답을 가로채 받은 후 브라우저에게 전달해 주게 됩니다.

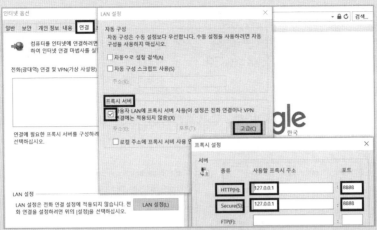

[그림 10교시-26: 브라우저 프록시 옵션 확인]

마지막 팁으로 피들러를 사용하다 보면 옵션에서 이미지 호출은 캡처하기를 무시했음에도 불구하고, 왼쪽 창에 계속 통신들이 많이 잡혀서 부산해질 수 있습니다(요즘은 페이지가 멈춰 있는 상태에서 호출하는 AJAX 통신이 많아서 페이지를 열어 놓은 상태이면 계속 요청을 날려서 호출이 잡힐 수도 있습니다). 아래의 "Edit 〉 Remove 〉 All Sessions" 메뉴를 이용해 기존 내용을 전체 삭제하거나, 호출된 리스트를 "Ctrl+A"로 모두 선택해서 "Delete" 키를 누르거나, 그냥 아래에 나온 단축키인 "Ctrl +X"를 누르거나 하는 3가지 방식으로 모두 화면을 삭제할 수 있습니다(해당 경우 지운 내용이 복구는 안 되니 참고하세요).

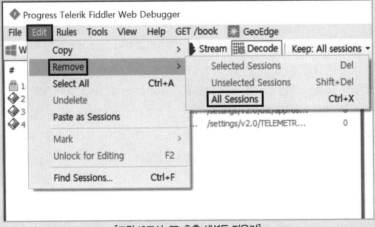

[그림 10교시-27: 호출 세션들 지우기]

그럼 웹에 대한 이런저런 얘기를 하며 조금 멀리 돌아왔지만(하지만 이제까지 한 얘기도
이전 시간들에 얘기한 프로그램의 외적 요소라는 것은 잊지 말아 주세요), WHOIS API의 결과
를 피들러로 보면 어떤 부분이 유리할지 살펴보겠습니다. 피들러를 켠 상태에서, IE
나 크롬 등에서, 아까 그 샘플 URL(발급받은 키 항목은 꼭 본인 키로 바꿔 넣어야 합니다)을
주소 창에서 실행합니다. 아래의 호출된 화면이 나오면, 왼쪽 리스트 창에서 WHOIS
API 호출한 항목을 클릭해 선택한 후, 오른쪽에서 "Inspectors" 탭을 클릭합니다.

http://whois.kisa.or.kr/openapi/whois.jsp?query=202.30.50.51&key=발급받은
키&answer=json

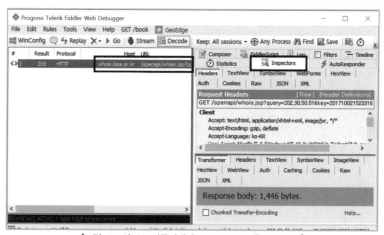

[그림 10교시-28: 피들러에서 WHOIS API 호출 결과 보기]

※ 혹시 피들러에서 결과가 잘 안 잡히면 JSON 결과가 브라우저 캐싱이 되어 있을
수 있으니, 브라우저에서 "CTRL+F5" 키를 눌러 페이지 재로딩을 하거나 아래의 "인
터넷 옵션"에서 "검색 기록 삭제"를 수행합니다.

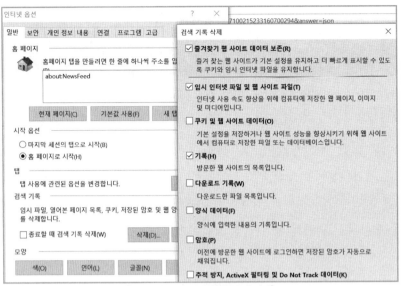

[그림 10교시-29: 브라우저 캐싱 삭제]

그리고 오른쪽 아래에 있는 JSON 탭을 클릭합니다(피들러의 오른쪽 창은 "Request-위",
"Response-아래"의 두 개의 창으로 나눠져 있는데 그 중 그림의 아래쪽 Response 창입니다). 그
럼 좀 전에 IE에서는 보기 힘들게 표시되던 JSON 결과 데이터가 아래와 같이 트리
형식으로 훨씬 더 직관적으로 보이게 됩니다("-" 기호를 클릭하면 접거나 펼칠 수가 있어서
일부를 접어 보았습니다). 저런 모양으로 표시되면 파이썬에서 파싱할 JSON 데이터를 분
석할 때 좋고, 그 중 어떤 값이 필요한지도 쉽게 파악됩니다. 뒤의 여러 내용에서 피
들러의 유용한 점을 추가로 이야기하겠지만 현재는 이와 같은 필요로 설치했다고 생
각해도 됩니다.

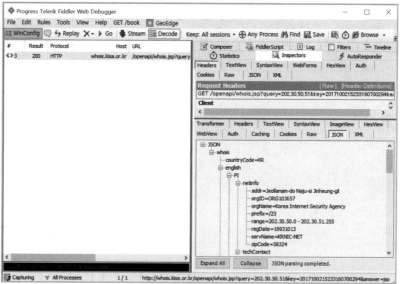

[그림 10교시-30: 피들러로 JSON 결과 값 보기]

밑의 JSON 트리를 기반으로, 예제에서 사용할 데이터를 "나라이름(CountryCode), 주소(addr), 주소범위(range), 서비스ISP(servName), 입력한 IP 주소(query)" 총 5개로 정했습니다.

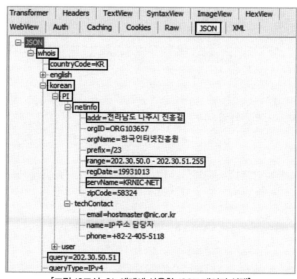

[그림 10교시-31: 예제에 사용할 JSON 데이터 선택]

이제 요리를 시작할 환경이 모두 준비되었습니다. 일단 텍스트 파일에 IP들을 줄로 구분을 하여 넣어두면, 파이썬이 해당 파일을 읽어서 IP 각각에 대해 WHOIS API를 호출해서, 결과인 JSON 데이터 안에서 앞에서 결정한 5개 항목을 가져온 후, 엑셀에 순차적으로 정리해 저장하는 프로그램을 만드려고 합니다. 도식으로 간단히 표시하면 아래와 같습니다.

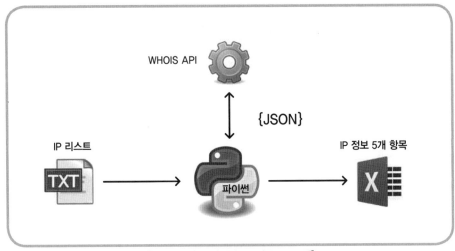

[도식 10교시-2: 파이썬으로 만들 프로그램]

다른 시간과 마찬가지로, 현재 우리가 모르는 부분이 무엇인지 생각해 봅니다.

1) IP들이 줄로 구분되어 담긴 텍스트 파일을 읽어 와서, 각 IP를 루프로 돌리는 방법을 모릅니다.
2) WHOIS API를 파이썬에서 호출하는 방법을 모릅니다(요청(Request)을 어떻게 해야 하는지).
3) JSON 응답(Response)을 받아 와서 원하는 값을 추출하는 방법을 모릅니다..

※ 엑셀 저장 부분은 7교시 부록에 함수로 이미 만들어 놓은 코드가 있으니, 가져와 적당히 변형해 쓰면 되겠습니다.

먼저 텍스트 파일을 읽어 와서 루프를 돌리는 부분을 찾아보겠습니다. 텍스트 파일을 읽어 와서 각 IP를 리스트에 담고 예전에 익힌 for 문을 이용해 돌리면 될 것 같습니다. 구글에서 "python file to list"로 검색합니다. 맨 처음 나온 아래의 스택오버플로 페이지 코드를 참조해서, 파일 내용을 리스트로 저장한 후, 루프를 돌리는 코드를 만들면 아래와 같습니다.

[How do you read a file into a list in Python? [duplicate] – stackoverflow 페이지]
https://bit.ly/2CVy5OG

with open('C:/path/numbers.txt') as f:
    lines = f.read().splitlines()
this will give you a list of values (strings) you had in your file, with newlines stripped.

```
# IP가 담긴 텍스트 파일을 열어 줄로 나눠서 리스트에 담습니다.
f = open('ip.txt', 'r')
iplist = f.read().splitlines()

# IP 별로 조회하여 엑셀에 저장합니다.
for ip in iplist:
    requestWhois(ip)
```

다음으로는 웹 페이지를 인자를 포함해 호출할 수 있는 방법을 찾아야 합니다. 일단 한 개의 호출만 정상적으로 하는 코드를 만들어 검증해 보겠습니다. 이후 그 코드를 함수로 만들어 여러 번 호출하면 될 것입니다. 구글에서 "python request"로 검색하여 아래의 페이지나 여러 다른 페이지들을 살펴보면, requests라는 모듈이 주로 쓰이는 것 같습니다. 샘플 코드도 있습니다.

[Requests: HTTP for Humans - Request 모듈 홈페이지]

https://bit.ly/1VAZCX9

Behold, the power of Requests:

⟩⟩⟩ r = requests.get('https://api.GitHub.com/user', auth=('user', 'pass'))

⟩⟩⟩r.status_code

200

⟩⟩⟩r.headers['content-type']

'application/json; charset=utf8'

⟩⟩⟩r.encoding

'utf-8'

⟩⟩⟩r.text

u'{"type":"User"...'

⟩⟩⟩r.json()

{u'private_gists': 419, u'total_private_repos': 77, ...}

아래와 같이 PIP 명령어를 입력하여 설치하면 특별한 문제 없이 정상으로 설치됩니다.

```
C:\Python\code>pip install requests
Collecting requests
… 생략
Installing collected packages: idna, certifi, urllib3, chardet, requests
Successfully installed certifi-2017.7.27.1 chardet-3.0.4 idna-2.6 requests-2.18.4
```

urllib3-1.22

호출하는 부분은 대강 해결된 것 같으니, JSON 결과를 받는 방법을 찾아보겠습니다 (결과를 받으려면 호출을 해야 해야 할테니, 두가지 코드가 함께 있을 것 같아 두 마리 토끼를 잡을 수도 있을 것 같습니다). 몇 번의 검색어 시행착오를 거쳐, "python response json"으로 검색을 한 후 맨 위에서 아래의 페이지를 얻었습니다. JSON 데이터를 받아 오는 방법과 파싱하는 방법에 대해 모두 답변을 제시하고 있습니다.

[Parsing JSON responses – stackoverflow 사이트]
https://bit.ly/2MsXA9y

You can use json.loads:

```
importjson
import requests

response = requests.get(...)
json_data = json.loads(response.text)
```

to parse a response like the one below

```
{
    one: {
        two: {
            three: "Hello, friend!",
        }
    }
}
```

```
we can do something like
ParsedValue = data['one']['two']['three']
printParsedValue
```

해당 requests 코드와 JSON 코드를 조합하여, 하나의 IP에 대해 WHOIS API를 호출하게 한 코드는 아래와 같습니다(물론 이 코드와 같이 인자를 URL에 같이 넣지 않고, 따로 분리해 넣는 방법도 있으니, 해당 부분은 앞의 Requests 문서 설명 부분을 참고하기 바랍니다). 인자를 GET이 아닌 POST 형식으로 꼭 날려야 할 경우에는 반드시 인자의 분리가 필요할 듯합니다(GET은 브라우저의 주소 창에 입력되는 인자라고 보고, POST는 HTTP 프로토콜의 바디(body) 안에 숨어 오는 인자라고 생각하면 간단합니다).

```
import json
import requests

# 요청 세션을 하나 만듭니다.
s = requests.session()

# API 를 호출합니다.
con = s.get('http://whois.kisa.or.kr/openapi/whois.jsp?query=202.30.50.51&key=
발급받은키&answer=json')

# 호출 받은 API 결과를 json 형태로 받습니다.
json_data = json.loads(con.text)

# 결과를 저장할 빈 리스트 생성합니다.
WhoIsData = []

# 피들러에서 파악했던 값들을 하나씩 추출해 리스트에 담습니다.
WhoIsData.append(json_data['whois']['query'])
```

```
WhoIsData.append(json_data['whois']['countryCode'])
WhoIsData.append(json_data['whois']['korean']['PI']['netinfo']['addr'])
WhoIsData.append(json_data['whois']['korean']['PI']['netinfo']['range'])
WhoIsData.append(json_data['whois']['korean']['PI']['netinfo']['servName'])

# 리스트를 출력 합니다.
print(WhoIsData)
```

[파이썬 소스 – whois_iptest.py]

위의 코드 내용을 복사해서 C:\python\code 디렉터리에, 파일 형식은 "모든 파일",
인코딩은 "UTF-8"로 선택하고, "whois_iptest.py"라는 이름으로 저장(저장 시 소스 내
의 '발급받은키' 부분은 자신의 키로 수정해야 합니다!)하여 실행합니다(저장하고 실행하는 부
분을 잘 모르겠으면, 2교시 때 스크린샷과 함께 자세히 설명한 부분을 참고하세요). 아래와 같이
정상적으로 WHOIS API를 호출하고, JSON 결과 값을 파싱해 잘 출력하고 있습니다.

```
C:\Python\code>python whois_iptest.py
['202.30.50.51', 'KR', '전라남도 나주시 진흥길', '202.30.50.0 - 202.30.51.255', 'KRNIC-
NET']
```

그럼 필요한 조각 코드들이 모두 만들어졌으니, 이들을 적절히 조합하면 아래와 같
이 최종 코드가 나옵니다. 엑셀 저장 부분은 거의 예전 코드 그대로이며, 전역 변수
를 하나 사용한 것만 다릅니다(전역 변수는 큰 프로그램에서 변수의 충돌에 의한 버그를 양
산할 수 있다고 해서 사용하지 말라는 얘기가 많은데, 언어에서 필요하니 만든거겠지 생각하며 필
자는 편해서 종종 사용합니다. 여기서는 엑셀의 내용을 적을 라인을 지정하느라 썼는데, 만약 엑셀
라이브러리에서 마지막 라인이 몇 번인지에 대한 정보나 관련 메서드를 지원해 준다면 전역 변수를
안 써도 무방할 듯합니다. 전역 변수 관련 논의는 아래의 링크를 참고하세요).

[전역 변수에 대해 어떻게 생각하세요? – GpgStudy 포럼]

https://bit.ly/2MsXM8M

```python
import json
import requests
from openpyxl import Workbook
from openpyxl import load_workbook
from openpyxl.compat import range


# 워크북을 하나 만듭니다.
wb = Workbook()


# 활성화된 엑셀 시트를 선택합니다.
ws = wb.active


# 엑셀 제목을 지정합니다.
ws.title = "whois ip info"


# 각 IP 의 조회 결과를 엑셀에 넣을 때 사용한 전역 변수 입니다.
row_num = 2



# 제일 위쪽의 제목 줄을 저장하는 함수 입니다.
def save_field(field_list):
    # 컬럼 초기화 값
    column_char = 'a'

    # 리스트의 내용들을 가져와서 엑셀 맨 첫 줄에 저장합니다.
    for field in field_list:
        ws[column_char + '1'] = field
        column_char = chr(ord(column_char) + 1)
```

```python
# 엑셀에 조회결과를 저장하는 함수 입니다.
def save_content(address_list):
    # 컬럼 초기화 값
    column_char = 'a'

    # 엑셀 두 번째 줄부터 IP정보를 이어서 저장하기 위해서 전역 변수를 가져옵니다.
    global row_num

    # 리스트의 내용을 가져와서 row_num 을 기준으로 저장 합니다.
    for address in address_list:
        ws[column_char + str(row_num)] = address
        column_char = chr(ord(column_char) + 1)




# IP 하나에 대해 WHOIS API 를 호출하는 함수 입니다.
def requestWhois(searchIP):
    # 엑셀 2번째 줄부터 IP정보를 이어서 저장하기 위해서 전역 변수를 가져옵니다.
    global row_num

    # 결과를 담을 배열을 초기화 합니다.
    whois_data = []

    # API 를 호출 합니다(발급받은키는 독자분의 키로 수정해야 합니다)
    con = s.get('http://whois.kisa.or.kr/openapi/whois.jsp?query=' + searchIP +
'&key=발급받은키&answer=json')
```

```python
# 호출된 결과를 json 형태로 파싱하여 가져옵니다.
json_data = json.loads(con.text)

# 각 결과 값을 리스트에 추가 합니다.
whois_data.append(json_data['whois']['query'])
whois_data.append(json_data['whois']['countryCode'])

# 각 결과 값을 배열에 저장
whois_data.append(json_data['whois']['query'])
whois_data.append(json_data['whois']['countryCode'])
whois_data.append(json_data['whois']['korean']['PI']['netinfo']['addr'])
whois_data.append(json_data['whois']['korean']['PI']['netinfo']['range'])
whois_data.append(json_data['whois']['korean']['PI']['netinfo']['servName'])

# 결과를 로그 용으로 화면에 뿌립니다.
print(whois_data)

# 엑셀에 결과를 저장합니다.
save_content(whois_data)
row_num = row_num + 1


# 엑셀 첫 째 줄에 각 필드들의  제목을 저장합니다.
excel_fields = ['IP', 'countryCode', 'addr', 'IP_range', 'servName']
save_field(excel_fields)

# IP 가 담긴 텍스트 파일을 열어 줄로 나눠서 리스트에 담습니다.
f = open('ip.txt', 'r')
iplist = f.read().splitlines()
```

```
# 텍스트 파일을 닫습니다.
f.close()

# API 를 호출할 세션을 생성합니다.
s = requests.session()

# IP 별로 조회하여 엑셀에 저장합니다.
for ip in iplist:
    requestWhois(ip)

# 파일을 실제 저장 합니다.
wb.save("ipinfo.xlsx")
```

[파이썬 소스 – whoisapi_1st.py]

09 ▸ 에러를 만나다

그런데 위의 코드를 막상 실무에서 사용하다 보면, 에러가 생기는 경우가 있습니다. 두 경우인데 외국 IP나 국내 IP 중 일부를 호출할 때 JSON 데이터 형태를 예상과 달리 주는 경우가 있어서였습니다. 해당 경우를 재연해 보겠습니다. 외국 IP를 하나 얻기 위해서 커맨드 창에서 중국 포털 사이트인 바이두(baidu) 사이트에 ping 명령어(여기서는 서버가 살아 있거나 응답 속도를 보는 명령어라고 단순하게 생각하겠습니다. 게임을 좋아하는 독자들은 게임 서버의 응답 속도를 체크하느라 사용해 본 적이 있을 것 같습니다)를 입력하면 "103.235.46.39"가 나옵니다.

c:\Python\code>ping www.baidu.com

Ping www.a.shifen.com [103.235.46.39] 32바이트 데이터 사용:

그러면 앞서 KISA 샘플 IP "202.30.50.51"와 위의 바이두 IP 두 개를 아래와 같이 두 줄로 "ip.txt"에 넣어 "c:\python\code" 폴더에 저장합니다.

> *202.30.50.51*
>
> *103.235.46.39*

앞의 코드 내용을 복사하여 c:\python\code 디렉터리에, 파일 형식은 "모든 파일", 인코딩은 "UTF-8"로 선택하고, "whoisapi_1st.py"라는 이름으로 저장(저장 시 소스 내의 '발급받은키' 부분은 자신의 키로 수정해야 합니다!)하여 실행합니다.

```
c:\Python\code>python whoisapi_1st.py
['202.30.50.51', 'KR', '전라남도 나주시 진흥길', '202.30.50.0 - 202.30.51.255', 'KRNIC-NET']
Traceback (most recent call last):
    File "whoisapi_1st.py", line 72, in <module>
        requestWhois(ip)
    File "whoisapi_1st.py", line 50, in requestWhois
        WhoIsData.append(json_data['whois']['korean']['PI']['netinfo']['addr'])
KeyError: 'korean'
```

이상한 에러가 하나 떨어집니다. "Korean"이란 키가 없다고 합니다(JSON에서는 인자를 Key라고 부르나 봅니다. 하나 배웠습니다). 분명히 처음 피들러 결과상에는 있었는데, 이상합니다. 앞의 첫 샘플 IP는 커맨드 창에 결과가 잘 뿌려졌으니 두 번째 외국 IP가 문제인가 봅니다. 프로그램상에서 디버깅해도 좋겠지만, 앞서 힘들게 설치해 놓은 피들러를 사용해 보면 좀더 간단하게 원인을 찾을 수 있습니다.

피들러로 아래의 문제 IP를 넣은 쿼리를 날려서 잡아 봅니다(키는 직접 발급받은 키로 바꾸어야 합니다).

http://whois.kisa.or.kr/openapi/whois.jsp?query=103.235.46.39&key=발급받은
키&answer=json

그러면 아래와 같이 외국 IP의 경우, 아예 "나라(CountryCode)와 IP(query)" 키밖에
데이터를 안 보내 주고 있습니다(추가로 나중에 발견한 사실이지만, 국내의 특정 IP도 ['PI']
['netinfo']['addr']가 아닌, ['ISP']['netinfo']['addr']와 같이 앞에 있는 JSON 키가 달라집니다).

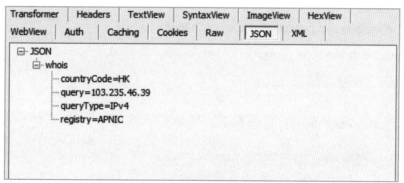

[그림 10교시-32: 피들러로 에러 IP의 JSON 데이터 확인]

급한 나머지 피해 갈 코드를 생각해 보다보니, 현재 상황상 국가와 IP는 무조건 나오
니 그대로 두고, 주소 등 뒤의 세 가지 값이 없는 경우에는 (마침 없을 때에는 모두 한꺼
번에 없으니) 에러를 내지 않고 그냥 넘어가게 하면 어떨까 싶습니다. 그래서 에러가 날
경우도 계속 진행되게 하기 위해서, 구글에 "python error pass"로 검색을 합니다. 첫
번째 스택오버플로 페이지에서 이런 방식은 다른 모든 종류의 에러도 하나로 묶어서
패스시키기 때문에 나쁘다고 합니다. 이 말이 이해는 되지만 상황이 급하니 상세적인
에러 코드를 구분하지 않고 일단 사용해 보았습니다.

[Why is "except: pass" a bad programming practice? – stackoverflow 사이트]
https://bit.ly/2N6GRO9

I often see comments on other Stack Overflow questions about how the use of except: pass is discouraged. Why is this bad? Sometimes I just don't care what the errors, are and I want to just continue with the code.

try:

   something

except:

   pass

First, it violates two principles of Zen of Python:

- *Explicit is better than implicit*
- *Errors should never pass silently*

```
try:
    whois_data.append(json_data['whois']['korean']['PI']['netinfo']['addr'])
    whois_data.append(json_data['whois']['korean']['PI']['netinfo']['range'])
    whois_data.append(json_data['whois']['korean']['PI']['netinfo']['servName'])
except:
    pass
```

아래와 같이 try, except, pass를 사용한 예외 처리 코드로 수정한 소스입니다.

```
import json
import requests
from openpyxl import Workbook
from openpyxl import load_workbook
from openpyxl.compat import range

# 워크북을 하나 만듭니다.
wb = Workbook()
```

```python
# 활성화된 엑셀 시트를 선택합니다.
ws = wb.active

# 엑셀 제목을 지정합니다.
ws.title = "whois ip info"

# 각 IP 의 조회 결과를 엑셀에 넣을 때 사용한 전역 변수 입니다.
row_num = 2


# 제일 위쪽의 제목 줄을 저장하는 함수 입니다.
def save_field(field_list):
    # 컬럼 초기화 값
    column_char = 'a'

    # 리스트의 내용들을 가져와서 엑셀 맨 첫 줄에 저장합니다.
    for field in field_list:
        ws[column_char + '1'] = field
        column_char = chr(ord(column_char) + 1)


# 엑셀에 조회결과를 저장하는 함수 입니다.
def save_content(address_list):
    # 컬럼 초기화 값
    column_char = 'a'

    # 엑셀 두 번째 줄부터 IP정보를 이어서 저장하기 위해서 전역 변수를 가져옵니다.
    global row_num

    # 리스트의 내용을 가져와서 row_num 을 기준으로 저장 합니다.
    for address in address_list:
```

```python
        ws[column_char + str(row_num)] = address
        column_char = chr(ord(column_char) + 1)




# IP 하나에 대해 WHOIS API 를 호출하는 함수 입니다.
def requestWhois(searchIP):
    # 엑셀 2번째 줄부터 IP 정보를 이어서 저장하기 위해서 전역 변수를 가져옵니다.
    global row_num

    # 결과를 담을 배열을 초기화 합니다.
    whois_data = []

    # API 를 호출 합니다(발급받은키는 독자분의 키로 수정해야 합니다)
    con = s.get('http://whois.kisa.or.kr/openapi/whois.jsp?query=' + searchIP +
'&key=발급받은키&answer=json')

    # 호출된 결과를 json 형태로 파싱하여 가져옵니다.
    json_data = json.loads(con.text)

    # 각 결과 값을 리스트에 추가 합니다.
    whois_data.append(json_data['whois']['query'])
    whois_data.append(json_data['whois']['countryCode'])

    # 해당 값들이 없어 에러처리가 나면 무시 합니다.
    try:
        whois_data.append(json_data['whois']['korean']['PI']['netinfo']['addr'])
        whois_data.append(json_data['whois']['korean']['PI']['netinfo']['range'])
        whois_data.append(json_data['whois']['korean']['PI']['netinfo']['servName'])
```

```python
    except:
        pass

    # 해당 값들이 없어 에러 처리가 나면 무시 합니다.
    try:
        whois_data.append(json_data['whois']['korean']['ISP']['netinfo']['addr'])
        whois_data.append(json_data['whois']['korean']['ISP']['netinfo']['range'])
        whois_data.append(json_data['whois']['korean']['ISP']['netinfo']['servName'])
    except:
        pass

    # 결과를 로그 용으로 화면에 뿌립니다.
    print(whois_data)

    # 엑셀에 결과를 저장합니다.
    save_content(whois_data)
    row_num = row_num + 1


# 엑셀 첫 째 줄에 각 필드들의 제목을 저장합니다.
excel_fields = ['IP', 'countryCode', 'addr', 'IP_range', 'servName']
save_field(excel_fields)

# IP 가 담긴 텍스트 파일을 열어 줄로 나눠서 리스트에 담습니다.
f = open('ip.txt', 'r')
iplist = f.read().splitlines()

# 텍스트 파일을 닫습니다.
f.close()

# API 를 호출할 세션을 생성합니다.
```

```
s = requests.session()

# IP 별로 조회하여 엑셀에 저장합니다.
for ip in iplist:
  requestWhois(ip)

# 파일을 실제 저장 합니다.
wb.save("ipinfo.xlsx")
```

[파이썬 소스 - whoisapi_2nd.py]

위의 코드 내용을 복사해서 C:\python\code 디렉터리에, 파일 형식은 "모든 파일",
인코딩은 "UTF-8"로 선택하고, "whoisapi_2nd.py"라는 이름으로 저장(저장 시 소스
내의 '발급받은키' 부분은 자신의 키로 수정해야 합니다!)하여 실행합니다.

C:\Python\code>python whoisapi_2nd.py
['202.30.50.51', 'KR', '서울특별시 송파구 중대로', '202.30.50.0 - 202.30.51.255', 'KRNIC-
NET']
['103.235.46.39', 'HK']

10 > 임시 예외 처리 코드 없애기

이렇게 마무리하면, 왠지 불완전한 땜빵 코드를 안내하고 마치는 것 같은 무거운 마
음이 들어서(사실 위의 request 세션 같은 경우도 마지막에 세션을 닫아야 할 것 같은 생각은
들지만 그런 부분은 무시하겠습니다), JSON 결과의 키 값이 없을 때 예외 처리하는 방법
을 구글에서 찾아보겠습니다. 여러 번의 검색어 시행착오를 거쳐서 "python json key

exist"로 검색해 맨 처음에 나오는 아래의 스택오버플로 페이지를 찾습니다. 기대한 바와 달리 하위에 특정 값이 없음을 바로 체크할 수는 없고, 조금 불편하지만 계단식으로 한 단계씩 차례로 체크해야 하는 것 같습니다.

예를 들면 "json_data['whois']['korean']['PI']['netinfo']['addr']"라는 JSON 데이터가 있다면 "'addr' in json_data['whois']"처럼 트리 단계를 점프해서 찾을 순 없습니다. 좀 답답해 보이긴 하지만, 디렉터리처럼 "whois"가 있는지 체크하고, 그 다음에 "Korean"을 체크하고, 그 다음에 … 하여 마지막으로 "addr"을 체크해야 하는 방식입니다.

[Check if key exists and iterate the JSON array using Python – stackoverflow 사이트]
https://bit.ly/2x4zX1S

```
import json
jsonData = """{"from": {"id": "8", "name": "Mary Pinter"}, "message": "How
ARE you?", "comments": {"count": 0}, "updated_time": "2012-05-01", "created_
time": "2012-05-01", "to": {"data": [{"id": "1543", "name": "Honey Pinter"}]},
"type": "status", "id": "id_7"}"""
def getTargetIds(jsonData):
    data = json.loads(jsonData)
    if 'to' not in data:
        raise ValueError("No target in given data")
    if 'data' not in data['to']:
        raise ValueError("No data for target")

    for dest in data['to']['data']:
        if 'id' not in dest:
```

```
        continue
    targetId = dest['id']
    print("to_id:", targetId)
```

해당 에러 처리 코드를 맞춰서 구성하면 아래와 같습니다.

```
# json 인자가 있는지 체크하는 식으로 에러처리를 바꿉니다
if 'korean' in json_data['whois']:
    if 'PI' in json_data['whois']['korean']:
        whois_data.append(json_data['whois']['korean']['PI']['netinfo']['addr'])
        whois_data.append(json_data['whois']['korean']['PI']['netinfo']['range'])
        whois_data.append(json_data['whois']['korean']['PI']['netinfo']['servName'])
    elif 'ISP' in json_data['whois']['korean']:
        whois_data.append(json_data['whois']['korean']['ISP']['netinfo']['addr'])
        whois_data.append(json_data['whois']['korean']['ISP']['netinfo']['range'])
```

최종 코드는 아래와 같습니다(이 에러 처리 방식도 마음에 안 든다면 필자의 능력 탓입니다).

```
import json
import requests
from openpyxl import Workbook
from openpyxl import load_workbook
from openpyxl.compat import range

# 워크북을 하나 만듭니다.
wb = Workbook()

# 활성화된 엑셀 시트를 선택합니다.
ws = wb.active
```

```python
# 엑셀 제목을 지정합니다.
ws.title = "whois ip info"

# 각 IP 의 조회 결과를 엑셀에 넣을 때 사용한 전역 변수 입니다.
row_num = 2


# 제일 위쪽의 제목 줄을 저장하는 함수 입니다.
def save_field(field_list):
    # 컬럼 초기화 값
    column_char = 'a'

    # 리스트의 내용들을 가져와서 엑셀 맨 첫 줄에 저장합니다.
    for field in field_list:
        ws[column_char + '1'] = field
        column_char = chr(ord(column_char) + 1)


# 엑셀에 조회결과를 저장하는 함수 입니다.
def save_content(address_list):
    # 컬럼 초기화 값
    column_char = 'a'

    # 엑셀 두 번째 줄부터 IP정보를 이어서 저장하기 위해서 전역 변수를 가져옵니다.
    global row_num

    # 리스트의 내용을 가져와서 row_num 을 기준으로 저장 합니다.
    for address in address_list:
        ws[column_char + str(row_num)] = address
        column_char = chr(ord(column_char) + 1)
```

```
# IP 하나에 대해 WHOIS API 를 호출하는 함수 입니다.
def requestWhois(searchIP):
    # 엑셀 2번째 줄부터 IP정보를 이어서 저장하기 위해서 전역 변수를 가져옵니다.
    global row_num

    # 결과를 담을 배열을 초기화 합니다.
    whois_data = []

    # API 를 호출 합니다(발급받은키는 독자분의 키로 수정해야 합니다)
    con = s.get('http://whois.kisa.or.kr/openapi/whois.jsp?query=' + searchIP +
'&key=발급받은키&answer=json')

    # 호출된 결과를 json 형태로 파싱하여 가져옵니다.
    json_data = json.loads(con.text)

    # 각 결과 값을 리스트에 추가 합니다.
    whois_data.append(json_data['whois']['query'])
    whois_data.append(json_data['whois']['countryCode'])

    # json 인자가 있는지 체크하는 식으로 에러처리 바꿈
    if 'korean' in json_data['whois']:
        if 'PI' in json_data['whois']['korean']:
            whois_data.append(json_data['whois']['korean']['PI']['netinfo']['addr'])
            whois_data.append(json_data['whois']['korean']['PI']['netinfo']['range'])
            whois_data.append(json_data['whois']['korean']['PI']['netinfo']['servName'])
        elif 'ISP' in json_data['whois']['korean']:
```

```python
        whois_data.append(json_data['whois']['korean']['ISP']['netinfo']['addr'])
        whois_data.append(json_data['whois']['korean']['ISP']['netinfo']['range'])

    # 결과를 로그 용으로 화면에 뿌립니다.
    print(whois_data)

    # 엑셀에 결과를 저장합니다.
    save_content(whois_data)
    row_num = row_num + 1


# 엑셀 첫 째 줄에 각 필드들의  제목을 저장합니다.
excel_fields = ['IP', 'countryCode', 'addr', 'IP_range', 'servName']
save_field(excel_fields)

# IP 가 담긴 텍스트 파일을 열어 줄로 나눠서 리스트에 담습니다.
f = open('ip.txt', 'r')
iplist = f.read().splitlines()

# 텍스트 파일을 닫습니다.
f.close()

# API 를 호출할 세션을 생성합니다.
s = requests.session()

# IP 별로 조회하여 엑셀에 저장합니다.
for ip in iplist:
  requestWhois(ip)

# 파일을 실제 저장 합니다.
wb.save("ipinfo.xlsx")
```

[파이썬 소스 – whoisapi_3rd.py]

최종 코드 내용을 복사해서 C:\python\code 디렉터리에, 파일 형식은 "모든 파일", 인코딩은 "UTF-8"로 선택하고, "whoisapi_3rd.py"라는 이름으로 저장(저장 시 소스 내의 '발급받은키' 부분은 자신의 키로 수정해야 합니다!)하여 실행합니다.

```
C:\Python\code>python whoisapi_3rd.py
['202.30.50.51', 'KR', '전라남도 나주시 진흥길', '202.30.50.0 - 202.30.51.255', 'KRNIC-NET']
['103.235.46.39', 'HK']
```

해당 폴더에 생성된 ipinfo.xlsx 파일도 확인해 보면 잘 저장되어 있습니다.

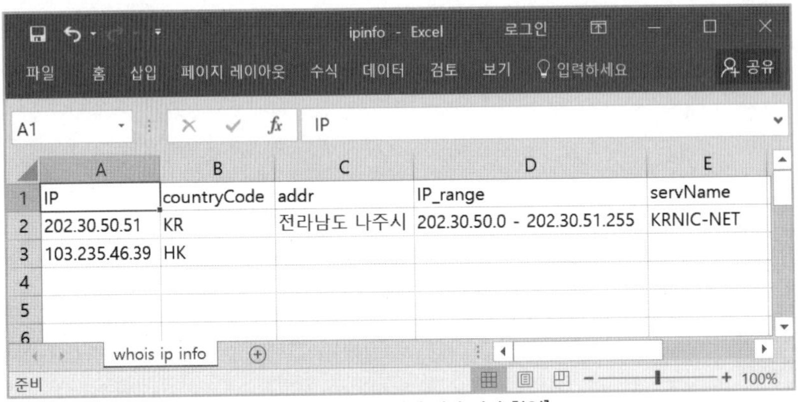

[그림 10교시-33: 엑셀 저장 결과 확인]

피들러 때문에 설명이 조금 길었던(하지만 꼭 한번 소개하고 싶었던) 10교시를 마치고, 다음 시간에는 웹 크롤링에 대해 몇 가지 생각해 볼 주제를 Beautiful Soap과 정규표현식, 이번 시간 예제와 연결해서 진행해 볼 예정입니다. 크롤링부터는 슬슬 자동화 영역에 발을 들이는 기분이 듭니다. 피들러는 구글을 찾아보면 자료가 많으니(다만 사이트마다 올리는 사람의 이용 분야에 따라 설명 포커스가 조금 다른 것 같습니다), 참고해서 꼭 다양하게 사용해 보길 바랍니다. 피들러 홈페이지의 사용 설명을 천천히 참조해 읽으면 더욱 좋습니다. 개인적으로는 웹 세계의 "스위스 아미 나이프"라고 평가하고 있습니다.

미니 문법 — 전역 변수, 파일 읽기, 파일 쓰기, JSON, JSON 읽어 오기, 예외 처리, with 구문

1. 전역 변수

이 시간의 엑셀에 쓰기 함수에서는 전역(Global) 변수를 사용하는 "global" 선언을 사용했습니다. 전역 변수라는 말이 굳이 의미 있는 이유는, 일반적으로 프로그램에서 사용하는 변수가 지역 변수로 간주되기 때문입니다. 결국 지역 변수이든 전역 변수이든 영역이 나눠져 있다는 얘기가 되는데, 프로그램에서 독립된 함수, 클래스 등은 서로 독립된 변수 공간을 가지고 있기 때문입니다.

예를 들어 프로그램의 처음에 정의된 a라는 변수와, 함수 안에 정의된 a라는 변수는 이름은 같아도 서로 다른 메모리 공간에 쓰여져 있는 변수이기 때문에, 서로 값을 따로 관리합니다. 더 나아가 하나는 일반 문자열이고, 다른 하나는 배열인 다른 형태일 수도 있습니다. 그럼 간단하게 함수의 바깥에 a라는 변수를 선언하고, 해당 변수를 함수 안에서 하나는 지역 변수 선언 없이, 하나는 전역(Global) 변수로, 하나는 일반적인 지역(Local) 변수로 선언하여 프린트해 보겠습니다. 실제 프린트해 보면, 지역 변수를 선언하지 않거나, global로 선언한 경우에는 전역 변수를 사용하고, 지역 변수를 선언하면 지역 변수를 사용하게 됩니다.

```
# 정의 없이 사용합니다.
def print_global():
    print(a)


# global 로 정의해 사용합니다.
def print_global2():
    global a
    print(a)
```

```
# 함수안에 같은 이름의 변수를 만듭니다.
def print_local():
    a = "local a"
    print(a)

# 글로벌 변수로 간주 될 변수 입니다.
a = "global a"

print_global()
print_global2()
print_local()
```

[파이썬 소스 – global_variable.py]

c:\Python\code>**python global_variable.py**

global a

global a

local a

전역 변수의 좀 더 자세한 내용을 보고 싶다면, 구글에 "python global variable"로 검색하여 아래와 같은 글을 참고하기 바랍니다.

[Global and Local Variables in Python – GeeksforGeeks 사이트]
https://bit.ly/2O9jbp6

2. 파일 읽기와 쓰기

엑셀 같은 객체들도 마찬가지지만 파일을 읽고 쓰는 데는 보통 셋 정도의 단계를 거칩니다. 첫 번째는 파일을 열어(Open) 파일에 대한 핸들(윈도우에서 해당 파일을 가리키는 고유 번호로 자동차의 핸들을 생각하면 됩니다. 핸들을 잡아야 운전이 가능하니까요)을 얻어야 하고, 두 번째는 해당 핸들을 기반으로 파일을 실제 읽거나 쓰는 작업을 프로그램에서 한 후, 마지막으로 파일을 닫습니다. 파일을 열 때 파일을 "읽기(a), 쓰기(w), 추가하기(a)" 등의 모드로 정해서 열 수 있고, 파일은 텍스트 파일과 바이너리 파일(실행 파일이나 그림 파일 등)로 나눠지기 때문에 텍스트로 열려는지(t), 바이너리로 열려는지(b)를 결정하는 옵션도 있습니다. 이 책에서는 텍스트로만 열기 때문에 특별히 해당 옵션을 사용하지 않습니다. 읽기 모드로 가져온 경우에는 다른 프로그램에서 해당 파일을 언제든지 수정할 수 있다는 장점도 있습니다만, 임의로 파일 내용이 외부에서 바뀌어질수도 있는 단점도 동시에 있습니다.

텍스트를 읽어 오는 경우에도 여러 가지 방법이 있습니다. 무조건 한 라인만 읽어 오는 readline 명령어, 여러 라인을 가져와서 for 문을 이용해 사용하게 하는 readlines 명령어, 주로 해당 소스 전체에서 뭔가를 찾기 위해서나 바이너리 파일을 읽을 때 쓰기 위해 줄 구분 없이 파일 전체 내용을 끝까지 한꺼번에 가져오는 read 명령어가 있습니다.

WHOIS API 예제에서는 read( ).splitlines( )를 이용해서 readlines처럼 코드가 작동하게 했는데, readlines를 이용해서 같은 기능을 구현한 코드가 다음과 같습니다 (이 시간에 만든 ip.txt 파일이 같은 폴더에 있다고 가정합니다).

```python
f = open('ip.txt', 'r')
iplist = f.readlines()

for ip in iplist:
    print(ip)
f.close()
```

[파이썬 소스 – file_readlines.py]

202.30.50.51

103.235.46.39

파일 쓰기는 일반적으로 쓰기(w) 모드로 읽어서 사용하년 됩니다. 로깅 등의 이유로 계속 내용이 연결될 필요가 있을 경우에는 추가하기(a) 모드로 열면 됩니다. 간단한 예제를 보면 아래와 같습니다.

```
f = open('write.txt', 'w')
f.write('hello')
f.close()
print('write done')
```

[파이썬 소스 – file_write.py]

c:\Python\code>python **file_write.py**

write done

위의 기본적인 읽기, 쓰기에 프로그램 로직이 결합되면 특정한 파일을 기준으로 이런 저런 작업을 하는 프로그램이 만들어지게 됩니다.

3. JSON

JSON(JavaScript Object Notation)이라는 이름만 보면 자바스크립트의 Ajax 같은 부분에서 사용하려고 만든 듯한데, 왜 이렇게 데이터 교환 시 인기가 많을까요? 개인적으로 유추해 보았을 때, JSON 전에 많이 사용하던 XML에 비해 문법이 더 간략해 보이고, 해당 구조 자체가 언어들에서 많이 쓰이는 리스트와 딕셔너리 구조와 유사하기 때문입니다.

JSON의 대표적인 구조 형태는 아래와 같습니다. 모양을 보면 하나는 파이썬의 리스트, 하나는 딕셔너리 구조와 유사합니다. 다만 여기서는 이상적인 예제를 들었고, 실제 JSON 데이터들의 내부 내용은 여러 가지가 섞여서 더 복잡할 수도 있습니다.

```
["cat", "dog", "pig" ]


{
"cat":3,
"dog":10,
"pig":2
}
```

그러면 파이썬이나 다른 언어 쪽에서 해당 JSON 데이터를 쌍방으로 변환해 주는 라이브러리만 제공해 준다면 자유롭게 JSON 데이터와 프로그램 데이터형 사이를 전환할 수 있게 됩니다. 원격의 다른 프로그램으로 전달해 줄 때에는 리스트나 딕셔너리 개체를 JSON 데이터 형태로 만들어(시리얼라이즈(serialize)) 보내고, 받은 쪽에서는 다시 JSON 데이터를 리스트나, 딕셔너리 개체로 만들어(디시리얼라이즈(deserialize)) 받는 구조입니다.

4. JSON 읽어 오기(Load)

위의 얘기를 기반으로 이어가면, JSON 형태의 데이터를 파이썬으로 읽어 올 때 보통 json.loads 메서드를 이용합니다. 앞에서 JSON은 딕셔너리 형태가 될 수도, 리스트 형태가 될 수도 있다고 얘기했으니, 이를 증명해 보겠습니다. 다음 코드를 보면 json.loads 함수 사용 시 딕셔너리 형태로 구성된 JSON 데이터는 딕셔너리로, 리스트 형태의 JSON 데이터는 리스트로 데이터가 만들어집니다. 각각의 데이터형을 출력해서 확인해 보았습니다.

```python
import json

# 딕셔너리 형태의 JSON 데이터를 읽어옵니다.
my_json = '{"cat": 3, "dog": 10, "pig": 2}'
to_dictionary = json.loads(my_json)

# 리스트 형태의 JSON 데이터를 읽어옵니다.
my_json2 = '["cat", "dog", "pig"]'
to_list = json.loads(my_json2)

# 변수 타입과 내용 출력합니다.
print(type(to_dictionary))
print(to_dictionary['cat'])

# 변수 타입과 내용 출력합니다.
print(type(to_list))
print(to_list[0])
```

[파이썬 소스 – json_loads.py]

c:\Python\code>**python json_loads.py**

<class 'dict'>

3

<class 'list'>

cat

이번엔 반대로, 데이터를 JSON으로 변경했을 때 어떤 타입이 되는지 보겠습니다. 특정한 리스트의 내용을 json.dump를 이용해서 시리얼라이즈합니다. 보시면 원래는 프로그램 데이터 형태인 리스트를 API 등으로 전송할 때 사용할 수 있도록 문자열(str - string) 형태의 JSON 데이터로 만들어 줍니다.

```
import json

# 리스트 데이터를 JSON 데이터로 변환합니다.
my_list = ["cat", "dog", "pig"]
to_json = json.dumps(my_list)

# 변수 타입과 내용 출력합니다.
print(type(to_json))
print(to_json)
```

[파이썬 소스 – json_dumps.py]

c:\Python\code>**python json_dumps.py**

<class 'str'>

["cat", "dog", "pig"]

JSON에 대해 좀 더 자세히 알고 싶다면(뒤에서 계속 보겠지만, 해당 부분에 대해 잘 알고 있다면, 어떤 언어를 사용하든 웹에서의 데이터 교환 시 배경지식 측면에서 유리하게 됩니다), 아래와 같은 사이트에서 시작하여 링크들을 검색하거나, 관련 책을 보는 것이 좋을 것 같습니다.

[JSON 개요 – JSON 공식 페이지]

http://www.json.org/json-ko.html

5. 예외 처리

예외 처리(Exception Handling)는 사실 기본적으로 프로그램이 잘 동작하게 하는 데에는 별 의미가 없습니다. 우호적인 환경이라면 만들어진 프로그램이 항상 정상적으로 돌아가야 하지만, 불행하게도 프로그램은 윈도우 같은 OS 환경하에서 다른 프로그램들과 같이 리소스들을 공유하며 돌아갑니다. 따라서 프로그램이 쓰려는 파일을 다른 프로그램이 쓰고 있다거나, 시스템의 메모리나 디스크가 전부 바닥 났다거나 할 수 있는 상황에 따른 예외들이 있을 수 있습니다. 또는 앞의 Whois API JSON 데이터처럼 예상 못한 값이 들어올 수도 있습니다.

예외 처리는 그러한 경우 적절한 예외 패턴을 인지해서, 명시적으로 에러를 내며 프로그램이 우아하게 종료되거나, 해당 부분을 회피하여 적절한 다른 방식으로 동작할 수 있도록 만들어 주는 것으로, 사실상 단순한 프로그램 구현 이상의 영역이라고 생각합니다. 그래서 여기서는 예외 처리로 할 수 있는 행동들이 무엇인지만 잠시 살펴보겠습니다.

기본적으로 예외 처리는 네 가지 액션으로 구성되어 있습니다. 시도해 보고(try), 특정 예외 처리하고(except), 그래도 놓친 예외를 모아 처리하고(else), 마지막으로 나가면서 수행한다(finally). 각 구문 단계 안에서는 이번 시간에 사용한 그냥 무시하고 넘어가는(pass) 방법, 명시적으로 에러를 일으키는(raise) 방법, 실제 특정 예외 처리를 하는 다른 코드를 넣는 방법이 있습니다.

간단히 존재하지 않는 파일 이름을 읽다가 에러가 나면 무시하고, 메시지 출력 후 끝내는 프로그램을 찾아보겠습니다. 해당 예외 처리가 없다면 원래 파이썬의 일반적인 에러 문이 나와야 하는데, 사용자가 지정한 에러 메시지를 보이고 우아하게 종료됩니다.

```
try:
    f = open('noname.txt', 'r')
except OSError:
    pass
finally:
    print('cannot open the file')
```

[파이썬 소스 – except_sample.py]

```
C:\Python\code>python except_sample.py
```

cannot open the file

6. With 구문

파일 등을 연 후에는 작업이 완료된 후 닫아야 다른 프로그램이 원활하게 해당 파일을 사용하게 되는데, with 구문은 이 부분을 f.close( ) 함수를 명시적으로 호출하지 않고도 자동으로 정리해 주는(clean-up) 방식입니다. 자동으로 미사용 메모리를 정리해 주는 가비지 컬렉터의 사촌 쯤으로 봐도 될 것 같습니다.

```python
with open('write.txt', 'w') as f:
    f.write('hello')
print('write done')
```

[파이썬 소스 – with_sample.py]

```
c:\Python\code>python with_sample.py
```

write done

∘11교시∘

웹 페이지 파싱
with
Beautiful Soup

이 시간에는 HTML을 쉽게 파싱(parsing)할 수 있는 Beautiful Soup이라는 모듈의 사용 방법을 예제를 통해 살펴보려 합니다. 그런 후, 지난 시간에 API를 사용해 호출했던 WHOIS 사이트를 웹 호출을 통해 결과를 받아 파싱하여 결과를 얻는 부분을 간단히 시연하면서 파싱을 할 때 생길 수 있는 현실적인 이슈들에 대해 얘기하려 합니다. 크롤링이라고 부르기엔 사용하는 라이브러리도 크롤링 전문 라이브러리가 아니고, 좀 조촐한 범위라서 파싱이라고 주제를 정했습니다.

01 들어가면서

먼저 파싱이란 어떤 작업일까요? 원래 언어학에서 나온 용어로, 간단히 얘기하면 문장의 구조를 분석해서, 원하는 문법 요소를 뽑아 구조를 체계화하는 것이라고 할 수 있습니다. 우리가 모국어는 익숙해서 별 생각 없이 읽지만, 영어나 낯선 언어로 이루어진 문장을 처음 볼 때에는 하나하나 뜯어 보는 것처럼 말입니다. 그럼 체계화를 하면 무엇이 좋아질까요? 특히 컴퓨터 분야에서는 주어진 문구들을 체계화하고 나면 해당 문법 요소에 따라 원하는 내용을 추출할 수 있게 됩니다. 잘 모르는 분야지만, 자동 번역이나 음성 인식 등에서도 그렇게 문장 요소를 분류하여 의미 있는 단위들을 뽑아내는 게 가장 먼저 하는 작업일 것 같습니다.

[구문 분석 - 위키백과]

https://bit.ly/2pcyJNO

그럼, HTML을 파싱하려면 어떻게 해야 할까요? 만약 Beautiful Soup 같은 파서가 없다면, 아마 정규표현식 같은 방법을 별 수 없이 사용해야 할 것입니다. 그렇게 하려면, 우선 HTML이 어떤 문법 요소를 가지고 있는지를 이해해야 합니다. 어떤 태그들을 가지고 있고, 어떤 속성들을 가지고 있으며, 각 태그와 속성의 위치, 상대적 관계, 문서에서의 역할 등에 대해서 이해해야 합니다. 그래야 HTML 문서 안에 있는 어떤 필요한 정보 값에 대해서, 그러한 외부 요소들의 관계를 이용해서 원하는 정보를 지정해서 가져올 수 있습니다.

이 부분은 Beautiful Soup 같은 특화된 파서를 이용한다고 해도 마찬가지입니다. 기본적으로 HTML 구조에 대한 지식이 있어야 브라우저의 개발자 도구 같은 유틸리티들을 이용해 살펴보면서 페이지도 분석하고, 원하는 값을 가져오는 코드도 만들 수 있습니다. 결국 이전 시간들에 얘기했던 대로 프로그램의 외적 요소를 사용하기 쉽게 해주는 모듈은 많지만, 모듈을 잘 사용하기 위해서는 해당 모듈이 다루는 외적 요소에 대해서 포괄적으로 이해하는 것이 필요합니다.

HTML 공부에 대해서는 아래 링크의 w3school 같은 사이트에서 항목들을 하나씩 살펴보거나, 〈헤드 퍼스트 HTML(Head First HTML)〉과 같이 개념을 쉽게 설명해 주는 책을 한 권 정도 보면 해당 모듈을 사용하는 기본 소양은 갖추게 된다고 볼 수 있습니다. 그 다음에는 실제로 다양한 여러 웹 페이지를 분석해 살펴보거나 만들어 보는 것이 최선의 방법입니다(특히 만들면서 생각한 대로 구현되지 않아서 헤매다 보면, 좀 더 깊이 이해되고 잘 잊혀지지 않게 됩니다).

많이 경험할수록, 모르면 10분이 걸릴 페이지 분석이 1분 만에 끝날 수도 있으며, 이 지식은 비슷한 주제와 형태라면 앞으로 만날 어떤 언어, 어떤 모듈에도 마찬가지로 적용할 수 있습니다. 또한 XML과 같이 비슷하지만 좀더 엄격한 언어를 공부하거나, 자바스크립트와 같이 웹의 이런저런 요소들에 모두 문어발 같은 관계를 가지는 언어를 배울 때 허들을 낮춰 줍니다.

[w3school 사이트]
https://bit.ly/2mfAg6g

02 > Beautiful Soup

그러면 Beautiful Soup에 대해서 어떻게 접근하는 것이 좋을지 간단한 브리핑과 샘플을 실행해 보겠습니다. 먼저 "soup"이란 영어 단어의 뜻대로 "스프"는 아니고 "soap"이란 단어의 패러디 같습니다. 확실하게는 모르겠지만 "soap"은 HTTP 프로토콜을 이용해서 원격에 있는 서비스를 호출하여 사용하는 규격입니다. 전송을 위한 데이터는 XML이나 그 사촌 정도인 HTML 형태가 사용됩니다. 그래서 이 모듈을 만든 사람은 HTML이나 XML을 아름답게 잘 파싱하여 원하는 결과를 만들 수 있다고 해서 이러한 이름을 붙이지 않았을까 추측합니다.

여기서는 순수 웹과 연관된 HTML 쪽만 살펴보겠습니다. 다만 책의 특성상 전문적으로 깊이 들어가지는 않으니 전체적인 이야기의 맥락만 이해하고, 위에 얘기한 책이나 여러 웹 자료들에서 자세한 내용을 살펴보길 바랍니다. 18~20교시에서도 웹에 대한 이런저런 얘기를 할 예정이니 해당 부분을 참고하세요.

[SOAP – 위키백과 사이트]

https://bit.ly/2NTEcHy

HTML이란 "Hypertext Markup Language"의 약자입니다. 이것은 링크를 가지고 있는, 태그로 구성된 언어라는 의미입니다. 그럼 HTML의 문법 요소는 무엇일까요? 크게 엘리먼트(Element=tag), 속성(Attribute=id, class, name, width, …)으로 나눌 수 있습니다. 엘리먼트는 HTML에 정의된 모든 태그를 의미하고, 속성은 여러 가지가 있는데 태그 안에 들어간 여러 가지 요소(id, class, name, height, width)를 이용하여 태그의 고유한 구별성(identity)이나 화면 표시 방법을 나타낸다고 보면 됩니다.

처음 HTML을 사용하다 보면 id, class, name이 조금 헷갈립니다(하지만 보통 자바스크립트나 웹 프로그래밍, CSS를 공부할 때에야 비로소 고민되긴 합니다). "id"는 고유의 태그를 표시하는 용도로 사용해서 같은 p 태그라도 id="myp"같이 지정하면 특정한 id를 가진 고유한 p 태그가 되는 것입니다(《어린왕자》의 별에 있는 장미와 비슷하다고 할까요?).

표준 상으로는 한 페이지 안에서 중복되는 경우 자바스크립트 등에서 접근 시 에러가 난다고는 하는데(확인은 안 해봤습니다), HTML의 경우에는 중복되더라도 HTML의 관대한 특성상 페이지에서 당장 에러가 나는 경우는 없습니다(Beautiful Soup에서도 id로 지정하여 값을 가져올 때 중복되어도 에러가 안 나고 그냥 다른 속성처럼 취급해 결과로 모두 가져옵니다). 이러한 값들은 나중에 Beautiful Soup이나 자바스크립트, CSS, 나아가 셀레늄(Selenium) 같은 여러 가지 웹자동화 라이브러리에서도 마찬가지로 사용하게 됩니다.

"name"의 경우 의미상 id와 개념이 헷갈리긴 하나, 보통 name은 form 태그 안에서 각 폼 요소의 종류를 가리킬 때 쓰며, 복수 지정이 가능합니다. 예를 들어 같은 라디오 버튼 그룹은 "type=radio"이고 "name=myradio"로 값이 같을 수 있습니다. 그럼 브라우저나 자바스크립트는 해당 구조를 해석해서 동일한 이름의 라디오 버튼이라는 것을 판단하고, 클릭하거나 했을 때 하나가 선택되면 나머지는 선택에서 제외되도록 서로 배타적으로 동작하게 만듭니다.

"class"는 보통 CSS(Cascading Style Sheets)에서 많이 사용되는데, 같은 이름의 class를 가진 td 태그에 대해 CSS에 특성을 지정해서 자동으로 같은 배경색으로 표시한다든지 하는 식으로 디자인적으로 많이 사용됩니다. 하지만 프로그래머가 얼마나 해당 개념들을 헷갈려 하느냐에 따라, 웹 페이지 내에서 두서 없이 섞어 쓰는 경우도 종종 있습니다. 좀 더 자세한 id, name, class의 차이는 아래 링크를 참고하세요.

[The Difference Between ID and Class – CSS-TRICKS 사이트]
https://bit.ly/1BEFGoC

[Difference between id and name attributes in HTML – stackoverflow 사이트]
https://bit.ly/1F7HRUv

이러한 HTML의 많은 요소는 DOM(Document Object Model: 문서 객체 모델)이라는 체계로 표현되고 관리됩니다. 이것은 HTML이나 XML을 트리 형태의 구조체로 구성하고, 해당 요소들에 대해서 프로그래밍적으로 접근하거나 조작하는 것을 가능하게 해줍니다. 우리가 보는 HTML 문서는 DOM 형태로 정리되어 자바스크립트나 Beautiful Soup 같은 모듈에서 접근할 수 있다고 봐도 무방합니다.

[Document Object Model – WIKIPEDIA 사이트]
https://bit.ly/1Zivv4h

그럼 Beautiful Soup을 가지고 페이지에서 원하는 개체를 어떻게 찾을까요? 구글에서 "Beautiful Soup doc"를 찾아보면 아래의 공식 매뉴얼이 나오는데, 해당 페이지 내에 설명된 방식이 사실상 전부라고 보면 됩니다.

[Beautiful Soup 공식 사이트]

https://bit.ly/2a8B2K3

우선 앞서 얘기한 특정 요소들로 찾을 수 있습니다. "id, class, name, tag name" 등을 기준으로 찾아 배열에 담아서 이용할 수(find_all)도 있고, "css selector"라는 방식(search)으로도 찾을 수 있습니다. 자세한 내용은 아래 링크들을 참고하세요.

[find_all() – Beautiful Soup 공식 사이트]

https://bit.ly/2xwRVKb

[Searching by CSS class – Beautiful Soup 공식 사이트]

https://bit.ly/2pbT3ir

"find_all"은 find_all('a')(〈a〉 태그를 전부 찾아라), find_all(id="mylink")(id가 mylink인 태그를 찾아라)같이 명시적으로 접근하는 편이고, "css selector"는 CSS라는 HTML 디자인 요소를 나타내는 스타일 언어의 개체 접근 방식을 사용해 select('a'), select('#mylink')같이 약어처럼 사용합니다(정규표현식 느낌이 조금 듭니다). 그래서 css selector 형태의 경우 문법이 좀더 간결한 것 같습니다. 이 부분은 아래 링크를 참고하세요.

[CSS Selector Reference – w3schools 사이트]

https://bit.ly/2mMWokL

추가로 상대적 위치도 이용할 수 있습니다. 현재 id가 "mytd"인 〈td〉 태그의 부모 역할을 하는 〈tr〉 태그를 찾는다든지, 특정 〈tr〉 태그 바로 밑에 있는 동일한 단계(depth)를 가지는 〈tr〉 태그(sibling)를 찾을 수도 있습니다. 이런 것들은 Beautiful Soup 모듈과 HTML 코드에 대한 전체적인 개념을 파악했다면, 매뉴얼에서 필요한 부분을 훑어보면서 어떤 접근 방식이 가능한지 알아보는 것이 좋습니다(자바스크립트나 CSS의 접근 방식과 많이 비슷합니다. 어차피 비슷한 목적으로 접근하기 때문입니다).

03 ▶ Beautiful Soup으로 샘플 파싱해 보기

예제를 보면서 실제 코드를 만들어 보겠습니다. 실제 웹에 있는 페이지 하나를 봐도 좋겠지만, 그런 페이지에는 보통 불필요한 복잡한 요소들이 많이 섞여 있으므로, 주제에 집중하기 위해서 하나의 HTML 코드를 만들고 원하는 요소를 선택하는 부분을 시연하려 합니다. 샘플 HTML 파일을 저장해서 읽어 올까도 했지만, Beautiful Soup 샘플을 보다 보니 직접 변수에 문서 내용을 담아서 시연하는 것도 좋을 것 같습니다.

우선 HTML 코드를 담을 변수를 만들기 위해서 구글에 "python multi line string"으로 검색합니다. 아래 페이지를 보면, """(쌍따옴표 3개)로 문자열 앞뒤를 감싸면 여러 개의 줄을 가진 문자열이 된다고 합니다.

[Pythonic way to create a long multi-line string – stackoverflow 사이트]
https://bit.ly/2OugSwT

Are you talking about multi-line strings? Easy, use triple quotes to start and end them.
s = """ this is a very

long string if I had the

energy to type more and more ...""""

그럼 우리가 웹에서 가져오는 HTML 데이터와 비슷한 데이터를 담은 (이상적인) 소스를 하나 만들어 보겠습니다. 이 소스는 하나의 테이블로 이루어져 있고, 맨 위에 〈th〉 태그(테이블 최상단의 제목 표시) 2개와, 아래 줄에 〈td〉 태그 2개가 있습니다. 〈tr〉 태그는 각각의 행을 나타냅니다. 〈th〉 태그는 "choco", "cookie"라는 2개의 id를 각각 가지고 있고, 〈td〉 태그는 위쪽 태그만 "candy"라는 name 속성을 가지고 있습니다.

```
# 샘플 HTML 문서 데이터를 만든다.
html_doc = """
<table border=1>
    <tr>
        <th id = "choco">초콜릿</th>
        <th id = "cookie">과자</th>
    </tr>
    <tr>
        <td name = "candy">사탕</td>
        <td>오렌지</td>
    </tr>
</table>
"""
```

브라우저로 보면 아래와 같은 모양일 것입니다. 이해를 돕기 위해 일부러 화면을 확대했고 대략적으로 〈tr〉, 〈td〉 태그의 관계적 위치와 id, name의 위치도 표시했습니다.

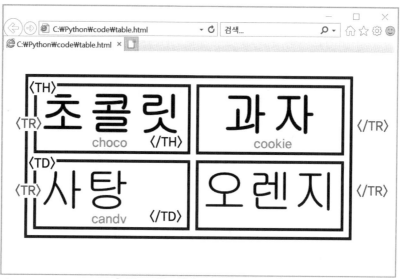

[그림 11교시-1: 샘플 HTML 데이터의 구조]

위의 공식 문서에 안내된 대로 아래와 같이 입력해서 Beautiful Soup를 설치해 보겠습니다. 성공적으로 잘 설치됩니다.

```
C:\Python\code>pip install BeautifulSoup4
Collecting Beautiful Soup4
… 생략
Successfully installed Beautiful Soup4-4.6.0
```

예제에서는 다섯 가지의 접근 방식을 소개하려 합니다. 아래 예제를 보고 나머지는 구글이나 공식 문서를 참조해서 다양하게 시도하다 보면 자신만의 감을 얻게 될 것입니다.

1) 〈td〉 태그를 모두 찾아서 출력합니다 → "**사탕**", "**오렌지**"가 출력될 것입니다.
2) 〈id〉가 "choco"인 태그를 찾아서 출력합니다 → "**초콜릿**"이 출력될 것입니다.
3) 〈td〉 태그이며, name 속성이 "candy"인 태그의 **옆에 있는** 〈td〉 태그를 출력합니다

→ "**오렌지**"가 출력될 것입니다.

4) 앞의 2)번과 같지만 "css selector" 방식을 이용합니다 → "**초콜릿**"이 출력될 것입니다.

5) 앞의 3)번과 같지만 "css selector" 방식을 이용합니다 → "**오렌지**"가 출력될 것입니다.

태그에서 내용만 뽑아내는 방법은 "Beautiful Soup find_all get text"로 구글에서 찾았습니다.

[Python BeautifulSoup extract text between element – stackoverflow 사이트]
https://bit.ly/2MDQzCw

To move down the parse tree you have contents and string.
- *contents is an ordered list of the Tag and NavigableString objects contained within a page element*
- *if a tag has only one child node, and that child node is a string, the child node is made available as tag.string, as well as tag.contents[0]*

For the above, that is to say you can get
soup.b.string
 # u'one'

해당 내용을 참고하여 파이썬 코드를 만들면 아래와 같습니다.

```python
from bs4 import BeautifulSoup

# 샘플 HTML 문서 데이터를 만듭니다.
html_doc = """
<table border=1>
    <tr>
        <th id = "choco">초콜릿</th>
        <th id = "cookie">과자</th>
    </tr>
    <tr>
        <td name = "candy">사탕</td>
        <td>오렌지</td>
    </tr>
</table>
"""

# html 파서를 이용해서 html 형태의 데이터를 읽어옵니다.
soup = BeautifulSoup(html_doc, 'html.parser')

# 1) td 태그를 모두 찾아서 td_list 에 담은 후, 루프를 돌리면서 각 td 태그 내용을 출력합니다.
td_list = soup.find_all('td')
for td_item in td_list:
    print(td_item.string)

# 구분을 위해 빈 줄을 출력 합니다.
print ('\n')

# 2) id 가 choco 인 항목을 찾아서 해당 태그 내용을 출력합니다.
id_list = soup.find(id='choco')
print(id_list.string)
```

```
# 3) td 태그이면서 name 속성이 candy 인 항목('캔디')을 찾아서,
#    그 다음에 있는 같은 td 속성을 찾아서 태그 내용을('오렌지') 출력합니다.
td_list = soup.find('td', {'name':'candy'})
print(td_list.find_next_sibling().string)


print ('\n')


# 4) 앞의 2번과 동일하지만 css selector 방식으로 사용합니다.
td_list = soup.select('#choco')
print(td_list[0].string)


# 5) 앞의 3번과 동일하지만 css selector 방식으로 사용합니다.
td_list = soup.select('td[name="candy"]')
print(td_list[0].find_next_sibling().string)
```

[파이썬 소스 – beautiful.py]

해당 코드를 복사해서 c:\python\code 디렉터리에, 파일 형식은 "모든 파일", 인코딩은 "UTF-8"로 선택하여, "beautiful.py"라는 이름으로 저장하고 아래와 같이 실행합니다(저장하고 실행하는 부분을 잘 모를 경우, 2교시 때 스크린샷과 함께 자세히 설명한 부분을 참고하세요). 정상적으로 우리가 원하는 값들을 가져와 화면에 뿌려 줍니다.

```
c:\Python\code>python beautiful.py
사탕
오렌지


초콜릿
오렌지
```

초콜릿

오렌지

이렇게 다 해놓고 보면 별거 아닌 것 같은데, 사실 별거 아닌 것이 맞습니다. HTML 문법을 충분히 이해하여 소스를 잘 볼 수 있고, 또한 복잡한 HTML 소스(자바스크립트, CSS가 해석을 방해하고, 코드가 운명의 장난처럼 복잡하게 꼬여 있을 수도 있습니다)를 만나도 개발자 도구와 피들러 정도만 있으면(최악의 경우 메모장으로 소스를 보더라도 화면과 비교해 가면서 찾아서) 원하는 태그의 특징과 위치를 지정할 수 있는 방법만 알면 됩니다.

앞서 설명했듯이 피들러는 웹 브라우저 바깥에서 코드를 보기 때문에 자바스크립트 등으로 버튼 클릭이나 마우스 클릭을 막아 놓았더라도 굳이 해당 부분을 회피할 필요 없이 언제나 내용을 볼 수 있다는 숨은 장점도 있습니다.

그럼 이 정도로 Beautiful Soup 사용법 소개를 마치겠습니다. 이 정도로 끝내는 게 아쉽다면, 이 내용을 기반 삼아 구글에서 크롤링이나 Beautiful Soup에 대한 블로그들을 보면서 파싱을 어떻게 설계해 만든 건지 하나씩 소화해보기 바랍니다.

> ### 📖 참고_ 개발자 도구 사용하기
>
> 브라우저마다 웹 페이지 개발을 돕는 개발자 도구가 있습니다. 이 도구들을 이용하여 페이지를 살펴보거나, 페이지의 일부 요소를 조작해 보거나, 자바스크립트 에러 원인을 분석할 수 있습니다. 여기서는 페이지 구조를 분석하는 측면에서만 살펴보겠습니다.
>
> 구글을 예로 들어 개발자 도구를 사용하는 방법은 이렇습니다. 구글 검색 페이지로 이동한 후 구글 검색 박스를 클릭해 포커스를 주고, 마우스 오른쪽 버튼을 눌러 컨텍스트 메뉴를 띄워서 "요소 검사" 항목을 선택하면 개발자 도구가 뜹니다. 특정 페이지들은 마우스 버튼을 막은 경우도 있는데, 그때 "F12" 키를 누르면 하단에 개발자 도구가 생깁니다(물론 다시 F12 키를 누르면 사라집니다). 키보드까지 막은 경우에는 IE 상단의 "도구" 아이콘을 눌러 개발자 메뉴를 열 수 있습니다. 혹시 그것도 안 되는 경우에

는 앞의 피들러를 사용합니다. 그렇게 되면 특별한 제약이 없습니다.

[그림 11교시-2: 요소 검사 실행]

개발자 도구가 뜨면 아래에 해당되는 요소(엘리먼트, 태그)에 해당되는 소스 위치가 하이라이트되어 나타납니다. 다른 부분을 클릭하면 해당 부분의 요소로 내용이 옮겨 갑니다. 이 소스 부분 구조를 분석해서, 해당 태그에 접근하는 방법을 Beautiful Soup이나 정규표현식 같은 방법을 이용해서 설계하는 것입니다.

[그림 11교시-3: 개발자 도구 사용]

이러한 작업이 단순하게 보이긴 하지만, 사실 웹 파싱의 전부입니다. 파싱 난이도는 대상인 소스가 얼마나 읽기 복잡한가와 얼마나 구조적으로 잘 정리되어 있는가에 따라 결정됩니다. 보통 메이저 웹사이트들의 소스는 해당 구조를 회사 내에서도 사용자의 페이지 사용 통계 등, 여러가지 분석에 사용하기 때문에 구조적으로 잘 정리되어 있는 편입니다.

04 | WhOIS 사이트 웹을 통해 읽어 오기

이번에는 10교시에서 API를 이용해서 호출했던 WHOIS 페이지를 이번엔 웹을 통해 파싱해서 값을 가져와 보겠습니다. 문제를 단순히 하기 위해서, 여러 IP를 가져오는 등의 기능은 모두 제쳐 두고 한 개의 주소만 검색해 가져오려 합니다(앞에서 봤지만 한 개의 주소 호출만 해결하면, 나머지 코드는 10장의 소스를 참고해서 적당히 머지하여 만들면 됩니다). 우선 WHOIS 페이지로 이동하여 샘플 IP를 하나 조회해 봅니다(조회 방법을 모른다면 10교시 내용을 참고하세요).

[WHOIS 사이트 = 한국인터넷진흥원 사이트]

https://whois.kisa.or.kr/kor/main.jsp

위의 내용 중에 "주소" 항목을 가져오고 싶은데, 주소 위에서 마우스 오른쪽 버튼을 눌러도 컨텍스트 메뉴가 안 뜹니다. 그리고 위쪽 주소 창을 보면 URL 뒤에 아무 인자가 없으니 get 방식으로 조회하는 것은 아닌 듯 싶습니다. "Ctrl+U"를 눌러 소스보기 창으로 갑니다. IE11 기준으로 개발자 도구가 열리며 아래와 같이 whois.jsp 소스가 보이게 됩니다(브라우저가 업그레이드되면서 개발자 툴 등은 화면 UI가 조금씩 바뀔 수 있습니다).

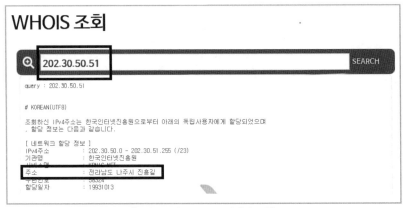

[그림 11교시-4: WHOIS 페이지 조회]

"주소" 항목이 있는 소스 위치를 찾기 위해서, 위의 찾기 창에 "주소"라고 입력한 후 검색 창 옆의 "▶" 화살표를 눌러 다음 항목들을 찾다 보면 아래의 검색된 내용이 있는 것이 보입니다. 소스 형태를 보니 결과를 뿌려주는 부분은 우리가 기대하던 HTML 태그가 아닌 일반 텍스트 형태입니다. 그럼 문제가 조금 복잡해집니다.

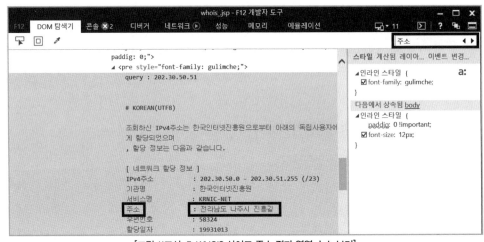

[그림 11교시-5: WHOIS 사이트 주소 결과 영역 소스 보기]

그럼 여기서 10교시에서 사용한 피들러를 다시 사용해 봅니다(설치나 세팅, 사용법에 대해서는 10교시를 참고하세요). 피들러를 띄우고 whois.jsp 페이지를 열어 다시 주소를 조회해 봅니다. 피들러로 잡힌 호출 중, .JS, .CSS 확장자 파일을 제외하고(Delete 키로 필요 없는 것들을 삭제했습니다), 두 개의 주요 호출 파일만 보면 아래와 같습니다. 분명히 JSP 파일만 호출했는데 내부적으로 보니 JSC 확장자를 가진 파일이 그 후에 연달아 호출된 것이 보입니다.

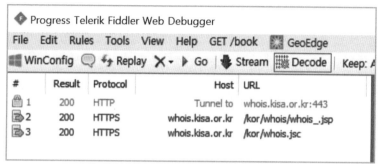

[그림 11교시-6: 피들러로 WHOIS 페이지 동작 확인]

이 호출이 어떻게 일어났는지를 이해하기 위해서 왼쪽 창에서 "whois.jsp" 항목을 선택하고, 오른쪽 하단의 Response 창에서 "TextView" 탭을 선택합니다. 소스가 표시되어 나오면, 아래의 검색 창에 "whois.jsc"를 입력한 후 엔터키를 누릅니다(엔터키를 다시 누르면 페이지 내의 다음 결과를 찾습니다).

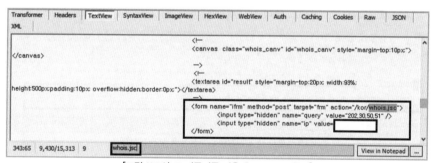

[그림 11교시-7: 피들러를 이용해 whois.jsc 찾기]

페이지 안에 전송을 위한 name이 "ifrm"인 폼(form)이 하나 있고, 해당 폼을 이용해서 "whois.jsc"를 호출하는 듯합니다. 폼의 인자는 query(검색 대상 IP 주소), ip(사용자의 PC IP: 아마 감사용 정보인 듯합니다), 그리고 호출 결과는 target 속성을 보니 "frm"이라는 아이프레임(iframe) 안에 담기게 되는 듯합니다. 검색 창에서 폼 name인 "ifrm"을 넣고 엔터키를 눌러 찾아보면 자바스크립트에서 전송(submit)을 하는 코드가 있습니다. 이 코드에 의해서 whois.jsp 페이지가 로딩되면, whois.jsc 파일을 자동으로 호출하여, 아이프레임(페이지 내에 다른 페이지를 위해 분양된 일부 공간이라고 보면 됩니다)에 끼워 넣어서 보여 주게 되는 구조로 보입니다.

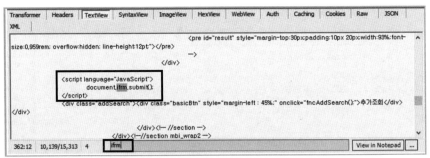

[그림 11교시-8: 피들러를 이용한 호출 구조 분석 1]

target 대상이였던 또 다른 아이프레임 이름인 "frm"을 넣어 찾아보면, 앞에서 얘기한 결과를 담는 iframe 코드가 보입니다.

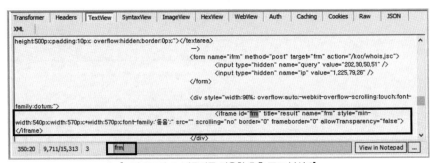

[그림 11교시-9: 피들러를 이용한 호출 구조 분석 2]

그렇다면 파이썬으로 구현할 때에는 굳이 JSP 파일을 호출할 필요 없이 JSC 파일을 직접 호출해도 될 것 같다는 판단이 생깁니다. 대신 호출할 때 post 방식으로 query(검색 대상 IP)와 ip(본인 PC IP)를 넣어 보내면 됩니다. 이후 결과 값을 받아 온 후 파싱을 하면 되는데, 불행하게도 돌아오는 데이터는 일반 텍스트 형태이기 때문에, 원래 사용하고 싶었던 Beautiful Soup을 이용할 수 없으니, 8교시에 배운 정규표현식을 이용해 보겠습니다.

05 ▶ 파이썬 코드 제작하기

이제 제작에 필요한 모든 준비 작업이 완료되었으므로, 언제나처럼 우리가 현재 모르는 것이 무언지 체크해 보겠습니다

1) post로 호출해 값을 얻어 오는 방법을 모릅니다(예전 API는 get 방식이었습니다).
2) "주소(몇 칸인지 모르는 적당한 공백): 원하는 주소"의 문장을 찾아오는 정규표현식을 모릅니다. 정규표현식을 조금은 배웠으니 이젠 어떻게든 할 수 있어 보이긴 합니다. 그리고 우리에겐 구글이 있으니까요.

먼저 post로 호출하는 방법을 찾아보겠습니다. 구글에서 "python requests post"를 이용해 아래 페이지를 찾았습니다.

> [Quickstart − Requests 공식 페이지]
> https://bit.ly/2f81E3D

해당 페이지 내에서 아래의 "more-complicated-post-requests" 항목의 소스를 이용하려 합니다.

> [More complicated POST requests − Requests 공식 페이지]
> https://bit.ly/2xiBBx5

```
payload = {'key1': 'value1', 'key2': 'value2'}

r = requests.post("http://httpbin.org/post", data=payload)
print(r.text)
```

정규표현식은 8교시에서 이미 다루었으니, 해결 결과만 얘기하면 아래와 같습니다.

"주소.*: (^0-9].*)" 를 해석해 보면 주소란 단어로 시작하고(주소), 아무 글자나(.*: 사실 공백을 나타내는 /s를 써도 좋지만 굳이 현재 상황상 그럴 필요까진 없을 듯해서 임의의 문자로 지정했습니다) 0개 이상 나타나고 : 기호가 나온 후 공백( )이 하나 나오고, 숫자가 나오지 않으면서 다른 아무 문자들로나 채워진(^0-9].*) 부분을 지정합니다(^는 부정(not)을 나타냅니다). 실제 가져오는 값은 전체 패턴이 아닌 이전에 8교시에서 헤매면서 배운 그룹 기호인 괄호를 이용하여 주소 값만 가져옵니다(^0-9].*).

결과에서 숫자를 제외한 이유는 피들러에서 "주소"를 검색했을 때의 결과 소스를 다시 한 번 잘 보면, "주소"란 글자로 시작하는 "IPv4 주소"가 있기 때문에 해당 결과는 배제하려고 한 것입니다. 처음엔 주소 앞에 ^를 넣어 매 행에서 주소로 시작한 패턴만 찾으려고 했으나, 실제 소스를 가져오면 통 문자열로 가져오기 때문에 각 행이 문장의 처음으로는 인식되지 않아서, 위와 같이 만들었습니다.

주소 앞에 줄 바꿈 문자가 있을 경우에만 가져오도록 정규표현식을 짜도 되겠지만, 사실 넘어오는 값에 대해서 텍스트 구조가 정확히 파악되지 않아서, 쉬운 길로 갔습니다. 운이 없게도 찾으려는 패턴과 비슷한 패턴이 페이지에 여럿 존재한다면, 곤란한 상황에 맞닥뜨릴 수도 있지만 우리 쪽에서 페이지 소스를 컨트롤할 수는 없으므로, 그때그때 나름대로 요령있게 해결하면 됩니다.

```
import re
pattern = re.compile("주소.*: ([^0-9].*)")
match = re.findall(pattern, r.text)
print (match[0])
```

[두 개의 주소가 나오는 상황]

IPv4 주소   : 202.30.50.0 ‒ 202.30.51.255 (/23) ← 이 부분을 배제하기

주소   : **서울특별시 송파구 중대로** ← 그룹으로 묶어 가져오기

두 개의 코드를 합치면 아래와 같이 됩니다.

```
import requests
import re

# jsc 페이지를 post 로 호출합니다.
payload = {'query': '202.30.50.51', 'ip': '1.225.79.26'}
r = requests.post("https://whois.kisa.or.kr/kor/whois.jsc", data=payload)

# 받아온 페이지의 인코딩을 지정 합니다.
r.encoding = 'utf-8'
# print(r.text)


# 정규표현식을 이용해 결과에서 주소를 얻어옵니다.
pattern = re.compile("주소.*: ([^0-9].*)")
match = re.findall(pattern, r.text)
print (match[0])
```

[파이썬 소스 ‒ whois_call_jscfile.py]

해당 코드의 최종 소스를 복사해서, 소스 내용 중 "본인의 IP 주소" 부분을 본인의 IP로 바꾼 후(앞의 피들러에서 살펴본, whois.jsc를 호출할 때 사용한 IP를 똑같이 적으면 됩니다), c:\python\code 디렉터리에, 파일 형식은 "모든 파일", 인코딩은 "UTF-8"로 선택하고, "whois_call_jscfile.py"라는 이름으로 저장하고 아래와 같이 실행합니다.

그러면 파싱된 주소를 정상적으로 가져옵니다. 다만 이 호출은 사이트에서 권고하는 타입의 호출이 아니므로, 실제 웹 파싱의 개념을 파악하는 용도로만 확인한 후, 실제 호출은 꼭 API를 사용해서 이용해 주길 다시 한 번 당부합니다.

```
c:\Python\code>python whois_call_jscfile.py
```

전라남도 나주시 진흥길

05 마무리하면서

이 예제는 웹 파싱이 꼭 Beautiful Soup을 사용할 수 있도록 아름답게만 제공되지는 않는다는 것을 보여 주기 위해 진행했습니다. 또한 HTML뿐만 아니라 CSS, 자바스크립트 등의 연관된 언어를 잘 알아야 분석이 용이하다는 얘기도 하고 싶었습니다. 개발자 도구나 피들러 같은 적절한 툴을 웹 구성요소를 적절히 파악하고 사용하면 많은 도움이 된다는 얘기도 하고 싶었습니다.

실제 웹을 대상으로 파싱이나 크롤링을 구현하다 보면 여러 장벽을 만나게 됩니다. 태그가 일부 깨져서 모듈이 제대로 동작하지 않을 수도 있습니다(일반적으로 브라우저는 가능하면 명시적인 에러를 내지 않고 깨진 태그를 적절히 해석해서 잘 보여 주려 합니다). 개발자가 기존 코드를 복사해서 개발하느라 유일해야 할 id 등이 여러 개 존재할 수도 있고, 아이프레임 등으로 페이지가 복잡하게 꼬여 있을 경우 지금처럼 해당하는 실제 소스의 URL을 찾아야 할 때도 있습니다. 또한 보안상의 이유로 이리저리 자바스크립트 파일들을 이용해 호출을 숨겨 놓거나, 난독화한 코드들도 만날 수 있습니다.

최악의 경우에는 보안용 액티브엑스 모듈이 설치되어 소스 보기 등을 방해할 수도 있습니다. 또 파이썬 코드를 겨우 만들었는데, 해당 웹 페이지가 개편되면서 구조가 많이 변경되어 파싱하는 부분을 처음부터 수정해야 하는 우울한 일이 어느날 갑자기 생길 수도 있습니다. 해당 부분은 자기가 만든 웹사이트가 아닌 이상(자신의 회사 페이지도 변경이 잘 통제되지 않긴 합니다) 언제든지 일어날 수 있다고 생각해야 합니다.

위의 코드를 10교시 때 만든 API 호출 코드와 적절히 머지하여, 반복적으로 IP를 호출하게 할 수도 있습니다. 하지만 앞에서도 얘기했듯이, 크롤링과 같은 웹 페이지의 반복적인 호출은 사이트에게 절대 환영받는 행동이 아니므로, 여기뿐만 아니라 공개된 다른 사이트들의 경우에도 API가 있다면 이를 정식으로 발급받아, 꼭 필요한 만큼만 조회하며 사용할 것을 권장합니다.

혹시 API 등도 없고 상업적이 아닌 개인 용도로 사용하면서 대량의 페이지를 조회할 필요가 있을 때에는 아래와 같은 식으로 약간의 호출 시간 간격을 두어 조회하거나 적정한 호출 횟수를 제한하여 여러 번에 나눠 호출하는 것이 장기적으로 사이트에나 본인에게 바람직할 것 같습니다.

과유불급(過猶不及)이라는 말을 꼭 꼭 생각하시길 바랍니다. 조금 제 의견이 고루한 것도 같으나 대부분의 크롤링 관련 글에서 이런 설명은 보지 못한 것 같아서 균형을 맞추기 위해 부득이 강조했으니 이해해 주세요.

```
# 0.1초를 멈춥니다.
import time
time.sleep(0.1)
```

참고로 크롤링과 관련된 소송 사례를 두 개 링크하면서 11교시를 마치겠습니다.

[[판결] '웹사이트 무단 크롤링' 소송…잡코리아, 사람인에 승소 – 법률신문 뉴스]

https://bit.ly/2MD5g9h

[법원 "무단 사이트 미러링은 위법"…임의 데이터 수집에 경종 – 디지털 데일리]

https://bit.ly/2MC10qx

∘12교시∘

웹 자동화
with 셀레늄

이 시간에는 웹 자동화에 대해서 얘기하려 합니다. 우선 자동화에 대해 필자가 가지고 있는 몇 가지 생각을 얘기한 후, 웹 자동화에서 많이 쓰이는 셀레늄(Selenium) 모듈의 구조를 설명하려 합니다. 그 다음 실제 코드 구현으로 들어가서 구글에서 특정 키워드를 검색하여, 상위 5개의 결과 링크를 새로운 탭들에 로딩하는 자동화 예제를 셀레늄의 기본 지원 브라우저인 파이어폭스(Firefox) 브라우저를 이용하여 구현 후, 이를 다시 보이지 않는 유령 브라우저인 PhantomJS를 이용해 호출하며, 이와 같은 과정에서 만날 수 있는 몇 가지 생각해 볼 만한 주제들에 대해 이야기를 하도록 하겠습니다. 이후 부록으로 인터넷 익스플로러(IE) 브라우저를 통해 같은 구현을 하는 부분을 설명하며 마무리하겠습니다

01 들어가면서

우선 "자동화"란 무엇일까요? 자동화에 대비되는 말로 언뜻 떠오르는 "수동화"를 먼저 생각해 보겠습니다. 수동화는 사람이 무언가를 직접 또는 일일이 하는 것, 사물이 사람의 조작을 통해 움직이는 것이라고 할 수 있습니다. 그럼 자동화는 사람의 손을 거치지 않고도 사람이 원하는 동작을 사물이 하게 하는 것이라고 볼 수 있습니다.

사실상 우리가 사용하는 프로그래밍 언어나 윈도우 같은 운영체제 자체도 자동화가 구현된 예라 봐도 무방할 듯 합니다. 예전의 기계식 컴퓨터와 비교해 보았을 때, 이런 운영체제는 전원만 공급되면 사람의 행동에 따라 반응하여 동작하는 상호반응적인 (Interactive) 자동화 구현체라고 볼 수 있습니다.

개념의 범위를 좀 더 확장해 보면, 우리가 실생활에서 어떤 일을 하는 데 사용하는 패턴이나 노하우도 실체화되어 있지는 않지만 일을 해나가는 데 사용하는 자동화라고 볼 수 있을 것 같습니다.

그렇다면 자동화를 구현하는 데 있어서 가장 필수적이면서도 어려운 요소는 무엇일까요? 일반적으로 자동화는 초기 단계에서는 "스스로 움직이는 것"이 가장 중요합니다. (잘은 모르지만) 로봇이나 자율주행 자동차를 만든다면, 사람이 수동으로 운전하는 것처럼 기계가 자동으로 움직이고, 달리고, 방향을 틀고, 멈추고 하는 기능의 구현이 우선 필요할 것입니다.

그런데 이런 요소들이 어느 정도 해결된 순간 새로운 차원의 더 어려운 문제가 발생합니다. 그것은 "환경"과의 상호동작이라는 요소입니다. 만약 자율주행 자동차라면 도로의 커브라든지, 앞차와의 간격, 도로 노면 상태, 날씨, 보행자, 교통신호, 사고 상황 등 주행 중 만날 수 있는 여러 가지 환경상의 차이를 인지하여, 이에 대해 자동차가 가지고 있는 여러 자동화 능력(전진, 후진, 회전, 브레이크 등) 중 어떤 능력을 적용해야 할지 결정해야 합니다(이 결정에는 요즘 한창 유행하는 머신러닝 같은 요소들이 개입할 수 있습니다).

그럼 그러한 환경을 인지하기 위해서는 어떻게 해야 할까요? 우리가 현재 개발해 놓은 센서 또는 그러한 환경을 인지하기 위한 새로운 유형의 하드웨어나 소프트웨어 센서가 있어서, 원하는 환경 요소를 구조적인 소프트웨어 정보로 변환하여 제공해야 할 것입니다.

그렇다면, 자동화를 위한 소프트웨어에서 필요한 부분은 어떤 것들이 있을까요? 첫째로는 스스로 동작하게 하는 기능, 둘째로는 환경을 인지해서 필요한 동작을 판단하게 할 수 있는 센서가 필요합니다. 물론 전체적인 측면에서의 관리도 필요하겠지만, 해당 부분은 여기에선 예외로 하도록 하겠습니다. 첫째는 셀레늄 같은 자동화 모듈의 API 들과, 파이썬, 자바 같은 범용 언어의 프로그램 로직으로 커버될 수 있고, 둘째는 순수하게 자동화 모듈에서 제공하는 여러 가지 센서와 동작 API로 이루어지게 됩니다. 지금까지 얘기한 내용을 도식으로 나타내면 [도표 12교시-1]과 같습니다.

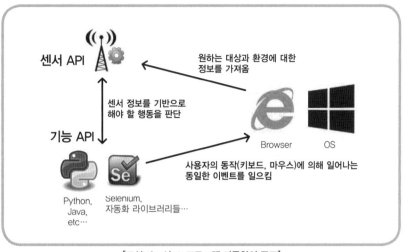

[도식 12교시-1: 프로그램 자동화의 구조]

02 자동화의 종류

필자 개인적인 의견으로는, 자동화는 대략 네 가지 정도의 유형으로 나누어 볼 수 있습니다. 첫째는 가장 원초적인 **"화면 좌표를 기준으로 한 자동화"**입니다. 예를 들면 온라인 RPG 게임의 레벨업, 스킬업 단순노동을 "macro express"나 "auto mouse" 같은 프로그램으로 자동화하는 작업을 말합니다(게임 회사에서 불법이라고 지정한 행위이긴 합니다). 특정 프로그램 창 내의 특정 위치를 반복적으로 클릭한다든지, 키보드 이벤트 명령을 이용해서 원하는 키를 입력한다든지, 화면의 특정 좌표의 칼라를 기준으로 캐릭터 및 몹들의 위치를 판단하여 특정 이벤트를 일으킨다든지 하는 부분입니다.

이런 방식의 단점은 UI의 변경이 일어나면, 화면 배치상의 좌표와 칼라 등이 달라질 가능성이 높기 때문에, 그에 따라 전체적인 자동화 코드의 수정이 필요해질 수 있다는 것입니다. 그 경우 좌표 베이스로 작업을 했기 때문에 유지보수가 꽤 까다롭습니다. 다만 많은 변경이 없거나 변경 주기가 긴 프로그램 등을 대상으로 했을 때에는 적절히 정확한 동작을 보여 줍니다. 오로지 윈도우 화면의 좌표를 기준으로 하기 때문에 뒤에 나오는 웹이나 윈도우 자동화 모두에 사용될 수 있다는 특징을 가지고 있습니다. 참고로 특정한 툴들은 좌표방식이 아닌 서버와 클라이언트 간의 네트워크 통신을 해석하여 조작하는 형태도 있다고 합니다.

둘째는 셀레늄과 같은 자동화 모듈을 이용하는 **"웹 자동화"**입니다. 웹 자동화의 구현은 이전에 소개한 HTML, XML 파싱 모듈인 Beautiful Soup의 구현 방식과 많이 유사합니다. 해당 페이지 내의 태그를 인지하거나, 원하는 값을 가져오는 방식은 거의 비슷하고, 추가적으로 해당 태그 개체에 원하는 특정 이벤트를 임의로 일으킬 수 있습니다(텍스트 박스에 문장을 넣거나, 특정 버튼을 누른다든지. 실제 사람이 해당 버튼을 누를 때 브라우저에서 일어나는 이벤트와 비슷하게 구현한다고 보면 됩니다). 또한 브라우저와 상호작용하여 움직이기 때문에, 사람이 실제 사용하는 것과 거의 비슷하게 돌아간다고 볼 수 있어, UI 자동화 테스트 같은 영역에서 주로 시작된 분야입니다.

좌표 방식의 자동화와 달리, 웹 자동화는 UI가 조금 달라진다고 해도 내부 페이지의 속성 등만 잘 유지되면 코드의 수정이 필요 없을 가능성이 높습니다. 반면에 화면의 외부 모양은 같아도 내부 코드 구조가 달라져(예를 들어 버튼의 id 이름을 바꾼다든지) 동작하지 않을 수도 있습니다. 또 웹의 특성상 네트워크나 시스템 부하에 따라 응답속도 차이나 타 애플리케이션 또는 사용자의 마우스, 키보드 사용에 의한 이벤트 방해 따위로 동작이 멈춰 버리는 등 미묘하고 골치 아픈 문제를 종종 만날 수도 있습니다.

또한 호환되지 않는 웹 확장 컴포넌트나 플래시 컴포넌트 등이 자동화의 대상일 경우에는 모듈에서 지원하는 API로는 지원되지 않아 최후의 수단인 좌표 베이스로 해결할 수밖에 없게 되어, 결국 좌표 기준 구현과 비슷한 레벨의 유지보수 문제가 생길 수도 있습니다. 또 단순한 숫자 입력을 벗어나 점점 어려워지고 있는 캡챠(CAPTCHA) 화면이나 은행에서 사용하는 랜덤 번호키, 보안 프로그램 등과 연관되어 인식하기 힘든 문제가 발생할 수도 있습니다. 실제 화면을 봐야 할 필요가 없다면, 뒤에 소개할 PhantomJS 브라우저와 같이 화면이 표시되지 않고 메모리상에만 동작하는 브라우저 모듈을 이용하는 방식도 유용합니다.

셋째는 **"윈도우 자동화"**입니다. 윈도우 자동화는 어찌보면 웹 자동화와 거의 비슷한데, 근본적인 차이라면 웹 자동화에서 웹의 여러 요소(태그, 속성 등의 DOM 구조)를 기준으로 인식하던 부분을, 윈도우 창들의 여러 특성(타이틀, 캡션, 클래스 등)을 기준으로 인식한다는 점입니다. 아무래도 브라우저에 비해 응답 지연에 의한 타이밍 문제가 생길 가능성이 낮긴 하지만, 웹과 비슷하게 통신하는 상담원 툴, FTP 애플리케이션의 자동화와 같이, 껍데기는 애플리케이션 형태이긴 하지만 실제 뒤쪽 단에서의 실제적인 동작은 서버-클라이언트 통신인 경우 비슷하거나 더 어려운 문제가 발생할 수도 있습니다. 또한 API에서 인식하지 못하는 표준화를 벗어난 컨트롤을 만날 가능성도 높아서 쉽지 않은 영역입니다.

넷째는 가장 일반적인 **"작업의 자동화"**입니다. 소스를 특별한 주기로 백업 및 압축하여 FTP, NAS 등에 저장하는 등 수동으로 하다 보면 깜빡 잊을 수 있거나, 성가신 작업들을 해결하는 부분입니다. 물론 이런 일을 수행하는 많은 무료, 상용 소프트웨어 유틸리티들이 있습니다. 공장 자동화도 넓게 보면 같은 영역에 포함될 것입니다. 이 자동화는 앞서 말한 세 유형의 자동화와 연동되어 동작할 수도 있고, OS 명령어나 7-zip과 같은 외부 프로그램, 외부 API, 다른 여러 가지 모듈들을 조합하여 동작할 수도 있습니다.

작업의 자동화는 만들 때에는 귀찮거나 커스터마이즈에 따라 난이도가 높을 수 있지만, 한 번 만들어 놓으면 특별한 변경 작업 없이 계속 잘 동작할 가능성이 높기 때문에 자동화에 대한 ROI가 잘 증명되는 영역 같기는 합니다. 어찌 보면 머신러닝이나 딥러닝도 고급 버전의 데이터 기반 판단 자동화라고 할 수 있습니다.

결론적으로, 처음에 얘기한 것과 같이 우리가 PC나 스마트폰 등의 OS상에서 실행하는 모든 작업, 그리고 어쩌면 인간의 사고조차도 자동화의 요소를 어느 정도 담고 있을지 모른다고 생각합니다.

이외에도 성능 및 테스트 등에서 URL을 GET, POST 인자와 같이 호출하여 구현하는 자동화나, 유닛 테스트 자동화, 게임의 패킷 등을 직접 조작하는 해킹 영역에 가까운 자동화 등 포괄하지 못한 영역이 있을지 모르겠지만, 일반적인 자동화는 위의 네 가지 분류에 나름 모두 언급되었다고 생각합니다. 필자 개인적으로 괜찮다는 느낌을 받은 아래 쿠키런 회사 개발자의 자동화 슬라이드를 보기 바랍니다.

[Python으로 쿠키런 운영하기 – Speaker Deck 사이트]

https://bit.ly/1yjmfTM

03 ▶ 셀레늄 개론

그럼 파이썬 웹 자동화에서 단골로 등장하는 셀레늄(selenium)이란 모듈은 무엇일까요? 7~8년 전쯤에 자동화 업무를 하던 때가 있었는데, 그때에는 셀레늄 같은 오픈소스보다는 QTP(Quick Test Professional: 현재는 Unified Functional Testing으로 제품명 변경)나 SilkTest 같은 상용 자동화 솔루션을 사용해서 많이 진행했었습니다. 그 당시의 셀레늄은 자바 코드 기반으로 사용하는 것이 대세였고, 브라우저 호환성도 완전하지 않은 상태여서, 내장된 자바스크립트 기반의 자체 API를 포기하고, WebDriver라는 오픈소스 모듈과 통합을 진행하고 있었습니다.

그때에는 사실 해당 모듈을 지금 같은 일반적인 웹 페이지 조작용으로 사용한다는 상상을 못했었고, 그저 상용툴만큼 잘 동작하지 못해서 아쉬울 뿐이었습니다. 그런 이유로 파이썬 공부를 하면서 다시 이 툴을 만나게 되서 무척 반가웠습니다(다만 필자 개인의 기억을 더듬은 내용이라 개인적인 편견과 무지가 들어갈 수 있음을 먼저 양해 부탁 드립니다). 셀레늄의 변화에 대한 자세한 히스토리는 아래의 링크를 참고하세요.

[Brief History of The Selenium Project – 셀레늄 공식 페이지]

https://bit.ly/2NPU8Kw

현재 셀레늄은 우리나라에서 주로 테스트 자동화 툴로 소개되거나, 크롤링 중 만나는 특정 문제(로그인 상태에서의 크롤링)의 솔루션으로 소개되는 듯하지만, 좀더 범용적으로 접근하면 브라우저에서 반복적으로 하는 일을 자동화할 수 있는 킬러 툴입니다. 다음 시간에 배울 괜찮은 윈도우 자동화 모듈을 웹 자동화 모듈인 셀레늄과 조합해서 파이썬을 통해 사용하면 좋은 시너지를 낼 수 있습니다.

우선 셀레늄 코드를 만들기 전에, 셀레늄을 어떻게 바라보면 좋은지에 대해 간단히 얘기하려 합니다(이 역시 개인적인 생각이니, 각자 다르게 해석해도 됩니다). 셀레늄은 크게 세 부분으로 나눠집니다.

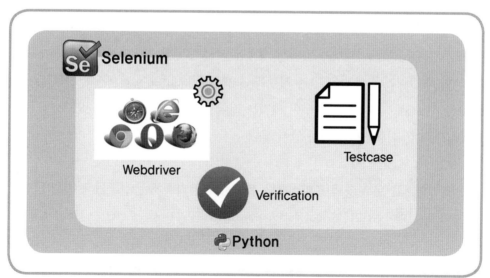

[도식 12교시-2: 셀레늄과 파이썬의 관계]

첫째는 원래 의도된 용도였던 UI 자동화 **테스트를 위한 테스트케이스**(Testcase: 테스트 하나의 시나리오를 기술한 것) 및 **테스트스위트**(Testsuite: 테스트케이스를 그룹 지은 것) **관리 기능**입니다. UI 자동화 테스트를 제작하는 사람들은 해당 라이브러리들을 이용하여 케이스를 관리하고 실행합니다. 유닛 테스트에서 쓰이는 NUnit, JUnit 등의 프레임워크와 같은 역할을 한다고 보면 됩니다.

둘째는 **검증**(verification) 기능입니다. 실행 결과로 나온 값이 예상했던 값과 같은지 체크하는 것입니다. 첫째와 둘째 기능은 테스팅 영역에 가까우며 관련된 문서 경로는 아래와 같습니다(단 해당 기능을 잘 이해한다면 비슷한 용도로 자동화 작업들을 관리하고 검증하는 데 편하게 사용할 수도 있습니다. 소프트웨어 직업군 간의 툴은 서로 영향을 받아 비슷하다고 생각합니다).

[Selenium Documentation – 셀레늄 공식 페이지]
http://www.seleniumhq.org/docs/

셋째인 **웹 드라이버**(webdriver) 기능이 파이썬 자동화에서 보통 관심을 가지고 이용하는 부분입니다. 웹 드라이버는 앞에서 설명한 센서 API 및 기능 API의 집합이라고 보면 되며, 전반적인 사용법은 이전 시간에 소개한 Beautiful Soup과 유사합니다(문법이 같다라기보다는 개념이 같습니다). 이 얘기는 결국 웹 드라이버를 잘 쓰려면, 웹 구조를 전반적으로 잘 이해해야 한다는 말이 됩니다.

웹 드라이버는 윈도우 장치 드라이버와 유사하게, 브라우저에 상관없이 똑같은 코드로 동작하게 되어 있습니다(파이썬이 여러 OS 환경에서 이상적으로 똑같은 코드로 돌아가는 것과 비슷합니다). 즉 최초 웹 드라이버를 불러오는 부분에서 특정 브라우저를 지정하면 이후 나머지 코드는 (이상적으로는) 공통적으로 사용할 수 있습니다.

윈도우에서 웹 드라이브는 보통 exe 형태의 실행 파일로 제공되어 셀레늄과 브라우저를 연결해 주는 역할을 합니다. 아래의 코드와 같이 초기에 브라우저 종류를 지정해 주면 뒤의 코드는 모두 공통되게 동작할 수 있다는 개념입니다. 그래서 Web "Driver"라고 하나 봅니다(웹을 앞서서 몰고 간다는 뜻일 수도 있겠지만요).

```
from selenium import webdriver
browser = webdriver.Firefox()
#browser = webdriver.PhantomJS()
#browser = webdriver.Ie()

type(browser)

browser.get("https://www.google.com")
```

넷째, 이러한 **자동화 라이브러리들을 사용해 호출하는 언어**가 파이썬입니다. 파이썬은 문법 요소를 기술할 뿐만 아니라, 자동화 모듈 이외의 여러 가지 유틸리티 모듈들을 조합하여, 자동화 구성을 풍성하게 만들어 주는 기능 API 역할도 지원합니다(나중에 얘기하겠지만 머신러닝에서도 같은 역할을 합니다). 결국 셀레늄이라는 것은 냉정히 보면 자동화를 위한 라이브러리 묶음에 불과합니다. 좀더 공식적으로 얘기하면 웹 UI 자동화 테스팅용 프레임워크라고 볼 수 있습니다.

파이어폭스에서 selenium IDE를 설치하면 사용자의 액션을 자동으로 레코딩하는 기능도 가지고 있는데, 많은 기대는 하지 말고, 초기 코드를 만드는 용도로 사용해도 됩니다(경험상 자동화에서의 레코딩은 기능의 홍보와 손 코딩의 보조 수단이기 때문입니다). 이번 시간에는 수동으로 코드를 만들 예정이며 레코딩 기능은 아래의 블로그를 참고하세요.

[[Selenium] 웹서비스 테스트 자동화와는 별 상관없는 작업을 위해... – 이빨까지인형 님의 블로그]
https://bit.ly/2xjFYlc

먼저 셀레늄과 궁합이 가장 잘 맞는다고 알려진 파이어폭스 브라우저를 설치해서 자동화 코드를 만들어 보려 합니다. 만들려는 기능은 처음에도 얘기했지만, "구글에서 특정 키워드를 검색하여, 상위 5개의 검색 결과의 링크를 새로운 탭들을 열어 각각 로딩"하는 것입니다. 늘 그랬듯이, 우리가 해야 하거나 모르는 작업이 무엇인지 나열해 보겠습니다.

1) 파이어폭스를 설치합니다.

2) 셀레늄을 설치합니다.

3) 파이썬에서 셀레늄을 이용해 동작하는 샘플을 검증합니다.

4) 구글을 열어 검색어를 날리는 코드를 구현합니다.

5) 검색 결과 링크 중 상위 5개를 얻는 코드를 구현합니다.

6) 브라우저에 탭을 열어서 얻은 링크 5개를 각각 로딩하는 코드를 구현합니다.

4.1 파이어폭스 설치

먼저 파이어폭스를 설치해 보겠습니다. 구글에서 "firefox"로 검색하여, 맨 위의 파이어폭스 홈페이지로 이동합니다.

[파이어폭스 홈페이지]

https://www.mozilla.org/ko/

하단의 "firefox 웹 브라우저 다운로드 링크"를 클릭하여 다운로드 화면으로 이동합니다(페이지 개편에 따라 어떤 때에는 영문 페이지가, 어떤 때에는 한글 페이지가 나옵니다).

[파이어폭스 다운로드 페이지]

https://mzl.la/1heu2Ys

"Free download"(무료 다운로드) 또는 "Download Now" 버튼을 클릭하여 설치를 진행합니다. 설치 진행 중 혹시 아래의 "Import Wizard"(가져오기 마법사) 항목이 나오면, 굳이 현재 사용하고 있는 IE 설정을 가져올 필요가 없으니 "Don't Import Anything" (아무 것도 가져오지 않기)을 선택합니다(영문 버전 설치시는 나오고, 한글 설치시는 안 나오는 것도 같습니다).

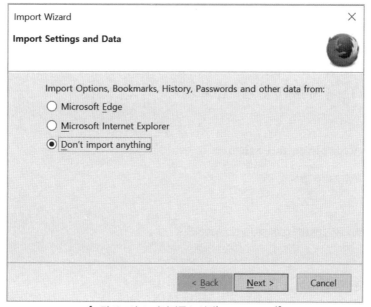

[그림 12교시-1: 파이어폭스 설치(Import Wizard)]

윈도우 시작 메뉴에서 설치된 "Mozilla Firefox"를 실행하여 파이어폭스 브라우저를 띄우면, [그림 12교시-2]와 같이 "Default Browser"(기본 브라우저)로 하겠느냐고 묻습니다. 취향이 아니면 파이어폭스를 기본 브라우저로 쓸 필요는 없으니, "Always perform this check when starting Firefox"(시작할 때마다 확인) 체크 박스를 해제하고, "Not now"(나중에) 버튼을 누릅니다. 그럼 파이어폭스 설치가 완료된 것이니 파이어폭스 브라우저를 닫습니다.

Default Browser

Firefox is not currently set as your default browser. Would you like to make it your default browser?

☐ Always perform this check when starting Firefox.

[Use Firefox as my default browser] [Not now]

Mozilla Firefox is free and open source software from the non-profit Mozilla Foundation. Know your rights...

[그림 12교시-2: 디폴트 브라우저 팝업]

4.2 셀레늄 설치

다음은 셀레늄 설치입니다. pip 설치가 가능한 듯하니 아래와 같이 pip 설치를 시도해 봅니다. 다행히 정상적으로 설치됩니다.

```
C:\Python\code>pip install selenium
Collecting selenium
… 생략
Successfully installed selenium-3.8.0
```

4.3 샘플 코드 구현

셀레늄을 이용해서 파이어폭스 브라우저를 호출해 보겠습니다. 구글에서 "python selenium firefox"로 검색해서, 맨 위의 공식 문서의 샘플을 참고해 봅니다.

[Getting Started – 셀레늄 공식 홈페이지]
https://bit.ly/2NIGDJd

이 예제는 파이어폭스로 python.org 페이지를 열고 검색어를 입력해서 페이지가 잘 열렸는지 검증하는 코드입니다. 전체 코드가 필요하진 않으니 python.org 페이지를 여는 부분만 잘라서 가져오겠습니다. 호출하는 사이트도 구글로 바꿉니다.

```
from selenium import webdriver
from selenium.webdriver.common.keys import Keys

# Firefox 웹 드라이버를 생성 합니다.
driver = webdriver.Firefox()

# 구글 페이지를 호출해 가져옵니다.
driver.get("https://www.google.com")
```

[파이썬 코드 – selenium_1st.py]

해당 코드를 복사해서 c:\python\code 디렉터리에, 파일 형식은 "모든 파일", 인코딩은 "UTF-8"로 선택하고, "selenium_1st.py"라는 이름으로 저장하고 아래와 같이 실행합니다(저장하고 실행하는 부분을 잘 모를 경우, 2교시 때 스크린샷과 함께 자세히 설명한 부분을 참고하세요).

C:\Python\code>**python selenium_1st.py**

Traceback (most recent call last):

… 생략

selenium.common.exceptions.WebDriverException: **Message: 'geckodriver'**

executable needs to be in PATH.

실행하면, 우선 처음 보는 아래의 방화벽 경고 창이 뜹니다. 셀레늄 모듈에서 외부와 통신을 하느라 그렇습니다. "액세스 허용" 버튼을 눌러서 방화벽 정책을 허용합니다.

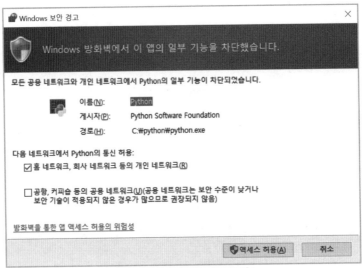

[그림 12교시-3: 방화벽 정책 허용]

그런데, 불행하게도 에러가 났습니다. "geckodriver라는 파일이 패스 경로에 없다"고 합니다. 이 파일은 앞에서 얘기했던 WebDriver 기능을 사용하기 위한 exe 형태의 실행 파일이 없어서입니다. 구글에 "Message: 'geckodriver' executable needs to be in PATH."를 입력하여 검색합니다. 아래 스택오버플로 페이지를 보면, 파일을 내려받아 path가 지정된 경로에 복사하라고 안내합니다. 리눅스 기준 설명이지만, 해당 파일이 결국 패스 경로 안에만 들어 있으면 셀레늄에서 알아서 참조해 실행하는가 봅니다.

[Selenium using Python—Geckodriver executable needs to be in PATH — stackoverflow 페이지]

https://bit.ly/2NeQ3QR

this steps SOLVED for me on ubuntufirefox 50.

1.Downloadgeckodriver

2.Copy geckodriver in /usr/local/bin

링크된 깃허브 경로로 이동하여(https://GitHub.com/mozilla/geckodriver/releases) 제공된

여러 파일 중 현재 환경(윈도우10, 64bit)에 맞는 "geckodriver-v0.19.1-win64.zip" 파일을 내려받습니다(버전이 혹시 업데이트되더라도 win64가 붙은 파일을 내려받으면 됩니다).

해당 압축 파일 안에는 "geckodriver.exe"파일만 하나 들어 있는데, 특정 폴더를 만들어 넣고 시스템 path(path에 대해서는 파이썬을 설치하는 부분에서 설명했습니다) 등을 걸거나, 기존 패스가 지정되어 있는 c:\windows\system32 폴더 같은 곳에 복사하거나, 특정 폴더로 복사 후 파이썬의 셀레늄 코드에서 경로를 지정해도 됩니다. 하지만 일을 단순하게 만들기 위해서 파이썬 소스가 있는 경로와 같은 c:\python\code 폴더에 압축을 풀겠습니다.

그 다음에 좀 전에 에러 난 코드를 다시 실행합니다.

    C:\Python\code>python selenium_1st.py

그럼 조금은 신기하게도, 아래와 같이 파이어폭스가 실행된 후 구글 페이지를 로딩해줍니다.

[그림 12교시-4: 셀레늄 샘플 코드 실행 결과]

4.4 구글 검색해 상위 5개의 링크 가져오기

그럼 구글에서 상위 5개의 링크를 가져오는 코드를 만들어 보겠습니다. 검색 결과에서 링크를 얻기 위해서 구글에 "selenium get google results python"으로 검색합니다. 아래의 스택오버플로 코드를 참고하면, 결과 중 첫 번째 항목(results[0])을 가져오는 코드는 아래와 같습니다.

[How to extract a Google link's href from search results with Selenium? – stackoverflow 사이트]
https://bit.ly/2NkRhKg

Find the first a element inside every search result and get it'shref attribute value:
from selenium import webdriver

driver = webdriver.PhantomJS()
driver.get("https://www.google.com/search?q=test")

results = driver.find_elements_by_css_selector('div.g')
link = results[0].find_element_by_tag_name("a")
href = link.get_attribute("href")

해당 코드를 파이어폭스 웹 드라이브를 사용하도록 앞에서 만든 selenium_1st.py 파일과 적절히 머지하면, 아래의 코드가 나옵니다.

```
from selenium import webdriver
from selenium.webdriver.common.keys import Keys

# Firefox 웹 드라이버를 생성 합니다.
driver = webdriver.Firefox()
```

```
# 구글 페이지에서 "파이썬 공부" 라고 검색해 옵니다.
driver.get("https://www.google.com/search?q=파이썬 공부")

# 검색 된 div 태그 안에 들은 링크 들을 가져옵니다.
results = driver.find_elements_by_css_selector('div.g')

# 그 중 첫번째 링크 안에서 a 태그를 찾습니다.
link = results[0].find_element_by_tag_name("a")

# a 태그 안에서 href 이라는 속성을 가져옵니다.
href = link.get_attribute("href")

# 속성 안에서 q 에 해당되는 값을 가져옵니다.
import urlparse
print(urlparse.parse_qs(urlparse.urlparse(href).query)["url"])
```

[파이썬 코드 – selenium_2nd.py]

📖 **참고_ [개발자 도구를 이용하여 코드 이해하기]**

위의 링크를 가져오는 코드의 내용을 이해하기 위해서, IE의 개발자 도구 기능을 한번 사용해 보겠습니다(물론 선호하는 다른 브라우저의 개발자 도구를 이용해도 됩니다). 아래의 화면에 있는 대로 구글에서 "파이썬 공부"로 검색 후, 첫 번째 링크에서 컨텍스트 메뉴를 띄워 요소 검사를 합니다. 그래서 앞에 있는 파이썬 코드와 개발자 도구에서 보여 주는 소스코드 내용을 비교해 놓았습니다(해당 요소 검사를 사용하는 방법은 11교시에서 설명했습니다).

자세히 보면 class 속성이 "g"인 "div" 태그들을 찾은 후(페이지 전체를 분석해 보면 이 "g" 속성을 가진 "div" 태그가 각 결과 링크를 하나씩 감싸고 있을 것입니다), 그 다음 해당 "div" 태그 안에서 다시 "a" 태그를 찾고, 그 다음 찾은 "a" 태그 안에서 다시 "href" 속성을 찾습니다. 그 다음 해당 URL 형태의 결과 값에 대해 "urlparse"라는 라이브러리를 이용하여, "URL"이라는 인자 요소만 추출하게 되는 구조입니다.

그 추출된 값이 바로 실제 링크된 페이지인 "https://nolboo.kim/blog/2014/08/10/the-best-way-
to-learn-python/"일 것입니다(구글 순위는 자주 변경되니 여러분은 다른 링크를 보게 될 수도 있습
니다).

[그림 11교시-5: 개발자 도구로 코드 이해하기]

해당 코드를 복사해서 C:\python\code 디렉터리에, 파일 형식은 "모든 파일", 인코딩
은 "UTF-8"로 선택하고, "selenium_2nd.py"라는 이름으로 저장하고 아래와 같이 실
행합니다.

```
c:\Python\code>python selenium_2nd.py
Traceback (most recent call last):
  File "selenium_2nd.py", line 20, in <module>
    importurlparse
ModuleNotFoundError: No module named 'urlparse'
```

이젠 구글 페이지까진 잘 뜨는데 urlparse라는 모듈이 없다고 에러가 납니다. 아마도

코드가 파이썬 2.x대 기준이라 그런 것 같습니다. 파이썬 3에서 사용하는 URL 파싱 방식을 찾기 위해서 구글에 "get some argument from urlurlparse python"으로 검색합니다. 첫 번째 스택오버플로 페이지를 보던 중, 아래와 같은 항목이 눈에 뜁니다. "furl"이라는 새로운 모듈을 사용하라는 조언입니다.

[Retrieving parameters from a URL - stackoverflow 페이지]
https://bit.ly/2rhbMdG

There is a new library called furl. I find this library to be most pythonic for doing url algebra. To install:
pip install furl

Code:
from furl import furl
f = furl("/abc?def='ghi'")
print f.args['def']

코드를 보니 전체적인 기능은 어떨지 모르지만, 현재 용도로는 urlparse를 사용하는 것보다 더 간략해 보입니다. 그럼 위에 적힌 대로, 모듈을 설치하겠습니다.

c:\Python\code>**pip install furl**
Collecting furl
… 생략
Successfully installed furl-1.0.1 orderedmultidict-0.7.11

정상적으로 설치되었습니다. 해당 코드를 이용해서 아래와 같이 기존 코드를 수정한 코드는 아래와 같습니다.

```python
from selenium import webdriver
from selenium.webdriver.common.keys import Keys

# Firefox 웹 드라이버를 생성 합니다.
driver = webdriver.Firefox()

# 구글 페이지에서 "파이썬 공부" 라고 검색해 옵니다.
driver.get("https://www.google.com/search?q=파이썬 공부")

# 검색 된 div 태그 안에 들은 링크 들을 가져옵니다.
results = driver.find_elements_by_css_selector('div.g')

# 그 중 첫번째 링크 안에서 a 태그를 찾습니다.
link = results[0].find_element_by_tag_name("a")

# a 태그 안에서 href 이라는 속성을 가져옵니다.
href = link.get_attribute("href")

# 속성 안에서 q 에 해당되는 값을 가져옵니다.
from furl import furl
f = furl(href)
print (f.args['url'])
```

[파이썬 코드 – selenium_3rd.py]

해당 코드를 복사해서 C:\python\code 디렉터리에, 파일 형식은 "모든 파일", 인코딩은 "UTF-8"로 선택하고, "selenium_3rd.py"라는 이름으로 저장하고 아래와 같이 실행합니다.

```
c:\Python\code>python selenium_3rd.py
```

⋯ 생략

KeyError: 'url'

그런데 이상하게도, 아까 개발자 도구상으로는 분명히 확인할 수 있었던 "url" 인자가 없다고 나옵니다. 왜 그런지 원인을 찾기 위해 아래와 같이 소스를 수정해 href 값을 화면에 출력해 봅니다.

```python
from selenium import webdriver
from selenium.webdriver.common.keys import Keys

# Firefox 웹 드라이버를 생성 합니다.
driver = webdriver.Firefox()

# 구글 페이지에서 "파이썬 공부" 라고 검색해 옵니다.
driver.get("https://www.google.com/search?q=파이썬 공부")

# 검색 된 div 태그 안에 들은 링크 들을 가져옵니다.
results = driver.find_elements_by_css_selector('div.g')

# 그 중 첫번째 링크 안에서 a 태그를 찾습니다.
link = results[0].find_element_by_tag_name("a")

# a 태그 안에서 href 이라는 속성을 가져옵니다.
href = link.get_attribute("href")

# 화면에 출력을 해봅니다.
print(href)
```

[파이썬 코드 – selenium_4th.py]

해당 코드를 복사해서 C:\python\code 디렉터리에, 파일 형식은 "모든 파일", 인코딩은 "UTF-8"로 선택하고, "selenium_4th.py"라는 이름으로 저장하고 아래와 같이 실행합니다.

```
C:\Python\code>python selenium_4th.py
https://nolboo.kim/blog/2014/08/10/the-best-way-to-learn-python/
```

그런데 특이하게도, 개발자 도구로 소스상에서 본 href는 분명 "/url?........"로 시작하는 구글을 기준으로 한 긴 링크 문장이었는데, 실제 파이어폭스 웹 드라이브에서 참조해 온 값은 이미 해당 URL이 실행되어 해석된, 최종 URL 경로를 가져오게 됩니다 (나중에 PhantomJS에서도 보겠지만 거기서는 가져오는 값이 조금 다릅니다). 이 부분이 예전의 Beautiful Soup을 사용할 때와 다른 부분 중 하나입니다.

해당 Beautiful Soup은 정적인 페이지를 대상으로 했기 때문에, 항상 소스에 기반해 일정한 값이 나옵니다. 하지만 웹 드라이브의 경우에는 드라이브를 만든 곳에 따라서 (IE, 파이어폭스, 크롬, PhantomJS) 구현 방식이 다를 수 있기 때문에, 각각 다른 동적인 시점에 따라 상이한 결과 값을 리턴할 수도 있습니다.

이 부분이 어찌 보면 "하나의 소스를 여러 용도로 쓰는(one source multi use)"을 지향하는 셀레늄의 현실적인 한계일지도 모릅니다(웹 드라이버는 만드는 단체나 개인이 각각 다를 수 있기 때문에 입출력 인터페이스는 동일하지만 실제 얻어 오는 값이나 동작에는 조금씩 차이가 날 수 있습니다. 브라우저 종류나 버전별 특성도 영향을 줄 것입니다). 여하튼 이렇게 되면 굳이 설치한 furl을 이용해서 한 번 더 주소를 가져올 필요가 없어집니다(furl은 나중에 PhantomJS 구현 시 사용할 테니 삭제하지 말기 바랍니다).

4.5 새로운 탭을 열어 페이지 로딩

마지막으로 새로운 탭을 열어 특정 웹 주소를 여는 방식을 알아보겠습니다. 구글에 "selenium open link in new tab python"으로 검색합니다. 아래 스택오버플로 페이지를 보면 "CTRL+T" 키를 눌러서 새 탭을 열고, 웹 주소를 이 탭에 로딩하는 코드들이 있는데, 마지막에 있는 간단한 코드가 하나 눈에 띕니다.

[Open web in new tab Selenium + Python - stackoverflow 페이지]
https://bit.ly/2Ouo0tf

_browser.execute_script("'window.open("http://bings.com","_blank");'")_

위의 코드가 정상적으로 동작한다면 좋겠습니다. 이후에도 만난 시행착오에 대해 결과만 정리하면, 다행히 파이어폭스는 기본 동작 옵션이 _blank로 새 창을 열면 새 탭으로 열어 줍니다. 현재 시점에서 확인한 결과, 보안상의 이유인지는 모르지만, 최근 브라우저들에서는 해당 링크에 제시된 예제들과 같이 웹 드라이버에서 "CTRL+T" 키를 "body" 태그를 대상으로 날려도 새 탭이 안 생기는 것 같습니다. 그래서 결국 위의 코드를 쓰게 되었습니다.

4.6 최종 코드 완성

앞에서 해결된 코드들을 합치고 제어 로직을 추가하여 최종 완성된 코드는 아래와 같습니다.

```
from selenium import webdriver

# Firefox 웹 드라이버를 생성 합니다.
browser = webdriver.Firefox()

# 구글 페이지에서 "파이썬 공부" 라고 검색해 옵니다.
browser.get("https://www.google.com/search?q=파이썬 공부")

# 검색 된 div 태그 안에 들은 링크 들을 가져옵니다.
```

```
results = browser.find_elements_by_css_selector('div.g')

# 인자를 담을 리스트를 만듭니다.
hrefs = []

# div 중 최초 5개를 가져와서, 그 안에서 a 태그를 찾고, a 태그 안의 href 속성을 찾습니다.
for i in range(0, 5):
    link = results[i].find_element_by_tag_name("a")
    hrefs.append(link.get_attribute("href"))

# 화면에 출력해 봅니다.
for href in hrefs:
    print(href)

# 각 링크에 대해서 새 탭에서 엽니다.
for href in hrefs:
    browser.execute_script('window.open("' + href + '","_blank");')
```

[파이썬 코드 – selenium_firefox.py]

해당 코드를 복사해서 C:\python\code 디렉터리에, 파일 형식은 "모든 파일", 인코딩
은 "UTF-8"로 선택하고, "selenium_firefox.py"라는 이름으로 저장하고 아래와 같이
실행합니다.

```
C:\Python\code>python selenium_firefox.py
https://nolboo.kim/blog/2014/08/10/the-best-way-to-learn-python/
https://wikidocs.net/43
http://ngee.tistory.com/263
https://gihyeonlee.wordpress.com/2016/11/08/%ED%8C%8C%EC%9D%B4%EC
%8D%AC-%EB%8F%85%ED%95%99%EC%9D%84-%EC%9C%84%ED%95%9C-%EC%84%B8-
```

%EB%8B%A8%EA%B3%84-%EC%9D%B5%EC%88%99%ED%95%B4%EC%A7%80%EA%B8%B0-
%EB%B0%B0%EC%9A%B0%EA%B8%B0-%ED%94%84%EB%A1%9C/
http://analyticsstory.com/1

아래와 같이 파이어폭스 브라우저가 뜨면서 5개의 결과가 탭들에 담기게 됩니다.

[그림 11교시-6: 파이어폭스 최종 코드 실행 결과]

05 ▶ 팬텀JS(PhantomJS) 브라우저로 같은 작업 하기

앞서 파이어폭스 웹 드라이버로 했던 부분과 비교해 보는 것이 의미 있을 것 같아서, 이번에는 PhantomJS 브라우저를 이용해 비슷하게 구현해 보려 합니다. PhantomJS는 화면에는 없고 메모리상에만 존재하는 브라우저라고 보면 됩니다.

그런데 재미있게도, 스크린 캡처는 가능합니다(다행히 이 부분이 있어서 에러가 발생할 때 상황의 확인이 가능합니다). 대신에 실제로 브라우저가 화면상에 표시되어 움직이지 않기 때문에, 자동화 코드를 실행하면서도 비교적 해당 컴퓨터에서 다른 작업을 자유롭게 할 수 있습니다(기존 실제 브라우저 베이스의 자동화 코드를 실행해 본 사람들은 실행이 끝나기 전까지 컴퓨터를 사용하지 못하는 불편함을 경험해 봤을 것입니다). 또 실제 화면에 모든 개체를 표시하지 않기 때문에, 부하나 외부 환경에 대한 에러 요소도 적을 것 같습니다.

단점은 해당 브라우저로 만든 코드가 다른 실제의 브라우저와 100% 호환된다고 보장할 수는 없다는 점입니다. 다만 WebKit 베이스의 브라우저이기 때문에 사파리나 스마트폰용 브라우저와는 어느 정도 호환될 것입니다.

5.1 샘플 코드 구현

그럼 구글에 "python use PhantomJS"로 검색합니다. 아래의 스택오버플로 페이지를 확인해 보면, 다른 부분은 동일하고, 처음에 웹 드라이브를 정의하는 부분만 아래와 같이 바꾸면 될 것 같습니다.

[Is there a way to use PhantomJS in Python? – stackoverflow 사이트]
https://bit.ly/2QzOlaL

Now you can use like this
importselenium.webdriver
driver = selenium.webdriver.PhantomJS()
driver.get('http://google.com')
 # do some processing

이 방식으로 앞서 만든 파이어폭스 코드를 가져와 변경해 봅니다. 탭을 띄우는 부분만 어차피 보이지 않아 굳이 의미는 없을 것 같으니 제외하고, 링크 URL만 출력하고 종료하겠습니다.

```
from selenium import webdriver

# firefox 웹 드라이버를 로드 합니다.
browser = webdriver.PhantomJS()

# 구글에 "파이썬 공부" 검색어로 조회 합니다.
```

```
browser.get("https://www.google.com/search?q=파이썬 공부")

# 결과 div 태그를 클래스 기준으로 검색해 다 가져옵니다.
results = browser.find_elements_by_css_selector('div.g')

# 인자를 담을 리스트를 만듭니다.
hrefs = []

# div 중 최초 5개를 가져와서, 그 안에서 a 태그를 찾고, a 태그 안의 href 속성을 찾습니다.
for i in range(0, 5):
    link = results[i].find_element_by_tag_name("a")
    hrefs.append(link.get_attribute("href"))

# 화면에 결과들을 출력 해봅니다.
for href in hrefs:
    print(href)
```

[파이썬 코드 – selenium_phantom_1st.py]

해당 코드를 복사해서 C:\python\code 디렉터리에, 파일 형식은 "모든 파일", 인코딩은 "UTF-8"로 선택하고, "selenium_phantom_1st.py"라는 이름으로 저장하고 아래와 같이 실행합니다.

C:\Python\code>python selenium_phantom_1st.py
Traceback (most recent call last):
… 생략
selenium.common.exceptions.WebDriverException: Message: 'phantomjs' executable
needs to be in PATH.

역시 한번에 될 리는 없고, 무언가 에러가 납니다. 하지만 이미 파이어폭스에서 웹 드라이버 파일이 경로에 필요했던 부분을 겪어 보았으니, 이번엔 좀더 쉬울 듯합니다. 구글에서 "Message: 'phantomjs' executable needs to be in PATH windows"로 검색합니다. 이때 아래의 내용이 눈에 띕니다.

[PhantomJS with Selenium error: Message: 'phantomjs' executable needs to be in PATH – stackoverflow 사이트]

https://bit.ly/2MEKWnM

you need to download the DRIVER

after that session = webdriver.PhantomJS("c:\\driverPath")

이 글에 명시된 http://phantomjs.org/ 페이지로 이동하여 "Download Ver2.1"(시점에 따라 버전이 달라질 수 있을 듯합니다. 그렇게 되면 압축을 푼 디렉터리가 달라지니 소스에서 변경해 주어야 합니다) 버튼을 클릭하여, "phantomjs-2.1.1-windows.zip" 파일을 다운로드 합니다. 이전과 같이 exe 파일을 소스와 같은 폴더에 복사하거나, 패스가 지정되어 있는 폴더에 복사하거나, 아니면 특정 폴더에 복사 후 시스템 패스를 지정해도 좋습니다.

하지만 조금 다른 방식을 보여 주기 위해 c:\python 폴더에 압축을 풀고(압축 파일 내에 폴더가 있어서 "여기에 압축풀기"로 하여 phantomjs-2.1.1-windows 폴더로 풀어야 합니다), Phantomjs 호출하는 코드 부분을 아래와 같이 수정합니다. 폴더 경로는, 만약 드라이버 버전이 바뀌어서 폴더 이름이 바뀌면 같이 바꿔야 합니다.

```
from selenium import webdriver

# firefox 웹 드라이버를 로드 합니다.
# 실행 경로 수정
phantomjs_path = r'c:\Python\phantomjs-2.1.1-windows\bin\phantomjs.exe'
```

```
browser = webdriver.PhantomJS(phantomjs_path)

# 구글에 "파이썬 공부" 검색어로 조회 합니다.
browser.get("https://www.google.com/search?q=파이썬 공부")

# 결과 div 태그를 클래스 기준으로 검색해 다 가져옵니다.
results = browser.find_elements_by_css_selector('div.g')

# 인자를 담을 리스트를 만듭니다.
hrefs = []

# div 중 최초 5개를 가져와서, 그 안에서 a 태그를 찾고, a 태그 안의 href 속성을 찾습니다.
for i in range(0, 5):
    link = results[i].find_element_by_tag_name("a")
    hrefs.append(link.get_attribute("href"))

# 화면에 결과들을 출력 해봅니다.
for href in hrefs:
    print(href)
```

[파이썬 코드 – selenium_phantom_2nd.py]

해당 코드를 복사해서 c:\python\code 디렉터리에, 파일 형식은 "모든 파일", 인코딩은 "UTF-8"로 선택하고, "selenium_phantom_2nd.py"라는 이름으로 저장하고 아래와 같이 실행합니다.

```
c:\Python\code>python selenium_phantom_2nd.py
Traceback (most recent call last):
… 생략
link = results[i].find_element_by_tag_name("a")
```

IndexError: list index out of range

※ 실행 시 이전과 같은 윈도우즈 방화벽 허용 창이 뜰 것입니다. PhantomJS 관련해서 뜨는 것을 보니 웹 드라이버 종류마다 각각 통신을 하는 것 같습니다. 실행 시 필수이니 "액세스 허용"을 하고, 다시 프로그램을 실행시키면 됩니다.

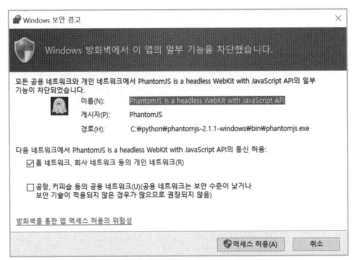

[그림 12교시-7: PhantomJS 윈도우 방화벽 허용]

5.2 에러 원인 확인

그런데 브라우저 실행까진 잘 됐는데, 엉뚱하게 "a" 태그가 없다고 나옵니다. 화면이 보이지도 않아 어떤 일이 일어났는지 알 수 없으니 에러가 나기 전 코드 위치에서 스크린샷을 찍어 보겠습니다.

```
from selenium import webdriver

# firefox 웹 드라이버를 로드 합니다.
phantomjs_path = r'c:\Python\phantomjs-2.1.1-windows\bin\phantomjs.exe'
browser = webdriver.PhantomJS(phantomjs_path)
```

```
# 구글에 "파이썬 공부" 검색어로 조회 합니다.
browser.get("https://www.google.com/search?q=파이썬 공부")

# 결과 div 태그를 클래스 기준으로 검색해 다 가져옵니다.
results = browser.find_elements_by_css_selector('div.g')

# 인자를 담을 리스트를 만듭니다.
hrefs = []

# 디버그용 스크린 샷을 만듭니다.
browser.save_screenshot('screen.png')

# div 중 최초 5개를 가져와서, 그 안에서 a 태그를 찾고, a 태그 안의 href 속성을 찾습니다.
for i in range(0, 5):
    link = results[i].find_element_by_tag_name("a")
    hrefs.append(link.get_attribute("href"))

# 화면에 결과들을 출력 해봅니다.
for href in hrefs:
    print(href)
```

[파이썬 코드 – selenium_phantom_3rd.py]

해당 코드를 복사해서 C:\python\code 디렉터리에, 파일 형식은 "모든 파일", 인코딩은 "UTF-8"로 선택하고, "selenium_phantom_3rd.py"라는 이름으로 저장하고 아래와 같이 실행합니다. 에러가 똑같이 나지만, 에러가 발생하기 전에 스크린샷을 하나 만들게 됩니다.

c:\Python\code>python selenium_phantom_3rd.py
Traceback (most recent call last):

… 생략

link = results[i].find_element_by_tag_name("a")

IndexError: list index out of range

C:\python\code 폴더에 저장된 screen.png 파일을 열어 보면, 글자가 "??? ??"로 나옵니다. 불행하게도 PhantomJS는 URL에 한글을 포함해서 보내면 제대로 처리하지 못하는 것 같습니다.

[그림 12교시-8: PhantomJS 에러]

어떻게 내부에서 인코딩을 처리하는지 모르는 상태에서(물론 홈페이지에서 전체 소스를 제공해 주긴 합니다) 인코딩을 조정하기가 쉽지 않을 것 같습니다. 그래서 URL에 검색어를 넣는 방식이 아닌 실제 검색 창에 한글 검색어를 넣고 검색 버튼을 누르는 방향으로 전환하고 한글 처리를 잘 하길 기대해 보겠습니다. 구글에 "selenium google search python"으로 검색합니다. 상단에 나오는 깃허브 페이지를 참고하겠습니다.

[python selenium google search example – GitHub 사이트]

https://bit.ly/2xoymo7

해당 실제 개체에 이벤트를 주어 움직이게 하는 방식으로 코드를 수정하면 아래와 같습니다.

```
from selenium import webdriver

# firefox 웹 드라이버를 로드 합니다.
phantomjs_path = r'c:\Python\phantomjs-2.1.1-windows\bin\phantomjs.exe'
browser = webdriver.PhantomJS(phantomjs_path)

# 구글에 '파이썬 공부'로 검색어 조회합니다.
browser.get("https://www.google.com")
input_element = browser.find_element_by_name("q")
input_element.send_keys("파이썬 공부")
input_element.submit()


# 결과 div 태그를 클래스 기준으로 검색해 다 가져옵니다.
results = browser.find_elements_by_css_selector('div.g')

# 인자를 담을 리스트를 생성합니다.
hrefs = []

# 디버그용 스크린 샷을 찍습니다.
# browser.save_screenshot('screen.png')

# div 중 최초 5개를 가져와서, 그 안에서 a 태그를 찾고, a 태그 안의 href 속성을 찾습니다.
for i in range(0, 5):
    link = results[i].find_element_by_tag_name("a")
    hrefs.append(link.get_attribute("href"))
```

```
# 화면에 그냥 프린트를 해봅니다.
for href in hrefs:
    print(href)
```

[파이썬 코드 – selenium_phantom_4th.py]

해당 코드를 복사해서 C:\python\code 디렉터리에, 파일 형식은 "모든 파일", 인코딩은 "UTF-8"로 선택하고, "selenium_phantom_4th.py"라는 이름으로 저장하고 아래와 같이 실행합니다.

C:\Python\code>**python selenium_phantom_4th.py**

https://www.google.co.kr/url?q=https://nolboo.kim/blog/2014/08/10/the-best-way-to-learn-python/&sa=U&ved=0ahUKEwi-06jhntbWAhWKyrwKHU_ZBXQQFggTMAA&usg=AOvVaw00UY0M3YNUDMOsrV97mxZQ

https://www.google.co.kr/url?q=http://ngee.tistory.com/263&sa=U&ved=0ahUKEwi-06jhntbWAhWKyrwKHU_ZBXQQFggZMAE&usg=AOvVaw2fSkoT_H9bdJBv8fMxmr_n

… 뒤의 3개는 생략

결과는 잘 나왔는데, 앞서 얘기한 대로, 웹 드라이버마다 동작이 상이합니다. 파이어폭스에서는 "href"에 "최종 이동하는 URL"이 나왔는데, PhantomJS에서는 아래와 같이 정적 소스와도 좀 다른(개발자 도구에서 볼 때에는 "URL" 인자에 링크가 있었는데 여기 "q" 인자입니다), 최종 URL 이전의 리다이렉트되는 중간 링크가 나옵니다.

https://www.google.co.kr/url?q=http://ngee.tistory.com/263&sa=U&ved=0ahUKEwi8sJba-_bSAhVEzbwKHQfuD5oQFggZMAA&usg=AFQjCNFNP7xOQT4RepCgxW-lSoAIucugwA

물론 이 링크를 띄워도 최종 URL이 표시되긴 하지만, 매번 구글을 거쳐서 실행되는 부분이 찜찜해서 파이어폭스와 동일하게 나오게 하기 위해 아까 사용하려 했던 furl 을 써 봅니다.

Code:

from furl import furl

f = furl("/abc?def='ghi'")

print f.args['def']

5.3 최종 코드

모듈 설치는 이미 했으니, furl 코드를 반영하여 최종 PhantomJS 코드를 만들면 아래 와 같습니다.

```
from selenium import webdriver

# firefox 웹 드라이버를 로드 합니다.
phantomjs_path = r'c:\Python\phantomjs-2.1.1-windows\bin\phantomjs.exe'
browser = webdriver.PhantomJS(phantomjs_path)

# 구글에 "파이썬 공부" 검색어로 조회 합니다.
browser.get("https://www.google.com")
input_element = browser.find_element_by_name("q")
input_element.send_keys("파이썬 공부")
input_element.submit()

# 잠시 로딩될 시간을 기다립니다.
import time
time.sleep(2)
```

```
# 결과 div 태그를 클래스 기준으로 검색해 다 가져옵니다.
results = browser.find_elements_by_css_selector('div.g')

# 인자를 담을 리스트를 만듭니다.
hrefs = []

# 디버그용 스크린 샷을 만듭니다.
# browser.save_screenshot('screen.png')

# div 중 최초 5개를 가져와서, 그 안에서 a 태그를 찾고, a 태그 안의 href 속성을 찾습니다.
for i in range(0, 5):
    link = results[i].find_element_by_tag_name("a")
    hrefs.append(link.get_attribute("href"))

# href 에서 q 인자를 추출해 옵니다.
from furl import furl
for href in hrefs:
    f = furl(href)
    print (f.args['q'])
```

[파이썬 코드 – selenium_phantom_final.py]

해당 코드를 복사해서 C:\python\code 디렉터리에, 파일 형식은 "모든 파일", 인코딩은 "UTF-8"로 선택하고, "selenium_phantom_final.py"라는 이름으로 저장하고 아래와 같이 실행합니다. 이제 파이어폭스 때와 같은 결과가 나옵니다. 다만 현재는 2018년 2월 기준으로 PhantomJS 에 대한 지원이 사라지게 될거라면서 파이어 폭스나 크롬의 비슷한 기능(headless version)을 사용하라는 권고가 나오니 구현시 참고 부탁 드립니다.

c:\Python\code>**python selenium_phantom_final.py**

https://nolboo.kim/blog/2014/08/10/the-best-way-to-learn-python/

http://ngee.tistory.com/263

… 뒤의 3개는 생략

📖 참고_ 웹 자동화의 타이밍 문제

웹 자동화 코드를 돌리다 보면 어떤 땐 잘 되다가 어떤 땐 페이지 요소를 찾을 수 없다면서 에러가 나는 경우가 종종 있습니다. 예를 들어 파이어폭스 코드에서 사용했던 browser.get() 같은 함수는 아마도 페이지 전체가 로딩될 때까지 대기 후, 다음 코드가 실행되는 것 같습니다. 하지만 앞의 PhantomJS 경우와 같이 submit 버튼으로 전송한 경우에는 버튼을 누른 순간 해당 코드의 실행이 끝나기 때문에 요소를 인식하는 "find_elements_by_css_selector('div.g')" 같은 코드가 실행됐을 때 페이지가 아직 로딩 중일 수 있기 때문에, 코드에서 페이지에 "div.g" 태그가 로딩되지 않아서 에러가 발생할 수 있습니다.

이 부분은 보통 컴퓨터 CPU 상태나 네트워크 상태에 따라 비정기적으로 일어나기 때문에, 처음 맞닥뜨렸을 때엔 원인을 짐작하기 어렵습니다. 보통 상용의 웹 UI 자동화 솔루션들은 이러한 태그나 속성 요소를 찾는 함수들에 기본으로 지정가능한 "대기시간"이 있어서, 해당 부분의 요소가 없더라도 대기 시간 동안 계속 해당 요소를 반복해서 찾아 웹 페이지에 로딩에 의한 타이밍 에러를 줄여 줍니다(그럼에도 가끔은 이유 모를 에러가 나긴 합니다).

셀레늄에도 그러한 타이밍 이슈를 위한 기능들이 있는데, 보통 두 가지 방식으로 접근합니다. 첫째는 쉬는 시간을 무조건 지정하는 것입니다. 하지만 경험상 시간을 충분히 주더라도 특정 경우에 타이밍 에러가 날 수 있고, 또 해당 부분이 로딩됐더라도 무조건 일정 시간 동안 기다리게 되어 실행 시간이 많이 걸리기 때문에 그다지 바람직한 방식은 아닙니다.

```
import time
time.sleep(2)
```

둘째, 페이지 로딩이 충분히 됐는지를 특정 엘리먼트를 계속 확인하여 기다리는 것입니다. 이 경우 해당 엘리먼트를 찾게 되면 바로 다음 단계로 넘어가고, 아니면 지정된 시간이 지나서 에러를 내게 됩니다. 이런 코드를 만들 경우 현재 참조하려는 태그나 페이지에서 가장 마지막에 로딩될 것 같은 태그를 페이지 구조를 분석하여 지정해야 합니다. 이것 역시 쉬운 작업은 아니지만, 이렇게 구현하면 코드가 빠르고 정확해질 가능성이 높아집니다(웹은 경험상 100% 보장은 힘들 것 같습니다). 그런 면에서는 상용 솔루션이 좀더 유연할 것 같습니다. 구글을 찾아보니, 아래의 스택오버플로 페이지에서 안내한 대로 WebDriverWait 함수를 사용하여 개체를 기다리는 제한을 두는 방식을 추천하고 있습니다. 위의 PhantomJS 코드에서는 쉽게 가기 위해 sleep 함수를 이용했습니다.

[How to wait until the page is loaded with Selenium for Python? – stackoverflow 사이트]
https://bit.ly/2xpBEGL

As mentioned in the answer from David Cullen, I've seen always recommended using a line like the following one:
element_present = EC.presence_of_element_located((By.ID, 'element_id'))
WebDriverWait(driver, timeout).until(element_present)

06 ▶ 인터넷 익스플로러로 같은 작업 하기

마지막으로, 자주 사용하는 인터넷 익스플로러 브라우저(이하 IE)로 구현하는 예제를 보겠습니다. 결론부터 얘기하면 실행을 위해 해야 할 성가신 일이 생각보다 좀 많고, 실행해 보면 파이어폭스보다는 상당히 느리게 동작합니다(풀장 안에서 걷는 듯한 느낌이 듭니다). 그래서 가능한 동작을 꼭 IE 브라우저에서 할 필요가 없다면 파이어폭스나, 해보진 않았지만 크롬에서 하길 권합니다(구글에서 직접 webdriver를 만드는 것 같으니 최적화가 잘 되어 있으리라 생각합니다). 화면을 꼭 봐야 할 필요가 없다면 PhantomJS나 앞에서 얘기한 파이어폭스나 크롬의 headless 버전을 사용하시는 것도 좋습니다. 시행 착오 과정을 반복해서 보여 줄 필요가 없을 것 같아서, 실행에 필요한 준비 작업을 안내한 후, 실행 결과를 보여 주고 마무리하려 합니다.

6.1 웹드라이버 세팅

[Selenium python internet explorer – stackoverflow 사이트]
https://bit.ly/2NNgTyN

"http://docs.seleniumhq.org/download/" 페이지의 "The Internet Explorer Driver Server" 섹션에서 "64 bit Windows IE"를 다운로드합니다. 현재 3.9.0 버전입니다(현 재 3.9.0 버전은 이유모를 에러가 나기 때문에, 혹시 같은 에러가 난다면 구글에 "selenium The Internet Explorer Driver Server 3.8.0 download" 검색하여 3.8.0버전을 다운 로드 받으세요). 다운로드한 압축 파일을 푼 IEDriverServer.exe 파일을 c:\python\code 폴더에 넣 습니다.

6.1.1 IE 보안 설정

Unexpected error launching Internet Explorer. Protected Mode settings are not the same for all zones 에러 발생함.

인터넷 옵션 〉 보안 탭 〉 아래의 네 영역에 대해 보호 모드 사용이 해제되어 있어야 합니다. 보안 문제가 있으니, 테스트 완료 후 인터넷과 제한된 사이트 쪽은 꼭 원래대로 복원하기 바랍니다.

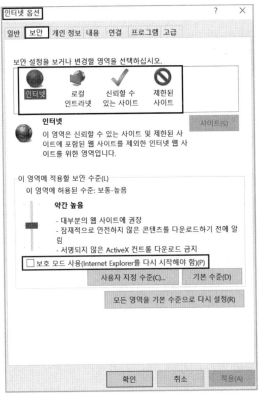

[그림 12교시-9: 인터넷 보안 설정 조정]

6.1.2 IE 확대/축소 사이즈 설정

Message: Unexpected error launching Internet Explorer. Browser zoom level was set to 125%. It should be set to 100% 에러 발생.

확대 설정이 100%여야만 동작합니다(IE 브라우저에는 왜 이런 설정까지 맞춰야 하는지 모르겠습니다).

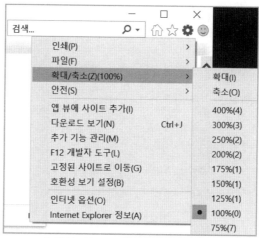

[그림 12교시-10: IE 확대 비율 100%로 조정]

6.1.3 실행 시 방화벽 설정

PhantomJS와 비슷하게, 방화벽 허용을 묻는 창이 뜨면 허용해 주고 다시 코드를 실행해야 합니다.

6.1.4 실행 시 팝업 설정

IE는 같은 코드로 파이어폭스처럼 탭으로 열리지 않고, 팝업 새 창으로 열립니다. 팝업 경고 창이 뜨면 "이 사이트의 옵션" 드롭박스를 선택하여 "항상 허용"으로 바꿔 주어야 합니다.

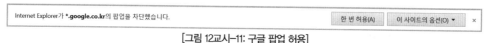

[그림 12교시-11: 구글 팝업 허용]

6.2 최종 코드

설정은 좀 달랐지만, 최종 정리한 코드는 브라우저 호출 부분만 바뀌었습니다.

```
from selenium import webdriver

# IE 웹 드라이버를 로딩 합니다.
browser = webdriver.Ie()

# 구글에 "파이썬 공부" 검색어로 조회 합니다.
browser.get("https://www.google.com")
input_element = browser.find_element_by_name("q")
input_element.send_keys("파이썬 공부")
input_element.submit()

# 대기 시간을 지정 합니다.
import time
time.sleep(5)

# 결과 div 태그를 클래스 기준으로 검색해 다 가져옵니다.
results = browser.find_elements_by_css_selector('div.g')

# 인자를 담을 리스트를 만듭니다.
hrefs = []

# div 중 최초 5개를 가져와서, 그 안에서 a 태그를 찾고, a 태그 안의 href 속성을 찾습니다.
for i in range(0, 5):
    link = results[i].find_element_by_tag_name("a")
    hrefs.append(link.get_attribute("href"))

# 링크를 출력 해봅니다.
for href in hrefs:
    print(href)
```

```
# 링크들을 새 창에 띄웁니다.
for href in hrefs:
    browser.execute_script('window.open('' + href + '','"_blank");')
```

[파이썬 코드 – python selenium_ie.py]

해당 코드를 복사해서 C:\python\code 디렉터리에, 파일 형식은 "모든 파일", 인코딩은 "UTF-8"로 선택하고, "selenium_ie.py"라는 이름으로 저장하고 아래와 같이 실행합니다. 아래와 같이 IE는 탭 대신 새 창으로 뜹니다.

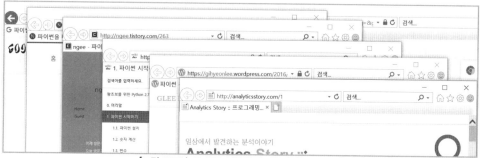

[그림 12교시-12: IE를 이용한 링크들 새 창으로 열기]

몇 가지 탭으로 띄울 수 있는 코드들을 확인해 보았습니다만, 최신 IE 웹 드라이버에서는 구글에 안내되어 있는 대로 "CTRL+T", "CTRL+CLICK", 탭 옵션을 바꿔도 모두 탭으로 열리진 않아서, 현재로서는 새 창으로밖에 안 열리는 것 같다는 결론을 내렸습니다. 구글 검색 결과로도 최근엔 딱히 해결 방법이 올라온 글이 없는 듯싶습니다. 아마 보안 문제 때문에 사용자의 직접 입력이 아니면 조작을 못하게 하는 것도 같습니다.

다시 얘기하지만 꼭 IE로 구현해야 하는 것이 아니라면, 앞의 설정과 같이 지켜야 할 제약 조건이 여러 가지 있으므로 다른 브라우저를 사용하기 바랍니다.

```
C:\Python\code>python selenium_ie.py
```

https://nolboo.kim/blog/2014/08/10/the-best-way-to-learn-python/

http://ngee.tistory.com/263

… 이하 생략

예제들에서 본 것처럼, 셀레늄이 좋은 모듈이긴 하지만, 브라우저별로 웹 드라이버의 완성도 및 브라우저 회사 자체의 지원 의지에 따라, 동작 및 완성도에서 차이가 있습니다. 브라우저 버전이 바뀌면서 잘 되던 기능이 보안 등의 이유로 막혀 버릴 수도 있습니다. 또한 브라우저에서 파일을 선택하는 다이얼로그 등이 뜰 경우 해당 창은 웹 영역을 벗어난, 윈도우 애플리케이션 영역의 창이기 때문에, 다음 시간에 소개할 윈도우 자동화 모듈들을 이용해서 해결해야 하기도 합니다. 웹 자동화는 영향을 받는 환경적 요소가 많아 쉽지 않은 부분이지만, 극복하기 위한 노력으로 꾸준히 호환성이 개선되고 있습니다.

•13교시•

윈도우 GUI 자동화
with pywinauto

이 시간에는 윈도우 GUI 자동화를 살펴보려 합니다. 만들어 보려는 프로그램은 1) 메모장을 열어서, 2) 작은 텍스트 문구를 입력한 후, 3) 우리가 매번 샘플 파일을 저장한 방식처럼 콤보 박스에서 인코딩과, 파일 형식을 선택하고 특정 폴더에 파이썬 파일을 저장하는 프로그램입니다. 그 다음, 이전 시간에 잠시 언급한 상용 GUI 자동화 툴인 "Unified Functional Testing"으로 생성된 코드와 작성된 파이썬 코드를 비교해 보며, 오픈소스 모듈과 상용 모듈의 차이점을 알아보려 합니다.

01 ▶ 들어가면서

파이썬으로 구현하는 자동화를 소개하면서 굳이 상용 자동화 툴을 언급하는 이유가 뭘까요? 첫째는 파이썬 언어 또는 연관된 셀레늄, Beautiful Soup 같은 모듈들을 공부하는 이유가 효율적인 프로그래밍적 사고 및 구현 방식을 찾기 위해서라고 생각하기 때문입니다. 그런 측면에서 향후 더 효율적인 언어나 개선된 모듈들이 등장할 때, 현재 언어나 모듈의 선입견에 갇혀 고정된 관점에서 새로운 것들을 바라보기보다 현재 사용하고 있는 언어의 장단점을 객관적으로 파악하고 있는 것이 더 좋을 것 같기 때문입니다.

둘째는, 뒤에서 보면 알겠지만, 상용툴은 사람들이 제품을 구입하도록 어필할 수 있는 장점들이 있어야 하기 때문에, 오픈소스의 경우 일반적으로 개인이 노력하여 구축해야 하는 설계, 구조적 측면이나 초창기 버전들에서 흔히 간과되는 사용성 및 유지보수에 관련된 기능들이 제품 안에 기본으로 포함되어 있는 경우가 많습니다. 하지만 역으로 사용자를 돕는 그러한 기능들이 툴을 사용하는 방식을 고정시켜 버려서, 사용 범위를 제한하는 독이 될 수도 있습니다.

앞의 셀레늄이나 Beautiful Soup을 보면 해당 모듈이 웹 페이지를 인식할 때, 태그

(Element)나 속성(Attribute), CSS Selector, XPath(이전 시간의 예제에는 사용하지 않았지만, 셀레늄은 XPath를 지원합니다. Beautiful Soup은 지원하지 않는 것 같지만, 최근 크롤링에서 많이 사용된다고 하는 "scrapy"란 모듈도 XPath를 지원하고 있습니다). XPath에 대해선 잘 모르지만, XML 다큐먼트의 요소들을 정의할 때 사용된다고 하며, 사용법이 정규표현식 같은 스타일이어서 문법에 익숙해지면 꽤 효율적일 것 같습니다. 이 예제에서는 다루지 않을 것이니 XPath에 대한 상세 내용은 아래 링크를 참고하세요.

[XPath Syntax]
https://bit.ly/2rJy4qk

비슷한 맥락에서 GUI 자동화 모듈은 원하는 개체(윈도우, 메뉴, 버튼, 리스트 박스 등)를 선택하고 조작하기 위해, 위의 웹 자동화의 태그, 속성과 비슷한 기준 요소가 필요하며, 그런 부분이 클래스 이름, 텍스트, 좌표(Position) 같은 여러 윈도우의 속성들입니다.

비주얼 스튜디오 커뮤니티 버전으로 GUI 프로그램을 작성하는 [그림 13교시-1]화면을 보면, 폼 안에 위치한 버튼을 선택했을 때, 오른쪽 속성(property) 창에서 해당되는 버튼 내의 텍스트 등 버튼을 정의하는 많은 속성을 볼 수 있습니다. 모든 윈도우 GUI 프로그램은 이 속성들을 기준으로 개체를 식별하고 메시지들을 교환합니다. 이것이 바로 이 시간에 진행할 내용의 핵심입니다.

앞에서 웹 자동화를 구현할 때 관련 웹 기술을 잘 알아야 유리하다고 말했듯이, GUI 자동화의 구현에는 윈도우(또는 x-windows든지 OSX든지) 및 그 환경에서 동작하는 GUI 프로그램들의 구조를 잘 아는 것이 유리합니다(하지만 잘 알게 되는 것이 쉽지는 않습니다. 필자 역시 초보이고요).

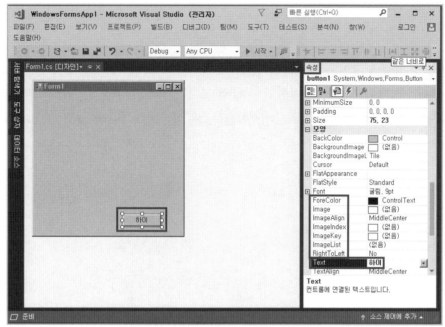

[그림 13교시-1: 비주얼 스튜디오 GUI 생성 화면]

02 메모장 실행과 메뉴 선택하기

본격적으로 코드 구현으로 들어가, 원하는 기능을 만들기 위해 필요한 것이 무엇인지 생각해 보겠습니다.

1) 어떤 윈도우 자동화 모듈을 사용해야 하는지 결정해야 합니다.

2) 메모장을 띄울 수 있어야 합니다.

3) 메모장의 메뉴를 선택하거나, 글을 입력할 수 있어야 합니다.

4) 저장 다이얼로그에서, 경로를 지정하고, 인코딩 콤보 박스와, 확장자 콤보 박스에서 원하는 항목을 선택하고, 파일 이름을 넣은 후, 저장 버튼을 누르는 작업을 할 수

있어야 합니다.

2.1 메모장 실행과 메뉴 선택

메모장을 조작할 수 있는 적절한 모듈을 찾기 위해 구글에서 "windows gui automation python notepad"로 검색합니다. 맨 위에 있는 pywinauto 모듈의 홈페이지를 보겠습니다.

[pywinauto 홈페이지]

https://pywinauto.GitHub.io/

"pywinauto"라는 모듈의 홈페이지를 보면 원하는 코드가 전부 있는 것은 아니지만, 기본적으로 메모장을 실행하고, "도움말 〉 메모장 정보" 메뉴를 선택해서 창을 띄운 후 닫고, 키를 입력하는 코드가 들어 있습니다. 그런데 소스 내용을 보니, 영문 윈도우 기준의 코드인 것 같습니다. 이 소스가 한글 윈도우에서도 잘 동작할지는 확신이 들지 않습니다.

```python
from pywinauto.application import Application

# 메모장를 띄웁니다.
app = Application().start("notepad.exe")

# "도움말 > 메모장 정보" 메뉴를 선택합니다.
app.UntitledNotepad.menu_select("Help->About Notepad")

# "확인" 버튼을 눌러서 다이얼로그를 닫습니다.
app.AboutNotepad.OK.click()

# 메모장에 내용을 적습니다.
app.UntitledNotepad.Edit.type_keys("pywinauto Works!", with_spaces = True)
```

[파이썬 코드 – notepad1.py]

정보를 좀더 수집하기 위해 홈페이지 오른쪽에 있는 "Documentation" 링크를 눌러 보겠습니다.

[What is pywinauto – Pywinauto 홈페이지]

https://bit.ly/2NiloRD

도움말이 비교적 잘 설명되어 있습니다. 찬찬히 살펴보고 싶다면, 상단의 "What is pywinauto"부터 "Methods available to each different control type"까지 다섯 개 정도의 설명을 살펴보면 됩니다. 마지막 "Methods available to each different control type"은 메뉴나 텍스트 박스 등의 GUI 컨트롤들을 어떻게 다룰 수 있는지를 기술한 전반적인 설명입니다.

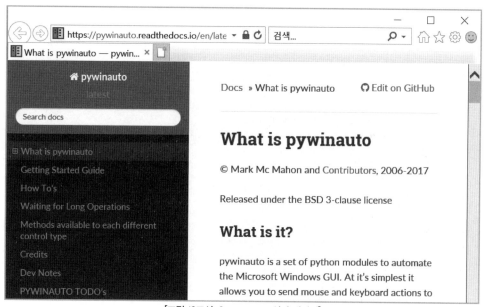

[그림 13교시-2: pywinauto 설명 페이지]

도움말 첫 페이지의 내용을 보면 눈에 띄는 내용이 하나 있는데, 여러 가지 오픈소스 와 무료 및 상용 윈도우 자동화 툴을 소개한 목록입니다. 몇 가지를 살펴보았는데, 먼 저 파이썬에서 쓸 수 있는 "winGuiAuto", "PyAutoGui"라는 툴은 매뉴얼이 상세하지 않은 것 같아서 제외했습니다. "AutoIt"은 파이썬 모듈은 아니지만 독립적으로 돌아가는 무료 애플리케이션으로, 윈도우 GUI 자동화에서 유명하지만 2015년 9월 이후 더 이상 업데이트가 안 되어 윈도우 7과 10의 지원이 명시되어 있지 않습니다(어느 정도는 돌아가는 것 같습니다).

또 활발하게 버전업이 되고 있는 무료 툴인 "AutoHotKey"는 GUI 컨트롤의 자동화보다는 키보드와 마우스 동작 중심의 매크로 프로그램(상용 프로그램으로 따지면 "macro express" 정도의 포지션)에 좀더 가까운 것으로 파악됩니다. 상용 GUI 자동화 툴인 "WinRunner"는 나중에 언급할 "Unified Functional Testing"의 옛 이름입니다. "SilkTest"는 예전엔 무척 깔끔하고 좋다고 생각했던 툴로 중간에 오픈소스와의 통합으로 방향을 틀었는데 지금은 어떤 포지션을 가지고 있는지 잘 모르겠습니다. 웹이나 GUI 자동화 자체에 관심 있다면 해당 링크의 툴을 찬찬히 살펴보기 바랍니다.

Some similar tools for comparison

- Python tools
  - PyAutoGui - a popular cross-platform library (has image-based search, no text-based controls manipulation).
  - Lackey - a pure Python replacement for Sikuli (based on image pattern matching).
  - AXUI - one of the wrappers around MS UI Automation API.
  - winGuiAuto - another module using Win32 API.

- Other scripting language tools
  - (Perl) Win32::GuiTest
  - (Ruby) Win32-Autogui - a wrapper around Win32 API.
  - (Ruby) RAutomation - there are 3 adapters: Win32 API, UIA, AutoIt.

- Other free tools
  - (C#) Winium.Desktop - a young but good MS UI Automation based tool.
  - (C#) TestStack.White - another good MS UI Automation based library with a long history.
  - AutoIt - free tool with its own Basic-like language (Win32 API based, no .NET plans)
  - AutoHotKey - native C++ tool with its own scripting language (.ahk)
  - "Awesome test automation" list on GitHub
  - A big list of open source tools for functional testing

- Commercial tools
  - WinRunner (http://www.mercury.com/us/products/quality-center/functional-testing/winrunner/)
  - SilkTest (http://www.segue.com/products/functional-regressional-testing/silktest.asp)
  - Many Others (http://www.testingfaqs.org/t-gui.html)

[그림 13교시-3: 여러 윈도우 자동화 툴의 비교]

도움말에 명시된 pip 명령어를 이용해 pywinauto 모듈을 설치해 보겠습니다. 아래와 같이 명령어를 입력하면 잘 설치됩니다.

```
C:\Python\code>pip install pywinauto
Collecting pywinauto
… 생략
  Running setup.py install for pywinauto ... done
Successfully installed comtypes-1.1.4 pypiwin32-220 pywinauto-0.6.3
```

앞의 코드를 복사하여 C:\python\code 디렉터리에, 파일 형식은 "모든 파일", 인코딩은 "UTF-8"로 선택하여, "notepad1.py"라는 이름으로 저장하고 아래와 같이 실행합니다(저장하고 실행하는 부분을 잘 모를 경우, 2교시 때 스크린샷과 함께 자세히 설명한 부분을 참고하세요).

```
C:\Python\code>python notepad1.py
# Generating comtypes.gen._944DE083_8FB8_45CF_BCB7_C477ACB2F897_0_1_0
… 생략
app.UntitledNotepad.menu_select("Help->About Notepad")
… 생략
pywinauto.findbestmatch.MatchError: Could not find 'Help' in 'dict_keys(['파일(&F)',
'편집(&E)', '서식(&O)', '보기(&V)', '도움말(&H)'])'
```

메모장이 실행되긴 하지만, 위의 에러가 발생합니다. 에러가 난 부분을 살펴보면 "Help → About Notepad" 메뉴를 선택하면서 에러가 난 것입니다. 위에서 보면 "menu_select"란 메서드를 실행하다 에러가 났음을 알 수 있고, 메뉴를 찾으려 하는데 "Help"란 메뉴는 없고 자신이 현재 메모장에 대해 파악하고 있는 상단 메뉴들은 ['파일(&F)', '편집(&E)', '서식(&O)', '보기(&V)', '도움말(&H)']밖에 없다고 합니다. 대충 동작을 유추해 보면, "Help"라는 부분을 PyWinAuto가 인지하고 있는 "도움말(&H)"로 바꾸면 될 것 같습니다. 그럼 소스를 수정해 보겠습니다(조금 장황하겠지만 처음이므로 한 단계씩 진행하겠습니다).

```python
from pywinauto.application import Application

# 메모장를 띄웁니다.
app = Application().start("notepad.exe")

# "도움말 > 메모장 정보" 메뉴를 선택합니다.
app.UntitledNotepad.menu_select("도움말(&H)->About Notepad")

# "확인" 버튼을 눌러서 다이얼로그를 닫습니다.
app.AboutNotepad.OK.click()

# 메모장에 내용을 적습니다.
app.UntitledNotepad.Edit.type_keys("pywinauto Works!", with_spaces = True)
```

[파이썬 소스 – notepad2.py]

해당 코드를 복사하여 C:\python\code 디렉터리에, 파일 형식은 "모든 파일", 인코딩은 "UTF-8"로 선택하여, "notepad2.py"라는 이름으로 저장하고 아래와 같이 실행합니다.

```
C:\Python\code>python notepad2.py
Traceback (most recent call last):

    app.UntitledNotepad.menu_select("도움말(&H) → About Notepad")
… 생략

pywinauto.findbestmatch.MatchError: Could not find 'About Notepad' in 'dict_keys(['', '도움말 보기(&H)', '메모장 정보(&A)'])'
```

위를 보면, 앞의 에러와 비슷하게 'About Notepad' 부분에서 에러가 발생했습니다. 한 번 해보았으니 비슷하게 대응되는 한글 메뉴로 수정합니다.

```python
from pywinauto.application import Application

# 메모장를 띄웁니다.
app = Application().start("notepad.exe")

# "도움말 > 메모장 정보" 메뉴를 선택합니다.
app.UntitledNotepad.menu_select("도움말(&H)->메모장 정보(&A)")

# "확인" 버튼을 눌러서 다이얼로그를 닫습니다.
app.AboutNotepad.OK.click()

# 메모장에 내용을 적습니다.
app.UntitledNotepad.Edit.type_keys("pywinauto Works!", with_spaces = True)
```

[파이썬 소스 – notepad3.py]

해당 코드를 복사하여 c:\python\code 디렉터리에, 파일 형식은 "모든 파일", 인코딩은 "UTF-8"로 선택하여, "notepad3.py"라는 이름으로 저장하고 아래와 같이 실행합니다.

```
c:\Python\code>python notepad3.py
Traceback (most recent call last):
… 생략
pywinauto.findbestmatch.MatchError: Could not find 'OK' in 'dict_keys(['', 'Edit'])
```

그런데 또 에러가 납니다. 이번엔 버튼을 클릭하는 부분입니다. 이쯤 되면 슬슬 상황에 익숙해지는 느낌이 듭니다. 힌트가 잘 표시되지 않지만, 실제 실행된 메모장 화면을 참고하면 됩니다.

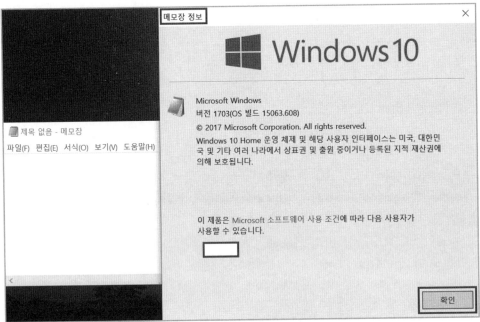

[그림 13교시-4: 메모장 정보 팝업]

위의 화면을 보면 위쪽 타이틀엔 "메모장 정보"가, 아래쪽 버튼엔 "확인"이라는 텍스트가 들어 있습니다. 이쯤 되면, 매뉴얼을 찬찬히 보진 않았지만 "pywinauto"가 GUI 객체를 인식하는 방식을 조금은 알 것도 같습니다. 메뉴는 메뉴의 이름으로(단축키 기호 포함) 접근하고, 창은 타이틀로, 버튼은 버튼에 쓰여 있는 텍스트로 접근합니다. 최종적으로 샘플 파일을 수정합니다.

```
from pywinauto.application import Application

# 메모장를 띄웁니다.
app = Application().start("notepad.exe")

# "도움말 > 메모장 정보" 메뉴를 선택합니다.
```

```
app.UntitledNotepad.menu_select("도움말(&H)->메모장 정보(&A)")

# "확인" 버튼을 눌러서 다이얼로그를 닫습니다.
app.메모장_정보.확인.click()


# 메모장에 내용을 적습니다.
app.UntitledNotepad.Edit.type_keys("pywinauto Works!", with_spaces = True)
```

[파이썬 소스 – python notepad4.py]

해당 코드를 복사하여 C:\python\code 디렉터리에, 파일 형식은 "모든 파일", 인코딩은 "UTF-8"로 선택하여, "notepad4.py"라는 이름으로 저장하고 아래와 같이 실행합니다.


```
c:\Python\code>python notepad4.py
```

이제 실행하면 정상적으로 메모장이 실행되어서, "메모장 정보" 창이 열렸다가 닫히고, 메모장에는 "pywinauto Work!"라는 글자가 입력됩니다.

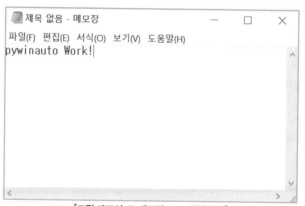

[그림 13교시-5: 메모장 코드 실행 화면]

2.2 파일 저장

다음으로 인코딩을 "utf-8" 방식으로 선택하여, c:\python\code 폴더에 "samplecode.py"라는 이름으로 저장하는 코드를 구현해 보겠습니다. 먼저 메모장에서 저장 메뉴를 선택했을 때 뜨는 "다른 이름으로 저장" 다이얼로그를 보면서 고민해 보겠습니다.

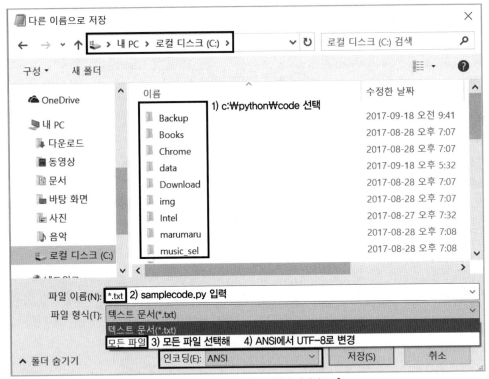

[그림 13교시-6: 다른 이름으로 저장 다이얼로그]

위의 그림에서 원하는 대로 파일을 저장하려면 네 가지 동작을 구현해야 합니다.

1) "c:\python\code" 폴더를 선택해야 합니다.

2) 파일 이름 텍스트 박스에 "samplecode.py"라고 텍스트를 입력해야 합니다.

3) 파일 형식 콤보 박스에서 "모든 파일"로 선택해 바꿔야 합니다.

4) 인코딩 콤보 박스의 값을 "ANSI"에서 "UTF-8"로 변경한 후 저장 버튼을 누릅니다.

이렇게 되면 각각의 윈도우 객체들을 어떤 "특성"으로 접근해야 하는지 알 수가 없습니다. 콤보 박스나 텍스트 박스는 버튼처럼 제목(title)이 있는 것도 아니고, 가리키는 텍스트가 있는 것도 아닙니다(텍스트 박스 옆에 있는 "파일 이름(N):"이라는 문구는 사실 텍스트 박스와 직접 관계가 없는 독립된 레이블 객체입니다).

아직까진 힌트가 별로 없으니 구글에서 "pywinauto save as dialog"로 찾아보겠습니다. 파일을 저장하는 코드는 찾기가 어려운데, 다음 두 개의 스택오버플로 글이 눈에 띄었습니다.

[How do I select a folder in the SaveAs Dialog using pywinauto? – stackoverflow 사이트]
https://bit.ly/2NilpFb

Have you tried press Enter after you had posted a full path?
It works for me. I placed full path, pressed Enter and then pressed Save

첫 번째 글은 저장하며 폴더를 지정하고 싶은데 어떻게 지정해야 하느냐고 묻는 글입니다. 그런데 답변 글은 대안을 제시하며, 파일 이름 텍스트 박스에 "c:\python\code\samplecode.py"라고 풀 경로를 적으라고 합니다. 폴더를 선택할 수 있는 기능을 실제로 구현할 수 있을지 모르겠지만(이것은 pywinauto를 만든 사람이 해당 컨트롤을 다룰 수 있게 기능을 구현해 넣었느냐에 달린 것 같습니다), 어차피 동일한 결과를 가지므로 폴더 선택 코드 부분은 이런 식으로 해결하겠습니다.

[Open file from windows file dialog with python automatically – stackoverflow 사이트]
https://bit.ly/2xeK9oM

Code example, opening a file in notepad. Note that the syntax is locale dependent
(it uses the visible window titles / control labels in your GUI program):

```
from pywinauto import application
app = application.Application().start_('notepad.exe')
app.Notepad.MenuSelect('File->Open')
# app.[window title].[control name]...
app.Open.Edit.SetText('filename.txt')
app.Open.Open.Click()
```

두 번째 글은 파일을 저장하는 예제가 아니라 불러오는 예제를 보여 줍니다. 그런데 저장이나 불러오기 창이 비슷하고, 불러오기 창을 열어 파일 이름을 입력하고, 콤보 박스 값을 선택하는 코드만 넣으면 비슷할 듯하니, 이 코드를 참고하겠습니다.

이제 콤보 박스를 어떻게 선택할 것이냐 하는 문제가 남았습니다. 구글에서 다시 "pywinauto combobox select"로 검색하여 아래의 공식 매뉴얼 글을 참고합니다.

[pywinauto.controls.win32_controls – pywinauto 공식 홈페이지]

https://bit.ly/2MEZaF5

해당 내용은 pywinauto에서 다룰 수 있는 모든 컨트롤을 설명한 페이지인데, 중간쯤에 다음과 같은 콤보 박스 관련 설명이 있습니다.

class pywinauto.controls.win32_controls.ComboBoxWrapper(hwnd)
  Bases: pywinauto.controls.HwndWrapper.HwndWrapper

....
Select(item)
Select the ComboBox item
item can be either a 0 based index of the item to select or it can be the string
that you want to select

콤보 박스 컨트롤 뒤에 .select를 붙여 호출하여 숫자(순서)나 이름을 넣으면 되는 것 같습니다.

그런데 여기까지 오니 마지막 문제에 다다르게 됩니다. 위의 "다른 이름으로 저장" 다이얼로그 화면을 보면, 콤보 박스가 여러 개 있습니다. 각 콤보 박스의 이름을 어떻게 알아낼 수 있을까요? 상용 자동화 툴같이 레코딩 기능(레코딩 버튼을 누르고 사용자가 원하는 행동을 하면 해당 동작을 (완벽하진 않지만) 자동화 코드로 만들어 주는 기능)이라도 지원해 준다면, 결과로 저장되는 코드에서 인식되는 개체 이름을 거꾸로 파악하면 되겠지만, pywinauto에는 그러한 레코딩 기능이 없는 것 같습니다.

다시 pywinauto 매뉴얼 페이지를 하나씩 훑어보고, 구글도 검색하고 여러 번의 시행착오를 겪다가 아래 페이지들을 찾게 되었습니다.

[How to access the control identifiers in pywinauto – stackoverflow 사이트]
https://bit.ly/2xhDlkR

Once you have the dialog open and assigned to a variable then the print_control_identifiers() (also aliased as PrintControlIdentifiers) method should print all the available controls.

https://pywinauto.readthedocs.io/en/latest/getting_started.html#attribute-resolution-magic
Often not all of these matching names are available simultaneously. To check these names for specified dialog you can use print_control_identifiers() method. Possible "best_match" names are displayed as a Python list for every control in a tree. More detailed window specification can also be just copied from the method

output. Say

해결책은 이렇습니다. print_control_identifiers( ) 함수를 사용하게 되면, 해당되는 윈도우 창(dialog) 안에 있는 모든 컨트롤의 속성들이 화면에 출력되어 볼 수 있다는 것입니다. 그것을 보고 원하는 컨트롤의 인식된 이름을 찾고 그것을 이용해 코딩하면 된다고 합니다. 이것은 윈도우 개발툴인 spy++의 텍스트 버전 같습니다. spy++는 아래 글을 참고하세요.

[spy++ 를 사용해서 사용 클래스 및 핸들 알아보기 – 멱군! 프로그래밍을 하자 님의 블로그]
https://bit.ly/2OwQCBV

왠지 사서 고생하는 듯한 불길한 예감이 들었지만, 별수없이 안내하는 대로 코드를 만들어 보았습니다. 키를 입력하는 부분도 파이썬 코드인 print('test')를 입력하도록 수정해 보았습니다. "()" 문자는 type_key 메서드에서 문법 역할을 하기 때문에 이스케이프 문자인 "{}"로 감싸 주어야 글자로 취급됩니다.

```python
from pywinauto.application import Application

# 메모장를 띄웁니다.
app = Application().start("notepad.exe")

# 메모장에 code를 적습니다.
app.UntitledNotepad.Edit.type_keys("print {()'test'()}", with_spaces = True)

# "파일 > 저장" 메뉴를 실행합니다.
app.UntitledNotepad.menu_select("파일(&F)->저장(&S)")

# "다른 이름으로 저장" 창의 속성을 리스트업 합니다.
app.다른_이름으로_저장.print_control_identifiers()
```

[파이썬 소스 – notepad5.py]

해당 코드를 복사하여 c:\python\code 디렉터리에, 파일 형식은 "모든 파일", 인코딩은 "UTF-8"로 선택하고, "notepad5.py"라는 이름으로 저장하고 아래와 같이 실행합니다. 그러면 위의 마지막 코드에 의해 "다른 이름으로 저장" 창에 있는 컨트롤 특성들이 쭈르륵 나열되는데 텍스트로 2400줄쯤 됩니다(길게 출력되어 출력을 파일로 저장해 봤습니다. "python notepad5.py 〉 result.txt"로 실행하면 텍스트 파일로 저장되니, 한번 읽어 보시기 바랍니다).

개인적으로는, 도대체 무슨 이유로 저런 복잡한 방법을 이용해 컨트롤을 확인하라고 하는 것인지 조금 답답해 보입니다. 뒤에서 좀더 쉬운 방법을 소개하겠지만, 일단은 계속해 보겠습니다.

```
c:\Python\code>python notepad5.py
Control Identifiers:
Dialog - '다른 이름으로 저장'      (L770, T191, R1709, B800)
['다른 이름으로 저장', 'Dialog', '다른 이름으로 저장Dialog']
child_window(title="다른 이름으로 저장", class_name="#32770")
    |
    | DUIViewWndClassName - ''      (L781, T287, R1698, B697)
    | ['DUIViewWndClassName', '다른 이름으로 저장DUIViewWndClassName']
    | child_window(class_name="DUIViewWndClassName")
    |   |
    |   | DirectUIHWND - ''      (L781, T287, R1698, B697)
    |   | ['DirectUIHWND1', '다른 이름으로 저장DirectUIHWND1', 'DirectUIHWND0',
    '다른 이름으로 저장irectUIHWND0', '다른 이름으로 저장DirectUIHWND', 'DirectUIHWND']
    |   | child_window(class_name="DirectUIHWND")
```
… 이런 식으로 2400줄쯤 됩니다.

위의 다이얼로그 화면과 비교하며 몇 번의 시행착오를 거쳐서, 아래의 항목들을 찾아내고 하나하나 컨트롤 이름을 찾아서 코드를 작성했습니다.

    | | | | *Edit - '*.txt'*   (L972, T562, R1661, B589)

    | | | | *['다른 이름으로 저장Edit1', 'Edit', '다른 이름으로 저장Edit', **'Edit1'**, 'Edit0', '다른 이름으로 저장dit0']*

ComboBox - '텍스트 문서(*.txt)'   (L969, T595, R1690, B628)

    | | | | *['ComboBox2', '다른 이름으로 저장ComboBox2']*

    | | | | *child_window(title="텍스트 문서(*.txt)", class_name="ComboBox")*

    | *ComboBox - 'ANSI'*   (L1147, T738, R1372, B771)

    | *[**'ComboBox3'**, '인코딩(&E):ComboBox']*

    | | | | *Button - ''*   (L781, T287, R781, B287)

    | | | | *['Button0', 'Button', '다른 이름으로 저장Button', **'Button1'**]*

    | | | | *child_window(class_name="Button")*

2.3 최종 코드

결과적으로 아래와 같이 최종 코드를 만들게 되었습니다.

```python
from pywinauto.application import Application

# 메모장를 띄웁니다.
app = Application().start("notepad.exe")

# 메모장에 code를 적습니다.
```

```
app.UntitledNotepad.Edit.type_keys("print {}('test'{})}", with_spaces = True)

# "파일' > 저장" 메뉴를 실행 합니다.
app.UntitledNotepad.menu_select("파일(&F)->저장(&S)")

# '다른 이름으로 저장' 창의 속성을 리스트업 합니다.
# app.다른_이름으로_저장.print_control_identifiers()

# 파일 전체 경로를 입력 합니다.
app.다른_이름으로_저장.Edit1.SetEditText("c:\python\code\samplecode.py")

# "파일이름" 콤보박스에서 파일 종류를 선택 합니다.
app.다른_이름으로_저장.ComboBox2.Select("모든 파일")

# "파일형식" 콤보박스에서 인코딩을 선택 합니다.
app.다른_이름으로_저장.ComboBox3.Select("UTF-8")

# 바로 저장 버튼을 누르면 미처 콤보 박스가 안 바뀌져 에러가 나서 1초 시간을 주었습니다
import time
time.sleep(1.0)

# 저장 버튼을 누릅니다.
app.다른_이름으로_저장.Button1.click()
```

[파이썬 소스 – notepad_final.py]

해당 코드를 복사하여 C:\python\code 디렉터리에, 파일 형식은 "모든 파일", 인코딩은 "UTF-8"로 선택하고, "notepad_final.py"라는 이름으로 저장하고 아래와 같이 실행합니다. 정상적으로 코드가 실행되어 메모장이 뜨고 파이썬 코드가 입력되며 C:\python\code 폴더에 samplecode.py라고 저장됩니다(여러 번 실행하려면, 현재는 겹치는 이름이 있을 경우 예외처리 하는 코드가 없기 때문에, 만들 파일을 지워 주거나, 이름을 순차적으로나 랜덤으로 저장해야 합니다).

C:\Python\code>python notepad_final.py

[그림 13교시-7: 메모장으로 파이썬 코드 저장하기 실행 결과]

03 다른 방식으로 컨트롤 이름 찾기

앞에서 봤듯이 pywinauto에서 제공하는 print_control_identifiers() 함수를 사용하여 컨트롤의 이름을 찾는 작업은 매우 성가십니다. 그래서 스택오버플로에서 찾은 다른 방법을 추천합니다. 아래 글을 한번 천천히 읽어보시길 추천 드립니다.

[pywinauto: How to select this dialog? Which spying tool to use? What information do I need on it? – stackoverflow 사이트]

https://bit.ly/2QEC70H

Answer: the best spying tool seems to be the one from AutoHotkey (bellow a printscreen of AU3_Spy.exe). It shows the name/class/process and even the control name (and other things) in a tiny window without loading the CPU. And unlike the 2 others spying tool, AutoHotkey gives the right control name

여기서는 "Active Window Info(최신 1.1.27 버전에서는 이름이 Window Spy 라고 변경 되었습니다)"라는 툴을 추천하고 있습니다. 이 툴은 pywinauto 공식 페이지에서 소개한 여러 자동화 툴 글에서 언급한 AutoHotKey를 설치하면 같이 설치되는 툴입니다. 해당 페이지로 가서 설치 파일을 다운로드하여 설치해 봅니다. 설치 후에 시작 메뉴로 가면 "Window Spy" 툴이 같이 설치되어 있습니다.

[AutoHotKey 다운로드 페이지 – 공식 홈페이지]
https://autohotkey.com/download/

"Window Spy"를 띄워 놓은 상태로 원하는 윈도우 컨트롤을 마우스 오버하면, 다음과 같이 클래스 이름들의 속성들이 나타납니다. [그림 13교시-8]은 파일 이름을 입력하는 에디트 박스의 접근 이름이 "Edit1"이라는 것을 보여 줍니다. 꼭 설치해서 이용해보기 바랍니다.

추가로 아래의 "다른 이름으로 저장"같이 창의 타이틀을 이용해 지정할 때, "공백"이나 "–" 등은 생략해도 인지합니다(예: 'Start Page - Microsoft Visual Studio' → StartPageMicrosoftVisualStudio), "–"같은 경우에는 생략하지 않으면 오히려 에러가 납니다. 공백이나 특수문자는 모두 빼버려도 무방할 것 같습니다.

app.다른_이름으로_저장.ComboBox3.Select("UTF-8")

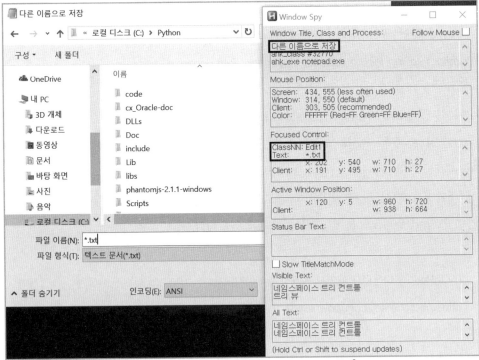

[그림 13교시-8: AutoHotKey의 Active Window Info 화면]

04 ▶ 최종 코드의 유지보수 문제점

위 코드의 유지보수 문제를 약간은 자동화된 테스팅 관점에서 생각해 보겠습니다. 이 코드는 메모장 프로그램이 대상이라 사실 변경될 일이 거의 없습니다. 하지만 메모장이 아니라 자주 변경되는 프로그램에 대한 코드라고 가정할 때, "다른 이름으로 저장" 창의 타이틀이 바뀌면 어떻게 될까요? 이 코드 내의 모든 "다른_이름으로_저장" 문자열을 모두 바뀐 이름으로 치환해 주어야 할 것입니다.

그런데 만약 해당 다이얼로그를 언급하는 파이썬 파일이 수십, 수백 개라면 변경 작업은 엄청 복잡할 것입니다(파일이 많아지면, 이름이 일부 겹치기도(저장, 다른 이름으로 저장, 저장하기 등) 하여 일괄로 바꾸면 경험상 분명 예상치 못한 오류가 납니다). 그래서 변화될 수 있는 값들은 따로 빼놓아 관리하면 좋은데(마치 프로그램에서 직접 하드코딩하지 않고, 상수 등으로 빼는 것과 비슷하다고 보면 됩니다), pywinauto의 경우 아쉽게도 아래와 같이 유지보수에 조금이라도 도움을 주는 코딩 방식을 지원하지 않아 에러가 납니다.

```
# 관리를 위해 변수로 뺀다.
saveAs = '다른_이름으로_저장'


# 파일 full 경로를 입력한다.
# app.다른_이름으로_저장.Edit1.SetEditText("c:\python\code\samplecode.py")
app.saveAs.Edit1.SetEditText("c:\python\code\samplecode.py")
```

*pywinauto.findbestmatch.MatchError: **Could not find 'saveAS' in 'dict_keys** (['Dialog', 'Notepad', '제목 없음 - 메모장', ' 다른 이름으로 저장', '제목 없음 - 메모장Notepad', '다른 이름으로 저장Dialog'])'* ← saveAS에 대응되는 컨트롤을 못 찾아 이런 에러가 납니다.

※ 아마 내부적으로 이미 "다른_이름으로_저장"이 컨트롤 이름으로 강제로 취급되어 관리되는 듯합니다(이 부분은 필자가 pywinauto를 제대로 이해하지 못한 것으로, 방법이 있을지도 모른다는 꼬리말을 남기도록 하겠습니다).

도입부에 얘기했듯이, pywinauto의 부족한 부분들을 이해하고(print_control_identifiers()와 Window Spy의 차이처럼) 더 좋은 모듈이 등장할 경우 현명한 선택을 돕기 위해서, 상용 툴의 기능과 비교해 보겠습니다. 다만 이 시간의 목적에 맞게 테스트 관점은 배제하고, 유지보수와 코드 구현의 관점에서만 살펴보려 합니다.

해당 툴은 대부분의 기업용 솔루션들이 그렇듯, 꽤 고가의 소프트웨어이며(그래서 셀레늄이 더 고맙게 느껴집니다), 60일간의 시험(trial) 버전을 제공합니다. 이 시간과 관계없으므로 설치 및 구현 방법은 생략하고 비교한 내용만 얘기하겠습니다.

해당 툴의 레코딩 기능을 이용하여 메모장 저장을 비슷하게 구현한 코드는 아래와 같습니다.

```
# 윈도우 시작 메뉴에서 notepad를 실행합니다.
Window("시작 메뉴").WinObject("항목 보기").WinList("항목 보기").Select "notepad"


# 메모장에 test라고 입력합니다.
Window("메모장").WinEditor("Edit").Type "print ('test')"


# 메뉴에서 파일 > 저장을 선택합니다.
Window("메모장").WinMenu("Menu").Select "파일(F);저장(S)    Ctrl+S"


# 다이얼로그의 디렉터리 창에서 c:\python\code로 이동합니다.
Window("메모장").Dialog("다른 이름으로 저장").WinObject("항목 보기").WinList("항목 보기").
Activate "python"
Window("메모장").Dialog("다른 이름으로 저장").WinObject("항목 보기").WinList("항목 보기").
```

```
Activate "code"

# 파일 형식과 인코딩을 선택합니다.
Window("메모장").Dialog("다른 이름으로 저장").WinComboBox("파일 형식:").Select "모든 파일"
Window("메모장").Dialog("다른 이름으로 저장").WinComboBox("인코딩(E):").Select "UTF-8"

# 이름을 저장합니다.
Window("메모장").Dialog("다른 이름으로 저장").WinEdit("파일 이름:").Set "testscript.py"

# 저장 버튼을 누릅니다.
Window("메모장").Dialog("다른 이름으로 저장").WinButton("저장(S)").Click
```

이 코드를 찬찬히 보면, 메모장의 실행도 실제 시작 메뉴의 메뉴 아이콘을 "선택해서" 실행하고, 디렉터리 선택도 실제 디렉터리 컨트롤 내의 항목을 "선택해서" 동작하고 있습니다. 나머지 부분은 거의 비슷해 보입니다.

하지만 "object repository"라는 인식된 컨트롤을 관리해 주는 메뉴로 가면, 중요한 차이가 하나 있습니다. [그림 13교시-9]를 보면 코드에서 쓰는 이름과 속성들이 트리 형태로 구조적으로 정의되어 있습니다. 그러면 1) 코드상에 쓰이는 이름을 수정할 수도 있고(아마 관련된 코드에 자동 반영되는 것으로 알고 있습니다), 2), 4) 속성이 여러 개 조합될 수 있고, 추가 및 삭제도 할수 있습니다. 그리고 3) 전체적인 윈도우와 그 안의 컨트롤들에 대한 트리 구조를 왼편에 보여 줍니다. 아래 기능은 pywinauto의 print_control_identifiers() 함수의 결과를 시각화하여 관리하는 모드라고 볼 수 있습니다. 이 기능은 실제 사용해 보면 꽤 직관적이고, 메이저 GUI 상용 툴은 거의 이런 식으로 컨트롤들의 실제 속성들을 개념적으로 코드와 분리하여 관리합니다.

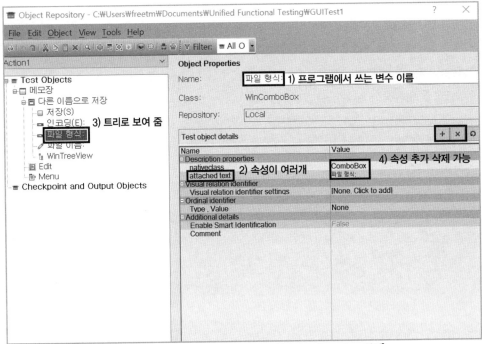

[그림 13교시–9: Unified Functional Testing의 Object Repository 화면]

또 하나는 print_control_identifiers( )의 GUI 버전으로, 앞서 소개한 "Window Spy"와 비슷한 "Object Spy"라는 기능입니다. 이 두 개를 보면, print_control_identifiers()를 매번 코드에 넣어 디버깅하듯 특성을 확인하는 것이 비효율적이라고 말한 이유를 이해하실 수 있을 것입니다.

마지막으로 특정 이미지 영역을 커스텀 컨트롤로 지정하여, 인식가능한 기능이 최근 추가되었다고 합니다(이 기능은 오래 전부터 있었으면 했던 기능입니다). 이 기능으로 인해 비표준적인 컨트롤 영역에 대한 인식을 좌표 방식과 이미지 방식 중에서 고를 수 있는 선택지가 생긴 것 같습니다. 관심이 있다면 아래의 리뷰 글을 참고하세요.

[Review – IT Central Station 사이트]

https://bit.ly/2Njgq83

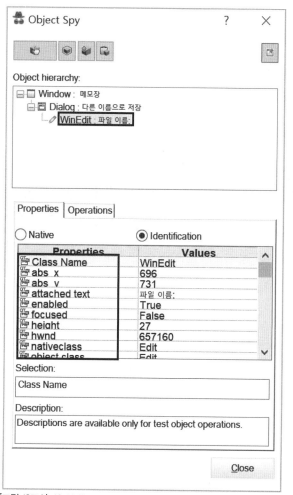

[그림 13교시-10: Unified Functional Testing의 Object Repository 화면]

이 밖에도 업체에서 어필하는 다른 여러 가지 요소들이 있겠지만, 필자가 보기엔 위의 세 가지 정도가 현재의 오픈소스 GUI 자동화 툴과 상용툴의 가장 큰 차이입니다 (Object Spy는 Window Spy 툴로 대체할 수 있으니 제외해도 되겠습니다). 반대로 다양한 언어를 지원하는 측면에서는 오픈소스 쪽이 사용 언어의 다양성 면에서 훨씬 더 유리한 것 같습니다. 보통 상용 툴은 한 가지 언어(이 툴의 경우 VBScript)만 지원하고, 자바나 .NET 정도만 플러그인 같은 형식으로 추가적으로 지원하기 때문입니다. 혹시 트라이얼 버전을 사용해 보고 싶다면, 아래의 링크에서 "free trial" 버튼을 클릭하여 정보를 넣고 다운로드합니다(관련 회사가 다운로드 페이지와 방식을 자꾸 바꿉니다).

[다운로드 페이지 – MICRO FOCUS 사이트]

https://bit.ly/2NUtjVX

06 네이버 메일에서 첨부 파일 올리기

이 내용은 예전에 어떤 분에게서 문의받은 것인데, 한 번쯤 소개하는 것도 괜찮을 것 같아서 부록 개념으로 넣습니다. 당시 문의 하신 분은 네이버 메일을 자동화 스크립트로 자동으로 보낼 수 있도록 셀레늄을 이용해 개발하고 있었는데, 첨부 파일을 올리는 아래의 창을 어떻게 컨트롤해야 되는지에 대해 문의를 하셨습니다. 다음 그림은 "내 PC" 버튼을 눌렀을 때 뜨는 "업로드할 파일 선택" 다이얼로그입니다

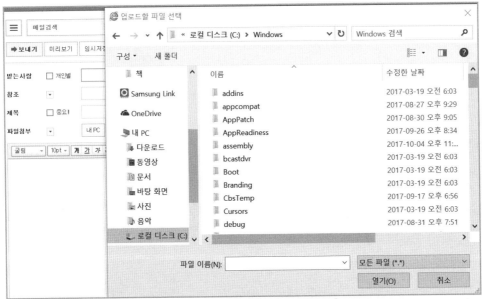

[그림 13교시-11: 네이버 메일 업로드 다이얼로그]

찾은 과정만 간단히 보이겠습니다.

1) 브라우저에서 뜬 업로드 팝업을 어떻게 다루느냐에 대해 autoit, pywinauto, win32 함수를 이용한 세 가지 해결책을 다양하게 보여 주는 아래의 페이지를 찾았습니다.

[How can I work with file uploads during a Webdriver test? – StackExchange 사이트]
https://bit.ly/2MJcVD2

Interact with Windows file upload dialog (Windows and Python only)

You can directly handle the Windows dialog box using the Pywinauto module (the window has to be visible, not hidden).

2) 위의 글에 있는 pywinauto 예제가 제어하고 싶은 프로그램과 연결하는(아마 핸들을 받아 오지 않을까 싶습니다) connect 부분을 안 해서 에러가 나서 찾은 페이지입니다.

[Using `Application.Start` and/or `Application.Connect` is better in a code generator – GitHub 사이트]
https://bit.ly/2OuH22z

3) 각 컨트롤의 이름은 앞서 소개한 Window Spy를 이용해 찾았습니다.

위의 세 가지 힌트를 조합하여 만든 코드입니다. 네이버 메일에서 셀레늄 코드를 이용해 팝업 창이 띄워져 있다는 가정하에, 아래 코드를 실행하면 팝업 창의 파일 이름에 "test.txt"라고 쓰여지고 열기 버튼을 클릭합니다. 물론 직접 실행하면 해당 폴더에 test.txt 파일이 없다는 에러 메시지가 나오니 test.txt를 원하는 경로의 파일로 바꾸면 됩니다(예: c:\python\code\samplecode.py).

```python
from pywinauto.application import Application
import pywinauto

# 열려진 다이얼로그 창에 연결 합니다.
app = pywinauto.application.Application()
app.Connect(title="업로드할 파일 선택")

# 다이얼로그 창을 정의 합니다.
mainWindow = app['업로드할 파일 선택'] # main windows' title

# 파일 이름 입력하는 창에가서 'test.txt' 라고 입력합니다.
ctrl=mainWindow['Edit']
mainWindow.SetFocus()
ctrl.ClickInput()
ctrl.TypeKeys("test.txt")

# 열기 버튼을 클릭합니다.
mainWindow.Button1.click()
```

[파이썬 소스 – naver_upload.py]

이 부분이 파이썬을 이용할 때의 강점 중 하나입니다. 파이썬을 이용함으로써 웹, 윈도우의 서로 다른 자동화 범위(scope)를 가진 두 개 모듈의 기능을 부드럽게 연결하여 하나의 모듈을 사용하는 것처럼 할 수 있습니다. 그런 관점에서 의미 있는 예제라 생각하여 말미에 살짝 추가했습니다.

07 마치면서

필자 개인적으로는, pywinauto 같은 오픈소스 GUI 자동화 툴은 웹 자동화 툴인 셀레늄의 완성도에 비해 구현의 편의성 면에서 아직은 부족한 느낌이 있다고 생각합니다. 하지만 앞서 살펴봤던 한계들을 명확히 받아들이고, 구글에 있는 여러 레퍼런스 글을 참조하여, 다른 좋은 파이썬 모듈들과 결합하여 사용한다면, 장점이 단점을 상쇄할 듯 싶습니다. 개인적으로 오픈소스 자동화 툴이 접근 및 사용성 면에서 상용 툴만큼 좋아지길 바라며, 다음 시간에는 자동화의 마지막 시간으로 작업 자동화 부분을 진행하려 합니다.

•14교시•

작업 자동화

이 시간에는 작업 자동화라는 주제를 가지고 작은 범위에서 진행해 보려 합니다. "작업"이라는 것은 이전 시간에 얘기한 웹이나 GUI 같은 자동화의 측면도 포괄하는 주제입니다. 그러나 여기서는 좀더 단순하게 축소해서 윈도우상에서 이루어지는 여러 자잘한 일을 파이썬을 이용해서 쉽게 동작하게 만드는 과정이라고 정의하겠습니다.

예제로는 하위 폴더를 가진 특정 폴더에서 특정한 확장자들을 가진 파일들만 zip으로 압축하여 백업한 후, FTP에 업로드 한 후, 기간이 오래된 압축 파일을 삭제하는 작업을 순차적으로 진행하는 파이썬 프로그램을 만들려 합니다. 그리고 마지막으로 해당 작업 전체를 주기적으로 실행할 때 사용할 수 있는 방법에 대해 살펴보려 합니다.

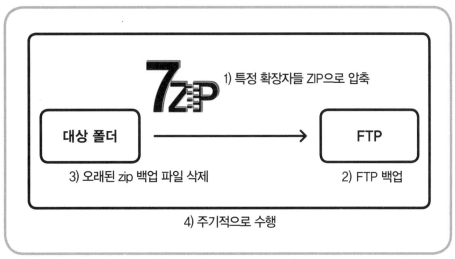

[도식 14교시-1: 작업 자동화 예제]

이 기능을 구현할 때 오직 파이썬 모듈들만 사용해서 구현할 수도 있습니다. 하지만 여기서는 외부 기능들을 이용하는 것을 보여 주기 위해, 윈도우에서 지원하는 몇 가지 명령어와 무료 압축 프로그램인 7-zip 등을 이용해, 파이썬 코드에서 해당 기능의 호출을 통해 자동화를 구현하는 구성을 해보려 합니다.

01 ▶ 들어가면서

작업 자동화에 대한 얘기를 어떻게 풀어 볼까 고심하다가 옛날 얘기로 시작해보려 합니다. 예전에 윈도우가 등장하기 전에는 도스(DOS)라는 현재의 커맨드 창 타입의 OS만 있는 컴퓨터가 있었습니다. 그 컴퓨터에서는 지금의 리눅스쉘 환경과 비슷한 모드로(실제로 리눅스 서버 버전은 쉘 환경에서만 사용합니다), 모든 작업이 까만 커맨드 창 화면에서 명령어 중심으로 이루어졌습니다(물론 그 안에서도 여러 가지 트릭을 사용해 그래픽으로 표시는 했습니다). 도스 기반 컴퓨터를 처음 접했던 사람들은 아직도 윈도우, 맥 화면 등의 PC나 스마트폰의 화려한 화면을 볼 때에도 왠지 뒷면에 놓여 있는 커맨드 창의 존재를 쉽게 떨쳐버리지 못할 것입니다.

윈도우 또한 많은 부분이 GUI로 감싸 이루어져 있어, 커맨드 창을 거의 사용하지 않더라도 가능한 것이 많습니다(이 책에서는 커맨드 창을 많이 사용했지만, 이 부분도 책 뒤 부록에서 소개하는 PyCharm 같은 편집기나 IPython 같은 GUI 환경을 사용해 대체할 수는 있습니다). 하지만 GUI 화면으로는 복잡하게 해야 하는 일을 좀더 간단하게 만들어 주는 여러 유용한 명령어, 서버 관리자용 확장쉘인 "윈도우 파워쉘(Windows PowerShell)" 등 컴퓨터 관리에 도움을 주는 텍스트 기반의 툴이 많이 내장되어 있습니다.

리눅스 또한 여러 쉘이나 유틸 기반의 유용한 툴이 많으며, 어찌 보면 GUI로 구현된 화면들은 그러한 명령어 기능 중 사람들의 사용 빈도가 높은 기능들을 사용 편이성을 높여 만든 것이라고 봐도 무방할 듯 싶습니다.

윈도우 제어판도 커맨드 창에서 이루어졌던 많은 설정 명령어들을 GUI 환경으로 옮겨 온 것이라고 생각하면 됩니다. 그래서 사용자들이 잘 안 쓰는 복잡하고 디테일한 기능들을 기본으로 숨기는 윈도우 10과 같은 최신 OS의 경우, 시스템을 구석구석 만져야 할 사람들에게는 사용하기 어려운 느낌마저 주기도 합니다.

그런 측면에서 파일과 관련된 여러 작업(복사, 압축, 백업 등)과 같은 기본적인 관리 작업을 할 때에는 대부분의 언어에서 지원하는 내부 라이브러리보다 시스템에서 기본이나 확장으로 지원하는 기능들을 호출해 사용하는 것이 좀더 효율적인 경우도 있습니다. 적당히 해당 명령어를 실행하고, 결과가 완료되는 것만 잘 체크할 수 있다면, 어떤 언어를 사용하든 비슷한 효과를 가진 프로그램을 쉽게 만들 수 있을 것입니다.

02 무료 FTP 설치하기

실습을 위해, 무료 FTP를 하나 설치하여 운영해 보려 합니다. FTP는 "File Transfer Protocol(파일 전송 프로토콜)"의 약자로, 서버와 클라이언트 사이에서 서로 파일을 교환하는 전통적인 방식 중 하나입니다. 이 방식을 이용하여, 클라이언트의 파일을 원격지에 있는 서버의 특정 폴더로 옮기는 등의 작업이 가능합니다. 구글 드라이브 등의 클라우드, 웹 드라이브나 나스(NAS) 환경, 공유 폴더와 콘셉트가 비슷하다고 할 수 있습니다. 개인적으로 사용하고 있는 FTP가 있다면, 소스의 FTP 코드의 연결 부위만 바꿔 그 쪽에서 실습해도 되겠습니다.

2.1 FTP 서버 설치
구글에서 "free ftp"로 검색하여 나온 파일질라를 사용하기 위해 아래의 페이지로 이동합니다

[파일질라 홈페이지]

https://filezilla-project.org/

"Download FileZiller Server" 버튼을 클릭합니다.

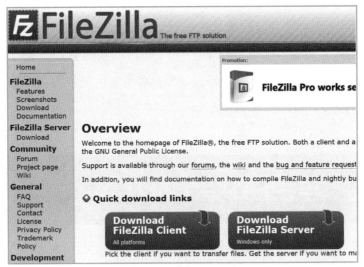

[그림 14교시-1: 파일질라 홈페이지]

다시 한 번 "Download FileZiller Server" 버튼을 누릅니다.

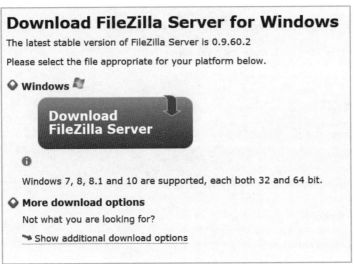

[그림 14교시-2: 파일질라 다운로드 1]

소스 포지 페이지(깃허브와 비슷한 곳입니다)가 나오면서 자동으로 다운로드됩니다. 다운로드하여 저장 후 실행하거나, 바로 실행하여 설치를 시작합니다.

[그림 14교시-3: 파일질라 다운로드2]

설치 창이 나오면 디폴트로 설치를 진행 하다가, "Startup Setting(시작유형 세팅)"에서 매번 서버 연결 창이 뜨는 것은 귀찮으니 시작 유형만 다음과 같이 "Start Manually"로 바꿔 줍니다(FTP 서비스 자체를 멈추려면 제어판의 서비스 설정에서 "FileZiller Server FTP Server" 서비스를 멈추거나 FileZilla 프로그램을 언인스톨 해 주세요).

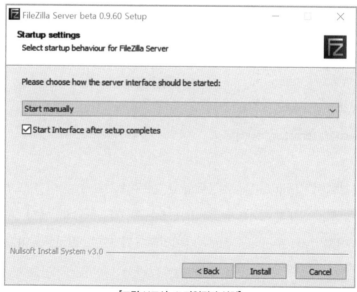

[그림 14교시-4: 파일질라 설치]

설치 완료 후, 자동으로 파일질라가 시작되며 아래의 "Enter server to administrate" (관리를 위해 서버로 들어감) 창이 뜹니다. "Connect" 버튼을 눌러 서버에 연결합니다.

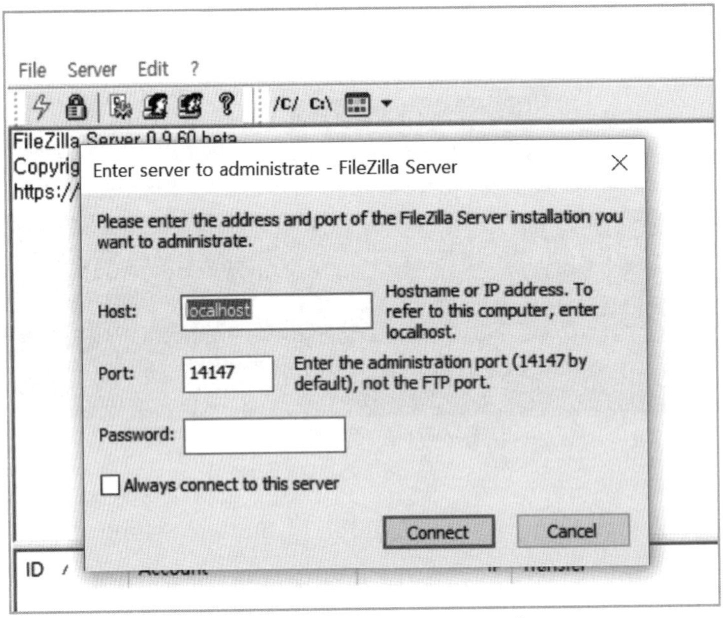

[그림 14교시-5: 파일질라 서버 연결 화면]

익명 사용자로 해도 되지만, 아무나 자기 서버에 들어와 사용하는 것은 적절치 못한 일이므로, 사용자를 등록해 보겠습니다. 그 전에 우리가 매 시간 코드를 실습했던 c:\python\code 폴더에 아래와 같이 실습에 사용할 두 개의 폴더를 만들어 보겠습니다.

C:\python\code**ftproot**

C:\python\code\ftproot**mybackup**

그 다음 상단에서 "Edit 〉 Users" 메뉴를 선택해 Users 창이 나오면 왼쪽에서 "General" 항목을 선택하고(기본이긴 합니다), 오른쪽 "Users" 섹션에서 "Add" 버튼을 클릭합니다. 이후 "Add user account" 다이얼로그가 뜨면, "ftpuser"라고 사용자 이름을 넣고, "OK" 버튼을 누릅니다.

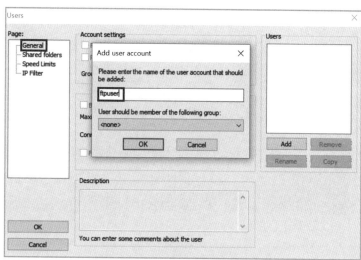

[그림 14교시-6: 파일질라 FTP 사용자 생성]

그리고 사용자가 선택된 상태에서 패스워드 체크 박스를 체크하고 "test1234"라고 입력합니다. 그럼 사용자의 id/pass가 정해집니다(전체적인 흐름은 예전의 데이터베이스 세팅과 비슷합니다).

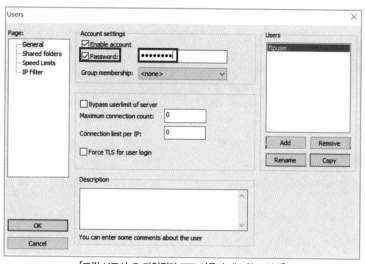

[그림 14교시-7: 파일질라 FTP 사용자 패스워드 설정]

사용자를 생성했으니 그 다음에는 사용자에게 사용 가능한 특정 폴더를 할당해 주어야 합니다. 사용자가 로그인했을 때 해당 폴더가 디폴트로 보이며, 해당 폴더 안에서만 이런저런 작업이 가능합니다(리눅스에서 로그인했을 때의 계정 기본 폴더와 같은 개념입니다). 왼쪽에서 "Shared folders" 항목을 선택하고, 아래쪽 "add" 버튼을 눌러 앞서 만든 "c:\python\code\ftproot" 폴더를 선택합니다.

이후 오른쪽의 체크 박스를 다 체크하여 해당 폴더에 대해 전체 권한을 줍니다. 그리고 최하단의 "OK" 버튼을 눌러, Users 다이얼로그 창을 닫고 메인 창으로 이동합니다. 그럼 FTP 테스트를 위한 설정이 모두 완료됩니다.

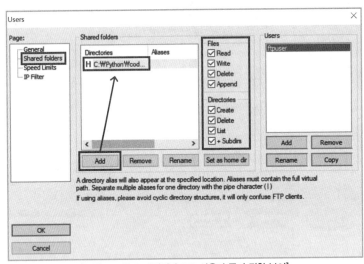

[그림 14교시-7: 파일질라 FTP 사용자 폴더 권한 부여]

2.2 FTP 서버 동작 확인

파이썬 코드를 작성하기 전에, 세팅한 FTP의 정상 동작을 확인해 보겠습니다(반드시 파이썬 외부에서 쓰이는 프로그램들은 파이썬 코드를 만들기 전에 다른 외부 수단으로 기본 동작을 확인해 보는 것이 좋습니다. 그래야 파이썬 코드에서 연결 에러 발생 시, 서버 세팅 문제가 아니라 코딩이나 모듈 잘못임을 체크하기가 쉬워 덜 헤매게 됩니다).

앞서 파일질라 홈페이지에 있던 클라이언트를 설치해 확인해도 되지만, 그럼 클라이언트 사용법도 익혀야 하니, 간단히 하기 위해 브라우저를 하나 띄운 후 주소 창에 아래와 같이 입력하여 이동합니다.

ftp://localhost

그럼 id/password를 입력하라는 창이 뜹니다(시스템 환경에 따라 느릴 수도 있습니다). 앞서 설정한 "ftpuser/test1234"를 입력합니다.

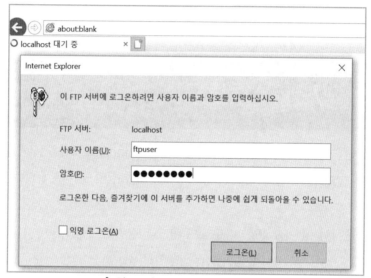

[그림 14교시-9: 파일질라 FTP 연결 확인]

FTP 서버에 연결되면서, 앞서 우리가 c:\python\code\ftproot 안에 만들어 놓은 "mybackup" 폴더가 보이게 됩니다.

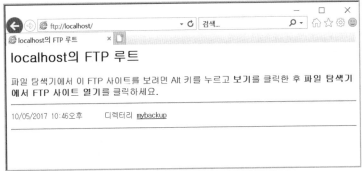

[그림 14교시-10: 파일질라 FTP 연결 확인 결과]

03 7-zip 설치하기

마찬가지로 실습하는 데 필요한 7-zip이라는 무료 zip 프로그램을 설치해 보겠습니다. 구글에서 "7zip"으로 검색하여 http://www.7-zip.org/으로 이동합니다.

다운로드 링크에서 "64-bit x64" 다운로드 링크를 클릭하고 내려받아 설치합니다. 모두 디폴트 옵션으로 설치합니다(설치화면은 간단하니 생략하도록 하겠습니다).

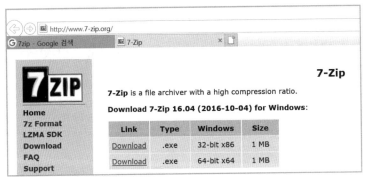

[그림 14교시-11: 7-zip 다운로드]

04 > 테스트 파일 준비하기

우리가 매일 실습하던 c:\python\code 폴더에 아래와 같이 실습에 사용할 세 개의 폴더와 파일을 만들어 보겠습니다. "14교시샘플.zip" 파일을 c:\python\code 테이블에 복사하고 압축을 해제합니다.

압축을 풀면 c:\python\code 폴더에 아래와 같은 구조의 폴더와 파일들이 생깁니다.

```
source/
    win10.jpg
    사고싶은책.txt
    mypic.png
subfolder/
        사고싶은책2.txt
zipfile/
```

각 폴더의 역할은 아래와 같습니다.

- c:\python\code**source** (원본 파일들 폴더)
- c:\python\code\source**subfolder** (원본 폴더의 하위 폴더)
- c:\python\code**zipfile** (압축된 백업 파일을 저장할 폴더)

05 파이썬 코드 만들기

이제 모든 준비 작업이 완료되었으니, 코드 작성을 시작해 보겠습니다. 우리가 만들려는 기능을 위해 현재 필요한 사항은 아래와 같습니다.

1) 특정 폴더에서 특정 확장자들의 파일만 서브 폴더까지 포함해서 zip으로 압축해야 합니다.
2) 압축이 끝날 때까지 기다려야 합니다.
3) 압축된 내용을 ftp에 올리고 완료될 때까지 기다려야 합니다.
4) 7일이 지난 오래된 zip 파일은 하드 용량을 줄이기 위해 삭제해야 합니다.

모두 이전 시간들에서는 다루지 않았던 내용이니, 하나하나 살펴보겠습니다.

5.1 zip 만들기와 기다리기 구현

우선 zip 압축 파일을 만드는 데 두 가지 제약사항이 있습니다. 첫째, 서브 폴더까지 포함해서 압축해야 하며, 둘째, 특정 확장자 파일들만 선택적으로 압축해야 합니다. 구글에서 "python zip only extension"으로 검색하면 파이썬에서 사용하는 아래의 zip 모듈이 나옵니다.

[zipfile – Work with ZIP archives – 파이썬 공식 사이트]
https://bit.ly/2Qz4opf

해당 모듈을 사용하여 특정 확장자를 포함하려 하면, 아래와 같은 스택오버플로에 나오는 방식처럼 특정 확장자를 하나하나 이름에서 체크하면서 압축하거나 풀어야 할 것 같습니다.

[Extracting all the files of a selected extension from a zipped file [closed] – stackoverflow 사이트]

https://bit.ly/2xeMOyU

Mine is a simpler version of Jones'. Works for just one extension.
fromzipfile import ZipFile

```
with ZipFile(r'C:\scratch\folder to process\try.zip') as theZip:
    fileNames = theZip.namelist()
    for fileName in fileNames:
        if fileName.endswith('py'):
            content = theZip.open(fileName).read()
            open(fileName, 'wb').write(content)
```

좀더 간단하게 명령어 하나로만 완료해 보려고 7-zip을 이용하기 위해, 다시 구글에서 "7zip include extensions"로 검색하여 아래의 스택오버플로 페이지를 찾았습니다.

[7zip CLI whitelist files to add by extension – stackoverflow 사이트]

https://bit.ly/2xmFz7b

This Question shouldn't remain open. The answer that worked for me is below:
7za a –tziptest.zip ./.txt ./*.xlsx*

위에 제시된 방법을 참고하여 현재 상황에 맞는 7z 명령어를 만들면 아래와 같습니다. 간단히 설명하면, 커맨드 창에서 Program Files와 같이 스페이스가 있는 폴더를 지정하려면 쌍따옴표(")로 감싸야 합니다. 이렇게 풀 경로를 안 쓰고 7-Zip 폴더를 시스템 패스에 지정하고 7z로 바로 사용해도 되긴 합니다.

7z 명령어의 옵션 중 "a"는 압축 파일을 만들라는 의미(Archive: 기록을 보관하다)이고, "-r"은 서브 디렉터리까지 반복적(Recursive: 되풀이되는)으로 작업을 해달라는 의미입니다(리눅스나 윈도우의 명령어들의 암호 같은 인자들은 의미 있는 단어를 함축한 것이니 따져 가면서 살펴보면 기억하고 이해 하는데 조금은 도움을 줄 수 있습니다). 뒤의 "-tzip"은 타입(type)이 zip인 압축 방식을 사용하라는 의미입니다.

"c:\python\code\zipfile\test.zip"는 압축될 파일의 경로와 이름, 나머지 뒤의 두 개의 디렉터리 인자는 압축할 대상 폴더와 압축할 확장자를 지정한 것입니다(*.txt: txt 확장자로 끝나는 모든 파일).

```
c:\"Program Files"\7-Zip\7z a -r -tzip c:\python\code\zipfile\test.zip c:\python\code\source\*.txt c:\python\code\source\*.jpg
```

이왕이면 압축 파일 이름을 "backup_현재날짜.zip"으로 날짜를 넣어 지정하면 겹치지 않고 좋겠습니다. 구글에서 "cmd file name date"로 검색하고 아래 페이지를 참조해서 명령어를 만들어 냅니다.

[Batch command date and time in file name – stackoverflow 사이트]
https://bit.ly/2pf0EwM

I use the following to generate a file name. Copy paste it to your command line and you should see a filename with a Date and Time component.
Echo Archive_%date:~-4,4%%date:~-10,2%%date:~-7,2%_%time:~0,2%%time:~3,2%%time:~6,2%.zip
Output
Archive_20111011_ 93609.zip

```
c:\"Program Files"\7-Zip\7z a -r -tzip
c:\python\code\zipfile\backup_"%DATE:~0,4%%DATE:~5,2%%DATE:~8,2%".zip
c:\python\code\source\*.txt c:\python\code\source\*.jpg
```

위의 명령어를 커맨드 창에 입력하면(전체가 한 줄 입니다), 우리가 원하는 대로 정상
적으로 압축되는 것을 볼 수 있습니다. 폴더들의 경로들이 모두 c: 드라이브를 기준
으로 한 절대 경로이기 때문에 커맨드 창의 어떤 폴더에서 실행하든 관계없습니다
(C:\python\code\zipfile 폴더로 이동하여 생성된 zip 파일과 내용을 확인해 보길 바랍니다).

```
C:\Python\code>c:\"Program Files"\7-Zip\7z a -r -tzip

c:\python\code\zipfile\backup_"%DATE:~0,4%%DATE:~5,2%%DATE:~8,2%".zip

c:\python\code\source\*.txt c:\python\code\source\*.jpg


7-Zip [64] 16.04 : Copyright (c) 1999-2016 Igor Pavlov : 2016-10-04
Scanning the drive:
3 files, 13468 bytes (14 KiB)


Creating archive: c:\python\code\zipfile\backup_20171006.zip
Items to compress: 3


Files read from disk: 3
Archive size: 13922 bytes (14 KiB)
Everything is Ok
```

커맨드 창에서 위의 명령어를 실행하면, 특정 확장자를 가진 파일들이 zipfile 폴더
로 압축이 되어 생성됩니다. 한가지 숙제가 더 남았는데, 이 압축 작업이 일어난 후에

FTP로 업로드하는 코드가 연결되어 수행될 텐데, 파이썬에서 압축 관련 명령어를 실행해 주면서 작업이 끝날 때까지 FTP 업로드 코드를 실행하지 않고 기다리게 해야합니다.

구글에서 "python run windows cmd"로 검색하면, 해당 스택오버플로 페이지에서 "subprocess" 모듈에 있는 "check_output" 명령어를 사용해 보라고 권합니다. 그런데 걱정되는 부분은 해당 subprocess 모듈로 커맨드 명령을 실행했을 때, 실행한 명령이 끝날 때까지 파이썬이 다음 코드를 실행하지 않고 기다려 줄까 하는 것입니다.

[Running windows shell commands with python – stackoverflow 사이트]
https://bit.ly/2NNHUID

The newer subprocess.check_output and similar commands are supposed to replace os.system. See this page for details. While I can't test this on Windows, the following should work:
fromsubprocess import check_output
check_output("dir C:", shell=True)

이 문제를 확인하기 위해 "python subprocess check_output"으로 검색하여 아래 파이썬 라이브러리 매뉴얼을 보면, 다행히 실행한 서브프로세스가 끝날 때까지 기다린다고 합니다(하나의 프로그램이 생성되면 윈도우 내부에 프로세스가 생성되고, 이 프로세스가 다른 프로세스를 직접 실행했을 때 이 프로세스를 subprocess 또는 자식 프로세스라고 합니다). call 명령어는 성공 실패 코드만 반환해 가져오는 듯하고, check_output은 화면에 출력된 메시지도 받아올 수 있는 것 같습니다.

[subprocess – 파이썬 공식 사이트]
https://bit.ly/2QB0lss

*subprocess.check_output(args, ,*stdin=None, stderr=None, shell=False, universal_ newlines=False)*

Run command with arguments and return its output as a byte string.

If the return code was non-zero it raises a CalledProcessError. The CalledProcessError object will have the return code in the returncode attribute and any output in the output attribute.

The arguments shown above are merely the most common ones, described below in Frequently Used Arguments (hence the slightly odd notation in the abbreviated signature). The full function signature is largely the same as that of the Popen constructor, except that stdout is not permitted as it is used internally. All other supplied arguments are passed directly through to the Popen constructor.

Examples:
》》》subprocess.check_output(["echo", "Hello World!"])
'Hello World!₩n'

첫 번째 소스 폴더의 명령어를 파이썬 코드를 이용해 호출하여 동작하는지 검증해 보겠습니다.

```
import subprocess
from subprocess import check_output

# 서브프로세스를 실행 시킵니다.
check_output('c:\"Program Files"\7-Zip\7z a -r -tzip c:\python\code\zipfile\back
up_"%DATE:~0,4%%DATE:~5,2%%DATE:~8,2%".zip c:\python\code\source\*.txt
```

```
c:\python\code\source\*.jpg', shell=True)

print ("zip done")
```

[파이썬 소스 – ziptest.py]

해당 코드를 복사해서 C:\python\code 디렉터리에, 파일 형식은 "모든 파일", 인코딩은 "UTF-8"로 선택하고, "ziptest.py"라는 이름으로 저장하고 아래와 같이 실행합니다(저장하고 실행하는 부분을 잘 모를 경우, 2교시 때 스크린샷과 함께 자세히 설명한 부분을 참고하세요).

C:\Python\code>python ziptest.py

파일 이름, 디렉터리 이름 또는 볼륨 레이블 구문이 잘못되었습니다.

… 생략

c:\python\code\source*.txt c:\python\code\source*.jpg' returned non-zero exit status 1.

그런데 커맨드 창으로 잘 실행되었던 명령어를 그대로 파이썬에서 실행했는데 에러가 난 듯합니다. 왜 그런지 고민을 하다 보니, 하나 걸리는 게 있긴 합니다. 앞 시간에서도 언급한 이스케이프(escape) 문자입니다. 이스케이프 문자는 보통 어떤 언어에서든 문법적 요소로 쓰는 문자를 사용자의 문자열 안에 넣고 싶을 때 해당 문자 앞에 적어 주는 회피 작용을 하는 문자입니다. 그 회피 문자를 보고 해당 언어의 엔진은 이 문자가 문법으로 사용되는 문자가 아니라 일반 문자열 표시를 위한 문자라는 것을 인식하게 됩니다.

구글에서 "python string Double Quotation"으로 검색하면, 아래의 공식 페이지에 이스케이프 문자를 쓰는 방법이 나옵니다. 예를 들어 "문자는 \"로 넣어 주어야 하는 식입니다(한국어 키보드 ₩: 화폐단위 표시 문자가 밑의 예제 코드에 나오는 역슬래시 문자입니다). 이스케이프 문자는 "\n"(새로운 라인)과 같이 키보드로 타이핑하지 못하는 기호를 표시할 때에도 사용합니다.

[String literals – 파이썬 공식 사이트]

https://bit.ly/2MzOGac

Escape Sequence	Meaning
₩₩	Backslash (₩)
₩'	Single quote (')
₩"	Double quote (")

해당 부분을 반영한 코드는 아래와 같습니다.

```python
import subprocess
from subprocess import check_output

# 서브프로세스를 실행 시킵니다.
check_output('c:\\\"Program Files\"\\7-Zip\\7z a -r -tzip c:\\python\\code\\
zipfile\\backup_\"%DATE:~0,4%%DATE:~5,2%%DATE:~8,2%\".zip c:\\python\\
code\source\\*.txt c:\\python\\code\\source\\*.jpg', shell=True)

print ("zip done")
```

[파이썬 소스 – ziptest2.py]

해당 코드를 복사하여 c:\python\code 디렉터리에, 파일 형식은 "모든 파일", 인코딩은 "UTF-8"로 선택하고, "ziptest2.py"라는 이름으로 저장하고 아래와 같이 실행합니다. 다시 실행해 보니 정상적으로 압축되어 파일이 생성됩니다.

c:\Python\code>python **ziptest2.py**

zip done

5.2 FTP 업로드 코드 만들기

다음으로 만들어진 zip 파일을 FTP로 업로드하는 코드를 만들어 보겠습니다. 구글에서 "python ftp upload"로 검색하면, 아래의 스택오버플로 페이지에서 바이너리와, 텍스트 형태의 파일을 각각 저장하는 FTP 샘플이 보입니다.

[FTP upload files Python — stackoverflow 사이트]

https://bit.ly/2D5qooX

If you are trying to store a non-binary file (like a text file) try setting it to read mode instead of write mode.
ftp.storlines("STOR " + filename, open(filename, 'r'))

for a binary file (anything that cannot be opened in a text editor) open your in read-binary mode
ftp.storbinary("STOR " + filename, open(filename, 'rb'))

also if you plan on using the ftp lib you should probably go through a tutorial, I'd recommend this article from effbot.

추가로 만들어진 zip 파일 이름이 "backup_yyyymm" 형식이기 때문에 구글에서 "python filename date"로 검색하여, 아래 페이지에서 datetime 모듈을 통해 날짜로 이름을 만드는 코드를 얻을 수 있습니다.

[how to create a file name with the current date & time in python? — stackoverflow 사이트]

https://bit.ly/2MDX9t4

now is a class method in the class datetime in the module datetime. So you need

datetime.datetime.now()

Or you can use a different import

from datetime import datetime

두 개의 코드를 합쳐서 앞서 만든 zip 파일이 올라가는 코드를 만들어 보면 아래와 같습니다. 이미 zip 파일은 만들어져 있을 테니 위의 압축하는 코드는 일단 제외하고 FTP로 업로드 하는 코드 부분만 만들어 검증해 보겠습니다.

```python
import ftplib
import os
from datetime import datetime

# datatime 모듈을 사용하여 오늘의 압축 파일 이름을 생성합니다.
filename = "backup_" + datetime.now().strftime("%Y%m%d") + ".zip"

# ftp에 연결합니다.
ftp = ftplib.FTP("127.0.0.1")
ftp.login("ftpuser", "test1234")

# ftp 에서 myback 폴더로 이동합니다.
ftp.cwd("/mybackup")

# zip 파일이 있는 폴더로 이동합니다.
os.chdir(r"c:\python\code\zipfile")
```

```
# 바이너리 형태로 파일을 업로드 합니다.
ftp.storbinary("STOR " + filename, open(filename, 'rb'))


print ('upload completed')
```

[파이썬 소스 - ftpuploadtest.py]

해당 코드를 복사하여 C:\python\code 디렉터리에, 파일 형식은 "모든 파일", 인코딩은 "UTF-8"로 선택하고, "ftpuploadtest.py"라는 이름으로 저장하고 아래와 같이 실행합니다(저장하고 실행하는 부분을 잘 모를 경우, 2교시 때 스크린샷과 함께 자세히 설명한 부분을 참고하세요).

C:\Python\code>python **ftpuploadtest.py**

upload completed

위와 같이 업로드가 완료되었다고 출력되며, FTP로 로그인 시 해당 사용자에게 할당된 폴더인 "c:\python\code\ftproot\mybackup"으로 가보면 "backup_xxxxxxxx.zip"(날짜에 따라 위의 숫자가 달라집니다) 파일이 업로드되어 있습니다(하나의 컴퓨터에서 FTP 서버를 같이 실행해서 로컬 경로에서 확인하긴 했지만, 실제 프로그램 입장에서는 원격에 있는 FTP 폴더에 업로드된 것입니다. FTP 환경에서 확인해 보고 싶다면, 앞의 브라우저 방식으로 로그인해서 mybackup 폴더로 이동해 보세요. 해당 zip 파일이 보일 것입니다).

5.3 오래된 zip 파일 삭제
마지막으로 압축된 파일이 오래 남아 있으면 컴퓨터의 용량만 차지하기 때문에 오래된 zip 백업 파일들을 삭제하는 코드를 만들려 합니다. 여기서는 7일이 지난 파일을 삭제한다고 가정하겠습니다.

구글에서 "cmd delete file older than"으로 검색하면 아래 스택오버플로 페이지가 나옵니다. 여기서는 윈도우 내장 명령어인 "forfiles"라는 명령어를 통해 구현하라고 제안합니다. forfiles 명령어는 윈도우 XP부터 지원하는 특정한 조건의 파일들을 찾아서 각각 특정한 액션을 할 수 있는 유용한 윈도우 확장 명령 중 하나입니다. 7일 이내의 파일을 찾아 각각의 파일에 대해 del로 삭제하는 코드는 아래와 같습니다(앞과 비슷하게 이스케이프 처리를 했는데, " 문자가 ' 안에 들어 있을 때에는 굳이 escape 처리를 안 해도 에러가 안 나는 듯해서 제외했습니다).

[Batch file to delete files older than N days]
https://bit.ly/2OvmFCy
Enjoy:

forfiles -p "C:\what\tever" -s -m *.* -d ⟨number of days⟩ -c "cmd /c del @path"
See forfile documentation for more details.

```
subprocess.call('forfiles /p "c:\\python\\code\\zipfile " /s /m backup*.zip /d -7 /c
"cmd /c del @path"', shell=True)
```

subprocess 모듈의 "check_output" 대신 "call" 메서드를 사용한 이유는, 일주일 이상 된 파일이 없어 "forfiles" 결과가 없을 경우엔 에러가 나게 되는데, 해당 에러를 출력하는 부분이 파이썬 코드에 영향을 주어서 아래와 같은 오류가 나기 때문입니다. 그래서 이것저것 고민하다가 call은 에러가 나도 실행과 무관하니 대체했습니다. 이 부분은 굳이 테스트를 위해 실행해 보지 않겠습니다.

오류: 검색 조건에 해당되는 파일을 찾을 수 없습니다.

Traceback (most recent call last):

File "deltest.py", line 7, in <module>

5.4 최종 코드

꽤 오랫동안 헤매다가 만들어진 최종 코드는 아래와 같습니다.

```
import ftplib
import os
from datetime import datetime
import subprocess
from subprocess import check_output


### 압축 코드
# 서브 프로세스를 실행시켜 7z 명령어로 압축을 합니다.
check_output('c:\\\"Program Files\"\\7-Zip\\7z a -r -tzip c:\python\code\
zipfile\backup_\"%DATE:~0,4%%DATE:~5,2%%DATE:~8,2%\".zip c:\\python\\
code\source\\*.txt c:\python\code\source\\*.jpg', shell=True)
print ("zip done")


### ftp 코드
# datatime 모듈을 사용하여 오늘의 압축 파일 이름을 생성합니다.
filename = "backup_" + datetime.now().strftime("%Y%m%d") + ".zip"


# ftp 에 연결합니다.
ftp = ftplib.FTP("127.0.0.1")
ftp.login("ftpuser", "test1234")


# ftp 루트에서 mybackup 폴더로 이동합니다.
```

```
ftp.cwd("/mybackup")

# zip 파일이 있는 폴더로 이동 합니다.
os.chdir(r"c:\python\code\zipfile")

# 바이너리 형태로 파일을 업로드 합니다.
ftp.storbinary("STOR " + filename, open(filename, 'rb'))
print ("ftp upload done")

### 삭제 코드
# 7일 이상 된 백업 폴더의 backup zip 파일을 삭제 합니다.
subprocess.call('forfiles /p "c:\\python\\code\\zipfile " /s /m backup*.zip /d -7 /c
"cmd /c del @path"', shell=True)
print ("del done")
```

[파이썬 코드 – ftpupload_final.py]

해당 코드를 복사하여 C:\python\code 디렉터리에, 파일 형식은 "모든 파일", 인코딩은 "UTF-8"로 선택하고, "ftpupload_final.py"라는 이름으로 저장하고 아래와 같이 실행합니다. 정상적으로 압축이 되어 파일이 업로드됩니다. 오류 메시지가 표시되는 부분은 앞에서 얘기했듯이 forfiles 명령어 결과에서 7일 전 압축된 파일이 없어서 발생하는 에러입니다.

c:\Python\code>python **ftpupload_final.py**

zip done

ftp upload done

오류: 검색 조건에 해당되는 파일을 찾을 수 없습니다.

del done

마지막으로 위에서 만든 기능을 수기적으로 동작시키는 부분은 어떻게 구현하면 좋을까요? 반복 주기가 짧다면 파이썬의 timer 모듈 등을 사용하여 계속 반복 실행하도록 구현할 수도 있겠지만, 하루에 한 번이라든지 몇 시간에 한 번씩 동작시킬 예정이라면, 파이썬을 계속 실행시키는 것은 비효율적인 것 같은 생각이 듭니다. 윈도우의 경우 작업 스케줄러에 걸어 놓으면 컴퓨터가 재시작해도, 알아서 지정된 시간이나 간격으로 동작하기 때문에 신경 쓰지 않고 반복적으로 실행할 수 있습니다.

이 내용은 파이썬과 밀접한 관계가 없으니, 간단하게 작업 스케줄러의 마법사 기능을 이용해서 매일 오후 3시에 동작하는 잡을 하나만 등록해 보고 마무리 하도록 하겠습니다. 참고로 마법사 기능을 사용하지 않으면 조건을 좀더 정교하게 줄 수 있습니다.

"윈도우+R" 키를 눌러 실행 창을 띄우고, "taskschd.msc"라고 입력한 후 "확인" 버튼을 누릅니다.

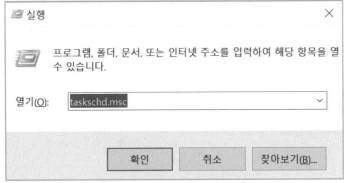

[그림 14교사-12: 작업 스케줄러 시작]

작업 스케줄러의 오른쪽 트리에서 "작업 스케줄러 라이브러리"를 클릭하고, 마우스 오른쪽 버튼을 눌러 "기본 작업 만들기" 메뉴를 선택합니다. 이름에 "mytest"를 입력하고, "다음" 버튼을 누릅니다.

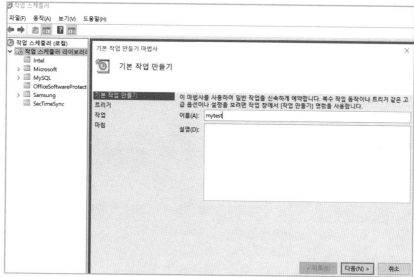

[그림 14교시-13: 작업 스케줄러(기본 작업 만들기)]

작업 트리거는 매일 실행하는 것으로 체크하고, "다음" 버튼을 누릅니다.

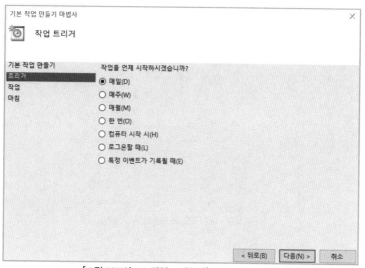

[그림 14교시-14: 작업 스케줄러(작업 트리거 설정)]

시간은 오후 3시에 시작하는 것으로 수정하고, "다음" 버튼을 누릅니다.

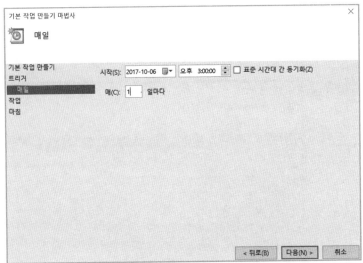

[그림 14교시-15: 작업 스케줄러(시간 설정)]

동작은 "프로그램 시작"으로 하고 "다음" 버튼을 누릅니다.

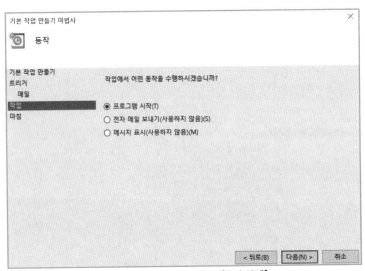

[그림 14교시-16: 작업 스케줄러(동작 설정)]

프로그램/스크립트는 "c:\Python\python.exe"(이유는 모르겠지만 패스가 지정되어 있음에도 python 또는 python.exe 만 넣으면 실행이 안됩니다)으로 인수 추가(옵션)은 "c:\python\code\ftpupload_final.py"로 넣습니다. 우리가 커맨드 창에서 "c:\Python\python.

exe c:\python\code\ftpupload_final.py"로 실행하는 것과 같은 원리입니다. "다음" 버튼을 누르고, 최종 확인하는 창이 뜨면 "마침" 버튼을 눌러 작업을 저장합니다(마지막 스크린샷은 생략합니다).

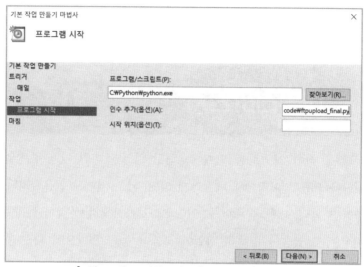

[그림 14교시-17: 작업 스케줄러(프로그램과 인자 설정)]

그럼 작업 스케줄러 창에 아래와 같이 등록한 "mytest" 잡이 보이게 됩니다. 다음 실행 시간을 보면, 다음에 실행할 시간을 알 수 있고, 마지막 실행 시간이나 결과를 보고 에러가 났는지 상황을 알 수 있습니다. 테스트 등을 위해 바로 실행해 보고 싶으면 컨텍스트 메뉴를 띄워 "실행" 메뉴를 클릭합니다.

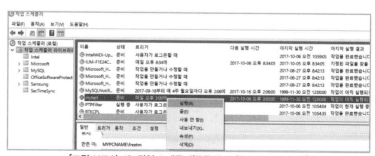

[그림 14교시-18: 작업 스케줄러(등록된 잡 확인 및 수동 실행)]

자세한 내용은 구글에서 "윈도우즈 10 작업 스케줄러"로 검색하여, 사용법을 익히기 바랍니다. 참고로, 만약 실행 시 콘솔이 뜨지 않고 백그라운드(스텔스) 모드로 실행하고 싶다면, 실행할 명령어를 "c:\Python\python.exe" 대신 "c:\Python\pythonw.exe" 라고 입력하면 됩니다.

07 ▶ 마무리하면서

이 시간의 요점은 작업 자동화를 할때 꼭 해당 언어의 범위 안에서 작업할 필요가 없다는 점입니다. 너무 언어자체에 매달리게 되면, 외부 커맨드나 유틸리티 방식의 명령어를 이용하면 좀더 쉽게 구현할 수 있는 코드를 오히려 복잡하게 구현하게 되어 시간을 낭비할 수도 있습니다. 특히 파일이나 폴더 등을 기반으로 하는 작업의 경우 for나 forfiles와 같이 일괄로 작업하는 명령어들이나 PowerShell 기반의 강력한 명령어들이 존재하니, 가능한 한 필요한 기능을 구글에서 검색하여 가져다 쓰는 것도 좋을 수 있습니다.

또 커맨드 창이 아닌 GUI 유틸리티들을 앞에서 배운 윈도우 자동화 모듈을 사용해 실행하는 것도 하나의 방법입니다. 해당 모듈에 차별화된 가치가 없는 이상, 관련된 파이썬 모듈이 있다고 해서 의무적으로 그 모듈을 사용할 필요는 없습니다. 이것으로 자동화를 마무리하고, 다음 시간에는 파이썬으로 접근해 보는 머신러닝을 설명하기 위한 사전 작업으로 파이썬의 몇몇 수학 라이브러리들에 대해 살펴보려 합니다.

datetime 객체, os 모듈, subprocess 모듈

1. datetime 객체

datetime 객체는 date 개체와 비슷하나, 년, 월, 일에 더해 시간 개념까지 가지고 있다는 차이점이 있습니다. 실제로 프로그래밍을 하다 보면 시간 객체를 가지고 앞에서 봤던 문자열만큼 많은 처리 작업을 해야 할 일이 있습니다. 특정 날이 무슨 요일인지 알아낸다든지, 시간에 따라 특정 작업을 한다든지, 주말에만 특정 작업을 한다든지 말입니다.

그래서 datetime 객체는 그러한 작업을 도와주는 여러 가지 메서드들을 지원하고 있습니다. 오늘의 날짜와 시간을 얻어온다든지(today, now), 년, 월, 일, 시간, 분, 초, 백만분의 일초(year, month, day, hour, minute, second, microsecond)를 가져온다든지, 특정 시간 요소를 바꾼다든지(replace), 특정한 기준 시간으로부터 얼마나 시간이 흘러갔는지를 보는 타임스탬프(timestamp)를 얻는다든지, 해당 일이 무슨 요일 인지 찾는 등의 기능(weekdays)을 지원합니다. 다음 예제는 현재의 요일을 얻어서 월요일인지를 체크하는 코드입니다.

```python
from datetime import datetime

# 오늘의 날짜 및 시간을 얻어옵니다.
today = datetime.today()
# 오늘이 몇 번째 요일인지 알아옵니다(0~6:월~일)
weekday = today.weekday()

# 오늘의 날짜를 출력 합니다.
print("today: " + str(today))
```

```
# 오늘이 월요일인지 체크해 출력합니다.
if weekday == 0:
    print("today is monday")
else:
    print("today is not monday")
```

[파이썬 코드 – datetime_sample.py]

c:\Python\code>python **datetime_sample.py**

today: 2017-XX-XX 16:08:26.686297

today is not Monday

datetime 모듈의 상세한 부분에 대해서는 아래의 링크를 참고하세요.

[datetime – Basic date and time types – 파이썬 공식 페이지]

https://bit.ly/2NOUZLC

2. os 모듈

os 모듈을 간단히 설명하면, 커맨드 창에서 할 수 있는 명령어 부분들을 파이썬 모듈로 만든 것이라 할 수 있습니다(아마 내부적으로는 시스템 명령어를 호출할 것으로 생각됩니다). 파일이나 디렉터리, 시스템 설정, 프로세스 등과 관련된 작업들을 할 수 있습니다.

예를 들면 디렉터리를 이동하거나(chdir), 현재 디렉터리를 얻거나(getcwd), 현재 로그인한 사용자를 얻거나(getlogin), 프로세스의 권한과 관련된 부분을 체크하거나, 파일을 바이너리 모드로 읽거나 쓰거나(read, write), 디렉터리를 만들거나(mkdir), 지우거나(remove, removedirs, rmdir), 파일이나 디렉터리의 이름을 바꾸거나(rename) 할 수 있습니다. 이런 일은 필요한 순간에 찾아서 사용하면 되니, 여기서는 간단히 현재 디렉터리를 얻어 출력하는 샘플을 보이겠습니다.

```python
import os

# 현재 디렉토리를 얻어와 출력 합니다.
print("current directory is: " + os.getcwd())
```

```
c:\Python\code>python os_sample.py
current directory is: c:\Python\code
```

만약 os 모듈에서 해당 작업을 지원하지 않는다면, 이번 시간에 진행한 것처럼 subprocess를 이용하여 실제 커맨드 창 명령어들을 실행할 수도 있습니다. os 모듈의 상세한 부분은 아래의 링크를 참고하세요.

[os – Miscellaneous operating system interfaces – 파이썬 공식 페이지]
https://bit.ly/2mNbAi5

3. subprocess 모듈

서브프로세스(subprocess)란 보통 하나의 프로그램을 실행하면 프로세스가 실행되는데, 해당 프로세스에서 직접 다른 프로그램을 실행하면 보통 서브프로세스가 생성되면서 먼저 생성시켰던 프로세스는 부모 프로세서가 됩니다(서브프로세스가 의미 있는 것은, 이때 만약 부모 프로세스인 프로그램을 종료하면 서브프로세스도 같이 종료되기 때문입니다).

서브프로세스 모듈은 네 가지 정도의 함수를 가지고 있는데, run, Popen 그리고 우리가 이번 시간에 사용한 call, check_call입니다. 그런데 설명을 찬찬히 읽다 보니, call, check_call은 파이썬 3.5 이전에 사용하던 방식이고, "파이선 3.5부터는 run 또는 Popen"을 사용하라고 합니다. run과 Popen의 차이는 이렇습니다. run은 서브프로세스를 띄운 후 끝날 때까지 다음 작업을 기다릴 때 쓰는 용도로 Popen을 간략화한 버전이고, Popen은 서브프로세스를 띄우고도 상태를 체크하면서 이런저런 다른 일을 하는 것이 필요할 때 정교한 컨트롤을 위해 사용한다고 합니다.

call, check_call 대신에 run을 사용하라고 권장하니, 기존 코드를 run으로 바꿔 실행해 보면서 이번 시간을 마무리하겠습니다

```python
import ftplib
import os
from datetime import datetime
from subprocess import run

### 압축 코드
# 서브 프로세스를 실행시켜 7z 명령어로 압축을 합니다.
run('c:\\\"Program Files\"\\7-Zip\\7z a -r -tzip c:\\python\\code\\zipfile\\backup_
\"%DATE:~0,4%%DATE:~5,2%%DATE:~8,2%\".zip c:\\python\\code\source\\*.txt
c:\\python\\code\\source\\*.jpg', shell=True)
print ("zip done")

### ftp 코드
# datatime 모듈을 사용하여 오늘의 압축 파일 이름을 생성합니다.
filename = "backup_" + datetime.now().strftime("%Y%m%d") + ".zip"

# ftp 에 연결합니다.
ftp = ftplib.FTP("127.0.0.1")
ftp.login("ftpuser", "test1234")

# ftp 루트에서 mybackup 폴더로 이동합니다.
```

```
ftp.cwd("/mybackup")

# zip 파일이 있는 폴더로 이동 합니다.
os.chdir(r"c:\python\code\zipfile")

# 바이너리 형태로 파일을 업로드 합니다.
ftp.storbinary("STOR " + filename, open(filename, 'rb'))
print ("ftp upload done")

# 7일 이상 된 백업 폴더의 backup zip 파일을 삭제 합니다.
run('forfiles /p "c:\\python\\code\\zipfile " /s /m backup*.zip /d -7 /c "cmd /c del
@path"', shell=True)
print ("del done")
```

[파이썬 코드 – ftpupload_final_use_run.py]

실행해 보면, 상세 실행 과정이 좀더 자세히 나오는 것 외에는 하나의 함수를 이용해 지원할 수 있게 되어서 좀더 편합니다. 옵션에 따라 해당 상세 과정을 안 나오게도 할 수 있을 것 같으나, 현재로서는 필요를 못 느끼니 그대로 두려 합니다.

```
c:\Python\code>python ftpupload_final_use_run.py

7-Zip [64] 16.04 : Copyright (c) 1999-2016 Igor Pavlov : 2016-10-04

Open archive: c:\python\code\zipfile\backup_20171022.zip

--

Path = c:\python\code\zipfile\backup_20171022.zip

Type = zip

Physical Size = 13922


Scanning the drive:
```

3 files, 13468 bytes (14 KiB)

Updating archive: c:\python\code\zipfile\backup_20171022.zip

Items to compress: 3

Files read from disk: 3

Archive size: 13922 bytes (14 KiB)

Everything is Ok

zip done

ftp upload done

오류: 검색 조건에 해당되는 파일을 찾을 수 없습니다.

del done

서브프로세스에 대한 상세한 내용은 아래의 링크를 참고하세요.

[subprocess – Subprocess management – 파이썬 공식 페이지]
https://bit.ly/2NPno4j

∘15교시∘

수학 라이브러리
살펴보기

이 시간에는 17교시에 진행할 "머신러닝과 파이썬"에 대한 이야기를 풀어보기 위한 사전 작업을 하려 합니다. 또는 파이썬 수학 라이브러리에 관심이 많은 분들에게도 재미있는 시간이 되길 바랍니다. 파이썬에서 쓰는 여러 가지 수학 라이브러리(모듈)들을 어떤 관점에서 접근하는 것이 좋은지에 대해, 매뉴얼 페이지 및 간략한 샘플들을 통해 살펴보겠습니다.

01 들어가면서

머신러닝 관련 코드들을 보다 보면 NumPy(넘파이)나 Pandas(판다스) 같은 라이브러리들이 자주 등장합니다(이번 시간의 라이브러리들은 영어 그대로 사용되는 경우가 많으니 영어로 표기하겠습니다). 대략적으로 해당 라이브러리들은 데이터들이 담긴 배열을 효율적으로 처리해 주는 것으로 알려져 있습니다. 그런데 라이브러리들의 어떤 측면이 사람들을 그렇게 자주 애용하게 만들까요? 관련 샘플 코드들을 보면서 자주 쓰이는 기능들을 중심으로 이해하는 방법도 있겠지만, 여기서는 해당 라이브러리가 어떤 목적으로 만들어졌고 어떤 범위에서 사용되는지를 전체적 관점에서 살펴보겠습니다.

우선 파이썬에서 자주 이용되는 수학 라이브러리들을 리스트업하기 위해 구글에서 "python math libraries"로 검색합니다. 아래의 페이지를 보면, 2015년 8월 기준으로 파이썬 공식 페이지에서 모듈 다운로드 수를 기준으로 수학 라이브러리의 순위를 매겼습니다.

[Top Python Math And Statistics Libraries – PalRad 사이트]
https://bit.ly/2Osl5Ba

The download data for this rankings are from https://pypi.python.org

1. NumPy (494214 downloads in August 2015):

....

상위 7개만 나열해 보면 NumPy, Pandas, SciPy, matplotlib, Patsy, SymPy, Plotly입니다. 이 중 matplotlib, Plotly는 다음 시간에 살펴볼 그래픽 라이브러리이고, Patsy는 통계모델에 대한 라이브러리인데 통계를 잘 모르면 의미가 없을 테니 건너뛰고, 이 시간에는 NumPy, Pandas, SciPy, SymPy 네 개의 라이브러리를 간단한 예제와 함께 살펴보려 합니다.

실제로 "machine learning example" 또는 "tensorflow example" 등의 키워드로 구글에서 이런저런 페이지를 찾아본 결과, 해당 라이브러리 이외의 특별한 라이브러리의 사용 예는 보이지 않았습니다. 이 페이지들은 아래와 같습니다.

[Your First Machine Learning Project in Python Step-By-Step – Machine Learning Mastery 사이트]
https://bit.ly/28K0yTE

[An Introduction to Machine Learning Theory and Its Applications: A Visual Tutorial with Examples – toptal 사이트]
https://bit.ly/2efZhvz

[TensorFlow Tutorial and Examples for Beginners with Latest AP I– GitHub 사이트]
https://bit.ly/1Qp0uJX

Numpy 는 파이썬을 이용하면서 가장 많이 보게 되는 수학 라이브러리입니다. 블로그의 예제들을 찾아보면서 쓰임새를 알아보는 것도 좋지만, 이렇게 유명한 라이브러리들은 문서에 잘 설명되어 있을 가능성이 높으니, 해당 매뉴얼 페이지를 전체적으로 훑어보려 합니다.

구글에서 "numpy documentation"로 검색하면, 맨 위에 아래의 공식 문서 페이지가 나옵니다.

[numpy 공식 사이트]

https://docs.scipy.org/doc/

전체적인 분위기를 보면, Numpy와 SciPy는 같은 목적에서 시작된 프로젝트인 것 같습니다. 중간의 "Numpy Reference Guide" 링크를 클릭합니다.

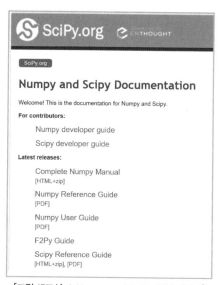

[그림 15교시-1: Numpy and SciPy 문서 페이지]

이 레퍼런스 페이지의 목차를 훑어보겠습니다.

[Numpy Reference Guide – Numpy 공식 사이트]

https://bit.ly/2xoiq4a

[그림 15교시-2: Numpy 레퍼런스 페이지]

첫 번째 "Array objects" 설명을 보면(https://docs.scipy.org/doc/numpy/reference/arrays.html), 여러 차원의 array(수학적 의미로는 '행렬'이라 하는 것이 적절할 듯 합니다)를 만들고, 임의의 부분만 잘라내고, 특정 요소의 값을 지정하고, 루프를 돌리고, array의 차원을 재배열하고, 정렬하는 일 등에 대해 설명합니다.

두 번째 "Universal functions" 설명을 보면(https://docs.scipy.org/doc/numpy/reference/ufuncs.html), 해당 array를 수학적 연산에 의해 서로 사칙연산을 한다든지, 각 요소에 대해 로그 연산을 한다든지, 서로 비트 연산을 한다든지, 두 개의 array에서 최댓값들만을 뽑아 낸다든지 하는 여러 가지 array에 대한 연산을 설명합니다.

세 번째 "Routines"에서는(https://docs.scipy.org/doc/numpy/reference/routines.html) 이

제 상세한 부분으로 들어가 array의 다양한 생성 방법이나, 합치거나 자르는 등의 조작, 텍스트 및 문자열 등으로 읽거나 쓰기, 수학이나 기본 통계함수 적용 등 구체적인 사용 시 필요한 세부 기능에 대해 설명합니다.

이후에는 기타 여러 설명이 이어지는 것을 보니, 결국 Numpy의 범위는 다양한 차원의 array를 만들고, 해당 array끼리 연산하거나, 각각의 array 요소에 수학 연산을 일괄 적용하거나, array를 여러 다양한 차원의 형태로 자유롭게 변환하게 만들어 주는 라이브러리라고 봐도 무방할 듯싶습니다. 그럼 간단한 샘플을 하나 만들어 보겠습니다.

아래의 명령어로 Numpy를 설치합니다. 정상적으로 설치됩니다.

```
c:\Python\code>pip install numpy
Collecting numpy
… 생략
Successfully installed numpy-1.13.3
```

이 설명 페이지를 기반으로 샘플 기능을 만들어 보면 아래와 같습니다. array를 하나 만들고, 각 원소에 값을 더하거나, array를 재조정하고, 각 원소에 log 함수를 적용하는 등의 일을 합니다.

```python
import numpy as np

# 2*2 크기인 array "a" 를 만듭니다.
a = np.array([[1, 2], [3, 4]])

# a array 원소들에 모두 1을 더해 array "b" 를 만듭니다
b = a + 1
```

```
print (b)

# b array 를 재 정렬해 1*4 로 array "c" 를 만듭니다.
c = np.reshape(b, (1,4))
print (c)

# c array 원소들에 log 함수를 적용해 array "d" 를 만듭니다.
d = np.log(c)
print (d)
```

[파이썬 소스 – numpy_test.py]

해당 코드를 복사하여 C:\python\code 디렉터리에, 파일 형식은 "모든 파일", 인코딩
은 "UTF-8"로 선택하고, "numpy_test.py"라는 이름으로 저장하고 아래와 같이 실행
합니다(저장하고 실행하는 부분을 잘 모를 경우, 2교시 때 스크린샷과 함께 자세히 설명한 부분을
참고하세요).

C:\Python\code>python numpy_test.py

[[2 3] → *원래의 array에 1을 더한 결과*

 [4 5]]

[[2 3 4 5]] → *1*4 array로 재조정함.*

[[0.69314718   1.09861229   1.38629436   1.60943791]] → *각 요소에 log 함수를 적용함.*

03 > SciPy

두 번째는 SciPy입니다. 앞서 처음의 Numpy 메인 페이지에서 "SciPy Reference
Guide" 링크를 클릭합니다. 튜토리얼 부분이 잘 정리된 것 같으니 이 부분을 중심으

로 보겠습니다.

[SciPy Reference Guide – SciPy 공식 사이트]

https://bit.ly/2xii8wC

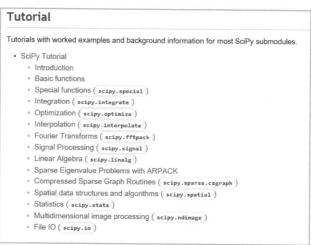

[그림 15교시-3: SciPy 레퍼런스 페이지]

목차를 살펴보면 해당 라이브러리들은 Numpy 구조를 기반으로, 전문적인 과학분야의 수학 연산들을 도와주는 라이브러리입니다. 적분(Integration)이나, 영상이나 신호처리 영역에서 자주 쓰이는 푸리에 변환(Fourier Transforms), 선형 대수(Linear Algebra), 통계학(Statistics) 등에서 필요한 수학 연산들을 모아둔 것이라고 보면 되겠습니다. 해당 부분들의 특징은 "구슬이 서말이라도 꿰어야 보배"라는 속담처럼 해당 분야에 대한 이해를 바탕으로 특정 연산을 수행하고 싶을 때에야 의미가 있을 것 같습니다.

여기에선 적분 관련된 예제 하나만 살짝 보고 넘어가려 합니다. 푸리에 변환에 대해서는 17교시 머신러닝 시간에 살펴볼 예정입니다.

우선 SciPy를 설치 하도록 하겠습니다. 정상적으로 설치가 됩니다. 참고로 2017년 10월 경만 하더라도 정상적으로 설치가 안되어, UCI 대학교 연구실 홈페이지로 가서

(http://www.lfd.uci.edu/~gohlke/pythonlibs/#scipy) 관련 버전의 wheel 파일을 다운받아서 설치했습니다. 혹시 향후 파이썬 버전이 올라가서 설치가 안되실 경우는 참고 부탁 드립니다.

```
c:\Python\code>pip install scipy
Collecting scipy
… 생략
Successfully installed scipy-1.0.0
```

$$\int_0^1 x^2.dx$$

[그림 15교시-4: 적분 함수 표시]

위와 같이 y = x^2인 함수에 대해 0~1 사이 구간을 적분하는 소스는 아래와 같습니다.

```python
from scipy.integrate import quad


# y=x^2 함수를 정의 합니다.
def myfn(x):
    return x**2


# x 는 0~1 사이의 구간에 대해서 해당 함수를 적분 합니다.
ans, err = quad(myfn, 0, 1)
print (ans)
```

[파이썬 소스 – scipy_test.py]

해당 코드를 복사하여 C:\python\code 디렉터리에, 파일 형식은 "모든 파일", 인코딩은 "UTF-8"로 선택하고, "scipy_test.py"라는 이름으로 저장하고 아래와 같이 실행합니다. 해당 적분 결과를 볼 수 있습니다.

C:\Python\code>**python scipy_test.py**

0.33333333333333337

04 SymPy

세 번째로 살펴볼 라이브러리는 기호 수학을 추구하는 SymPy입니다. 구글에서 "sympy documentation"으로 검색합니다.

[SymPy 공식 홈페이지]
https://bit.ly/2D24P8X

이 매뉴얼을 보면 보통 대수학이나 기하학에 대한 기능들이 많은데, symbolic(기호) 연산이 가능하다는 특징이 있다고 합니다. "매스매티카(mathematica)"라는 툴을 써본 분은 알 것 같은데(필자가 개인적으로 좋아하는 툴입니다), 마치 수학 공식을 사람이 푸는 것처럼 기호 형태로 풀이하는 것을 얘기합니다. 온라인에서 경험해 보자면, https://www.wolframalpha.com/ 페이지로 가서, 검색 창에 "y=x^2-x-6"를 넣고 검색하면, 해당 함수의 그래프나 근, 인수분해 결과 및 과정 등을 보여 줍니다.

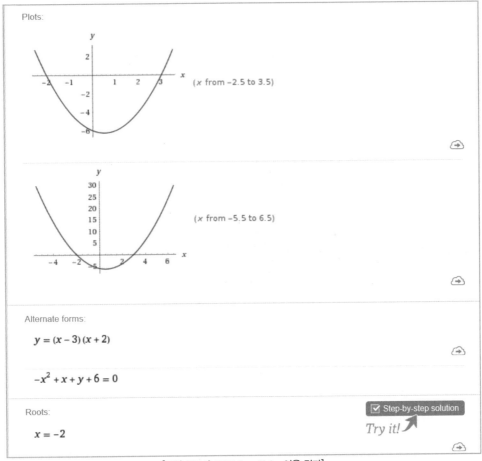

Plots:

(x from –2.5 to 3.5)

(x from –5.5 to 6.5)

Alternate forms:

$$y = (x - 3)(x + 2)$$

$$-x^2 + x + y + 6 = 0$$

Roots:

☑ Step-by-step solution

Try it!

$$x = -2$$

[그림 15교시–5: WolframAlpha 이용 결과]

이 기능은 수식 계산에도 쓸 수 있지만, 수학 공부를 할 때 병행해 이리저리 사용해도 도움될 것입니다. 사람이 암기나 계산을 해서 푸는 것이 얼마나 덧없는지도 조금은 느끼게 해주고요. 먼저 아래와 같이 설치해 보겠습니다.

c:\Python\code>**pip install sympy**

Collecting sympy

...

Successfully installed mpmath-1.0.0 sympy-1.1.1

위의 WolframAlpha 페이지에 넣었던 "y=x^2-x-6"를 인수분해하는 SymPy 코드는
아래와 같습니다. n승 기호를 "^"가 아닌 "**"로 표시하는 문법상의 차이가 있습니다.

```
from sympy import *

# x 를 심볼로 지정합니다.
x = symbols('x')

# y = x^2 - x - 6 의 인수분해를 합니다.
ans = factor(x**2 - x - 6)
print(ans)
```

[파이썬 소스 – sympy_test.py]

해당 코드를 복사하여 C:\python\code 디렉터리에, 파일 형식은 "모든 파일", 인코딩
은 "UTF-8"로 선택하고, "sympy_test.py"라는 이름으로 저장하고 아래와 같이 실행
합니다. 사람이 풀듯 인수분해된 결과를 볼 수 있습니다.

```
c:\Python\code>python sympy_test.py
(x - 3)*(x + 2)
```

참고_ WolframAlpha 페이지에서 적분해보기

참고로 앞서 SciPy 했던 적분 계산을 위의 WolframAlpha 페이지에서 하려면 아래와 같이 입력합니다. 궁금한 분들은 한번 해보고 비교해 보세요. 자동화 쪽에서 파이썬 모듈과 상용 툴을 비교할 때와 비슷한 느낌을 받을 것입니다.

```
integarte x^2 from 0 to 1
```

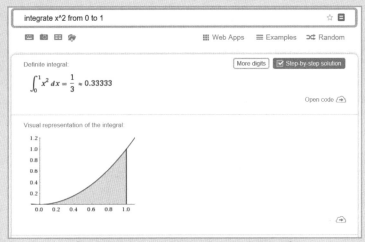

[그림 15교시-6: WolframAlpha 페이지에서 적분해보기]

05 Pandas

마지막으로 Pandas 차례입니다. 마찬가지로 구글에서 "pandas documentation"으로 검색합니다.

[pandas: powerful Python data analysis toolkit – pandas 공식 사이트]

https://bit.ly/2hH6dDN

왼쪽의 내용 목차들을 보겠습니다.

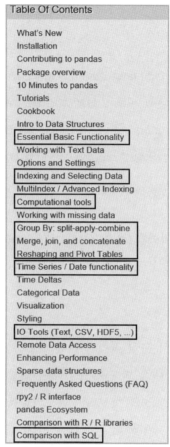

Table Of Contents

What's New
Installation
Contributing to pandas
Package overview
10 Minutes to pandas
Tutorials
Cookbook
Intro to Data Structures
Essential Basic Functionality
Working with Text Data
Options and Settings
Indexing and Selecting Data
MultiIndex / Advanced Indexing
Computational tools
Working with missing data
Group By: split-apply-combine
Merge, join, and concatenate
Reshaping and Pivot Tables
Time Series / Date functionality
Time Deltas
Categorical Data
Visualization
Styling
IO Tools (Text, CSV, HDF5, ...)
Remote Data Access
Enhancing Performance
Sparse data structures
Frequently Asked Questions (FAQ)
rpy2 / R interface
pandas Ecosystem
Comparison with R / R libraries
Comparison with SQL

[그림 15교시-7: Pandas 매뉴얼]

이 매뉴얼에도 여러 가지 설명이 있지만, 기본적인 기능은 다음과 같습니다. CSV, JSON 등의 데이터를 URL 등으로부터 가져와서 "dataframe"이라는 NumPy의 array 와 비슷한 저장 공간(메모리 형태의 데이터베이스라고봐도 괜찮겠습니다)에 넣거나, 데이터의 기준이 되는 시간 데이터 등을 자동으로 생성해 주거나, 마치 데이터베이스 안의 데이터와 같이 조인이나 정렬, 그룹핑 등이 가능합니다. 아래의 스택오버플로 설명을 보면, 실제 Pandas는 NumPy를 기반으로 만들어졌다고 합니다.

[What are the differences between Pandas and NumPy+SciPy in Python? [closed] –
stackoverflow 사이트]
https://bit.ly/2QzblB7

*Indeed, pandas provides high level data manipulation tools built on top of NumPy.
NumPy by itself is a fairly low-level tool, and will be very much similar to using
MATLAB. pandas on the other hand provides rich time series functionality, data
alignment, NA-friendly statistics, groupby, merge and join methods, and lots of
other conveniences.*

SQL에 익숙한 독자는 마지막에 있는 "Comparison with SQL" 항목을 살펴보세요.
Pandas가 무슨 일을 할 수 있는지를 대략이겠지만 좀더 쉽게 이해하게 되는 것 같습
니다(R을 아는 분은 R과의 비교 링크를 보세요).

결론적으로, Pandas는 데이터 분석 작업을 위해 메모리상에 구현한 엑셀과 비슷하다
고 생각합니다. 엑셀의 여러 내장 함수를 조합해서 다중 배열이나 SQL의 여러 기능
들과 비슷한 작업을 할 수 있듯이, Pandas도 메모리상에 데이터들을 정렬해 뿌려 놓
고 엑셀을 조작하듯이 해당 데이터 개개에 NumPy와 같은 방식으로 연산을 가하거
나, 데이터베이스에 저장한 데이터와 같이 여러 가지 조건에 의해 분류하거나, 조합하
거나, 필터링하는 것을 쉽게 해주는 라이브러리라고 생각하면 되겠습니다.

샘플 실행을 위해 Pandas를 설치합니다.

```
c:\Python\code>pip install pandas
Collecting pandas
```

Successfully installed pandas-0.21.1 python-dateutil-2.6.1 pytz-2017.3

샘플에서는 Pandas용 dataframe을 하나 만들고, 그 중에서 SQL의 where 조건을 적용한 것과 비슷하게 "A" 열이 "fruit"인 데이터만 추출하는 코드를 만들어 보려 합니다.

```python
import pandas as pd
import numpy as np

# pandas 용 dataframe 을 만듭니다(메모리 버전 엑셀이라고 생각합니다)
df = pd.DataFrame({'A': 'fruit drink cookie fruit'.split(),
                   'B': 'orange Coke chocopie mango'.split(),
                   'C': np.arange(4)})

# 만든 dataframe 을 출력합니다.
print(df)
print('-----------------------------')

# 뿌리면 아래와 같이 생겼습니다.
#    A       B      C
# 0  fruit   orange  0
# 1  drink   juice   1
# 2  cookie  chocopie 2
# 3  fruit   mango   3

# df 중에 A 열이 fruit 인 데이터만 추출 하여 출력 합니다.
print(df.loc[df['A'] == 'fruit'])
```

[파이썬 소스 – pandas_test.py]

해당 코드를 복사하여 C:\python\code 디렉터리에, 파일 형식은 "모든 파일", 인코딩은 "UTF-8"로 선택하고, "pandas_test.py"라는 이름으로 저장하고 아래와 같이 실행합니다.

```
C:\Python\code>python pandas_test.py
        A         B         C
0   fruit     orange     0
1   drink     Coke       1
2   cookie    chocopie   2
3   fruit     mango      3
----------------------------
        A         B         C
0   fruit     orange     0
3   fruit     mango      3
```

06 마무리하면서

네 개의 수학 라이브러리들을 살펴보면서(사실 Pandas는 수학 모듈이라기보단 범용 데이터 처리를 위한 공용 프레임이라고 보는 것이 맞을 것 같습니다), 머신러닝이나 기타 분야에서 왜 NumPy나 Pandas 같은 모듈을 애용하는지를 공감을 가지시게 되었기를 바랍니다. 이렇게 보면 파이썬은 여러 모듈들이 얽히고 설키면서 서로를 보조하고 시너지를 내어 더 많은 인기를 얻은 것 같습니다.

이 시간을 진행함으로써, 나중에 머신러닝에 대해 얘기할 때에는 해당 코드에서 보이는 NumPy나 Pandas 코드가 밥위의 콩처럼 분리되보여서 머신러닝 모듈 자체에만 집중하고, 설명이 좀더 간략해질 것이라 기대하고 있습니다. 다음 시간에는 비슷한 목적으로 가공된 데이터를 좌표상에 표시해 주는 그래픽 라이브러리에 대해 살펴보려 합니다.

16교시

그래픽 라이브러리
살펴보기

이 시간에는 지난 시간에 이어 수학 라이브러리의 하나인 그래픽(정확하게 말하면 좌표를 공간에 표시하는 플로팅-plotting 일 것 같습니다) 라이브러리를 살펴보려 합니다. 지난 시간에 언급한 matplotlib과 Plotly로 예제를 구현해 보면서, 어떻게 접근하여 사용하면 좋은지 알아보려 합니다.

01 들어가면서

우선 예제를 구현하기 전에 플로팅(plotting)이라는 것이 무엇인지 잠깐 생각해 보겠습니다. 플로팅이란 특정한 데이터셋을 공간상에 표시해 주는 것을 말합니다. 굳이 2D 평면이 아니라 공간이라고 말하는 것은, 미래에 홀로그램 형태의 3차원 디스플레이 같은 것이 일반화되면 공간상에 뿌려서 살펴보는 것도 가능해질 것 같기 때문입니다 (3D 프린터도 물리적인 플로팅일 수 있습니다).

대부분의 그래픽 라이브러리는 2차원 화면상에 3차원 좌표까지 표시 가능하지만, 아래와 같이 하나의 차원을 색이나 기호로 치환하여 평면상에 4차원의 데이터를 표시하는 것도 가능하다고 합니다. 공간적인 4차원이 아니니 가짜라고 볼 수도 있겠지만, 플로팅은 공간에 요소를 단순히 나타내기 위한 목적보다는 각 구성요소의 독립, 복합적 관계를 파악하기 위한 목적이 크기 때문에(일일 매출 현황, 이상 이벤트 발생 등), 그래프상에서 사람이 차이를 식별할 수 있는 색이나 점의 모양, 기울기 등도 하나의 인식 가능한 차원의 그래프 요소라고 할 수 있겠습니다.

[[Matlab / 매트랩] 매트랩 강의 14번째 - 4차 데이터 표현하기 - Engineer-Agora 님의 블로그]
https://bit.ly/2pdJUGd

우리는 좌표 형태로 그려진 그래프를 볼 때 데이터의 추이, 이상현상, 군집, 분포, 차이 등의 특성에 대해 일련의 데이터 숫자 값을 직접 볼 때보다 더 시각적으로 쉽게 파악할 수 있습니다. 물론 의미 있는 데이터를 잘 선택하여 적절한 기법으로 뿌려 준다는 전제 조건이 있긴 합니다. 플로팅은 통계나 추이와 같은 감각을 인간에게 시각적으로 전달해 주는 수학적 도구라고 볼 수도 있을 것 같습니다.

여기서는 두 개의 그래프를 가지고 각각 다른 모듈을 이용하여 예제를 만들려 합니다. 먼저 일반적인 점들을 2차원 좌표상에 표시하는 예제를 matplotlib으로 구현하고, 그 다음에 산포도를 Plotly로 구현해 보겠습니다. 산포도는 특정한 두 요소가 서로 얼마나 상관있느냐 하는 정도를 보여 줍니다.

예를 들어(통계를 잘 몰라서 적절한 예인지 모르겠지만) 치킨을 100만큼 좋아하는 사람이 맥주를 얼마나 좋아하고, 치킨을 10만큼 좋아하는 사람이 맥주를 얼마나 좋아하는지를 각각 좌표 안에 점으로 표시해 봅시다.

만약 아래와 같은 그래프가, 오른쪽으로 상승하는 좁은 타원 형태의 그래프 분포를 보인다면 두 요소는 상관관계를 가지고 있을 가능성이 있다고 합리적 의심을 가질 수 있습니다. 그래프를 그릴 때 앞 시간에 살펴본 NumPy를 이용하여 데이터를 생성하거나 담는 그릇으로 사용할 것이고, 해당 그릇을 그래프를 그리는 각 라이브러리에 전달하려 합니다.

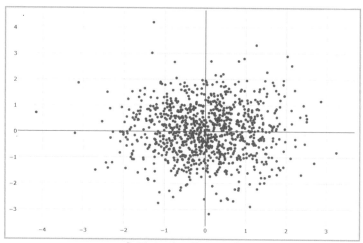

[그림 16교시-1: 산포도 그림]

02 ▶ Matplotlib을 이용해 좌표 그리기

좌표를 화면에 그리기 위해 NumPy 배열을 만들어 데이터를 담고, matplotlib에 전달하는 예제를 만들어 보겠습니다. 엑셀 그래프를 그린다고 생각하고 접근하면 쉽습니다. 원하는 그래프의 조건은 아래와 같습니다.

1) 그래프의 비율이 실제 좌표와 동일하게 1:1 비율로 보여야 합니다.

2) 가로-세로 축 선이 표시되어야 합니다.

3) 각 점은 서로 다른 색으로 표시되어야 합니다.

4) 그리드가 표시되어야 합니다.

우선 matplotlib을 설치해 보겠습니다.

```
c:\Python\code>pip install matplotlib

Collecting matplotlib

… 생략

Successfully installed cycler-0.10.0 matplotlib-2.1.1 pyparsing-2.2.0
```

그 다음 구글에서 "matplotlib example"로 검색하여 공식 페이지의 샘플을 찾습니다.

[pylab_examples example code: simple_plot.py – 공식 사이트]

https://bit.ly/2Ng6lDw

```
importmatplotlib.pyplot as plt

importnumpy as np


t = np.arange(0.0, 2.0, 0.01)

s = 1 + np.sin(2*np.pi*t)

plt.plot(t, s)


plt.xlabel('time (s)')

plt.ylabel('voltage (mV)')

plt.title('About as simple as it gets, folks')

plt.grid(True)

plt.savefig("test.png")

plt.show()
```

이제 이 책의 진행방식에 익숙해졌으리라 생각합니다. 읽는 지루함을 덜기 위해 시행착오 과정을 생략하고 해결한 방법만 간단히 명시한 후, 최종 코드를 제시해 보이려합니다.

그리드를 보이는 문제는 이미 위의 샘플에 주어져 있습니다. 가로 축과 세로 축의 비율을 일정하게 표시하기 위해 구글에서 "matplotlib aspect ratio"로 검색하여 아래 페이지의 코드를 찾았습니다.

[pylab_examples example code: equal_aspect_ratio.py – 공식 사이트]
https://bit.ly/2pcB9fp

Example: simple line plot.
Show how to make a plot that has equal aspect ratio
...

plt.axes().set_aspect('equal', 'datalim')

가로, 세로 축을 보이게 하는 코드는 "matplotlib show x y axis"로 검색해 보니 아래와 같습니다. 여기서도 몇 가지 방법을 알려 줍니다.

[show origin axis (x,y) in matplotlib plot – stackoverflow 사이트]
https://bit.ly/2NkRY6e

Using subplots is not too complicated, the spines might be.
Dumb, simple way:
...
ax.axhline(y=0, color='k')
ax.axvline(x=0, color='k')

그리고 각각의 선의 색을 다르게 표시하기 위해 구글에서 "pyplot change color"로 검색하여 아래의 페이지에서 관련 코드를 찾았습니다. 여기서도 몇 가지 코드를 알려 주는데, 그 중에 enumerate를 이용한 코드를 선택했습니다. 미니 문법시간에 배우긴 했지만, 두 가지 조건으로 for를 돌리는 게 인상 깊습니다.

[plotting different colors in matplotlib - stackoverflow 사이트]
https://bit.ly/2xgFWkq

If you'd like to explicitly specify the colors that will be used, just pass it to the color kwarg (html colors names are accepted, as are rgb tuples and hex strings):
...
for i, color in enumerate(['red', 'black', 'blue', 'brown', 'green'], start=1):
    *plt.plot(x, i * x + i, color=color, label='$y = {i}x + {i}$'.format(i=i))*

해당 코드들을 모두 합쳐 정리하여 구현한 코드는 아래와 같습니다.

```
import matplotlib.pyplot as plt
import numpy as np


# 점을 찍을 좌표 대한 리스트를 생성합니다.
x = [1, 2, -3, -4]
y = [1, -2, 3, -4]


# 각각의 색이 담긴 리스트를 돌리면서, 각각의 점에 대해서 색을 지정합니다.
for i, color in enumerate(['red', 'black', 'blue', 'brown'], start=0):
    plt.plot(x[i], y[i], 'ro', color=color)


# 그래프의 제목을 넣습니다.
plt.title('Simple Graph')


# 그리드를 보이게 합니다.
```

```
plt.grid(True)

# 가로세로 1:1 비율을 만듭니다.
plt.axes().set_aspect('equal', 'datalim')

# x, y 축 이름을 넣습니다.
plt.ylabel('X Axis')
plt.xlabel('Y Axis')

# 그래프가 보이는 최대 최소 범위를 지정 합니다.
plt.xlim((-8,8))
plt.ylim((-8,8))

# x, y 축을 보이게 합니다.
plt.axhline(y=0, color='k')
plt.axvline(x=0, color='k')

# 그린 그래프를 화면에 출력 합니다.
plt.show()
```

[파이썬 소스 – matplotlib_test.py]

해당 코드를 복사하여 c:\python\code 디렉터리에, 파일 형식은 "모든 파일", 인코딩은 "UTF-8"로 선택하여, "matplotlib_test.py"라는 이름으로 저장하고 아래와 같이 실행합니다(저장하고 실행하는 부분을 잘 모를 경우, 2교시 때 스크린샷과 함께 자세히 설명한 부분을 참고하세요).

저장 후 실행하면, 아래와 같이 기획했던 그래프가 보입니다.

```
c:\Python\code>python matplotlib_test.py
```

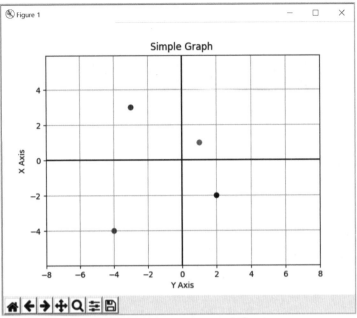

[그림 16교시-2: matplotlib 그래프]

03 > Plotly를 이용해 산포도 그리기

다음으로 Plotly는 현재 온라인과 오프라인 방식을 동시에 제공하고 있습니다. 두 버전의 차이를 잘 설명한 문서를 찾지 못했고, 온라인 버전으로는 유료 라이선스와 커뮤니티 라이선스가 있습니다. 커뮤니티 라이선스로는 무료로 그래프 종류에 따라 하루에 50~250개의 그래프를 그릴 수 있습니다.

온라인 버전의 장점은 상용 툴인 태블로와 같이 온라인에서 그래프를 만들어 대시보드와 같이 공유할 수 있다는 점입니다. 또한 온라인 버전에서는 만들어진 그래프를 오피스나 매트랩, R 등의 형태로도 변환할 수 있습니다. 가격별 상세한 차이는 아래와 같습니다(인터넷 익스플로러에서는 페이지가 깨지니 파이어폭스나 크롬을 이용하세요).

[서비스별 가격 차이 – Plotly 사이트]

https://bit.ly/2ogdN7d

여기서는 확인하기 편한 오프라인 버전으로 구현하고, 마지막에 온라인용 코드를 제시하며, 간단히 온라인 코드를 구현하는 방법을 소개하겠습니다. 앞 장의 WHOIS API를 사용할 때처럼 회원가입 및 키 발급 등의 과정이 필요합니다.

우선 Plotly 라이브러리를 설치합니다.

```
c:\Python\code>pip install plotly
Collecting plotly
… 생략
Successfully installed decorator-4.1.2 ipython-genutils-0.2.0 jsonschema-2.6.0
jupyter-core-4.3.0 nbformat-4.4.0 plotly-2.0.15 traitlets-4.3.2
```

산포도를 그리는 방법을 찾기 위해, 구글에서 "scattergram plotly"로 검색하여 아래의 샘플 페이지를 찾습니다.

[Scatter Plots in Python – 공식 사이트]

https://bit.ly/2PluJte

```
import plotly.plotly as py
import plotly.graph_objs as go

# Create random data with numpy
import numpy as np
… 생략
```

```
data = [trace0, trace1, trace2]
py.iplot(data, filename = 'catter-mode')
```

해당 코드를 참조하여 샘플을 만들고 돌려 보니, "KeyError: 'plotly_domain'" 에러
가 납니다. 구글에서 검색해 보니, iplot 대신 plot을 사용하라고 합니다(편집 환경으로
ipython을 사용하는 분들은 에러가 안 날 것 같습니다).

[KeyError: 'plotly_domain' when using plotly to do scatter plot in python - stackoverflow
사이트]
https://bit.ly/2Qz8zBk

use py.plot instead of py.iplot. Have a try.

오프라인 코드 실행을 찾기 위해, 구글에서 "plotly offline"으로 검색합니다.

[Offline Plots in Plotly in Python - 공식 사이트]
https://bit.ly/2Oz1T50

```
import plotly.offline as offline
offline.iplot({'data': [{'y': [4, 2, 3, 4]}],
              'layout': {'title': 'Test Plot',
                        'font': dict(size=16)}},
             image='png')
```

```
import plotly.graph_objs as go
import numpy as np
import plotly.offline as offline

# 랜덤 값을 만듭니다.
N = 1000
random_x = np.random.randn(N)
random_y = np.random.randn(N)

# 트레이스를 만듭니다.
trace = go.Scatter(
    x = random_x,
    y = random_y,
    mode = 'markers'
)

data = [trace]

# 그래프를 그립니다.
offline.plot(data, filename='basic-scatter.html')
```

[파이썬 소스 – plotly_offline.py]

해당 코드를 복사하여 C:\python\code 디렉터리에, 파일 형식은 "모든 파일", 인코딩은 "UTF-8"로 선택하여, "plotly_offline.py"라는 이름으로 저장하고 아래와 같이 실행합니다.

C:\Python\code>**python plotly_offline.py**

실행하면, C:\python\code\ 폴더에 filename인 basic-scatter.html 파일이 생성되면서 그 안에 SVG 형식(HTML 그래픽 표준 중 하나입니다)으로 그림이 들어가 있습니다. 브라우저가 해당 html 파일을 자동으로 열어 주어 아래와 같이 표시해 줍니다.

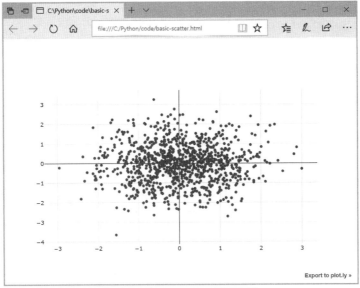

[그림 16교시-3: Plotly 오프라인 산포도]

04 Plotly 온라인 버전

온라인 버전은 아래의 페이지에서 시작됩니다.

[Getting Started with Plotly for Python – 공식 사이트]

https://bit.ly/2Nj5U0B

읽어 보면, Plotly 라이브러리를 사용하기 위해서는 아래 네 가지를 해야 합니다.

1) 회원가입

2) API 키 발급

3) 이메일 인증

4) 파이썬 코드 안에 계정 정보 넣기(한 번 실행하면 어딘가에 캐싱되어 계정 정보를 코드에
　서 빼도 해당 계정으로 실행되긴 합니다).

회원가입 페이지로 가서 회원가입을 합니다.

https://plot.ly/accounts/login/?next=%2Fsettings%2Fapi

[그림 16교시-4: Plotly 회원가입]

로그인되면서 아래의 페이지로 이동하면, API 키 "재생성(Regenerate Key)" 버튼을 누
릅니다. 그 다음 해당 키를 메모장 등에 저장해 둡니다.

https://plot.ly/settings/api

API Key

Note that generating a new API key will require changes to your ~/.plotly/.credentials file.

Regenerate Key

[그림 16교시-5: Plotly API 생성]

자신의 메일로 가면 Plotly에서 보낸 인증 메일이 와 있을 것입니다. 인증 링크를 클릭합니다.

그 다음에는 코드를 최종 수정하여, 아래와 같이 API 키 정보를 집어 넣습니다 (WHOIS API 때와 마찬가지로 코드 내의 "사용자 이름", "사용자의 API KEY" 항목은 각자 발급한 키로 수정해 주어야 동작합니다).

```python
import plotly
import plotly.plotly as py
import plotly.graph_objs as go
import numpy as np

# API 키 정보를 넣습니다.
plotly.tools.set_credentials_file(username='사용자 이름', api_key='사용자의 API KEY')

# 랜덤 값을 만듭니다.
N = 1000
random_x = np.random.randn(N)
random_y = np.random.randn(N)

# 트레이스를 만듭니다.
trace = go.Scatter(
    x = random_x,
    y = random_y,
    mode = 'markers'
)

data = [trace]

# 그래프를 그립니다.
py.plot(data, filename='basic-scatter')
```

[파이썬 소스 – plotly_online.py]

해당 코드를 복사하여 c:\python\code 디렉터리에, 파일 형식은 "모든 파일", 인코딩은 "UTF-8"로 선택하여, "plotly_online.py"라는 이름으로 저장하고 아래와 같이 실행합니다. 여기서는 이름에 .html을 안 붙여도 됩니다.

c:\Python\code>**python plotly_online.py**

High five! You successfully sent some data to your account on plotly. View your plot in your browser at https://plot.ly/~freesugar/0 or inside your plot.ly account where it is named 'basic-scatter'

실행이 잘 되었다고 나오면서, 브라우저 창에 https://plot.ly/~본인아이디/0/ URL이 뜨면서 오프라인과 비슷한 그래프가 나옵니다. 혹시 로그인 창이 나오면, 앞서 발급받은 계정으로 로그인합니다. 상단의 "export" 메뉴를 클릭하면 그래프를 이미지 파일로 저장하거나, 데이터를 문서로 만들거나, 코드를 다른 언어(매트랩, R 등)로 내보낼 수도 있습니다. 커뮤니티 버전도 될지 모르겠지만, 아마 다른 사람에게 공유하는 것도 가능할 것 같습니다.

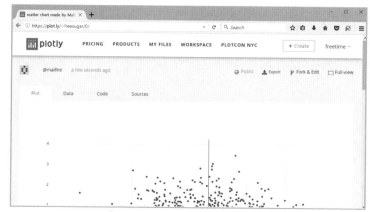

[그림 16교시-6: Plotly 온라인 실행 결과]

설명이 꽤 장황했지만, 결론은 매우 간단합니다. 그래픽 라이브러리를 사용하는 방법은 아주 단순합니다. 데이터들을 잘 모아서 리스트나 NumPy 배열 같은 데에 담습니다. 그 다음에 화면에 뿌려 주는 라이브러리에 해당 리스트나 배열을 전달해 주면 됩니다. 그리고 적당히 원하는 대로 좌표 공간을 꾸미면 됩니다. 하지만 이 간단함에 올바른 데이터를 수집하고 해당 특징을 잘 해석하여 특징을 보여 줄 적절한 그래프 라이브러리 종류를 선택하는 어려움이 숨어 있는 것 같습니다. 게다가 필자는 아직도 데이터를 담는 NumPy 같은 그릇들을 사용하다 혼란에 빠지곤 합니다. 그릇이 되는 데이터 형들에도 익숙해져야 합니다.

∘17교시∘

머신러닝과 파이썬

이 시간에는 머신러닝에 대한 몇 가지 생각들을 이야기 하고, 비전 인식 등 컴퓨터 방면에서 쓰이는 OpenCV 라이브러리를 이용하여 수학 라이브러리 시간에 잠시 언급한 푸리에 변환을 이용해서 이미지에서 윤곽선 정보만을 추출하는 부분을 예시하려 합니다. 그 다음 이전 시간에 배운 NumPy, SciPy, 그리고 요즘 주목받고 있는 텐서플로(tensorflow) 라이브러리를 이용해서, 머신러닝의 가장 기초인 최소제곱법(Least Square Fit)으로 데이터에 맞는 직선을 추정하는 샘플을 각각 만들어 보려 합니다.

시작하기 전에 먼저 양해를 구하고 싶은 점은, 필자 스스로 생각했을 때 머신러닝에 대해서는 조금 밖에 알고 있지 못하다는 점입니다. 그래서 잘못된 의견이 있을 수도 있기 때문에 최대한 비판적으로 이 시간은 읽으셨음 합니다. 해당 의견 부분을 제외한 상태에서, 머신러닝 관련 샘플들을 파이썬 코드로 어떻게 구현하느냐에 대해서만 집중하셔도 좋습니다.

01 ▷ 들어가면서

여러 웹사이트를 돌아다녀 본 결과, 머신러닝을 공부하게 되는 계기는 크게 두 가지 정도인 것 같습니다. 한쪽은 수학이나 통계학에 대해 경험이 있는 상태에서, R이나 매트랩 등의 연구 목적의 툴을 사용하다가 좀더 일반적인 머신러닝 프레임워크에 관심을 갖게 되어, 파이썬 같은 범용 프로그래밍 언어에 대한 필요를 느끼게 되면서, 본격적으로 프로그래밍 언어 세계에 발을 들여 놓게 되는 경우입니다(그런데 사실 R이나 매트랩도 파고들다 보면 파이썬과 같이 GUI 환경을 구현하는 모듈도 있고, 외부 데이터를 가져와 분석도 합니다. 적어도 프로그래밍 관점에선 이 책에서 다룬 레벨보다 더 쉽진 않다고 생각합니다).

다른 쪽은 프로그래밍, 데이터베이스, 보안, 시스템 등의 기술적인 업무를 하는 상태에서, 미래를 위해 머신러닝 책이나 강의를 찾다가 원리를 설명하는 데 사용하는 선형대수, 통계이론, RNN 같은 낯선 장르를 만나게 되고, 책이나 강의를 통해 머신러닝 라이브러리를 작동시키는 코드는 대충 따라 할 수 있을 것 같은데 전체적인 그림이 그려지지 않고, 어떤 원리로 그런 일들이 가능한지, 어떤 데이터를 가져다 어떻게 가공해야 하는지 여전히 모호하다는 것을 느끼게 되어, 수학이나 확률, 통계 분야에 대한 공부를 시작하는 경우입니다.

그런데 그렇게 자신이 가지지 못한 지식에 대한 필요나 동경에서 공부를 시작한다고 해도, 만족할 만한 수준에 이르기는 쉽지 않습니다. 왜냐면 그동안에 관심이 없었던 상대방의 영역의 본질에 접근하기가 쉽지 않기 때문입니다. 예를 들어 3D 캐릭터를 잘 만들고 싶거나 그림을 잘 그리기 위해, 잘 알려진 3D 모델링 프로그램, 일러스트레이터, 포토샵 등의 그래픽 관련 프로그램을 공부하려는 것과 비슷한 접근이라고 느껴집니다. 아무리 해당 툴의 매뉴얼을 숙지하고 기능을 잘 파악해 사용한다고 해도, 그러한 행위의 본질이라고 할 수 있는 미적, 공감각적 능력을 쌓는 경험이 부재한다면, 그러한 노력이 올바른 결실을 맺긴 어렵다고 생각합니다.

마찬가지로, 프로그래밍 지식은 단지 가시적으로 보이는 코드란 측면에 국한된 지식이 아닙니다. 외국어를 배울 때 그 나라의 문화를 같이 알아야 자연스럽고 맥락에 맞게 이해할 수 있게 되는 것처럼, 머신러닝을 기반으로 하는 프로그래밍 지식은 파이썬이란 언어 자체에서 출발하여 이 언어가 동작하는 운영체제, 네트워크 등의 여러 주변환경과, 데이터를 담게 되는 빅데이터 시스템 등의 관련 기술 생태계 전체를 포괄하고 있기 때문에, 스펙트럼이 넓은 뿐만 아니라, 주목받고 급성장하는 기술 영역들이 의례 그렇듯이, 자료들이 입문자들에게 적합하게 친절히 정리되어 있지 않으며, 새로운 흐름에 따라 변화를 거듭하기 때문에, 접근의 난이도가 높은 편입니다. 물론 서로 다른 문화가 그렇듯이, 서로 다른 분야 간에도 자신이 몸담고 있는 분야의 경험을 기반으로 유추할 수 있는 공통 개념들도 많기는 합니다.

이와 마찬가지로, 수학이나 물리, 확률, 통계 등의 분야에서도 표면적으로 보이는 이론과 수학적 지식이 전부는 아닐 것입니다. 그 분야를 오래 접해 온 사람들만이 가질 수 있는 특유의 사고 방식과 문제 접근법, 데이터와 숫자를 보는 방법이나 감각을 습득한다는 것은 단순히 통계나 선형대수 책을 공부하는 것과는 다르다고 생각합니다 (물론 시작도 안 하면 아무것도 얻지 못하겠지만요).

한 사람이 필요한 모든 분야를 다 잘 알수는 없으니 효율성을 위해서는 데이터를 다루는 직군, 모델과 알고리즘을 다루는 직군, 프로그램을 관리하는 직군으로 나누고 협업해야 한다는 주장도 있지만, 그런 경우라도 상대가 하는 일을 이해하면서 일을 하면 효율적일 테고, 그러한 부분은 이해타산에 상관없이 공부하는 현 시점에서는 무시하도록 하겠습니다. 이 시간엔 머신러닝이라는 분야가 정밀한 숫자, 연관된 수학, 복잡한 통계이론을 차지하고도 조금이라도 합리적인 활동으로 보일수 있도록 시도해 보겠습니다.

02 > 머신러닝이 하는 일 상상해보기

우선 어떻게 기계가 학습할 수 있다는 것을 직관적으로 이해할 수 있을까요? 기계가 학습한다는 것은 기계가 사람처럼 알고리즘을 만드는 작업, 즉 프로그래밍을 할 수 있다는 뜻입니다. 예전부터 자동으로 프로그램을 짜는 일은 인간의 창의력에 속한 영역으로 여겨져 왔으며, 쉽고 자동화된 프로그래밍 프레임워크를 만들려는 시도가 여러 번 실패한 것으로 알고 있는데, 이런 생각은 인간의 자만이였을까요? 개인적으로는, 기계가 학습하여 프로그래밍을 한다고 하는 것은 사람이 프로그래밍을 하는 것과는 다르면서도 유사한 모순적인 측면이 있다고 생각합니다.

"1교시 언어를 바라보는 방법"에서 보았던 프로그램의 구성요소 그림을 떠올려 보면, 목적을 가진 프로그램은 입력과 출력을 가지고 움직입니다(실행 시점에 인자가 전달되지 않는 프로그램도 시스템과 입력과 출력을 하고 있다고 볼 수 있습니다). 예를 들어, 프로그래머가 작성한 프로그램이 내부적으로 입력에 항상 3을 곱한 후 1을 더해서 결과를 보여주는 프로그램이라고 가정하겠습니다. 공식으로 나타내면 "y=3x+1"입니다.

```
... 입력으로 x가 들어옵니다.

y = 3x + 1
print (y)
```

그런데 우리가 해당 로직을 이해할 수 없는 상태에서(곱하기가 엄청 고차원적인 수학이라고 가정해 보겠습니다), 사람들이 해당 프로그램을 사용해서 누적된 충분히 많은 입력-출력 쌍 데이터가 있다고 가정합니다. 예를 들면 (1, 4), (4, 13), …, (10000, 30001) 같은 형태로 데이터가 생길 것입니다. 이 데이터를 관찰해 보면, 결과 데이터는 입력 데이터에 사람이 만든 프로그램 로직(여기서는 "x*3+1")이 적용되어 만들어진 것이라고 볼수 있을 것입니다.

그럼 반대의 관점에서, 어떤 임의의 시스템이 x 입력을 받아 y를 출력하는 것을, 위의 예에서 수집한 데이터에 대해서 최대한 확률이 높은 방식으로 흉내 낼 수 있다면, 해당 시스템의 내부가 어떤 원리인지 상관없이(통계이론이나 복잡한 미분, 적분식이 오갈 수도 있습니다), 해당 시스템은 사람이 작성한 위의 프로그램과 근사적으로 동일한 자동화 프로그램이라고 할 수 있지 않을까 싶습니다. 또 다른 예로 사칙연산 데이터를 그대로 흉내 내는 머신러닝 모델을 상상해 보면, 사람이 만든 계산기와 비슷하지 않을까요?

즉 데이터 측면만을 볼 때, 객관적인 입력과 출력 데이터가 충분한 규모로 존재하고, 그 안에 현상을 왜곡하는 가짜 데이터가 통계적으로 무시해도 될 만큼만 존재하고(또는 모델 내에 그러한 가짜 데이터를 걸러내는 안전장치가 있어도 될 것 같습니다), 그 데이터들이 사람이나 현상의 의미있는 활동을 나타낼 가능성이 있다면, 해당 데이터에는 사람이 논리적으로 파악하긴 힘들 수도 있지만, 그 데이터 쌍들을 만들어낸 규칙에 대한 로직을 포함하고 있다고 볼 수 있지 않을까 싶습니다.

충분한 규모의 객관적인 입/출력 데이터 쌍의 수집은 비즈니스, 데이터 분석과 빅데이터의 도움으로 이루어지고, 가짜 데이터의 제거는 비즈니스, 데이터 분석, 노이즈에 강한 모델 개발 등으로 해결될 것입니다. 이들의 도움을 받아 입/출력 데이터 자체에 숨어 있는 로직이나 패턴을 적절한 필터를 사용해 참기름 짜듯 뽑아내는 것이 여러 머신러닝 알고리즘과 모델의 앙상블이라고 생각하면 어떨까 싶습니다.

로직을 짜내는 과정에서, 머신러닝 모델은 데이터에 커스터마이즈된 특정한 모양으로 내부 요소들을 구성하게 됩니다. 만들어진 모델을 검증하기 위해, 보통 전체 데이터셋을 트레이닝셋과 검증셋으로 나누고 트레이닝셋으로 훈련시킨 후에 검증셋으로 훈련된 모델의 유효성을 검증합니다. 이후 훈련된 모델을 향후 들어오는 같은 타입의 새 데이터에 적용하면, 사람이 프로그래밍하지 않아도 기존의 데이터 쌍과 비슷한 영향을 받은 결과 데이터를 만들어 내게 됩니다.

03 > 생각해 볼 문제

머신러닝이 입력과 결과 데이터 사이에 숨어 있는 로직을 뽑아내는 작업이라는 가정을 받아들이게 되면, 몇가지 골치 아픈 모호한 문제들이 발생할 수 있습니다.

첫 번째 문제는 "garbage in garbage out"입니다. 아무리 우수한 머신러닝 모델이라도 좋은 데이터를 공급해야 좋은 알고리즘을 추출해 준다는 뜻입니다. 정신건강의학과 의사가 상담을 하는데, 환자가 거짓말만 늘어놓는다면 어떻게 될까요? 아무리 유능한 의사라도 환자의 정신 상태에 대해서 잘못된 판단을 하게 될 것입니다(물론 정말

뛰어나다면 거짓말을 한다는 것 자체를 눈치채고 진실을 얘기하도록 유도할 수도 있겠지만요). 그럼 이러한 가짜 데이터들은 왜 들어가게 될까요?

우선 데이터 양이 신뢰할 만큼 충분하지 않거나 특정 군으로 편향될 수도 있습니다. 매번 선거 시기에 하는 여론 조사용 표본 데이터의 중요성이 부각되는 부분입니다. 게임센터를 오가는 학생 수십 명의 의견을 듣고 우리나라 전체 학생의 생각을 결론 내리는 것은 의미 없을 것입니다. 하지만 "충분히"라는 표현은 현실적으로 그 양과 정도를 추정하기 힘듭니다. 충분히 좋을 정도의 개발, 충분히 좋을 정도의 테스트, 통계적으로 의미 있는 충분한 데이터라는 것도, 어느 정도는 바라보는 관점에 따라 결과가 달라질 테니까요.

가짜 데이터가 생기는 또 다른 원인은 노이즈입니다. 만약 누군가가 사실을 드러내는 것이 창피해서 속마음과 다른 가짜 선택을 했다면 어떻게 될까요? 또는 데이터를 취합하는 과정에서 우연히 잘못된 정보들이 섞일 수도 있습니다. 쇼핑몰에서 연령대별 분석을 하는데 회원들의 아이디를 가족이나 지인이 공유해서 사용하고 있다면 어떻게 될까요? 해커가 정보를 본인에게 유리하게 몰래 변경할 수도 있습니다. 해당 데이터의 형태에 애초부터 랜덤적인 선택 요소가 포함되어 있을 수도 있습니다. 또는 아래의 알렉사 기사처럼 TV방송 소리 같은 외부 데이터를 잘못 받아들여 엉뚱한 판단을 하게 될지도 모릅니다(뭐 홍채나 얼굴인식이 사진으로 된다든지 하는 것도 비슷한 경우일 것입니다).

[TV 소리를 착각해 장난감 주문한 인공지능 스피커 에코 – The Gear]
https://bit.ly/2OBx7lN

두 번째 문제는 수많은 데이터들 중에서 학습에 제공하기 위해 골라낸 요소들이 정말 해당 현상을 제대로 설명하는 인자인가 하는 문제입니다. 어떤 인자는 혼동만 주는 불필요한 것일 수 있고, 중요한 인자가 누락되었을지도 모릅니다. 최악의 경우, 현재 수집을 안 하고 있거나 현실적으로 수집이 불가능한 요소일지도 모릅니다. 데이터를 제대로 이해하지 못하고 머신러닝 모델에 전달한다는 것은, 사람이 비즈니스 규칙도 이해하지 못하고 프로그래밍하는 것과 별 차이가 없을 것입니다. 로직은 동작하겠지만 아마도 아무 의미가 없거나 재앙일 것입니다.

또는 그 결과 데이터의 범위를 잘못 잡은 학습을 할 수도 있습니다. 예를 들어 데이터의 숨은 로직이 아래와 같이 동작한다고 합시다. 현실로 수집가능한 데이터가 10000까지였다면, 해당 데이터로 학습된 모델은 10000을 넘어가는 데이터를 만날 경우 커다란 재앙을 안겨줄지도 모릅니다. 이와 비슷하게 여론 조사 결과의 조작이나 통계의 여러 부작용처럼, 데이터의 어떤 집합, 성질을 선택하느냐에 따라 의도된 답을 선택하거나 실제와는 다른 결과를 보여 줄 수도 있을 듯 싶습니다.

```
if input <= 10000:
    우리가 수집한 데이터(0~10000)가 적용된 로직
else:
    새로운 타입의 데이터가 생성됩니다.
```

세 번째 문제는 학습된 모델을 실제 현실에 적용할 수 있느냐 하는 문제입니다. 자율주행 자동차와 같이 운전자의 보호냐 보행자의 보호냐를 선택하는 문제일 수도 있고, 99.9999%의 정확도라도 false-positive(안전하다고 판단했지만 실제로는 위험한) 가능성이 존재하는 한 해당 실수에 대한 윤리적 문제가 일어날 수 있습니다.

예로, 머신러닝 기반의 의료 판단을 신뢰하다가, 드문 임상 사례라서 질병을 치유할 기회를 놓쳤다고 가정해 봅시다. 시스템의 정확도가 엄청 높고, 해당 경우의 데이터가 트레이닝 데이터에 포함되지 못한 정말 불운한 경우기 때문에 어쩔 수 없다라고 할 수 있을까요? 이런 걱정이 되는 상황이라면 의사가 먼저 체크 후 괜찮다고 판단한 환자를 머신러닝으로 2차 체크 하여, 사람인 의사의 실수를 줄이는 방식으로 이용하는 등 사람들이 납득할 수 있는 방향의 합리적인 기술 적용 프로세스가 필요하게 될 것 같습니다. 그래서 어떤 사람들은 머신러닝을 기존 기술의 대체제가 아닌 보완제의 관점에서 접근하기도 하는 것 같습니다.

네 번째 문제는 어쩌면 모델의 오차와 무관하게 데이터 자체가 제공된 시점부터 이미 진실과는 조금은 차이가 났을지 모른다는 점입니다. 사람들이 데이터를 만들게 된 모든 이유를 이해한다면 모르지만, 그런 전지전능함을 갖지 못한 우리는 데이터에 담긴 "사실"만을 믿어 중요한 부분을 놓칠지도 모릅니다. 마치 우리가 매일 만나는 사람이 겉모습과 다른 속마음을 가질 수 있는 것과 비슷하게 말입니다. 또한 이 진실은 그 당시에만 유효했을 수도 있습니다. 시간이 지나 다른 영향을 받았을 수 있고, 어쩌면 처음부터 시간에 따라 변화하는 데이터였을 수도 있습니다.

그래서 알파고가 바둑이나 게임 같은 분야를 선택한 것은 매우 영리한 선택이라고 생각합니다. 마케팅 이슈도 있겠지만, 현실의 데이터가 왜곡되듯이 바둑기사가 불리하다고 바둑알을 속이거나 바둑판을 뒤엎는 일 따위는 없을 테니까요. 또한 바둑은 경우의 수는 무한대일지 모르지만, 바둑 룰과 제한된 선의 공간, 승리라는 목적이 주어진 닫힌 세상이라는 점은 그 무한대성을 많이 제한해주며, 데이터의 무결성을 보장하는 데 열린세상보다 많이 유리하다고 생각합니다. 게임은 사람의 이해 가능성을 전제로 성립될 수 있기 때문에 무한에 가깝다곤 하지만, 어쨌든 지성의 한계상 제한은 있다고 봅니다. 다만 해당 부분은 효율적인 승리의 관점에서 제한된다는 것이지, 바둑의 철학적 관점에서 제한된다는 것을 의미하는 것은 아닙니다.

이 부분은 다음에 도전할지도 모른다는 스타크래프트와 같이 현재 머신러닝이 강세를 보이고 있는 게임 분야에서도 비슷할 듯싶습니다. 게임 분야는 아무리 자유도가 높더라도 흥미 유발이라는 분명한 목적이 있어, 추출해야 할 로직들에 대한 정보를 담고 있는 데이터들에게 비교적 안전한 닫힌 세상이라고 생각합니다(뭐 그렇다고 쉽다는 얘기가 아니라 실제 세상에 비해서 상대적으로 그렇다는 의미입니다. 부루마블 같은 주사위와 황금열쇠라는 랜덤적 요소들이 많이 추가된 게임의 경우는 좀 더 다른 문제일 것 같습니다. 뭐 스타크래프트도 특징을 잡아내기엔 충분히 랜덤적이라고 하시는 분들도 있긴 하지만 말입니다).

어떤 신문 기사의 말미에 "알파고의 승리의 숨은 주역은 뒤에 적절한 장르와 데이터를 선택하고, 적절한 알고리즘으로 학습시킨 과학자들"이라는 말은 물 위를 헤엄치는 오리의 바쁜 발을 떠올리게 합니다.

04 ▶ 기술의 미래 전망

이왕 대담하게 이런저런 얘기를 한 김에, 향후 머신러닝 기술이 어떻게 될지도 추측해 보도록 하겠습니다. 빅데이터 분야의 진행을 기반으로 추측해 보면, 처음에 나온 하둡(Hadoop)이 좀더 쉬운 작업을 가능케 하는 하이브(Hive)나 피그(Pig) 같은 프레임워크들로 감싸지듯이, 현재와 같이 하나하나 과정을 이해하며 초기 값, 모델, 제어 요소들을 조정하여 좀더 빠르고 높은 정확도의 결과를 얻으려 하는 측면은 점차 통합되고 자동화된 과정으로 대체될 가능성이 높을 것 같습니다.

군웅할거 중인 머신러닝 프레임워크들도 경쟁이 완료되면 한두 개의 강력한 범용 프레임워크와, 몇 개의 특수 용도의 프레임워크로 정리되지 않을까 생각합니다. 여러 측면에서 머신러닝을 사용하는 방법은 점점 쉬워지며 블랙박스로 감싸질 것 같습니다. 이런 부분이 인터넷에서 강의하는 많은 분들이, 관련 수학을 깊게 몰라도 머신러닝을 배우는데 무리가 없다고 강조하는 측면인 것 같습니다. 우리가 기계공학을 몰라도 자동차를 운전할 수 있듯이 말입니다.

물론 머신러닝 분야의 새로운 알고리즘 개발에 종사하는 분이나 라이브러리의 상세한 컨트롤을 원하는 분은 껍데기 안쪽을 다루기 위해서 좀 더 깊게 이해하려는 것이 맞을 수도 있지만, 어느 정도 깊이로 이해하려 하는지는 좀 생각해 볼 문제 같습니다. 얼마나 깊냐의 문제도 수학공식이나 통계공식의 논리적 정확성의 증명에 너무 침착하다보면, 원래 그 식이 의도한 이미지나 본질을 놓칠 수 있으니 말입니다. 수학은 연산의 과정보다는 그 연산이 무엇을 의미하는지를 이해하는 것이 더 중요한 것 같습니다.

그리고 대규모 메이저급 회사들이 필요한 프로그래밍 기술을 머신러닝 프레임워크 내부에 쉬운 인터페이스로 구현함으로써 현재의 프로그래밍 기술 기반의 장벽이 점점 낮아질 것 같습니다. 물론 어려운 건 마찬가지겠지만, 지금보다 상대적으로 쉬워질 것 같습니다. 또한 개인이나 소규모 회사들은 유용한 데이터 자체를 수집하기 힘들 수 있기 때문에, 일반 분야에서는 1+1 상품처럼 데이터와 학습된 머신러닝을 묶어 제공하는 일도 늘어날 것 같습니다. 한창 관심을 받고 있는 음성이나 이미지 인식 같은 인류의 공공재 같은 분야에서는요.

반면에, 미래에도 개선되기 어려울 것 같은 부분들이 있습니다. 비즈니스를 이해하고, 적절한 데이터를 디자인 및 수집하며, 학습에 필수적인 값들을 추출하고, 머신러닝이 추출해 낸 반투명한(RNN 같은 신경망 이론에서 결정된 가중치가 왜 그런지 사람은 이해하기 힘들 듯합니다) 로직들이 맞는지를 이해하고, 오차의 본질을 이해해 모델을 조정하는 능력입니다(원석을 감정하는 능력이라고 할까요). 또 문제를 파악하고 적절한 기법(알고리즘과 모델)을 선택하는 것도 한동안은 수학 및 통계 기법을 잘 아는 사람들의 몫일 것 같습니다. 물론 프레임워크들이 여러 가지 시각화 툴을 통해 이런 작업을 많이 도와주겠지만 말입니다. 또 지금의 장밋빛 전망이 끝나면, 일반적인 머신러닝 프로그램이 하지 못하는 분야에 대해, 다른 해결을 원하는 새로운 장르가 생겨날 것도 같습니다(머신러닝은 로직을 벗어난 로직이라 그러한 부분을 일부 해결할 것 같긴 합니다).

그리고 현재 트레이닝셋과 검증셋으로 나누어, 회귀 테스트(regression test: 그동안 성공한 주요한 테스트들을 여전히 잘 통과하는지 점검)와 비슷하게 신뢰도를 확인 하는 방법은,

뭔가 약간 너무 낙관주의적인 면(출처가 같은 트레이닝과 검증 데이터가 무조건 옳다고 가정하는 측면에서)도 있다고 느껴지기 때문에, 수집을 포함한 전체적인 데이터 케어의 관점에서 추출된 로직에 대해 테스트 및 검증 하거나, 구성된 시스템의 여러 부분과 보안적인 측면을 체크하는 검증 활동 영역도 활성화 되지 않을까 싶습니다. 다만 머신러닝으로 추출된 로직은 프로그래머가 만든 로직과 달리 일반 기술인력이 명확히 알기 힘들기 때문에, 모순적으로 알고리즘과 모델을 이해해야 최소한의 검증이 가능하므로, 일반적인 테스팅이나 보안 활동을 하던 사람들이 접근하기에는 장벽이 높을 것 같습니다(대신 해당 부분을 극복하면 그만큼 의미가 있지 않을까도 싶습니다).

결과적으로, 머신러닝은 데이터를 기반으로 현대의 많은 과학 분야가 그렇듯이 완전한 해에 대한 실용적인 근사로 나아가는 로직이라고 생각합니다(완전할 수 있는 예외는 일부 랜덤 요소가 거의 없는 게임과 같이 닫힌 세상의 데이터일 것입니다). 프로그래머들이 프로그래밍 언어를 통해 기호로 분리해 놓은 논리 기호들을 녹여 다시 새로운 기호를 만드는 느낌이라고 할까요? 그래서 머신러닝을 바라볼 때에는 수학이나 통계학을 기호의 학문이 아닌 알고리즘을 구성할 레고의 블록(블랙박스적 도구)으로 바라보는 접근법도 유용할 것 같습니다. 실제로 우리가 파이썬을 다룰 때 라이브러리의 세세한 내부로직을 모르지만 잘 이용하는 것과 비슷하게 말입니다.

왠지 잘 모르는 사람이 헤매고 있는 사람들을 더 복잡하게 만드는 어설픈 얘기들을 늘어놨는지도 모르겠지만, 혹시 일부라도 공감 하시는 독자 분들이 있다면, 이런저런 사이트를 돌아다니다가 알게 되어 읽어봤던, 몇 가지 괜찮았던 머신러닝의 "주변 영역"을 건드리는 책들을 소개하면서 마무리를 하려 합니다. 아래의 책들과 함께, 아래 링크의 있는 유튜브의 "모두를 위한 딥러닝 강좌"를 본 후, 스스로 자기가 갈 공부 방향을 선택하시면 될 것 같습니다.

[모두를 위한 딥러닝 강좌 – 유튜브 사이트]
https://bit.ly/2noLzlW

- 〈틀리지 않는 법: 수학적 사고의 힘〉: 현실을 심리학, 경제학으로 풀어 내는 대신 수학으로 해석해 보며, 수학적 접근법의 한계도 얘기합니다. 은근 그 과정에서 머신러닝의 한계 또한 생각해 보게 합니다.

- 화이트헤드의 〈수학이란 무엇인가〉: 왜 이런 수학 장르가 생겨나게 됐을까를 찬찬히 생각하게 하는 책입니다. 필자와 비슷하게 수학과 별로 안 친하다면 살짝 넘겨야 하는 수학 개념들이 더러 있습니다.

- 〈마스터 알고리즘〉: 순수한 머신러닝 책입니다. 해당 분야를 오래 경험한 전문가가 여러 머신러닝 분야의 접근 방식들을 소개하고, 그들의 차이점과 공통점을 통일시킬 마스터 알고리즘이 있다는 얘기를 합니다. 이 책을 읽으면, 머신러닝 책들이 왜 그렇게 여러 주제의 잡학 사전처럼 구성되어 있는지 이성과 감성 측면에서 수긍이 되게 됩니다.

- 〈헤드 퍼스트 통계학〉: 통계를 직관적으로 설명하려고 시도합니다. 뒤로 갈수록 직관적 설명이 약해지고 수학만 남는 아쉬움이 있습니다.

- 〈How to solve it〉: 어떻게 문제를 풀어 나가느냐를 다룬 책입니다. 문제 풀이에 대한 접근법과 학생들에게 어떻게 수학을 가르치느냐에 대해 얘기하는 책이기도 하지만, 교사나 강사가 아니더라도 얻을 내용이 많습니다. 종종 이해되지 않는 수학 문제가 있음에도 읽을 가치가 있습니다. 본서의 진행 방향이 이 책의 영향을 좀 받은 것 같습니다.

- 〈CODE 코드 - 하드웨어와 소프트웨어에 숨어 있는 언어〉: 프로그래밍 공부를 의미 없다고 생각하는 분들을 위해 덤으로 소개합니다. 불빛 신호에서 컴퓨터가 만들어지기까지의 과정을 설명합니다. 중간에서 길을 잃어 필름이 끊기더라도 읽어 볼 가치가 있다고 생각합니다. 비전공자에게는 생각보다 어려울 수 있으나, 저자가 비전공자도 읽을 수 있도록 배려해 저술했으니, 파이썬을 공부할 의지만 있다면 충분히 읽기 가능할 듯 합니다.

OpenCV 라이브러리는 컴퓨터 비전 방면에서 유명한 오픈소스 라이브러리입니다. 예를 들어 번호판이나 얼굴 인식 등에 사용되거나 이미지나 영상 등 여러 가지를 처리합니다. 해당 부분에서 작은 부분이지만, 푸리에 변환이라는 SciPy에서 잠시 언급한 이론을 이용해서 이미지들의 외곽선을 추출하는 예제를 하나 보이려 합니다.

푸리에(Fourier) 변환은 보통 전자기파 쪽에서 거론되는 수학 이론으로, 주기를 가지는 모든 신호는 사인과 코사인의 합으로 분리해 나타낼 수 있다는 이론입니다. 우리가 쓰는 스마트폰의 통신들도 이런 이론들 때문에 가능해졌다고 봅니다. 통신을 할 때 전송용 주파수(사인, 코사인 함수가 1초에 몇 번 반복되는지를 말합니다. 2.6기가 와이파이의 경우 1초에 2억 6천 번 주기가 반복됩니다) 안에 음성이나 데이터를 실어서 보내면, 받는 쪽에서 해당 부분을 주파수별로 분리해 내어 원하는 신호를 추출하는 방식입니다.

이 공식을 이미지에 적용하면, 그림에 분포되어 있는 색의 변화 요소에 따라 주파수 영역으로 변환할 수 있습니다. 옆의 픽셀에 대해 값이 많이 변화되면 고주파로, 조금 변화되면 저주파로 분류되어 표시됩니다. 이미지에 푸리에 변환을 적용하면 아래 그림과 같은 주파수 영역이 나오는데, 중심에 가까울수록 저주파 영역이고 멀수록 고주파 영역입니다.

그래서 아래와 같은 주파수 평면에서, 가운데 원 영역의 데이터를 지워 버리면(보통 마스킹(masking)이라고 합니다), 주로 값의 변화가 심한 이미지의 외곽선 정보만 남는 효과가 있습니다. 포토샵 같은 전문 프로그램에선 더 정밀한 로직을 사용하겠지만, 이 기법을 적용하면 어떤 이미지를 적용하든 동일한 윤곽선 추출 효과를 가져옵니다. 마치 학습된 머신러닝 로직이 데이터에 동일한 효과를 가져오는 것처럼 동작이 비슷합니다.

[그림 17교시-1: 푸리에 변환 도시]

예제를 보겠습니다. 여기에서는 구글을 헤맨 부분은 생략하겠습니다. 컴퓨터의 개인 사진을 복사해도 좋고, 적당한 이미지가 없다면 무료 사진 사이트인 https://pixabay. com/로 가서 이미지를 내려받고 c:\python\code 폴더에 "testpic.jpg"라고 저장합니다.

OpenCV를 설치해야 하는데, 불행하게도 파이썬 3.6.4 버전은 현재 pip 인스톨이 되지 않습니다. 이전에 wheel 파일을 가져왔던 사이트 http://www.lfd.uci.edu/~gohlke/pythonlibs/로 가서, opencv_python-3.4.0-cp36-cp36m-win_amd64.whl를 내려받아(파일의 이름이 바뀌었을 수 있으니, 파이썬 버전을 나타내는 cp36과 64비트를 나타내는 amd64가 포함된 파일을 내려받으면 됩니다), c:\python\code에 넣고, 아래와 같은 명령어로 wheel 파일을 설치합니다. wheel 파일에 대해서는 이전 시간에 설명했습니다.

```
c:\Python\code>pip install opencv_python-3.4.0-cp36-cp36m-win_amd64.whl
Processing c:\python\code\opencv_python-3.4.0-cp36-cp36m-win_amd64.whl
Installing collected packages: opencv-python
Successfully installed opencv-python-3.4.0
```

예제를 위해 만들 소스를 구글에서 "python opencv fft low pass filter image"로 검색하여 돌려 보니 python 2를 기준으로 만든 것이라 나누기 코드 부분에서 문제가 생깁니다(나누기 후 결과를 integer로 취급할 것이냐 float로 취급할 것이냐가 버전업되면서 달라진 것 같습니다). 그래서 아래의 사이트를 찾아 코드를 일부 수정했습니다. 소스에 있는 NumPy, matplotlib은 수학, 그래픽 라이브러리 시간에 이미 설치한 모듈입니다.

5.1 샘플 페이지 얻기

[Fourier Transform—OpenCV 사이트]

https://bit.ly/2MG6j8g

Now once you got the result, zero frequency component (DC component) will be at top left corner. If you want to bring it to center, you need to shift the result by ₩frac{N}{2} in both the directions. This is simply done by the function, np.fft. fftshift(). (It is more easier to analyze). Once you found the frequency transform, you can find the magnitude spectrum.

import cv2

import numpy as np

from matplotlib import pyplot as plt

… 생략

5.2 나누기 에러 수정

[TypeError: slice indices must be integers or None or have an __index__ method 에러 해결 – stackoverflow 사이트]

https://bit.ly/2NOD0Fe

In 3.x, int/int gives a float, which is not an int.

⟫⟫ 3/2

1.5

so your line 15

half = len(m)/2

makes half a float. What you need is a double slash

half = len(m)//2

5.3 최종 코드

```
import cv2
import numpy as np
from matplotlib import pyplot as plt

# 이미지를 읽어옵니다.
img = cv2.imread('testpic.jpg',0)

# 푸리에 변환을 하고 중심 점을 맞춥니다.
f = np.fft.fft2(img)
fshift = np.fft.fftshift(f)
magnitude_spectrum = 20*np.log(np.abs(fshift))

# 작은 마스크를 만들어서 푸리에 변환한 영역의 가운데를 지워 버립니다.(하이패스 필터)
rows, cols = img.shape
crow,ccol = rows//2 , cols//2
fshift[crow-30:crow+30, ccol-30:ccol+30] = 0
f_ishift = np.fft.ifftshift(fshift)

# 다시 이미지로 역변환 합니다.
img_back = np.fft.ifft2(f_ishift)
img_back = np.abs(img_back)

# 그림으로 보여줍니다.
plt.subplot(131),plt.imshow(img, cmap = 'gray')
plt.title('Input Image'), plt.xticks([]), plt.yticks([])
```

```
plt.subplot(132),plt.imshow(magnitude_spectrum, cmap = 'gray')
plt.title('Magnitude Spectrum'), plt.xticks([]), plt.yticks([])
plt.subplot(133),plt.imshow(img_back, cmap = 'gray')
plt.title('Image after HPF'), plt.xticks([]), plt.yticks([])


plt.show()


print ("ok")
```

[파이썬 코드 – opencv_fft_sample.py]

해당 코드를 복사하여 c:\python\code 디렉터리에, 파일 형식은 "모든 파일", 인코딩은 "UTF-8"로 선택하여, "opencv_fft_sample.py"라는 이름으로 저장하고 아래와 같이 실행합니다(저장하고 실행하는 부분을 잘 모를 경우, 2교시 때 스크린샷과 함께 자세히 설명한 부분을 참고하세요).

c:\Python\code>python opencv_fft_sample.py

ok

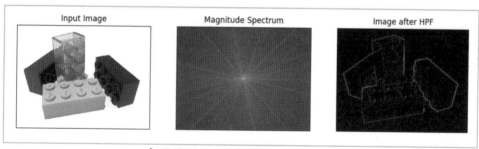

[그림 17교시-2: 푸리에 변환 후 필터 적용 결과]

위와 같이 그림이 세 개 나오는데 왼쪽이 원본 이미지, 빛이 가운데 모인 듯한 가운데 이미지가 푸리에 변환을 통해 주파수 영역으로 변환된 이미지, 오른쪽이 주파수 영역의 가운데 데이터를 삭제하여 다시 이미지로 복구했을 때 주로 경계선 요소들만 남기고 평면 요소들이 사라진 경우입니다. 이 경우는 이미지이긴 하지만, 이미지의 일정한 특성들을 뽑아내 준다는 측면에서 머신러닝 알고리즘의 한 종류를 예시해 준다고 생각합니다.

많은 머신러닝 및 데이터 분석과정에서 맨 처음에 나오는 항목이 회귀분석이고(과거의 데이터를 기반으로 미래의 데이터를 예측하는 것), 그 중 맨 먼저 나오는 주제가 최소제곱법 입니다(이후에는 최우추정법, 베이즈 같은 낯선 이론들이 나옵니다).

개념만 살핀다면, 이 이론은 제공되는 데이터들로부터 가장 가까운 직선이나 곡선을 찾게되는데, 기준선과 데이터들의 수직 거리를 제곱한 값들의 합이 제일 작아지는 선 을 나타내는 방정식의 상수들을 찾는 것입니다. 즉 이상적인 선이 직선이라고 가정한다 면 $y = ax + b$에서 a, b 값을 특정 방향으로 계속해서 조금씩 변화시켜 가면서, 각 점과 의 거리를 제곱한 합이 제일 작아지는 지점을 찾습니다(엑셀의 추세선이라고 봐도 됩니다).

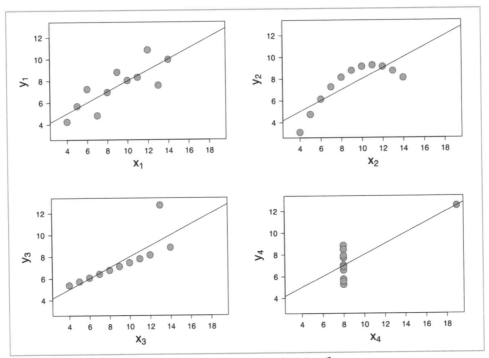

[그림 17교사-3: 최소제곱법 적용 결과 도시]

6.1 NumPy에서의 최소제곱법 구현

NumPy는 앞에서 봤듯이 주로 행렬(array)에 대한 연산을 지원하는 라이브러리이지만 최소제곱법도 지원합니다. 구글에서 "linear least square fit numpy"로 검색하여 아래의 페이지를 찾습니다.

[numpy.linalg.lstsq - SciPy 공식 사이트]
https://bit.ly/2xo82tg

해당 내용을 적당히 편집하여, y = 3x + 1 공식에 맞게 일부러 x, y 값을 바꿔 넣었습니다. x, y 값을 보면 해당 공식에 일부러 맞췄습니다 (1, 4), (2, 7), (5, 16), (7, 22)

```python
import numpy as np
import matplotlib.pyplot as plt

# x, y 좌표 지정(y = 3x + 1), 방정식 모델을 지정합니다.
x = np.array([1, 2, 5, 7])
y = np.array([4, 7, 16, 22])
A = np.vstack([x, np.ones(len(x))]).T

# 선형대수 라이브러리의 least squre 호출합니다.
slope, intercept = np.linalg.lstsq(A, y)[0]
print("기울기:", slope, ", 절편:", intercept)

# 기존 값을 점으로, 찾은 기울기를 선으로 그립니다..
plt.plot(x, y, 'o', label='Original data', markersize=10)
plt.plot(x, slope*x + intercept, 'r', label='Fitted line')
plt.legend()
plt.show()
```

[파이썬 코드 - least_numpy_sample.py]

해당 코드를 복사하여 c:\python\code 디렉터리에, 파일 형식은 "모든 파일", 인코딩은 "UTF-8"로 선택하여, "least_numpy_sample.py"라는 이름으로 저장하고 아래와 같이 실행합니다. 정상적으로 해를 찾아 기울기 3, 절편 1을 찾게 됩니다.

```
c:\Python\code>python least_numpy_sample.py
```

기울기: 3.0 , 절편: 1.0

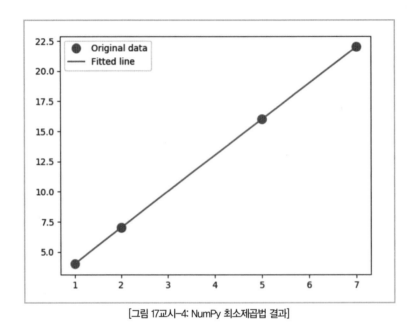

[그림 17교시-4: NumPy 최소제곱법 결과]

6.2 SciPy에서의 최소제곱법 구현

이번에는 과학 라이브러리인 SciPy를 이용해 보겠습니다. 구글에서 "linear least square fit python scipy"로 검색하여 아래의 두 페이지를 찾고 적당히 코드를 섞었습니다. 전체적인 흐름은 NumPy와 거의 동일합니다.

[Using Python (and R) to calculate Linear Regressions – WARWICK 사이트]

https://bit.ly/2PMXhbl

[scipy.stats.linregress – SciPy 공식 사이트]

https://bit.ly/2phWxzQ

```
import numpy as np
import matplotlib.pyplot as plt
from scipy import stats

# NumPy 배열에 데이터를 지정합니다.
x = np.array([1, 2, 5, 7])
y = np.array([4, 7, 16, 22])

# 데이터에 맞는 값을 찾습니다(Slope: 기울기, Intercept: 절편).
slope, intercept, r_value, p_value, std_err = stats.linregress(x,y)
print ("기울기와 절편", slope, intercept)
print ("R-squared", r_value**2)

# 데이터를 점으로, 찾은 선과 같이 화면에 표시합니다.
plt.plot(x, y, 'o', label='original data')
plt.plot(x, intercept + slope*x, 'r', label='fitted line')
plt.legend()
plt.show()
```

[파이썬 코드 – least_scipy_sample.py]

해당 코드를 복사하여 c:\python\code 디렉터리에, 파일 형식은 "모든 파일", 인코딩은 "UTF-8"로 선택하여, "least_scipy_sample.py"라는 이름으로 저장하고 아래와 같이 실행합니다. 실행 후 표시되는 그래프는 데이터가 같으므로 앞의 NumPy 부분과 동일합니다.

```
c:\Python\code>python least_scipy_sample.py
기울기와 절편 3.0 1.0
```

R-squared 1.0

6.3 텐서플로에서의 최소제곱법 구현

마지막으로 텐서플로(TensorFlow)인데, 2018년 2월 현재 텐서플로가 64비트 윈도우 버전의 파이썬 3.6까지 지원하고 있습니다. 다만 윈도우 버전은 리눅스나 맥에 비해 버전업이 약간 더디니(최근 점점 빨라지고 있는 듯은 합니다) 참고하세요.

먼저 pip 명령어를 이용하여 텐서플로를 설치합니다.

```
c:\Python\code>pip install tensorflow
Collecting tensorflow
… 생략
Successfully installed bleach-1.5.0 enum34-1.1.6 html5lib-0.9999999 markdown-2.6.10
protobuf-3.5.1 tensorflow-1.4.0 tensorflow-tensorboard-0.4.0rc3 werkzeug-0.13
wheel-0.30.0
```

그 다음, 구글에서 "tensorflow least squares matplotlib"로 검색하여 아래의 깃허브 페이지를 찾습니다.

[TensorFlow – Examples – GitHub 페이지]
https://bit.ly/2PLizWX

이 예제가 텐서플로의 전체적인 사용 방식을 잘 보여 주니, 예제에서 훈련 후 검증테스트를 하는 코드만 제거하고 적절히 편집하면 아래와 같습니다(상세 로직은 텐서플로에서 제시한 대로 할 수밖에 없으니, 전체적인 코드의 흐름만 보겠습니다).

```python
import tensorflow as tf
import numpy
import matplotlib.pyplot as plt
rng = numpy.random


# 파라매터들 변수를 조정 합니다.
# 변화 수치, 전체 실행 수, 몇 번마다 화면에 로그를 보여 줄지를 정합니다.
learning_rate = 0.01
training_epochs = 1000
display_step = 50


# 훈련용 데이터를 지정합니다.
train_X = numpy.asarray([1, 2, 5, 7])
train_Y = numpy.asarray([4, 7, 16, 22])
n_samples = train_X.shape[0]


# 텐서플로우 변수들을 만듭니다.
X = tf.placeholder("float")
Y = tf.placeholder("float")


W = tf.Variable(rng.randn(), name="weight")
b = tf.Variable(rng.randn(), name="bias")


# 모델 'y = Wx + b' 를 정의합니다.
pred = tf.add(tf.multiply(X, W), b)


# least square 공식을 이용하여 최소값을 만들 요소를 지정합니다.
cost = tf.reduce_sum(tf.pow(pred-Y, 2))/(2*n_samples)


# 기울기를 보정하는 경사하강법이란것을 사용하고, 비용을 최소화 하는 방향으로 학습 합니다.
optimizer = tf.train.GradientDescentOptimizer(learning_rate).minimize(cost)
```

```python
# 초기화를 합니다.
init = tf.global_variables_initializer()

# 텐서플로우를 기동 합니다.
with tf.Session() as sess:
    sess.run(init)

    # 데이터를 넣습니다.
    for epoch in range(training_epochs):
        for (x, y) in zip(train_X, train_Y):
            sess.run(optimizer, feed_dict={X: x, Y: y})

        # 50번 마다 로그 뿌려서 찾는 값 변화를 보여 줍니다.
        if (epoch+1) % display_step == 0:
            c = sess.run(cost, feed_dict={X: train_X, Y:train_Y})
            print("Epoch:", '%04d' % (epoch+1), "cost=", "{:.9f}".format(c), \
                "W=", sess.run(W), "b=", sess.run(b))

    # 완료가 되면 결과를 출력합니다.
    print("Optimization Finished!")
    training_cost = sess.run(cost, feed_dict={X: train_X, Y: train_Y})
    print("Training cost=", training_cost, "W=", sess.run(W), "b=", sess.run(b), '\n')

    # 찾은 결과를 그래프로 보여줍니다.
    plt.plot(train_X, train_Y, 'ro', label='Original data')
    plt.plot(train_X, sess.run(W) * train_X + sess.run(b), label='Fitted line')
    plt.legend()
    plt.show()
```

[파이썬 코드 – least_tensorflow_sample.py]

해당 코드를 복사하여 c:\python\code 디렉터리에, 파일 형식은 "모든 파일", 인코딩은 "UTF-8"로 선택하여, "least_tensorflow_sample.py"라는 이름으로 저장하고 아래와 같이 실행합니다.

```
c:\Python\code>python least_tensorflow_sample.py
2017-10-07 17:57:47.063180: W C:\tf_jenkins\home\workspace\rel-win\M\windows\PY\36\
tensorflow\core\platform\cpu_feature_guard.cc:45] The TensorFlow library wasn't
compiled to use AVX instructions, but these are available on your machine and
could speed up CPU computations.
2017-10-07 17:57:47.064004: W C:\tf_jenkins\home\workspace\rel-win\M\windows\PY\36\
tensorflow\core\platform\cpu_feature_guard.cc:45] The TensorFlow library wasn't
compiled to use AVX2 instructions, but these are available on your machine and
could speed up CPU computations.
Epoch: 0050 cost= 0.019189382 W= 3.06805 b= 0.635082
Epoch: 0100 cost= 0.014490713 W= 3.05921 b= 0.682872
Epoch: 0150 cost= 0.010944798 W= 3.05146 b= 0.724391
Epoch: 0200 cost= 0.008266558 W= 3.04472 b= 0.760474
Epoch: 0250 cost= 0.006243716 W= 3.03887 b= 0.791834
Epoch: 0300 cost= 0.004715851 W= 3.03378 b= 0.819087
Epoch: 0350 cost= 0.003561852 W= 3.02936 b= 0.842773
Epoch: 0400 cost= 0.002690256 W= 3.02551 b= 0.863357
Epoch: 0450 cost= 0.002031918 W= 3.02217 b= 0.881247
Epoch: 0500 cost= 0.001534725 W= 3.01927 b= 0.896794
Epoch: 0550 cost= 0.001159184 W= 3.01675 b= 0.910306
Epoch: 0600 cost= 0.000875507 W= 3.01455 b= 0.922049
Epoch: 0650 cost= 0.000661280 W= 3.01265 b= 0.932254
Epoch: 0700 cost= 0.000499464 W= 3.01099 b= 0.941124
Epoch: 0750 cost= 0.000377250 W= 3.00955 b= 0.948831
```

```
Epoch: 0800 cost= 0.000284933 W= 3.0083 b= 0.955531

Epoch: 0850 cost= 0.000215213 W= 3.00722 b= 0.961352

Epoch: 0900 cost= 0.000162547 W= 3.00627 b= 0.966412

Epoch: 0950 cost= 0.000122774 W= 3.00545 b= 0.970809

Epoch: 1000 cost= 0.000092728 W= 3.00474 b= 0.974631

Optimization Finished!

Training cost= 9.27279e-05 W= 3.00474 b= 0.974631
```

데이터를 보면 1000번을 찾으면서 50번마다 화면에 현재 상태를 출력하라고 했으니, (1000/50)번 해서 20개의 로그가 화면에 표시된 것을 볼 수 있습니다. Epoch(찾기 반복 횟수), cost 및 optimizer(해 찾기의 목표가 되는 기준값과, 기준값을 어떻게 사용할 것인지. 여기서는 최소세곱값 함수가 가장 작아지는 값을 기울기 하강법으로 찾습니다). W(기울기)와 b(절편) 값의 변화를 보면 횟수가 늘수록 기울기와 절편 값이 의도했던 3과 1로 수렴해 가는 것을 볼 수 있습니다.

이렇게 비교해 보면 뭔가 전문적인 머신러닝 라이브러리들은 NumPy, SciPy 같은 일반 선형대수 라이브러리처럼 결과만 보여 주기보다는, 모델을 지정하고(pred = tf.add(tf.multiply(X, W), b)), 잘된 학습의 판단기준도 정하고(cost = tf.reduce_sum(tf.pow(pred-Y, 2))/(2*n_samples)), 학습 과정을 살펴보며(로그) 조정하는 듯 체계적인 접근 방식을 유도하고 있습니다. 텐서플로에는 필자가 모르는 기능도 많겠지만, 개발쪽의 유닛 테스트 프레임워크가 하는 역할과 비슷한 것 같습니다(이런 타입의 프레임워크들은 관련 기능과 함께 논란의 여지는 있지만 "베스트 프랙티스(best practice)"를 동시에 제시합니다).

matplotlib으로 그린 그래프 화면은 원래 정답(3, 1)과 비교하면 소수점의 미세한 차이라서, 앞의 NumPy 결과가 구분되지 않을 정도로 비슷하므로 생략했습니다. 설명의 일관성을 위해 정답을 제한한 것이 맘에 안드시면, 아래와 같이 소스에서 train_X, train_Y의 배열 값들을 임의의 값으로 바꾸거나 데이터의 개수를 늘려 보시기 바랍니다. 점들 사이의 중심에 위치하고자 하는 선의 모양을 볼 수 있습니다.

이 후 머신러닝 및 텐서플로의 이론과 기능에 대한 더 깊은 내용은 독자 개인의 취향에 맞는 관련 커뮤니티 강좌나 책을 참고하시면 될듯 싶습니다.

```
train_X = numpy.asarray([1, 3, 5, 9, 12])
train_Y = numpy.asarray([4, 5, 10, 18, 13])
```

07 마무리하면서

이제 마치기 위해 먼 길을 돌아 첫 목적지로 돌아갈 시간이 되었습니다. 머신러닝에서 파이썬의 역할은 무엇일까요? 개인적인 생각으로는, NumPy, Panda, matplotlib과 같이 입/출력 데이터를 선/후처리할 수 있는 기능을 머신러닝 라이브러리들에게 무료로 제공해 주며, 더 나아가 세계 공용어인 영어의 역할과 비슷하게 머신러닝과 관련된 여러 관련 라이브러리들이 서로 대화와 협력을 나눌 수 있도록 중재하는 역할을 하는것 같습니다. 다른 언어에 의해 뒤집어지기 힘들듯한 이런 중요성 때문에 머신러닝을 배우려는 분들은 꼭 파이썬에 조금씩, 하지만 꾸준히 관심을 갖는 것이 좋을 듯합니다.

그리고 다시 한 번 얘기하자면, 머신러닝 라이브러리는 최근 화려한 스포트라이트와 지원을 받아 부상했을 뿐, 어쩌면 일반 공학 라이브러리와 같은 평범한 라이브러리 출신일지 모릅니다. 그래서 현재 유행하는 머신러닝 장르 외에 데이터의 특출한 면을 드러내는 기존의 평범한 알고리즘들이 재조명되어 새로운 머신러닝의 장르를 열수 있을지도 모릅니다.

또한 앞의 푸리에 변환 라이브러리의 사용과 같이, 사용자가 가진 라이브러리의 동작 원리와 적용 대상에 대한 이해의 깊이에 따라 그 유용성이 달라지게 됩니다. 그러므로 머신러닝 프레임워크들의 사용법이나 트레이닝, 오버피팅(over fitting), 모델, 학습률, 초기값, 오차 등의 방법론들에 집중하는 것도 좋지만, 파이썬을 공부할 때와 마찬가지로 그 기술의 배경이 되는 여러 가지 주변 요소들에도 꾸준히 관심을 가지시길 바랍니다. 사용법이나 방법론은 그림자만 쫓는 행위일 수도 있으며, 모든 진실은 데이터 안에 숨어 있다는 것을 기억하시길 바랍니다(물론 데이터도 가끔 거짓말을 하긴 합니다).

Matplotlib의 subplot

Matplotlib의 문법이기에 조금 망설이긴 했지만, 퓨리에 변환 예제에서 subplot 함수가 헷갈릴 수도 있어서 설명을 보탭니다. 아래의 문서를 보면 subplot의 인자는 원래 subplot(nrows, ncols, plot_number)으로, 앞의 두 숫자는 원래의 그림 공간을 나누는 요소이고, 뒤의 숫자는 그 중에 몇 번째 표시할지를 나타내는 숫자입니다. 그런데 숫자가 모두 10 이하인 경우에는 ","를 생략하고 연결된 숫자로 표시할 수 있습니다. 예제에서는 subplot(131), subplot(132), subplot(133)이 사용되었는데, 세로 1줄, 가로 3줄로 나누어(앞의 공통된 13) 각각 1번째, 2번째, 3번째(뒤의 바뀌는 1, 2, 3)에 넣으라는 의미로 해석하면 됩니다. 해당 명령어의 매뉴얼은 아래 링크를 참고하세요.

[matplotlib.pyplot.subplot − matplotlib 공식 사이트]

https://bit.ly/2QEgRYA

•18교시•

레거시 웹
(Legacy Web)

이 시간에는 파이썬 웹 프레임워크인 플라스크(Flask)와 장고(Django)를 살펴보기 전에 웹을 구성하는 기초적인 부분들에 대해 이해하려 합니다. HTML, CSS, 자바스크립트(JavaScript), 웹 서버(Web Server-IIS), 웹 언어(Web Language-ASP), Ajax의 개념을 간략하게 설명하고, 간단한 예제를 만들어 시연해 보면서, 일반적인 웹 환경이 어떻게 구성되어 있는지를 살펴보겠습니다.

그렇게 함으로써, 다음 시간에 얘기할 비교적 최신 개념인 MVC(Model View Controller)나 URL Rewriting(Routing) 설명을 위한 사전 지식을 쌓으려 합니다. 다만 이들은 각각 책 몇권으로 분리해야 할 만큼 넓은 분야라서, 가볍겠지만 필요한 개념은 이해할 수 있을 정도로 설명해 보려 합니다. ASP, PHP, JSP 등으로 웹 페이지를 만들어 본 분들은 적당히 훑어보면 될 것 같습니다.

01 ▶ 들어가면서

HTML, 자바스크립트, CSS 등의 웹 언어와 지금은 유행이 지난 스크립트 방식의 웹 프로그래밍 언어인 ASP를 언급하는 이유는, 플라스크와 장고 내용을 구성하다 보니 처음 웹을 접하는 분들이 접근하기에는 구조가 어렵다고 생각했기 때문입니다. 장고 같은 프레임워크를 원활하게 이해하기 위해서는 기존 레거시 웹에 대한 지식을 기본으로 갖춘 상태에서, URL Rewriting, MVC 같은 비교적 최신의 개념에 대한 이해가 추가되어야 합니다. 물론 파이썬도 어느 정도 익숙해져야 할 것입니다.

다른 웹 프로그래밍 언어 등에서 기존 웹 프로그래밍을 어느 정도 경험해 본 분들은 해당 분야의 접근 방식과 다른 부분을 위주로 비교해 가면서 적응하면 되겠지만, 웹 프로그래밍 세상에 처음으로 발을 들인 분들은 해당 프레임워크를 배울 때 웹의 일반적인 지식이 한꺼번에 쏟아져 들어오기 때문에, 어떤 부분이 파이썬 웹 프레임워크에 대한 얘기이고 어떤 부분이 일반적인 웹 기술에 대한 얘기인지 분간되지않아 혼란에 빠질 듯싶습니다. 또 해당 방식이 기존 방식에 비해 어떤 장단점을 가지고 있는지 알지 못하고 맹목적으로 받아들일 수도 있습니다.

이전 시간과 비교해 보자면, 웹 자동화 프레임워크인 셀레늄을 사용하고 싶은데 웹 동작을 담당하는 HTML이나 자바스크립트를 이해하지 못한 상태에서 막연히 배우는 것보다도 더 힘들 것 같습니다.

또한 구조적인 방식을 제공하는 프레임워크가 여러 장점을 지닌 것은 분명하지만, 초보자의 입장에서는, ASP와 같은 레거시 웹 언어는 URL이 웹 페이지 파일 자체와 일치되는 1:1 관계의 직관성을 제공하기 때문에, 이에 접근하기가 좀더 쉬울 것입니다. 또한 ASP, PHP 같은 스크립트 언어들은 컴파일 과정 없이 바로 결과를 볼 수 있어서 .NET이나 자바 같은 컴파일형 언어보다는 에러를 쉽게 만나고 수정해 볼 수 있는 장점이 있습니다(수많은 에러를 만나고 해결하는 과정이 프로그램을 배우는 데 아주 중요한 경험이라고 생각합니다).

그래서 플라스크나 장고에 대한 개념 설명을 쉽게 해보기 위해, 머신러닝에 앞서 수학, 그래픽 라이브러리를 소개하여 분리가능한 개념을 떼어낸 것과 비슷한 일을 시도하려 합니다.

02 ▶ IIS, ASP

참고로, 여기서 잠시 다루는 웹 스크립트 언어인 ASP(Active Server Page)는 현재 글을 진행하는 환경인 윈도우-10 홈 버전이면 "프로그램 추가/제거" 기능을 이용하여, IIS(Internet Information Server: 아파치 같은 윈도우 쪽 웹 서버)를 설치하여 비교적 간단한 사용이 가능합니다. ASP는 PHP, JSP와 기능적으로 거의 비슷하다고 봐도 됩니다. ASP는 ASP.NET에게 자리를 넘겨주고, 나머지 두 언어는 독자적으로 발전해 왔으니 ASP와 기능 차이가 크다고 생각할 수 있습니다.

하지만 과거에는 좋아 보이는 점을 서로 차용했기 때문에 일반적인 기능 범위는 비슷하고 문법 측면만 다르다고 생각합니다. 물론 개념적으로 어떻게든 노력하면 비슷하게 구현할 수 있다는 말이지, 더 이상 새로운 문법 요소, 라이브러리, MVC 같은 구조 부분이 지원되지 않기 때문에 물리적인 스펙이나 편의성 부분이 같다는 것은 아닙니다.

지금 생각하면 좀 낯설지만, 위의 세 언어가 웹 프로그래밍 언어의 패권을 차지하기 위해 경쟁하던 시대가 있었는데, 현재는 더 많은 언어와 그에 따른 웹 프로그래밍 언어들이 경쟁하는 춘추전국시대에 와 있는 듯합니다. 사실 고급 언어로 갈수록 프레임워크가 많은 부분을 모듈화하여 관리해 주지만, 어떤 언어를 쓰느냐보다 어떻게 설계하여 쓰느냐가 더 중요한 듯도 싶습니다.

참고로, 윈도우 7에서는 프로페셔널 버전에서만 IIS 설치가 지원되니, 윈도우 7 홈 버전으로 책 내용을 따라오고 있다면, 눈으로 코드 흐름만 살펴보기 바랍니다. 개념을 설명하기 위해 관련 코드를 만든 것이기 때문에 그렇게 봐도 무방합니다(의사코드 대신 ASP를 사용했다고 봐도 좋습니다).

03 ▶ 웹은 어떻게 동작하는가?

웹 브라우징(Web Browsing)은 기본적으로 다음 그림과 같이 브라우저와 웹 서버가 중심이 되어 일어나는 행위입니다. 웹 서버는 우리가 많이 아는 IIS(ASP, .NET), 아파치(Apache - PHP), 톰캣(Tomcat - JSP)부터 Node.js(자바스크립트), 파이썬 자체 웹 서버 등

다양합니다.

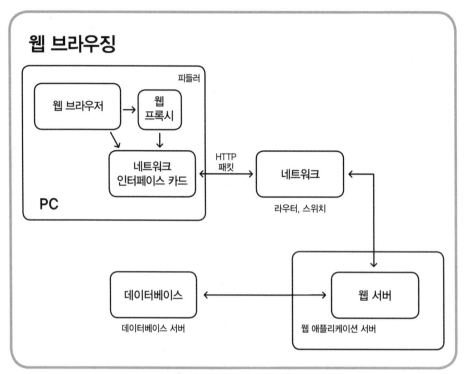

[도식 18교시-1: 웹 브라우징]

브라우저 주소 창에 웹 페이지 주소를 입력하거나, 결제 창에서 결제 버튼을 누르거나, 특정 페이지에서 다음 버튼을 누르거나 할 때, 브라우저가 웹 서버에 명시적으로 해당되는 페이지에 대해 요청을 보냅니다. 해당 요청은 패킷이라는 조그만 신호 단위에 담겨서, 네트워크 카드를 통해, 인터넷 세상으로 나가게 됩니다.

인터넷 세상에서는 라우터와 스위치라는 장치를 통해 해당되는 주소(정확하게는 DNS 서버를 통해 얻어 온 IP)가 알려 주는 사이트로 이동됩니다. 그럼 해당 서버는 그 요청을 받아서, 포트에 대기(listen)하고 있는 웹 서버(예를 들면 아파치) 프로그램에게 전달합니다. 해당 웹 서버 프로그램은 해당 요청에 같이 포함되어 온 폼(form) 요소 등에 대해 프로그래밍 해석을 적용하여 데이터베이스의 내용을 조회하거나, 저장하거나 한 후 최종 처리 결과를 HTML 형식으로 꾸며 다시 사용자 브라우저에게 보냅니다.

사용자 브라우저는 해당 정보를 HTML 구조(Tag)에 맞게 적절히 해석하여 사용자에게 그래픽적인 웹 페이지 화면으로 보여 줍니다. 브라우저에서 특정한 옵션을 설정하는 경우 브라우저와 네트워크 카드 사이에서 웹 프록시 형태의 프로그램이 패킷을 중계하는 일도 있는데, 그것이 우리가 앞 시간에 사용해 본 피들러 같은 HTTP 패킷을 보는 툴의 동작 원리입니다.

04 웹을 구성하는 언어들

웹에서 사용되는 언어들은 보통 어느 측면에서 사용되느냐에 따라 클라이언트 언어(브라우저 측면)와 서버(웹 서버 프로그램) 언어로 나눠 볼 수 있습니다. 클라이언트 언어는 HTML, CSS, 자바스크립트, AJAX 같은 언어로 이루어져 있고, 서버 언어는 자바, .Net과 같이 컴파일되어 동작하는 언어와 ASP, PHP, JSP, Python과 같은 스크립트 형태의 언어로 이루어져 있습니다.

그런데 사실 스크립트 언어의 경우도 실시간 컴파일이라고 볼 수 있습니다. 또 PHP의 경우는 컴파일 방식으로도 운영이 가능하고, JSP의 경우도 뒤쪽 로직은 자바 클래스 파일(.class)을 호출하는 일이 많은 듯해, 사실은 구분하기가 애매합니다. 게다가 요즘은 자바스크립트로 동작하는 서버 환경인 Node.js가 나오는 등 서버와 클라이언트 언어라는 절대적인 구분이 점점 모호해져 가긴 합니다. 파이썬이 웹과 시스템 양쪽에서 쓸 수 있는 것과 마찬가지입니다. 또 데이터베이스 쪽 언어인 SQL(Structured Query Language) 언어도 있습니다.

브라우저는 클라이언트 언어들을 이용해 사용자의 액션에 반응하거나, 그래픽적인 화면 UI를 보여 주고, 사용자의 입력을 받아 폼이나 JSON 형식 등에 담아서 서버 쪽으로 전달합니다. 서버 언어는 전달된 클라이언트의 데이터들을 미리 작성된 프로그램 로직에 맞춰 처리하여, 데이터베이스에 저장하거나 하며, 이후 클라이언트 언어 형태로 브라우저에게 적절히 응답을 주게 됩니다.

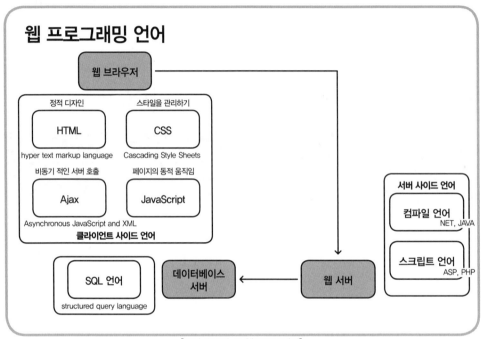

[도식 18교시-2: 웹 프로그래밍]

HTML(Hyper Text Markup Language)은 우리가 매일 클릭하는 링크(hypertext)와, 페이지 구조를 담고 있는 태그(Markup)로 이루어진 언어입니다. CSS(Cascade Style Sheet)는 초기 HTML로부터 디자인 속성을 따로 분리해 낸 언어라고 볼 수 있습니다.

자바스크립트는 초창기의 정적인 HTML 위에 이벤트 속성과의 협업을 통한 사용자와의 상호작용으로 생명을 불어넣었다고 할 수 있으며, HTML을 개념적으로 구조화한 DOM(Document Object Model) 객체를 이용하여 HTML 요소들을 조작합니다. 우리가 웹에서 보는 모든 동적인 동작들이 자바스크립트의 출현 덕분에 일어난다고 보면 되며, 파이썬과 비슷할 정도로 다재다능하고 복잡한 언어이며, Node.js의 출현 덕분에

서버 쪽 언어로도 사용되게 되었습니다.

Ajax(Asynchronous JavaScript and XML)는 자바스크립트로 만들어진, 멈춰진 HTML 페이지 뒤에서 요청(Request)을 날릴 수 있는 라이브러리 묶음이라고 생각하면 되며, HTML의 폼(Form)을 이용하지 않고도 JSON, XML, 텍스트 등의 데이터 형태를 이용하여 브라우저 뒤에서 비동기적으로 통신하는 것을 지원합니다.

서버 쪽의 자바나 .NET 등의 컴파일 언어의 경우 사용 전 빌드 과정이 꼭 필요하고, 초기 공통 바이너리 로딩 등에 부하가 걸린다고 하지만, 일반적으로 초기 로드 동작이 끝나면 스크립트 형식의 언어보다는 메모리를 이용해 자원을 좀 더 효율적으로 공유한다고 합니다.

SQL은 MSSQL, Oracle, MySQL 등에 쿼리를 날리는 공통 표준으로 실제로는 SQL 서버 종류별로 문법이 조금씩 다르며, 사용자의 요청에 따라 서버 쪽 프로그램에서 데이터를 조회하거나 저장하는 데 사용합니다.

05 HTML 살펴보기

첫 언어로 HTML을 살펴보겠습니다. HTML은 아래의 그림처럼, 하이퍼텍스트와 태그로 이루어진 언어입니다. 마크업(Markup)이란 문서의 활자나 구조를 잡아 주는 것을 뜻하는데, 이와 비슷하게 HTML에서도 구조를 잡아 주는 요소의 의미를 가집니다. HTML은 밑의 로봇 그림처럼 헤더(Header)와 바디(Body)라는 것을 가지고 있습니다 (HTML4 기준으로 HTML5에는 푸터(Footer)도 있긴 한데, HTML5는 전체적인 구조 자체가 많이 바뀌었으니 여기서는 무시하겠습니다). 헤더에는 문서에 대한 여러 가지 배경 정보(제목, 작성자 등)들이 들어가고, 바디 안에 우리가 실제 브라우저에서 보는 화면들이 들어갑니다.

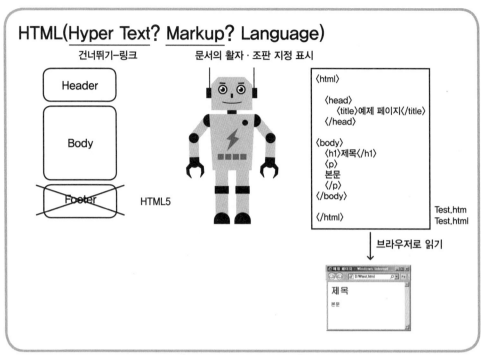

[도식 18교사-3: 웹 프로그래밍]

그림을 보면 〈html〉 태그 안에 〈head〉와 〈body〉 태그 쌍이 있고, 제목이라는 문장을 좀 큰 글자(〈h1〉)로 보여 주고, 한 줄을 띄운 후(〈p〉), "본문"이라고 적힌 HTML 문서가 있습니다. 이 문서를 브라우저에서 열면 정의된 대로 화면에 표시되는 것을 볼 수 있습니다.

브라우저가 HTML을 해석하는 것은 사실 이미지 뷰어 프로그램이나 메모장이 하는 일과 비슷합니다. 이미지 뷰어 프로그램은 읽은 이미지에 대해 이미지 종류, 압축방식 (jpeg, png 등), 좌표와 색 정보에 따라 화면에 뿌려 줍니다. 또 메모장은 텍스트 파일 내에 있는 문자, 인코딩, 줄바꿈 기호, 탭(메모장에는 글자들이 탭으로 구분된 것으로 보이지만, 실제의 텍스트 파일 내부에는 아스키 코드-09 같은 특별한 기호로 정의되어 있습니다)을 해석해 우리에게 보여 줍니다.

이처럼, 브라우저가 HTML 형태의 정보를 받으면 헤더, 바디에 있는 여러 태그 정보를 분석하여, 화면에 우리가 볼 수 있도록 표시해 주는 것입니다(이를 HTML 렌더링(Rendering)이라 합니다).

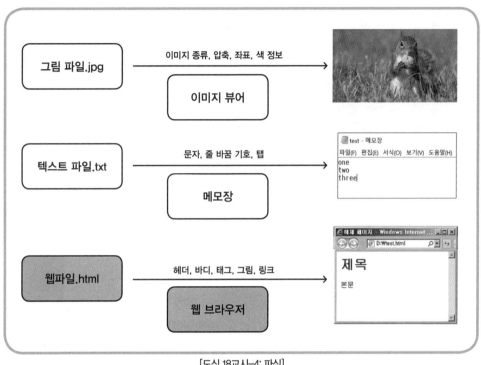

[도식 18교시-4: 파싱]

그럼 HTML의 대표적인 몇 개의 태그만 살펴보겠습니다.

5.1 – TABLE 태그

11교시에서 잠시 다루었지만, 테이블은 아래와 같은 기본 구조를 가집니다. 가장 바깥은 〈table〉 태그로 싸여 있고, 〈th〉는 맨 위에 있는 제목 필드이고(테이블에서는 옵션 태그라 없어도 무방합니다), 〈tr〉은 엑셀의 줄(row)과 같이 테이블의 한 행을 나타내고, 〈td〉는 하나의 입력 칸인 셀(cell)을 의미합니다. 그래서 테이블의 구조는 〈table〉 태그 안에 행을 나타내는 〈tr〉 태그들이 쭉 있고, 각 〈tr〉 태그 안에 칸을 나타내는 〈td〉 태그들이 들어 있는 단순한 구조입니다.

그런데 이 단순한 구조로 이것저것 다양한 형태의 테이블을 만들거나, 테이블 내에 테이블이 들어가 페이지의 구조를 잡다 보니 분석하기 어려울 정도로 복잡해질 때도 많습니다.

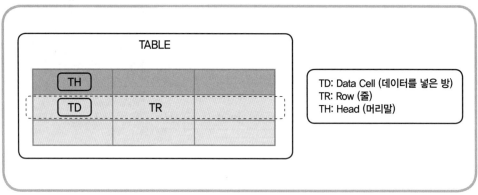

[도식 18교시-5: 테이블 구조]

가장 간단한 구조의 테이블 예제는 아래와 같습니다. 〈table〉 태그가 맨 밖에 있고, 선(border) 굵기가 1입니다. 〈th〉 태그 안에 제목인 "과자"와 "초콜릿"이 들어 있고, 행을 나타내는 〈tr〉 태그가 두 개 있는데, 하나에는 "파이, 카카오45%"가, 나머지 하나에는 "머랭, 카카오100%"가 각각 〈td〉 태그 안에 나눠 담겨 있습니다.

```
<table border=1>
   <tr>
      <th>과자</th>
      <th>초콜릿</th>
   </tr>
   <tr>
      <td>파이</td>
      <td>카카오45%</td>
   </tr>
```

```
    <tr>
        <td>머랭</td>
        <td>카카오100%</td>
    </tr>
</table>
```

[HTML 소스 – table_sample1.htm]

C:\python\code 폴더에 파일 형식을 "모든 파일"로 선택하고 "table_sample1.html" (또는 table_sample1.htm)이라고 저장합니다. 이후 탐색기에서 해당 파일을 더블 클릭해 실행하면, 브라우저가 로딩되면서 아래와 같이 지정한 테이블이 표시됩니다.

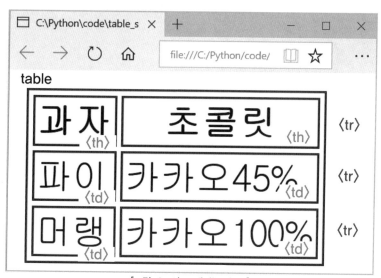

[그림 18교시–1: 테이블 예제 1]

테이블에는 아래와 같은 스타일을 나타내는 속성들이 있습니다(주요한 일부만 표시). HTML을 복잡하게 생각하지 말고, 많이 사용하는 워드나 아래한글 등에서 작성하는 문서를 브라우저가 이해할 수 있게 태그로 표현하는 것이라고 생각하면 됩니다.

글자를 크게 하거나, 오른쪽 정렬을 하거나, 표의 색을 정하거나, 셀의 여백 값을 정하거나 하는 설정을 아래와 같은 태그 내 속성에 넣어 해결한다고 생각하면, 속성이 이렇게 많은 이유를 이해할 수 있을 것입니다.

• Table 속성(HTML4)

속성	값
align	left center right
bgcolor	rgb(x,x,x) #xxxxxx colorname
border	1 ""
cellpadding	pixels
cellspacing	pixels
width	pixels %

• TD, TR 속성

속성	값
colspan	number
height	pixels %
rowspan	number
valign	top middle bottom baseline

[도식 18교시-6: 테이블 속성]

그럼 일부 속성을 사용해 보겠습니다. 속성 이름들은 〈table〉 같은 하나의 태그에서만 독점해 쓰이는 것이 아니고, 비슷하게 속성이 들어갈 다른 태그들이 있다면 동일한 이름으로 사용됩니다. 아래에서는 〈th〉 태그 내에 배경색(bgcolor: 색은 "yellow"와 같은 예약된 영어이름이나, '# + 16진수 숫자'를 이용해 R, G, B로 표현 가능합니다)을 입히고, "파이"와 "머랭"이 들어간 셀의 사이즈를 200픽셀로 늘리고, 특히 "파이"가 들어간 셀은 가운데 정렬을 합니다.

```
<table border=1>
  <tr>
    <th bgcolor=#FF22CC>과자</th>
    <th bgcolor=yellow>초콜릿</th>
```

```
<tr>
    <td width=200px align = center>파이</td>
    <td>카카오45%</td>
</tr>
<tr>
    <td width=200px>머랭</td>
    <td>카카오100%</td>
</tr>
</table>
```

[HTML 소스 – table_sample2.htm]

위와 마찬가지로, C:\python\code 폴더에 파일 형식을 "모든 파일"로 선택하고(이 부분은 앞으로 생략하겠습니다), "table_sample2.html"에 저장하여, 브라우저로 실행하면 아래와 같습니다.

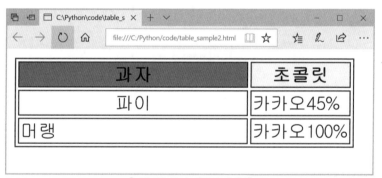

[그림 18교시-2: 테이블 예제 2]

이번엔 맨 마지막에 〈tr〉 행을 하나 추가하며, 내부의 두 개의 셀을 합쳐 보겠습니다. 해당 역할을 해주는 속성이 "colspan"(column span: 칼럼 폭)입니다. 이것을 2로 해주면 위의 테이블을 기반으로 두 개의 셀을 세어, 밑에 하나로 합쳐 표시해 줍니다.

```
<table border=1>
   <tr>
       <th>과자</th>
       <th>초콜릿</th>
   </tr>
   <tr>
       <td>파이</td>
       <td>카카오45%</td>
   </tr>
   <tr>
       <td>머랭</td>
       <td>카카오100%</td>
   </tr>
   <tr>
       <td colspan=2>비고:살찌는거조심</td>
   </tr>
</table>
```

[HTML 소스 – table_sample3.htm]

C:\python\code 폴더에 "table_sample3.html"에 저장하여, 브라우저로 실행하면 아래와 같습니다.

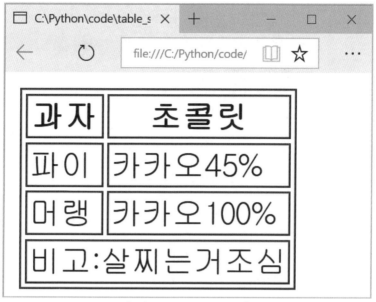

[그림 18교시-3: 테이블 예제 3]

5.2 – FONT 태그

〈font〉 태그는 아래와 같습니다. 해당 태그 사이에 들어가 있는 문장의 색, 크기, 폰트 등을 정의합니다(역시 워드의 글자 스타일을 생각해 보면 됩니다).

```
<html>
  <body>
    <font size="5" color="blue">첫번째 폰트</font>
    <font face="궁서체" color="green">두번째 폰트</font>
  </body>
</html>
```

[HTML 소스 – font_sample.html]

c:\python\code 폴더에 "font_sample.html"로 저장하여, 브라우저로 실행하면 아래와 같습니다.

[그림 18교시-4: 폰트 예제]

5.3 – Form 태그

세 번째 태그인 폼(〈form〉)은 사용자가 입력한 데이터를 서버로 전송하는 요소입니다. 우리가 검색 페이지에서 검색어를 넣고 "검색하기 버튼"을 누르거나 여러 결제 옵션을 선택하고 "결제하기 버튼"을 눌렀을 때, 우리가 입력한 글이나 라디오 버튼 등으로 선택한 값들을 서버 쪽으로 묶어 전송하는 역할을 하는 태그가 〈form〉입니다. 서버 쪽으로 데이터를 보낼 때에는 HTML 전체 데이터가 아니라 이 〈form〉 안에 담긴 데이터만 날아가게 됩니다.

다만 이 설명은 최근 JSON이나 XML의 데이터 형식을 사용하는 Ajax와 같은 비동기 전송 방식이나, ASP.NET에서 사용하는 ViewState 같은 새로운 전송 역할을 하는 형식들이 생겨서 예전만큼 절대적이진 않습니다.

폼은 〈form〉이라는 태그로 감싸져 있고, 그 안에 여러 가지 사용자의 입력을 받는 태그들이 들어가게 됩니다(이 부분은 윈도우 GUI 화면 요소들을 떠올리면 쉽게 이해될 것입니다. 〈form〉은 윈도우의 다이얼로그 박스에 비견될 듯합니다). 폼 안에 들어가는 태그에는 텍스트 형태의 필드, 입력값을 와일드 카드로 가려 주는 패스워드 형태의 필드, 라디오 버튼, 체크 박스, 선택 박스 등의 다양한 요소들이 있습니다. 사용자가 "type=submit" 속성을 가진 버튼을 누르면, 폼의 "action" 속성에 지정된 URL이 호출되며 폼 안의 정보들이 전달됩니다.

• 동적 페이지(프로그램)를 위한 태그 - ⟨form⟩ #1

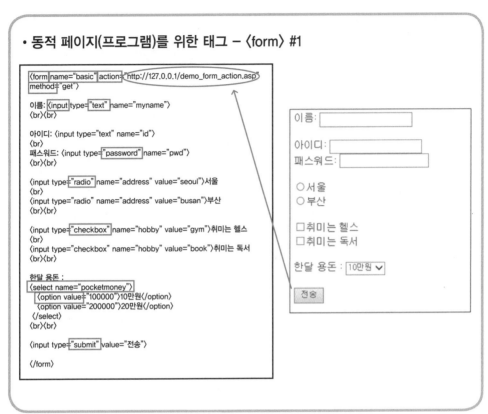

[도식 18교시-7: 폼 태그]

아래의 소스는 [도식 18교시-7]의 소스를 옮겨 놓은 것입니다.

```
<form name="basic" action="http://127.0.0.1/demo_form_action.asp" method="get">
  이름: <input type="text" name="myname">
  <br><br>

  아이디: <input type="text" name="id">
  <br>

  패스워드: <input type="password" name="pwd">
  <br><br>
```

```
<input type="radio" name="address" value="seoul">서울
<br>
<input type="radio" name="address" value="busan">부산
<br><br>

<input type="checkbox" name="hobby" value="gym">취미는 헬스
<br>
<input type="checkbox" name="hobby" value="book">취미는 독서
<br><br>

한달 용돈 :
<select name="pocketmoney">
    <option value="100000">10만원</option>
    <option value="200000">20만원</option>
</select>
<br><br>

<input type="submit" value="전송">

</form>
```

[HTML 소스 - form_sample.html]

C:\python\code 폴더에 "form_sample.html"로 저장하여 브라우저로 띄워 봅니다. "전송" 버튼을 누르면 현재 없는 페이지(http://127.0.0.1/demo_form_action.asp)를 호출하기 때문에 에러가 날 것입니다.

그럼 앞 시간에 배운 피들러를 이용해 샘플 페이지에서 전송 버튼을 눌렀을 때 폼이 어떻게 날아가는지 실제로 보겠습니다(피들러의 설치 및 기초 사용법은 10교시에서 설명했습니다).

아래의 피들러 그림을 보면 왼쪽 URL 항목에 우리가 지정했던 "demo_form_action.
asp" 파일이 나타나고, 파일 이름 뒤에 물음표와 함께 폼 안에 담겨 있는 태그 요소
들이 name 속성을 기준으로 "myname=Hello", "id=freesugar" 식으로 값이 지정되
어 전송되는 것이 보입니다(앞서 웹 페이지 파싱 시간에 잠시 얘기했지만, 폼 및 폼 내부의 태
그들은 name 속성을 기준으로 구별됩니다).

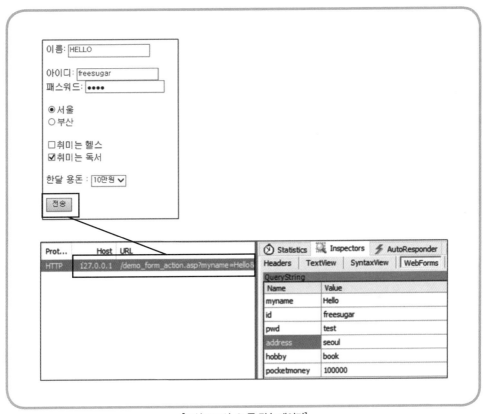

[도식 18교시-8: 폼 전송 데이터]

보충해 설명하면, 우리가 주소 창에 주소를 입력하여 구글 웹사이트의 특정 웹 폴더
내에 있는 특정 파일(test.html)을 요청하여 가져오는 것처럼, 페이지 내에서 submit 속
성을 가진 버튼을 눌렀을 때에는 폼 태그 내의 action에 정의되어 있는 URL 경로를
호출하면서 폼 안에 지정된 값을 모두 모아서 전송합니다(이 부분은 브라우저가 알아서
해줍니다).

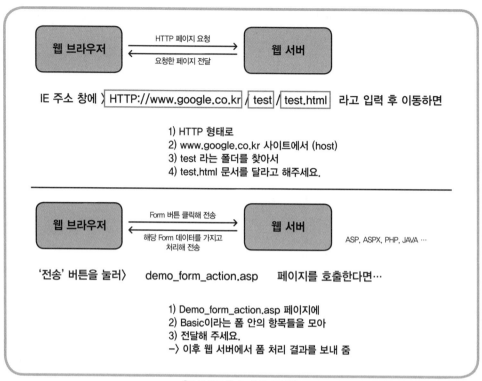

[도식 18교시-9: 페이지 요청]

5.4 -EVENT

event 속성의 설명은 여기서 진행하지 않고 자바스크립트와 뗄 수 없는 관계이니 자바스크립트 섹션에서 하려 합니다.

5.5 HTML 마무리

이런 다양한 HTML 태그들과 속성들은 어떻게 접근해야 할까요? 〈헤드 퍼스트 HTML〉 같은 가벼운 책을 읽어 보길 추천합니다(필자 개인적으로 낯설은 분야에 접근 할 때, 〈헤드퍼스트〉 시리즈를 갖고 있다면 워밍업용으로 먼저 봅니다. 책 안의 낱말 맞추기나 퀴즈는 시간이 걸리고 쪽지시험 같아서 잘 안 푸는 편이며, 저자별로 시리즈의 내용 구성 방식이 다르니 참고하세요). 책을 구입하기 망설여지는 분이라면, 아래 w3school 사이트의 샘플을 보거나, 구글 검색을 통해 필요한 태그를 조금씩 봐도 될 듯 싶습니다. 어차피 웹 프로그래밍 공부를 하다 보면 태그는 싫든 좋든 계속 찾아볼 수밖에 없습니다.

[HTML5 Tutorial – w3schools 사이트]
https://bit.ly/2mfAg6g

하지만 HTML 공부가 처음인 독자는 w3school이나 구글에서 무엇을 봐야 할지 모를 수 있으니, 책이나 웹상의 HTML 관련 연재 블로그나 관련 무료 강의 보기를 추천합니다(다만 이 방식은 A B C 순서로 차근차근 진행되기 때문에, 따라가다가 지칠 수도 있습니다). 무엇보다, 어느 정도 알 것 같은 느낌이 들면, 원하는 UI의 웹 페이지를 직접 만들면서 부딪치고 해결해 보는 것이 좋습니다.

또한 HTML은 브라우저로 모든 소스를 볼 수 있으니, 디자인이 좋은 페이지의 궁금한 요소들을 살펴보는 것도 좋습니다(11교시에서 설명한 브라우저 개발자 도구의 "요소 보기"는 웹의 보고 싶은 부분을 살펴보는 데 아주 편리한 도구입니다). 어느 정도 자신이 있어도 막상 웹 페이지를 만들어 보거나, 보기 힘들게 꼬인 자바스크립트, CSS, HTML로 이루어진 현실 웹의 소스를 보면 한숨이 나올 때가 있습니다. 쉽게 안 되는 것이 아쉽지만, 이런 공부는 "고통이 없으면 얻는 것도 없기(no pain, no gain)" 때문에 어쩔 수 없습니다.

HTML 표준에는 4.01과 5.0이 있는데, 5.0은 정적인 4.01 환경에서 좀더 동적인 웹을 위한 확장 킷이라고 봐도 됩니다(개인적으로 게임의 확장팩 같다고 생각합니다). 그래서 일단 4.01 위주로 공부한 후 5.0 내용을 보는 것이 좀더 효율적일 것 같습니다(처음 HTML을 공부하는 분이 HTML5 책을 덜컥 사 버리면 난이도가 높아서 좌절에 빠질지도 모릅니다).

HTML 태그의 종류가 워낙 많아(워드의 잘 안 쓰는 잡다한 기능들과 같다고 보면 됩니다), 먼저 배우기를 추천하는 기초 HTML 요소들을 아래에 정리해 놓았으니 참고하기 바랍니다. 이 성도민 알고 조금만 헤매 보면 Beautiful Soup 같은 웹 라이브러리를 사용해 일반적인 웹 페이지의 HTML을 파싱할 정도는 될 거라고 생각합니다.

또 HTML은 자바스크립트, CSS와 실과 바늘의 관계를 가진다고 볼 수 있습니다. 그러니 크롤링 등을 위해 페이지 분석을 잘 하고 싶다면 세 가지 언어를 비슷한 수준으로 맞춰 놓는 것이 좋습니다(어찌 보면 원래 하나인 부분을 구조적 효율상 세 조각으로 나눈 것입니다). 거기다 웹 프로그래밍 언어까지 얹어 배우면(아마 자연스럽게 데이터베이스도 배우게 되겠죠) 웹 기술에 대한 전체적인 기초 그림이 완성된다고 생각합니다.

HTML 추천 태그 및 개념

- 기본 구조용: 〈head〉, 〈body〉, 〈br〉, 〈table〉, 〈font〉, 〈a〉, 〈b〉, 〈h1〉~〈h6〉, 〈hr〉, 〈i〉, 〈p〉, 〈title〉, 〈meta〉, 〈ol〉, 〈ul〉, 〈li〉,
- 프레임 태그: 〈frame〉, 〈frameset〉, 〈iframe〉
- 이미지 관련: 〈image〉, 〈map〉, 〈area〉
- 미묘한 구조의 확장: 〈div〉, 〈span〉
- 외부와의 연결: 〈object〉, 폼: 〈form〉, 〈input〉, 〈textarea〉, 〈select〉, 〈option〉
- 주석: 〈!-- --〉
- URL, 절대경로, 상대경로
- (form에 관련된) get, post 인자 개념
- (자바스크립트를 배우는 초입인) event 속성

06 CSS

CSS는 문법으로 세세히 들어가면 무척 복잡해지는 것 같지만, 간단하게 개념만 얘기하면, HTML에서 각 태그의 디자인 속성을 독립시켜 읽고 쓰거나 관리하기 편하게 만든 것입니다. 이렇게 무언가를 분리하여 관리하기 편하게 만드는 것은 다음에 나올

MVC나 객체지향 프로그램, 함수 같은 요소의 공통점인 것 같습니다. 아무래도 복잡하게 꼬인 실타래 같은 코드보다는, 정리되고 분리되어 명확한 코드가 파악하기도 쉽고, 유지보수하기도 쉽기 때문입니다.

예를 들어 아래와 같은 HTML 코드가 있다면, 단순한 기본 모양의 테이블이겠지만,

```
<table>
  <tr>
    <th>과자</th>
    <th>초콜릿</th>
  </tr>
  <tr>
    <td>파이</td>
    <td rowspan=2>카카오45%</td>
  </tr>
</table>
```

아래와 같은 〈style〉 태그 안에 담긴 CSS 형식으로 〈table〉, 〈td〉, 〈th〉의 디자인 속성을 정의한 파일이 있다면,

```
<style>
table, td, th
{
  border:1px solid green;
}

th
{
  background-color:green;
  color:white;
}
</style>
```

위의 두 개의 서로 다른 코드(HTML+CSS)를 합쳐서 아래와 같이 하나의 HTML 파일로 만들면, 서로 독립된 HTML과 CSS가 연합해 동작합니다.

```html
<style>
table, td, th
{
    border:1px solid green;
}

th
{
    background-color:green;
    color:white;
}
</style>

<table>
    <tr>
        <th>과자</th>
        <th>초콜릿</th>
    </tr>
    <tr>
        <td>파이</td>
        <td rowspan=2>카카오45%</td>
    </tr>
</table>
```

[HTML 소스 – css_sample.html]

c:\python\code 폴더에 "css_sample.html"로 저장하여 브라우저로 열어 보겠습니다. 〈style〉 태그 안에 CSS 형식으로 정의한 스타일들이, 공간적으로는 분리되어 있는

HTML 코드에 적용되어 아래와 같이 꾸며집니다(물론 이 부분은 브라우저가 소스를 파싱하여 적용해 주는 것입니다).

[그림 18교시-5: CSS 예제]

위와 동일한 표현을 하는, HTML 코드 형식으로만 이루어진 아래의 코드와 비교해 보면, 디자인 속성의 분리가 얼마나 코드를 깔끔하게 정리해 주는지 볼 수 있습니다. 복잡한 HTML 페이지의 디자인을 수정할 때에는 아래처럼 각 태그마다 디자인이 정의된 코드를 수정하는 것보다 위의 CSS 스타일로 분리된 코드를 수정하는 편이 더 쉽고 편리합니다.

CSS는 HTML의 디자인 작업을 개념적으로 분리시키고, 중복 코드를 제거하여 쉽고 명확하게 만들어 주는 측면이 있는 것 같습니다(HTML5부터는 아래 대부분의 디자인 속성을 안 쓰고 CSS 스타일을 사용하게 하는 듯합니다).

```
<table border="1">
  <tr>
    <th border="1" bgcolor="green"><font color=white>과자</font></th>
    <th border="1" bgcolor="green"><font color=white>초콜릿</font></th>
  </tr>
  <tr>
    <td border="1">파이</td>
    <td rowspan=2 border="1">카카오45%</td>
  </tr>
</table>
```

CSS에는 많은 디자인 요소들이 있고, 클래스(Class)를 지정하여 특정한 디자인을 선택해 적용하거나, 페이지의 요소를 지정하는 방식인 "CSS Selector" 같은 주제도 있습니다. 자세한 내용은 관련 블로그나 책을 참고하기를 권장합니다.

07 자바스크립트

자바스크립트를 설명하려면, HTML 파트에서 설명을 뒤로 미뤘던, HTML과 자바스크립트를 연결해 주는 요소인 "이벤트(Event)"에 대해 설명해야 합니다. 이벤트는 윈도우 프로그램을 움직이게 하는 이벤트 개념이 브라우저 내의 DOM 객체를 대상으로 구현된 것이라 봐도 될 듯 합니다. 윈도우 운영체제에서 사용자의 키보드, 마우스의 움직임이 어떤 프로그램 창의 어떤 사용자 컨트롤에서 발생했는지에 따라 이벤트를 발생시켜 처리한다면, 브라우저 내에서도 사용자들의 여러 키보드, 마우스 액션이 HTML 페이지내 DOM의 어떤 요소에서 일어났는지에 따라, 해당되는 이벤트를 일으켜 자바스크립트를 이용해 처리하게 만드는 구조입니다. 아래에 종종 볼수 있는 HTML 이벤트들을 정리해 봤습니다.

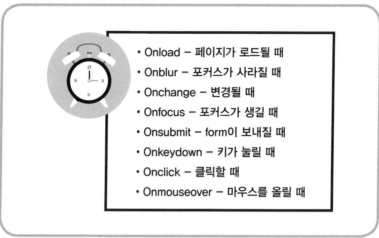

- Onload – 페이지가 로드될 때
- Onblur – 포커스가 사라질 때
- Onchange – 변경될 때
- Onfocus – 포커스가 생길 때
- Onsubmit – form이 보내질 때
- Onkeydown – 키가 눌릴 때
- Onclick – 클릭할 때
- Onmouseover – 마우스를 올릴 때

[도식 18교시-10: HTML 이벤트]

해당 이벤트가 동적인 웹을 구성하는 데 어떤 역할을 하는지에 대한, 자주 볼 수 있는 예들을 아래 그림에 표시했습니다(구글이 onchange일지, onkeyup일지는 잘 모르겠습니다). 아래의 예에서 유추해 보면, 웹에서 UI가 사용자 동작에 따라 반응하는 대부분은 이런 "이벤트+자바스크립트"의 도움으로 이루어진다고 보면 될 것입니다.

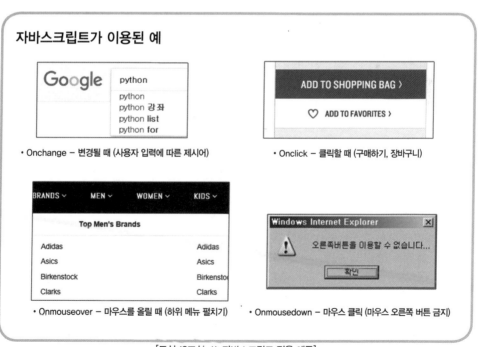

자바스크립트가 이용된 예

- Onchange – 변경될 때 (사용자 입력에 따른 제시어)
- Onclick – 클릭할 때 (구매하기, 장바구니)
- Onmouseover – 마우스를 올릴 때 (하위 메뉴 펼치기)
- Onmousedown – 마우스 클릭 (마우스 오른쪽 버튼 금지)

[도식 18교시-11: 자바스크립트 적용 예들]

7.1 자바스크립트 예제 1

간단한 자바스크립트 예제를 두 개 보겠습니다. 아래의 코드를 간단히 설명하면, 하단에 인풋(input) 박스가 두 개 있고, 박스 안을 클릭하면 onfocus 이벤트가 발생하며, 위쪽 인풋 박스의 이벤트는 배경을 노란색으로 바꿔 주는 setStyle1 자바스크립트 함수에, 아래쪽 인풋 박스는 파란색으로 바꿔 주는 setStyle2 함수에 연결되어 있습니다.

```html
<html>

<head>
  <script>
   function setStyle1(x)
   {
      document.getElementById(x).style.background="yellow";
   }

   function setStyle2(x)
   {
      document.getElementById(x).style.background="blue";
   }
  </script>
</head>

<body>

<p>Color Change</p>
First name: <input type="text" id="fname" onfocus="setStyle1(this.id)">
<br>
Last name: <input type="text" id="lname" onfocus="setStyle2(this.id)">

</body>
</html>
```

[자바스크립트 소스 – colorchange_sample.html]

위의 파일을 c:\python\code 폴더에 "colorchange_sample.html"이라고 저장하고, 더블 클릭해 브라우저로 열어 봅니다. 인터넷 익스플로러로 실행시킬 경우, 로컬 파일에서 자바스크립트가 돌아가려 하기 때문에, "차단된 콘텐츠 허용" 경고가 브라우저 하단에 뜹니다. 이 경우 위험한 것이 아니니 클릭하여 허용해 주면 자바스크립트 코드가 동작합니다. 에지(Edge) 브라우저에서는 특별한 경고 창이 뜨지 않습니다.

[그림 18교시-6: 자바스크립트 실행 경고 창]

처음엔 둘 다 하얀 인풋 박스인데, 각각 클릭하여 포커스를 주고 나면 아래와 같이 색이 바뀝니다.

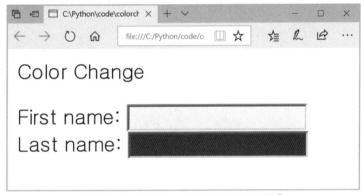

[그림 18교시-7: 자바스크립트 칼라 변경하기 예제]

7.2 자바스크립트 예제 2

이번에는 좀더 복잡한 예제를 보겠습니다. 쇼핑몰에서 종종 볼 수 있는, 메뉴에 마우스를 오버하면 해당 하위 메뉴가 뜨는 예제입니다. 이번엔 과정을 보여 주기 위해 처음부터 전체 코드를 제시하지 않고 HTML(원래는 CSS와도 구분되는 것이 더 낫겠지만), 자바스크립트, 이벤트 각각의 코드를 소개하고 이후 합쳐서 동작을 보려 합니다.

먼저 디자인을 나타내는 HTML 코드입니다. 애니메이션이 1초에 수십 장의 그림을 연속으로 보여 줘서 실제 움직이는 것처럼 느끼게 하듯, 자바스크립트도 사람의 눈을 속여 여러 트릭으로 표현하는 경우가 많습니다(만드는 입장에서는 별로 우아하게 느껴지는 코드가 아닙니다). 아래를 보면 맨 위의 id가 "mainCate"인 〈td〉 태그가 상위 메뉴인 "과자"를 보여 주는 셀이고, 그 안을 보면 id가 "subCateMenu"인 "파이"와 "머랭" 정보를 담고 있는 〈div〉 태그가 하나 들어 있는데, 속성들을 잘 보면 뒤쪽에 숨김 속성(display:none;)이 있습니다. 그래서 처음에는 〈div〉 태그 안에 있는 "파이"와 "머랭"은 안 보이고, 보는 사람의 눈에는 상위 메뉴인 "과자"만 보이게 됩니다.

```html
<table width="100" border="0" cellpadding="0" cellspacing="0">
  <tr>
    <td align="left" id="mainCate">

      <div id="subCateMenu" style="width: 100px; position: absolute; margin-left:
120px; border:
3px solid rgb(100, 200, 100); padding: 10px; z-index: 10000; display: none;
background: rgb(255, 255, 255);">

      <table width="100%" border="0" cellspacing="0" cellpadding="0">
        <tr>
          <td>
            <div style="width:115px;"><a href="test1">파이</a></div>
            <div style="width:115px;"><a href="test2">머랭</a></div>
          </td>
        </tr>
      </table>

      </div>

      과자
```

```
    </td>
  </tr>
</table>
```

다음으로 동적인 움직임을 구현해 주는 자바스크립트 코드를 보겠습니다. showMenu 와 showSubCateMenu 함수가 있습니다. showMenu가 하위 메뉴가 나타날 때 상위 메뉴인 "과자"가 들어 있는 셀의 색(backgroundColor)을 바꿔 주는 역할을 합니다. showSubCateMenu가 숨겨 놓은 "파이"와 "머랭"이 들어 있는 ⟨div⟩ 태그를 보여 줍니다(disaplay=""). 나머지 두 개의 hide 계열 함수들은 view 계열 함수들의 반대 역할을 하여 원래 상태로 돌려주는 역할을 합니다.

```
<script language="javascript">
<!--
  function showMenu(td){
    td.style.backgroundColor = "#444444";
    td.style.color="#ffffff";
  }


  function hideMenu(td){
    td.style.backgroundColor = "#ffffff";
    td.style.color="#555555";
  }


  function showSubCateMenu(i) {
    document.getElementById("subCateMenu").style.zIndex = 10000;
    document.getElementById("subCateMenu").style.display = "";
  }


  function hideSubCateMenu(i) {
```

```
    document.getElementById("subCateMenu").style.display = "none";
  }

//-->
</script>
```

마지막에 빠진 고리가 하나 있습니다. 지금까지 상황으로는 HTML과 자바스크립트가 서로의 존재를 모른다는 것입니다. 이것은 앞에서 얘기한 이벤트(Event) 요소가 연결해 주게 됩니다. "과자"가 들어 있는 〈td〉 태그 안에 넣을 이벤트들은 아래와 같습니다. 마우스를 "과자" 셀 위에 올리면(onmouseover), show 계열 함수들을 실행해 메뉴를 보여 주고 색을 바꾸며, "과자" 셀을 벗어나면(onmouseout), hide 계열 메뉴를 사용하여 원복합니다.

```
onmouseover="javascript:showSubCateMenu(); showMenu(this);"
onmouseout="javascript:hideSubCateMenu(); hideMenu(this);"
```

위의 HTML, 자바스크립트, 이벤트 세 가지 코드를 결합한 최종 코드는 아래와 같습니다.

```
<script language="javascript">
<!--
  function showMenu(td){
    td.style.backgroundColor = "#444444";
    td.style.color="#ffffff";
  }
```

```
    function hideMenu(td){
        td.style.backgroundColor = "#ffffff";
        td.style.color="#555555";
    }

    function showSubCateMenu(i) {
        document.getElementById("subCateMenu").style.zIndex = 10000;
        document.getElementById("subCateMenu").style.display = "";
    }

    function hideSubCateMenu(i) {
        document.getElementById("subCateMenu").style.display = "none";
    }

//-->
</script>


<table width="100" border="0" cellpadding="0" cellspacing="0">
  <tr>
    <td align="left" id="mainCate" onmouseover="javascript:showSubCateMenu();
showMenu(this);"
onmouseout="javascript:hideSubCateMenu(); hideMenu(this);">

      <div id="subCateMenu" style="width: 100px; position: absolute; margin-left:
120px; border:
3px solid rgb(100, 200, 100); padding: 10px; z-index: 10000; display: none;
background: rgb(255, 255, 255);">

      <table width="100%" border="0" cellspacing="0" cellpadding="0">
        <tr>
          <td>
```

```
                <div style="width:115px;"><a href="test1">파이</a></div>
                <div style="width:115px;"><a href="test2">머랭</a></div>
            </td>
        </tr>
    </table>


    </div>


        과자
        </td>
    </tr>
</table>
```

[자바스크립트 소스 – menu_sample.html]

c:\python\code에 "menu_sample.html"로 저장한 후, 브라우저로 열어 봅니다. 조금 어설프긴 하지만 아래와 같이 "과자"가 들어간 셀 부분에 마우스를 올리거나 내렸을 때 서브 메뉴인 "파이"와 "머랭"이 나왔다 사라지는 메뉴 동작을 볼 수 있습니다.

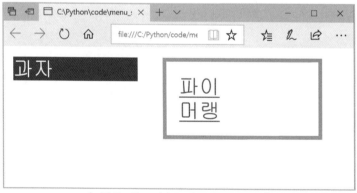

[그림 18교시-8: 자바스크립트 메뉴 동작 예제]

위에서 자바스크립트 코드에 나온 document.getElementById("subCateMenu") 같은 부분에는 자바스크립트가 HTML 코드에 접근할 때 쓰는 DOM(Document Object

Model)의 개념이 들어 있습니다. 이 부분의 경우, 앞 시간에서 Beautiful Soup이나 셀레늄을 사용할 때 의식하지 않았지만 자연스럽게 이 개념을 이용했다고 볼 수 있습니다.

7.3 자바스크립트 마무리

마지막으로, 자바스크립트를 공부하려면 어떻게 해야 할까요? 자바스크립트는 깊이 들어가면 파이썬과 비슷한 심층의 복잡도를 가진다고 봅니다(서버 쪽으로 눈을 돌리면 Node.js 같은 서버 언어로도 사용되고 있습니다). 그러니 처음부터 깊이 파고들지 않도록, 쉬운 책이나 블로그를 보면서 개념을 잡은 후, 이후 웹 프로그래밍 공부를 하면서 궁금한 부분을 만날 때마다 구글 등을 찾아서 개념을 이해하는 방법을 추천합니다. 큰 사이트일수록 자바스크립트 라이브러리인 jQuery를 많이 사용하지만, 실제 웹 페이지에는 jQuery 방식과 일반 자바스크립트 방식 두 가지 코드가 공존하니 jQuery를 응용편이라 생각하고 접근하는 것이 좋겠습니다.

일단 기초가 잡히면 무엇을 모르는지와 공부해야 할 방향을 알게 됩니다. "집밥 백선생"에서 요리하기 전에 재료를 섞으면 어떤 맛이 날지 상상해 보라는 것과 같이, 무언가를 덥석 배우기보다, 배우기 전에 이것을 습득하게 되면 어떻게 될지를 잠시 생각해 보는 것도 나쁘지 않다고 생각합니다. 실제로 공부에 쏟을 수 있는 시간이 한정되어 있기 때문에, 가야 할 방향을 정확하게 잡는 것이 중요하기 때문입니다. 사실 이 책의 목적도 구체적인 구현 지식의 전달보다는 각 주제에 대한 접근 방식과 개념을 전달하는 것이라고 생각합니다.

08 웹 서버

이제 절반을 지나, 슬슬 후반부로 들어갑니다. 웹 프로그래밍을 공부하려면, 기본적으로 웹 서버의 존재를 이해해야 합니다. 웹 서버는 단순하게 얘기하면 특정 포트로 요청이 오기를 기다리는 서비스 프로그램입니다. 사용자(또는 요즘같이 API가 대세인 세상에서는 다른 웹 프로그램일 수도 있습니다)로부터 요청이 들어오면, 적당한 프로그램적 처리를 한 후, 다시 요청한 쪽에 HTTP 형태로 결과를 돌려줍니다. 웹 서버는 사실 두 개의 모듈로 나누어져 있다고 생각하는데, HTTP 통신을 받거나 응답을 해주는 순수 웹 응답 모듈과, 받은 데이터를 특정한 언어에 기반하여 처리해 주는 프로그래밍 모듈입니다.

예를 들어 순수 아파치 웹 서버는 PHP와 HTML만을 처리할 수 있는 반면, 아파치-톰캣 서버는 아파치에 톰캣 프로그래밍 모듈이 얹어져 있어 JSP 파일의 처리가 가능합니다(심지어 호환성이나 성능이 얼마나 나올지는 모르겠지만, IIS에도 PHP 모듈을 설치해 PHP 웹 서버로 사용할 수 있습니다). 파이썬도 플라스크 같은 샘플을 보면 샘플 프로그램을 띄울 때 간단한 자체 웹 서버 모듈이 같이 실행되어 사용자의 요청에 응답합니다. 플라스크나 장고의 경우에도 아파치와 연동하여, 클라이언트들과 주고받는 응답 처리는 검증된 아파치 서버가 해주고, 플라스크나 장고는 그 뒤에서 응답을 넘겨 받아 웹 애플리케이션 모듈로만 동작할 수 있는 것 같습니다(이렇게 보면 모든 웹 서버의 목표가 어떤 언어 모듈이라도 연결해 중계해 주는 것인가 싶습니다).

8.1 IIS 설치
다음 섹션에서 ASP 프로그램을 돌려 보기 위해, 윈도우 10에서 기본으로 지원하는 IIS를 설치하고 샘플 페이지를 호출해 보겠습니다.

먼저 IIS를 설치하겠습니다. "윈도우키+x"를 누른 후 옆쪽에 나타나는 메뉴에서 "앱 및 기능" 메뉴를 선택합니다(필자는 설치를 설명하기 위해 잠시 삭제했지만, 이전 시간에 소개한 예전 윈도우 스타일로 시작 메뉴를 보여 주는 "classic shell"을 설치했다면 바로 "제어판 > 프로그램 > 프로그램및 기능"으로 가면 됩니다).

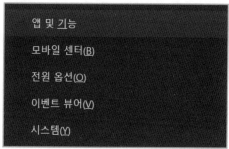

[그림 18교시-9: 앱 및 기능 열기]

최하단으로 스크롤하면 "프로그램 및 기능" 메뉴가 있으니, 이를 클릭합니다.

[그림 18교시-10: 프로그래밍 및 기능 열기]

왼쪽에서 "Windows 기능 켜기/끄기"를 선택합니다.

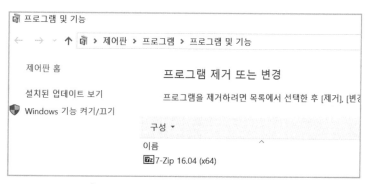

[그림 18교시- 11: Windows 기능 켜기/끄기 열기]

이후 인터넷 정보 서비스에서 "World Wide Web 서비스" 트리를 열어 하위 메뉴에서 "응용 프로그램 개발 기능 〉 ASP"를 선택합니다. 그리고 "웹 관리 도구"도 체크합니다. 체크가 다 되었으면 확인 버튼을 누릅니다. 잠시 기다리면 IIS가 설치됩니다.

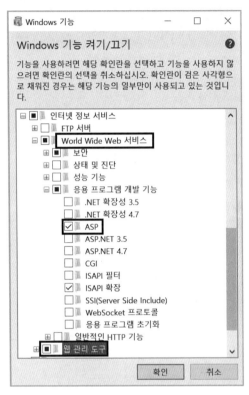

[그림 18교시-12: IIS 기능 설치]

8.2 "Hello ASP" 샘플 페이지 실행

이제 메모장으로 샘플 ASP 파일을 하나 만들려 합니다. 기본 사용자 권한으로는 IIS의 웹루트 폴더인 c:\inetpub\wwwroot\에 파일을 쓰지 못하게 되어 있기 때문에, 메모장을 관리자 권한으로 실행해야 합니다. "윈도우키+x"를 눌러서, 왼쪽 메뉴에서 "검색"을 선택합니다. 검색 창이 나오면 "메모장"으로 찾습니다. "메모장" 아이콘이 나오면 마우스 오른쪽 버튼을 눌러 컨텍스트 메뉴를 띄우고 "관리자 권한으로 실행"을 선택합니다(이것이 귀찮을 경우, wwwroot 폴더 "속성"의 "보안 탭"에서 현재 로그인한 사용자에게 "모든 권한"을 주면 일반으로 실행시킨 메모장으로도 파일 저장이 가능해집니다).

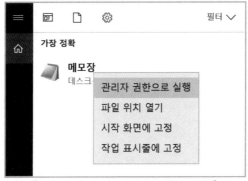

[그림 18교시-13: 메모장 관리자 권한으로 실행]

이후 실행시킨 메모장에 아래와 같이 입력합니다.

```
<%
    Response.Write "Hello ASP"
%>
```

[ASP 소스 – test.asp]

이 내용을 c:\inetpub\wwwroot 폴더에, 파일 형식을 "모든 파일"로 하여 "test.asp"로 저장합니다. 이후 브라우저를 띄워 주소 창에 "http://localhost/test.asp"를 입력합니다(localhost나 127.0.0.1은 현재 컴퓨터의 주소를 나타냅니다). 그럼 아래와 같이 ASP로 만든 간단한 문서가 IIS의 ASP 모듈에게 해석되고 브라우저에게 전달되어 화면에 보이게 됩니다.

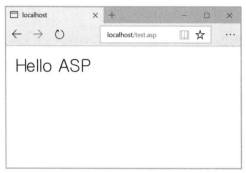

[그림 18교시-14: ASP 페이지 동작 확인]

09 > ASP로 DB 조회해 HTML 테이블로 출력하는 샘플 만들기

그럼 ASP 웹 페이지를 하나 만들어 보겠습니다. 데이터베이스의 테이블을 조회하고 결과를 화면에 HTML 테이블 형태로 뿌려 주는 페이지를 만들려 합니다. 여러모로 시간을 아끼기 위해, 4교시 때 설치 및 세팅해 놓은 SQL Server와 그때 만들어 놓은 supermarket 테이블을 그대로 이용하겠습니다(4교시를 건너뛴 분들은 4교시에 소개된 MSSQL 서버 설치 및 테이블 생성을 하거나, 이것도 귀찮으면 의사코드라 생각하고 눈으로만 보고 동작을 이해해도 됩니다).

4교시에 만든 테이블은 아래와 같은 테이블이었습니다. 4, 7교시 때 해당 테이블의 내용을 가져오는 파이썬 코드를 만들어 봤는데, 그때 기억을 더듬어 보면 이렇습니다.

1) 먼저 데이터베이스 정보를 입력하여 연결합니다.
2) 각 행을 루프를 돌며 하나씩 읽어 옵니다.
3) 화면에 프린트하거나 엑셀로 저장합니다.

ASP 코드도 사실 이와 거의 유사한 흐름을 거칩니다. 비슷한 스크립트 언어이기도 하고, 언어들은 서로 영향을 받아 유사한 경향이 있기 때문입니다. 코드를 비교해 보면 파이썬 코드 쪽이 좀더 현대적이어서 흐름이 세련되게 느껴집니다. 작성할 ASP 코드의 흐름은 이렇습니다.

1) 데이터베이스 정보를 입력해 연결합니다.
2) 각 행을 하나씩 읽어 옵니다.
3) HTML 테이블을 출력하면서 〈td〉 태그 안에 해당되는 칼럼을 하나씩 넣어 줍니다.

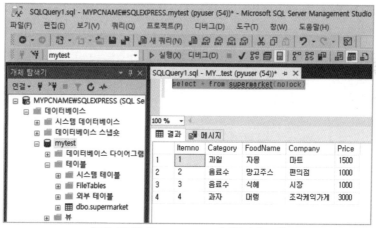

[그림 18교시-15: supermarket 테이블 다시 보기]

9.1 ASP 샘플 코드 만들어보기

ASP를 공부하는 시간이 아니니 만들어진 예제를 바로 보겠습니다. 사실 웹 프로그래밍 예제라 하면, 기본적으로 사용자가 입력한 내용을 폼으로 전송하고, 해당 값을 서버에서 받아 SQL 조건에 조합해 넣어 데이터베이스로 쿼리를 보내고 특정 상품 번호의 상세 정보를 조회해 오는 등의 예제가 좀더 현실적일 것입니다. 하지만 단순하고, 이전에 만든 파이썬 코드와 비교할 수 있도록, 전달받는 인자 없이 테이블의 모든 정보를 조회해 오는 방식의 예제를 만들었습니다.

ASP, PHP, JSP 같은 스크립트 코드를 처음 보면 낯설 것입니다. 하지만 ASP에서는 〈%
%〉 안에 들어 있는 내용이 VBScript 문법의 순수 ASP 코드이고, 코드를 보면 거의
파이썬으로 구현한 예제와 비슷하게 진행됩니다. 여기서 ASP를 배울 것은 아니니, 코
드의 상세 문법을 보지 말고 의사코드라 생각하고 주석 위주로 흐름만 보기 바랍니
다(참고로, ASP는 대소문자를 구분하지 않습니다).

```
<%@ Language=VBScript %>

<%
 ' 연결 문자열을 정의 합니다.
  strMyTest = "Provider=SQLOLEDB; Data Source=localhost; Initial
Catalog=mytest; User Id=pyuser; Password=test1234"
  Set objConn = Server.CreateObject("ADODB.Connection")
  objConn.Open strMyTest

  ' 실행할 SQL 문을 정의 합니다.
  strSQL = "select itemno, category, foodname, company, price from supermarket
s(nolock)"

  ' 쿼리를 실행 하여 결과 얻어옵니다.
  Set rtnRow = objConn.Execute(strSQL)
%>


<html>
  <head>
    <title>supermarket</title>
  </head>

  <body>
```

```
<p>supermarket 상품</p>
<table border=1>
  <tr>
    <td>번호</td>
    <td>카테고리</td>
    <td>종류</td>
    <td>상품이름</td>
    <td>가격</td>
  </tr>

<%
 'DB 에서 조회한 행이 끝이 아니라면 루프를 돌리면서 각 컬럼을 <td> 태그안에 끼워 넣습니다.
 Do while Not rtnRow.EOF
%>

  <tr>
    <td><%=rtnRow("itemno")%></td>
    <td><%=rtnRow("category")%></td>
    <td><%=rtnRow("foodname")%></td>
    <td><%=rtnRow("company")%></td>
    <td><%=rtnRow("price")%></td>
  </tr>

<%
 'rsList의 내용을 다음 결과 행으로 이동하며 Do 문을 반복합니다.
 rtnRow.MoveNext
 Loop
%>

  </table>
</body>
```

```
<%
'열었던 연결을 닫습니다.
objConn.Close
Set objConn=Nothing
%>
```

[ASP 소스 – supermarket_sample.asp]

위의 내용을 복사하여 샘플 파일과 비슷하게 관리자 계정으로 실행한 메모장에 붙여 넣고 c:\inetpub\wwwroot 폴더에 "supermarket_sample.asp" 이름으로 저장을 합니다. 이후 브라우저 주소 창에서 "http://localhost/supermarket_sample.asp"를 호출합니다. 그럼 아래와 같이 데이터베이스에서 supermarket 테이블의 데이터를 가져와서 HTML 테이블로 정리해 보여 주는 페이지가 나옵니다.

ASP가 처음인 독자는 처음 파이썬으로 데이터베이스를 조회했을 때처럼 조금은 신기하게 느꼈을 것입니다. 이 ASP와 비슷한 코드를 뒤의 플라스크와 장고 코드에서도 사용하니 참고하세요.

supermarket 상품

번호	카테고리	종류	상품이름	가격
1	과일	자몽	마트	1500
2	음료수	망고주스	편의점	1000
3	음료수	식혜	시장	1000
4	과자	머랭	조각케익가게	3000

[그림 18교시-16: supermarket 테이블 조회 결과]

여기서 잠시 위의 코드의 구조를 보면, 우리가 배운 HTML과 ASP의 프로그램 코드가 하나의 파일에 섞여 있어서 보기가 조금 힘들 수도 있습니다(익숙해지면 편한 면도 있긴 합니다). 나중에 장고, 자바, ASP.NET 같은 언어에서 사용하는 MVC 개념을 통해, 마치 CSS를 통해 디자인 코드를 분리해 낸 것처럼, 이런 레거시 웹 프로그램에 섞여 있는 프로그램 코드와 HTML 코드를 개별 요소로 분리해 다루려는 시도를 합니다. 그리고 현재 기본 설정으로는 에러 발생 시 어떤 에러가 났는지 상세하게 보여 주지 않습니다. 혹시 SQL 에러 같은 상세한 에러를 보기 원한다면 아래의 웹사이트를 참고하여 세팅하세요.

[[IIS+ASP.NET] 브라우저에서 웹 사이트 서버 오류 자세히 보기 - 이러쿵저러쿵 님의 블로그]
https://bit.ly/2NjJ3SF

마지막으로, 노파심에 말하자면, 위의 코드는 소스를 간단히 만들기 위한 예제 코드로, SQL 인젝션(데이터베이스에 공격자가 임의의 쿼리를 보낼 수 있는 웹 취약점)이란 공격에 노출되어 있습니다. 이런 방식으로 실제 운영할 페이지를 만들어서는 안 됩니다. 사실 이 부분은 차후 플라스크나 장고의 경우에도 마찬가지입니다. 스토어드 프로시저(Stored Procedure)나 Prepared Statement를 사용하여 쿼리를 호출하고, 입력 데이터들을 체크하고, 애플리케이션의 데이터베이스 접근 계정 권한을 최소화하는 등의 작업이 필요합니다. 최근의 웹 프레임워크가 좋은 이유 중 하나는 이러한 패턴을 프레임워크 자체에서 막아주는 경우가 많기 때문입니다.

10 Ajax

그럼 이 시간의 마지막 주제인 Ajax(Asynchronous JavaScript and XML)에 대해 설명하겠습니다. 개인적으로, 현대의 세련되고 편리한 모든 웹 페이지들은 Ajax의 활약으로 이루어진 것이 아닌가 싶습니다. 구글의 검색어 추천이나, 여러 사이트들의 사용자 액션에 반응하는 부드러운 UI의 이면에는 웹 브라우저의 뒤에서 열심히 데이터를 요청해 나르고 있는 Ajax가 존재합니다. Ajax의 "비동기적"이란, 아마도 기존 웹 페이지 간의 명시적인 호출을 동기적이라고 가정했을 때, 페이지가 정지해 있는 상태의 뒷단에서 Ajax 라이브러리를 이용해 데이터를 교환하는 행위를 비동기적으로 본다는 의미 같습니다. Ajax는 자바스크립트로 구현된 해당 용도의 라이브러리로 단순하게 봐도 되겠습니다.

Ajax의 간단한 예는 아래 그림의 구글의 검색어 추천 기능입니다. 사용자가 "python"을 입력하는 동안 추천하는 검색어를 바꿔 가면서 계속 보여 줍니다.

[그림 18교시-17: 구글의 Ajax 기능(자동완성)]

해당 추천 검색어가 나오는 과정을 피들러로 살펴보면, 아래와 같이 www.google.co.kr 도메인에서 "/complete/search?" 페이지를 호출하는 6개의 요청("p" "y" "t" "h" "o" "n" 각각 입력에 따라 총 6개의 요청이 날아갑니다)을 볼 수 있습니다. 그 중 맨 마지막 요청 항목을 클릭하면, 폼 안의 "q" 인자 안에 우리가 입력한 "python"이라는 글자가 넘어가고, 밑의 응답 부분을 보면 결과값으로 "python"에 해당하는 추천 검색어들이 "JSON 데이터 형식"으로 담겨 응답으로 옵니다. 브라우저는 해당 JSON 데이터 내의 값을 적절히 가져오고, 자바스크립트를 통해 HTML 페이지의 DOM 개체에 넣어서, 위의 그림과 같은 추천 검색어들을 보여 줍니다.

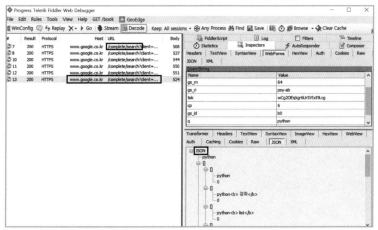

[그림 18교시-17: 구글의 Ajax 기능(피들러로 살펴보기)]

10.1 Ajax 샘플 코드 만들어보기

실제로 간단한 Ajax 샘플을 만들어 보겠습니다. ASP가 좀 구식 언어여서 JSON 같은 최신 데이터 구조를 파싱하기가 까다로우니, 전송되는 데이터 타입은 JSON이 아닌 평문으로 간단하게 구현하려 합니다. 아래 코드에 최대한 주석을 달아 놓았습니다(//는 자바스크립트 주석이고, <!-- -->는 HTML 주석입니다).

위쪽의 자바스크립트에는 Ajax 요청(request)이 정의되어 있습니다(처음 보는 분들은 사용하는 구조가 낯설어 보이겠지만, 처음 Ajax를 만든 사람이 정해 놓은 규칙이라 따를 수밖에 없습니다. 파이썬에서 모듈을 사용할 때 사용하는 모듈의 문법대로 구현해야 하는 것과 같습니다. jQuery 등의 라이브러리를 사용하면 또 그쪽 스타일대로 하면 됩니다). 하단 HTML에 정의된 사용자가 입력한 <input> 값을 읽어 와서, ajax_sub.asp 페이지를 호출(폼의 action과 비슷합니다)하면서 no 인자에 사용자의 입력 값을 넣어 보내고, 결과가 반환되어 오면 그 값을 아래 HTML에 정의된 <span> 태그에 innerHTML 속성을 이용해 넣습니다.

하단 HTML에는 버튼 속성(type=button)을 가진 <input> 태그가 있는데, 자바스크립트의 getMenu 함수가 onclick 이벤트를 통해 연결되어 있습니다. 사용자가 번호를 입력하고 버튼을 클릭하면, getMenu 함수가 실행되면서 Ajax 요청을 실행하는 도미노 형태의 구조입니다.

```
<%@ Language=VBScript %>

<script>
function getMenu() {
  var xhttp;
  // 사용자가 입력한 값을 id 를 통해 가져옵니다.
  var menuNo = document.getElementById("menuNo").value;

  // 새로운 ajax 요청을 만듭니다.
  xhttp = new XMLHttpRequest();
  // 요청에 대해 응답이 정상으로 올때까지 기다려서,
  xhttp.onreadystatechange = function() {
    if (xhttp.readyState == 4 && xhttp.status == 200) {
      // span 태그내에 응답으로 온 텍스트 값을 살짝 끼워 넣습니다.
      document.getElementById("menuName").innerHTML = xhttp.responseText;
    }
  }
  // 실제 요청하는 페이지는 ajax_sub.asp 페이지 이고, get 인자로 no 에 사용자가 입력한 값을
넣습니다.
  xhttp.open("GET", "ajax_sub.asp?no="+menuNo, true);
  xhttp.send();
}
</script>

<html>
  <head>
    <title>ajax 샘플</title>
  </head>
```

```
<body>
  <table>
    <tr>
      <td> 메뉴 번호: </td>
      <!-- 사용자가 입력하는 값 -->
      <td width=120> <INPUT id="menuNo" size="10" type="text" value=""> </td>
      <td width=200>
        <!-- 버튼을 누르면 getMenu 함수를 실행 합니다 -->
        <input type="button" value="해당되는 메뉴 찾기" onclick="getMenu()">
        <!-- 나중에 응답 값을 끼워 넣을 span 태그. 첨에는 아무 내용도 없습니다 -->
        : <span id="menuName"></span>
      </td>
    </tr>
  </table>
</body>
</html>
```

[ASP 소스 – ajax_sample.asp]

앞의 ASP 예제들과 마찬가지로, 해당 코드를 관리자 권한으로 실행한 메모장에 붙여 넣고, 일단 c:\inetpub\wwwroot에 "ajax_sample.asp"라고 저장합니다

그 다음은 위의 페이지에서 호출하는 대상인 ajax_sub.asp 페이지를 만들어야 합니다. 보통 호출 당하는 이쪽은 데이터만 받고 보내면 되기 때문에 API 같은 형태로 많이 구현됩니다. 구현된 코드는 아주 간단합니다. 넘어온 no 값(사용자가 입력한 값)을 받아서, 1이면 "pizza", 2이면 "pasta", 그 이외의 숫자이면 "drink"를 반환(response)합니다(참고로, 현재 코드는 값이 없을 때의 에러 처리가 안 돼서, 값을 안 넣으면 아무 결과도 넘어오지 않습니다).

```
<%@ Language=VBScript %>

<%
  ' request 값을 받는다.
  menuNo = request("no")

  ' 넘어온 메뉴 번호에 해당하는 메뉴 이름을 반환해 준다.
  Select Case menuNo
    Case 1
      Response.Write("pizza")
    Case 2
      Response.Write("pasta")
    Case Else
      Response.Write("drink")
  End Select
%>
```

[ASP 소스 – ajax_sub.asp]

해당 코드도 메모장에 붙여 넣고, c:\inetpub\wwwroot에 "ajax_sub.asp"라고 저장
합니다.

이후 브라우저를 열고 "http://localhost/ajax_sample.asp"를 주소 창에 입력합니다.
아래의 화면이 나오면, 메뉴 번호에 "1"을 넣고, "해당되는 메뉴 찾기" 버튼을 클릭합
니다. 그러면 페이지 뒤에서 Ajax 기능을 이용해 ajax_sub.asp에 인자를 넘겨 데이터
를 조회하고, "pizza"를 받아 옆에 표시합니다.

[그림 18교시-19: Ajax 샘플 확인]

Ajax를 호출하는 과정을 피들러로 살펴보면, 앞에서 본 구글 검색어 추천과 비슷하게, 숨겨진 호출(request)이 보입니다. 이제 Ajax를 통한 비동기적 호출이 어떤 원리로 일어나고, 어떻게 보이는 건지 대충 감을 잡았으리라 생각합니다.

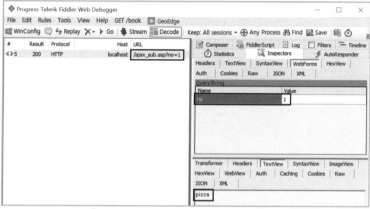

[그림 18교시-20: Ajax 샘플 동작 피들러로 확인]

11 ▶ 마무리하면서

이렇게 해서 가볍지만 꽤 길게 진행된 레거시 웹 편을 마치려 합니다. 돌아보면 HTML(Form, Event), CSS, 자바스크립트, 웹 서버, 웹 언어, Ajax 같은 자잘하게 많은 기초 요소들이 우리가 보고 있는 웹을 지탱하고 있다는 것을 어렴풋이나마 알 수 있습니다. 이런 "레거시 웹" 기초가 잘 잡혀있다면, 파이썬이든, 다른 언어로든 웹 프로그래밍을 공부할 때 배워야 할 주제들이 한결 쉬워진다고 생각합니다. 프로그래밍을 배울 때의 외적 요소들을 미리 알고 있을 때처럼 말입니다.

혹시 위의 주제들을 잘 모르는 상태에서 파이썬으로 만드는 웹을 공부하고 싶다면, 플라스크나 장고 프레임워크를 공부하는 중간 중간에 꼭 각각의 주제에 대한 입문서나 강좌 하나 정도는 보기를 권합니다. 개인적으로 프레임워크는 웹의 구성요소들을 잘 배치할 수 있도록 돕는 껍데기 역할에 불과하다고 생각합니다. 다음 시간에는 이런 레거시의 요소들이 파이썬의 플라스크라는 프레임워크에 어떻게 녹아들어 소개되고 있는지, 가볍게 알아보겠습니다.

•19교시•

플라스크(Flask) 살펴보기
- Feat. D3.js

이 시간에는 파이썬 웹 프레임워크로 많이 쓰이는 경량화 웹 프레임워크라 불리는 플라스크(Flask)를 살펴보려 합니다. 매뉴얼을 기반으로 전체적인 플라스크의 구조를 살펴보려 합니다. 이후, 지난 레거시 웹 시간에 구현한 데이터베이스의 테이블을 조회해 HTML 테이블로 표현하는 예제, 자바스크립트 계의 matplotlib이라 할 수 있는 D3.js와 결합하여 JSON 결과를 가져다 그래프를 그려 주는 예제, 마지막으로 matplotlib을 이용해서 파이썬 코드 기반의 그래프를 생성하여 HTML 문서에 포함시키는 예제, 총 세 개를 소개하겠습니다.

01 ▶ 들어가면서

우선 시작하기 전에 말씀드리고 싶은 부분은, 프레임워크에 너무 많은 기대를 하진 말라고 말하고 싶습니다. 프레임워크란 해당 분야의 좋은 관행(Best Practice)과 지원용 라이브러리를 모아 놓은 범용 틀 같은 것이므로, 개발에 대한 방법론, 자주 쓰는 기능 라이브러리의 제공, 안전한 설계 이슈 등에 대해 많은 도움을 주긴 하지만, 그 범용성이 자기가 만들고자 하는 특정 프로그램에 적합하다고 보장할 수는 없으며, 만들려는 프로그램에 맞게 커스터마이징하기 위해서는 추가로 많은 노력이 들게 됩니다. 마치 집을 지을 때 기본 자재와 반듯한 땅, 숙련된 기술공을 제공해 준다 해도, 이런 지원이 자기가 원하는 집을 짓는 데 필요한 디테일의 전부가 될 수 없는 것과 같습니다.

해당 프레임워크가 지원하는 언어를 깊이 이해하고, 해당 분야(웹, 데이터베이스, 시스템, 빅데이터 등)에 대한 지식을 쌓은 상태에서 사용해야, 사용하려는 프레임워크에 대한 이해도 깊어지고, 자신이나 해당 프레임워크가 의도한 대로 적절히 사용할 수 있을 것입니다. 비슷하거나 상이한 다른 프레임워크들에 대해서도 핵심을 잘 이해한다면, 선택한 프레임워크의 장단점을 객관적으로 보고 선택에 대한 트레이드오프를 따져 볼 수 있겠습니다.

02 ▶ 한글 문서 여부

플라스크에 대한 매뉴얼 문서를 구글에서 찾아보면 한글 문서가 있긴 합니다. 그러나 현재 0.12 버전이 출시되었으며, 파이썬 3이 미지원된 0.11 개발 당시의 버전 문서의 번역본인 데다가 번역이 완성되지 않은 문서이니, 전체적인 맥락을 살펴보는 용도로 이용할 것을 권합니다. 또 구글에서 검색하다 보면 나오는 간단한 예제들을 구현해 놓은 한글 블로그도 많으니, 본격적으로 영문 문서를 보기 전에 사전 지식을 쌓아 놓으면 좀 더 읽기 수월해 질 듯 합니다.

[Flask의 세계에 오신 것을 환영합니다 – flask-docs-kr 사이트]
https://bit.ly/2Qyoyjf

[플라스크 vs 장고]
파이썬에서 많이 얘기되는 두 개의 웹 프레임워크를 비교해 보겠습니다. 구글에서 "flask vs django"로 검색해 보면 아래와 같은 비교 페이지들이 나옵니다.

[Flask vs. Django: Why Flask Might Be Better – codementor 사이트]
https://bit.ly/2viLmf7

[Django vs Flask vs Pyramid: Choosing a Python Web Framework – airfair 사이트]
https://bit.ly/1CoF8F2

[웹서버를 사용하기 위해 어떤 프레임워크를 고를 것인가? – 삽질과 삽질속에.. 님의 블로그]
https://bit.ly/2NkD8wx

이 내용을 간단히 요약해 보면, 플라스크는 웹 프레임워크가 필요한 최소한의 기능만 제공하고, 나머지는 외부 모듈이나 개발자의 선택에 의해 구현하도록 유도하는 편이라 합니다. 한편 장고는 중, 대규모의 사이트를 목적으로 만들어져 일반적인 웹사이트 개발에 필요한 풀 패키지를 지원하는 편이라 합니다. 이 글들에서도 나오지만, 판단은 각자의 몫이며, 이 시간에는 플라스크가 표방하는 "최소한의 웹 프레임워크"가 어떤 의미인지 살펴보겠습니다.

03 플라스크 문서 보기

구글에서 "flask documentation"으로 검색하면, 최신 0.12 버전 프레임워크에 대해 설명한 링크를 얻을 수 있습니다.

[Welcome to Flask – Flask 공식 사이트]
https://bit.ly/2pyjwFR

수학 라이브러리를 볼 때처럼 목차를 쭉 살펴보겠습니다. User Guide(사용자 가이드)에는 "Installation"(설치) 부분이 있고(여러 버전을 운영하거나 의존성 문제를 만날 일이 없을 듯해서 vitualenv는 고려하지 않았습니다), "Quick Start"(시작해보기) 섹션에 기본적인 플라스크 웹 기동이나, URL을 파싱해 해당되는 파이썬 함수에 전달하는 라우팅, CSS나 이미지 같은 정적인 파일에 접근하는 방법, 템플릿을 꾸며서 원하는 웹 화면을 보여주는 방법, 요청된 데이터를 받아 처리하는 방법 등이 설명되어 있습니다.

그리고 "Tutorial"(기본 강좌)에는 기본적인 세팅 방법과, 데이터베이스를 조회해 화면에 보여 주는 예제가 있습니다. "Templates"(템플릿)에는 여러 가지 템플릿 제어 방법에 대한 설명, 한참 아래의 "Patterns for Flask"(플라스크를 위한 패턴)에는 플라스크로 웹을 구성하는 여러 가지 권장 기법들이 있습니다. 그 밑의 "API Reference"(API 참고 자료)나 "Additional Notes"(추가 내용)는 사용자 가이드를 숙지한 후 추가 정보를 얻기 위해 살펴봅니다(필자가 플라스크를 둘러보면서 예제를 구현해 보려고 했을 때 따른 과정입니다).

User's Guide

This part of the documentation, which is mostly prose, begins with some background information about Flask, then focuses on step-by-step instructions for web development with Flask.

- Foreword
  - What does "micro" mean?
  - Configuration and Conventions
  - Growing with Flask
- Foreword for Experienced Programmers
  - Thread-Locals in Flask
  - Develop for the Web with Caution
  - Python 3 Support in Flask
- Installation
  - virtualenv
  - System-Wide Installation
  - Living on the Edge
  - *pip* and *setuptools* on Windows
- Quickstart
  - A Minimal Application
  - What to do if the Server does not Start
  - Debug Mode
  - Routing
  - Static Files

[그림 19교시-1: 플라스크 사용자 가이드]

3.1 라우팅

실용적으로 보이는 프레임워크이긴 하지만, 실제 웹 코드 구현에 들어가기 전에 레거시 쪽과 다른 점을 설명하려 합니다(혹시 웹 프로그래밍에 익숙하지 않다면 이전 시간인 "레거시 웹"을 먼저 읽고 오길 권합니다). 먼저 라우팅(Routing)과 정적 파일들(Static Files)에 대해 생각해 보겠습니다. 가상현실, 증강현실이 주목받는 세상이지만, 컴퓨터 자체가 어느 정도는 이 개념들의 표본이 아닌가 싶습니다.

우리는 동영상, 그림 파일, 문서 파일, 음악 파일 등을 자연스럽게 접해 와서 컴퓨터 내의 파일이라는 개념을 실물처럼 실체화된 것이라 생각하지만, 실제로는 메모리나 디스크상에 구분된 숫자에 불과합니다. 숫자 정보를 운영체제가 해석하고, 폴더나 파일로 구분하여 인식하고, 애플리케이션이 해당 데이터를 전달받아 우리가 볼 수 있도록 화면에 출력하거나, 소리로 출력하여 노래를 듣거나, 문서를 보는 것입니다.

일례로 워드 프로그램이 설치되어 있지 않은 컴퓨터라면 ".docx" 파일은 아무 의미 없는 파일일 것입니다. 예컨대, 특정한 처리를 해주는 로직을 만나야만 우리가 파일이라고 믿는 것들이 의미 있다는 뜻입니다.

이와 비슷하게, 레거시 웹에서 사용되어 온 "test.asp", "hey.php" 같은 파일들은 웹 프로그램 확장자를 가진 파일이므로, IIS와 아파치 같은 웹 서버에서 해당 파일이 실행된다고 생각해 온 것도 어떤 측면에서는 관념적인 것에 불과할지 모릅니다. 역으로 얘기하면, 어떤 이름과 확장자를 가진 URL의 호출이 웹 서버에 주어질 때, 그것을 어떻게 해석하느냐는 폴더와 파일이라는 물리적 요소에 달려 있는 것이 아니라, 웹 서버가 요청을 어떻게 해석하느냐 하는 논리적 요소에 달려 있습니다.

이 부분이 최근의 웹 서버 모듈에서 볼 수 있는 "라우팅(routing)"이라는 개념입니다. 클라이언트가 URL 주소에 hey.php를 요청하든 hey를 요청하든, 웹 서버 모듈만 지원한다면, 해당 파일이라는 형태에 국한되지 않고 URL을 해석하여, 호출한 경로를 찾은 후, 파일의 내용을 처리하는 대신 특정한 로직(함수)으로 직접 전달할 수 있습니다. 즉 파일과 디렉터리 기반으로 움직이던 웹 서버의 동작을, URL 경로 규칙에 기반한 함수와의 연결 로직으로 추상화(혹은 일반화)시켰다고 봐도 될 듯싶습니다(그래서 개인적으로 확장자를 가진 웹에만 익숙하다가, 어느 날 확장자가 없는 웹을 처음 만났을 때 웹 서버 내에서 URL에 해당하는 실제 파일의 경로를 찾을 수가 없어서 당황했던 기억이 납니다).

결국 이렇게 되면 기존 웹에서 의미 있었던 디렉터리와 파일명, 확장자는 모두 의미 없는 껍데기가 됩니다. 이러한 URL과 내부 기능을 직접 연결하는 방식을, 네트워크에서 패킷을 적절한 경로로 안내하는 라우터의 역할을 차용해서 라우팅이라고 명명한 것 같습니다.

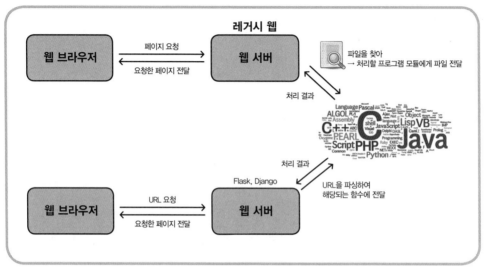

[도식 19교시-1: 웹 서버 라우팅]

3.2 정적 파일들

같은 맥락에서 보면, 이제 프로그램 확장자 파일이 아닌 .CSS, JPG 같은 정적인 파일들(Static Files)에 대해서도 기존 웹과 같이 URL 기반의 디렉터리와 파일이름 경로로 자연스럽게 접근하기가 좀 힘들어지게 되었습니다. 왜냐하면 이제 웹 서버 모듈은 기존 웹과 같이 웹루트 폴더 기준의 트리 구조로 되는 것이 아니라, 기본으로 라우팅되는 논리적 레벨의 매핑을 가지고 있기 때문입니다. 그러한 논리적 레벨의 매핑을 특정 디렉터리를 기반으로 한 물리적(이것도 넓게 보면 가상이지만) 매핑으로 잠시 변환하는 기능이 정적 파일이라고 보면 될 것 같습니다(플라스크에서는 동적 웹(Dynamic Web), 정적 웹(Static Web)이라는 용어로 설명합니다).

3.3 템플릿 렌더링

예제를 구현하는 데 필요한 마지막 개념은 템플릿 렌더링(Templates Rendering)입니다. 사실 템플릿은 특정 UI의 재사용을 위한 개념으로 많이 사용됩니다. 그러나 플라스크에서는 꼭 재사용이 아니더라도 UI를 표현하기 위해 하나의 템플릿(UI의 표현이라는 측면과 재사용 측면의 의미를 동시에 가졌다고 볼 수 있습니다)을 사용해야 한다고 생각하면 됩니다. 다이내믹 웹인 플라스크의 애플리케이션 모듈 쪽에서 화면 표현에 사용할 데이터를 준비한 후, 해당 데이터를 지정한 템플릿에 전달해서 처리합니다. 이러한 구조가 HTML과 애플리케이션 로직을 분리하기 위한 것이라고 볼 수도 있겠습니다.

하지만 사실 웹 자체의 베이스가 동적이어서 페이지 개념이 없어졌기 때문에, 최종적으로 페이지를 동적 프로그램 코드 내에서 생성하게 되면, 이번엔 반대로 프로그램 코드에 UI 코드가 섞이게 되어 의미 없어지니, 어쩔 수 없이 최종으로 UI를 표시하는 부분을 템플릿이라는 개념으로 다시 떼어낸 것도 같습니다. 마치 자바스크립트와 HTML을 이벤트 속성이 연결했듯이, 템플릿 또한 순수한 HTML 코드는 아니고, 앞의 ASP의 ⟨% %⟩ 코드와 비슷하게, 전달된 데이터들을 템플릿 사이에 적절히 끼워 주는 방식으로 구현됩니다(이 작업을 렌더링이라고 표현하는 듯합니다).

04 ▷ 사전 준비
- 플라스크 설치와 프로젝트 폴더 생성

파이썬 3를 지원하므로 pip 명령어로 설치하면 됩니다.

```
c:\Python\code>pip install flask
Collecting flask
… 생략
Successfully installed Jinja2-2.10 MarkupSafe-1.0 click-6.7 flask-0.12.2
```

itsdangerous-0.24 itsdangerous-0.24

c:\python 폴더에 flaskweb 폴더(이 이름 대신 다른 이름으로 해도 됩니다)를 만듭니다. 다시 flaskweb 폴더 내에 templates 폴더(이 이름은 약속된 것이니 꼭 이 이름으로 만들어야 합니다)를 만듭니다.

```
python/
    flaskweb/
        templates/
```

05 데이터베이스에서 테이블 내용을 불러와 HTML 테이블로 보여 주기

첫 번째 예제로 4교시에서 만들었던 예제를 응용하겠습니다. MSSQL 서버에서 데이터를 불러 와서 HTML 테이블로 출력하는 예제입니다. 여기에서 기본적인 라우팅, 템플릿을 다루는 코드가 나오니 예제로 개념을 익히면 됩니다. 18교시와 마찬가지로, 4교시에 만든 supermarket 테이블과 파이썬 코드를 그대로 재사용하겠습니다.

5.1 애플리케이션 코드 구현

해당 방식 구현을 위해 구글에서 "flask db to html table"로 검색하여, 아래 세 개의 페이지를 얻었습니다.

1) DB 데이터를 템플릿에 넘기는 방식을 볼 수 있지만, 템플릿 출력 부분 코드가 명확히 표현되어 있진 않습니다.

It should be:

⟨table⟩

{% for item in items %}

　　⟨tr⟩

　　　　⟨td⟩{{column1}}⟨/td⟩

　　　　⟨td⟩{{column2}}⟨/td⟩

　　　　⟨td⟩{{column3}}⟨/td⟩

　　　　⟨td⟩{{column4}}⟨/td⟩

　　⟨/tr⟩

{% endfor %}

⟨/table⟩

2) 템플릿을 출력하는 코드가 명확히 나왔습니다.

First off your view function can't receive the row input you specify. If you're trying to show all rows in the table you can do it like this:

views.py:

@app.route('/')

def index():

　　rows = Units.query.all()

```
        return render_template('table_overview.html',
                              title='Overview',
                              rows=rows)
```

table_overview.html (template)
```
    {% for row in rows %}
    <tr>
        <td>{{ row.idnum }}</a></td>
        <td>{{ row.product_code }}</td>
        <td bgcolor="{{ row.stat_colour }}">{{ row.unit_status }}</td>
    </tr>
    {% endfor %}
```

3) 메인 페이지에 SQL 초기화와 조회 관련 코드를 어떻게 배치할까에 대한 힌트입니다.

[(flask) python mysql – how to pass selected data though a for loop and return it? – stackoverflow 사이트]
https://bit.ly/2xmHwkI

Normally, cursor.fetchall() returns a list of tuples, so just save that list into a variable and return it, then loop through the returned value, this way
```
@app.route('/')
def db():
    db = MySQLdb.connect("localhost","myusername","mypassword","mydbname" )
    cursor = db.cursor()
    cursor.execute("SELECT * from p_user")
```

앞의 사용자 매뉴얼의 튜토리얼을 읽어 전체적인 분위기를 파악한 후, 앞의 세 개의 코드들을 참조하여 4교시에 만들어 놓은 파이썬 코드를 결합한 최종 코드는 아래와 같습니다.

간단히 설명하면, 플라스크는 웹 서버와 웹 애플리케이션 모듈 기능을 같이 실행하는데(운영 단계에선 안정적인 아파치 등과 연계하는 것이 맞을 듯 싶습니다), 127.0.0.1의 포트 5000번으로 서비스합니다. sqltable 경로가 호출되어 showsql( ) 함수가 시작되면, 지정된 SQL 문을 실행하여, templates 폴더에 있는(플라스크의 몇 안 되는 미리 약속되어 있는 폴더입니다) myweb.html 파일과 DB에서 가져온 전체 결과값(fetchall)을 지닌 rows 변수(아마 리스트일 것입니다)를 이용해서 렌더링하여 결과를 표시합니다.

아래 코드는 결과를 표현해 주는 템플릿 코드가 아직 만들어지지 않았기 때문에 아직은 반쪽의 코드라고 볼 수 있습니다.

```
from flask import Flask
from flask import render_template
import pyodbc


server = 'localhost'
database = 'mytest'
username = 'pyuser'
password = 'test1234'
cnxn = pyodbc.connect('DRIVER={ODBC Driver 13 for SQL Server};SERVER='+
server+';PORT=1433;DATABASE='+database+';UID='+username+';PWD='+
password)
cursor = cnxn.cursor()

# flask 웹서버를 실행 합니다.
app = Flask(__name__)
```

```
# "sqltable" 이라는 URL 인자를 "showsql" 이라는 함수로 연결합니다.
@app.route("/sqltable")
def showsql():
    # SQL 문을 실행하여 supermarket 테이블에서 데이터를 가져옵니다.
    cursor.execute('SELECT Itemno, Category, FoodName, Company, Price FROM
supermarket(nolock);')
    # 가져온 모든 데이터를 mytable.html 파일과 함께 랜더링 하여 표현합니다.
    return render_template('myweb.html', rows = cursor.fetchall())

# 이 웹서버는 127.0.0.1 주소를 가지면 포트 5000번에 동작하며, 에러를 자세히 표시합니다
if __name__ == "__main__":
    app.run(host='127.0.0.1',port=5000,debug=True)
```

[파이썬 소스 – myweb.py]

해당 코드를 복사하여 파일 형식은 "모든 파일", 인코딩은 "UTF-8"로 선택하고, c:\
python\flaskweb 폴더에 "myweb.py"로 저장합니다.

5.2 템플릿 코드 구현

다음은 myweb.html(이름은 호출하는 .py 파일의 이름과 달라도 상관없습니다) 템플릿 파일
입니다. 전체적인 흐름이 전 시간의 ASP 코드 흐름과 비슷합니다. "<%" 대신 "{%"로
파이썬 코드임을 표시하고, 안의 문법이 VBScript 대신 파이썬 문법이라는 차이가 있
을 뿐입니다.

사용자 매뉴얼을 보면, 해당 템플릿을 표현하는 방식은 외부 모듈인 "Jinja2"라는
템플릿 모듈을 차용했다고 합니다. 대충 로직을 살펴보면 테이블 외형을 뿌려 주고
("<table>태그") SQL 조회 결과를 한 줄씩 루프를 돌면서(for row in rows), "<tr>" 태그
를 뿌려 주고, 그 안에서 다시 해당 줄의 칼럼들을 선택하며 돌면서(for data in row),

"〈td〉" 태그 안에 그 값("{{data}}")을 넣어 줍니다. 이 부분은 ASP 코드와도 비슷하고, 7
교시 엑셀 시간에 배운 엑셀 파일로의 출력과도 비슷한 루프 구조를 가집니다.

```
<table border="1" cellpadding="5" cellspacing="5">
{% for row in rows %}
   <tr>
   {% for data in row %}
      <td>{{ data }}</td>
   {% endfor %}
   </tr>
{% endfor %}
</table>
```

[파이썬 소스 – myweb.html]

해당 코드를 복사하여 파일 형식은 "모든 파일", 인코딩은 "UTF-8"로 선택하고,
c:\python\flaskweb\templates 폴더에 "myweb.html"로 저장합니다.

그럼 모든 코드가 구현되었습니다. c:\python\flaskweb\으로 이동하여, 아래와 같이
myweb.py 파일을 실행합니다.

```
c:\Python\flaskweb>python myweb.py
 * Restarting with stat
 * Debugger is active!
 * Debugger PIN: 123-422-147
 * Running on http://127.0.0.1:5000/ (Press CTRL+C to quit)
```

이후 브라우저를 열어 "http://127.0.0.1:5000/sqltable"이라고 입력하면, myweb.py상
에서 sqltable에 해당하는 showsql( ) 함수를 실행합니다(일부러 독립된 요소라는 것을

보여 주기 위해 이름을 제각각 다르게 했습니다). 그리고 조회한 데이터를 templates 폴더에 있는 myweb.html와 함께 렌더링하여 아래와 같이 html 테이블을 보여 줍니다(순조롭게 진행되는 것처럼 보이지만, 여기 오기까지 몇 번의 시행착오 과정을 거쳤습니다).

이 예제를 통해 기존 파이썬 로직들이 플라스크라는 웹 서버 겸 애플리케이션 모듈 프레임워크를 통해 웹 형식으로 표현되게 된 흐름(flow)을 파악하기 바랍니다.

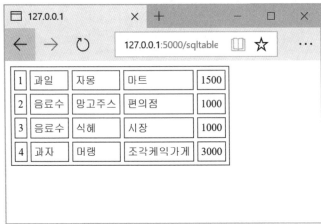

[그림 19교사-2: 플라스크로 SQL 테이블 조회하여 표시]

D3.js에서 JSON 데이터 URL을 호출해 웹으로 그래프 보여 주기

D3.js는 앞에서도 얘기했지만, 자바스크립트 쪽의 matplotlib 같은 무료 시각화 라이브러리입니다. 인기가 많은 듯해서, 디자인 강화에 중점을 둔 C3.js 등의 D3.js 기반의 라이브러리들도 확장되어 나와 있습니다. 해당 라이브러리의 콘셉트는 목적상 matplotlib과 역시 비슷합니다(사실 모든 시각화 라이브러리가 비슷합니다). CVS 등의 파일이나 JSON 데이터를 반환하는 API 형태의 URL부터 재료가 될 데이터를 가져와서,

데이터 형을 잘 맞춰서, 원하는 그래프를 그려 주는 라이브러리 함수에 공급합니다. 그럼 보통 SVG 형식으로 그래프를 그려(브라우저에서 HTML 문서 안에 백터(vector) 그림을 나타내는 표준으로, SVG와 CANVAS 두 가지 표준이 있습니다) 브라우저에 표시해 줍니다.

6.1 애플리케이션 코드 구현

해당 페이지를 만들어보기 위해 구글에서 "flask d3", "d3 simple example", "d3 simple date"로 조회해서 얻은 아래의 세 페이지를 참고했습니다.

1) 전체적인 개념을 잡아 주는 소스입니다.

[flask-d3-hello-world – GitHub 페이지]
https://bit.ly/2OwSTwZ

2) 실제 동작하는 코드입니다.

[Simple d3.js Graph – d3noob's block 사이트]
https://bit.ly/2QGSKbl

3) xxxx-xx-xx 형식의 날짜 데이터를 D3에서 파싱하기 위한 힌트입니다.

[Draw D3 Simple Line chart With an Array – stackoverflow 사이트]
https://bit.ly/2OzvCKO

So, you need to parse your array:
// fix your data parser
var parseDate = d3.time.format("%Y-%m-%d").parse;

```
var arrData = [

  ["2012-10-02",200],

  ["2012-10-09", 300],

  ["2012-10-12", 150]];


// create a new array that follows the format

var data = arrData.map(function(d) {

  return {

    date: parseDate(d[0]),

    close: d[1]

  };

});
```

이 페이지들의 예제들은 데이터 생성 로직이 조금 복잡합니다. 여기서는 주제에 집중하기 위해, 머신러닝 예제를 만들 때처럼 리스트를 이용해 간단한 데이터를 임의로 만들었습니다.

```
# 그래프를 그릴 데이터를 지정합니다.
x = ['2017-07-10', '2017-07-11', '2017-07-12', '2017-07-13', '2017-07-14']
y = [58.13, 53.98, 67.00, 89.70, 99.00]
```

위의 예제들을 참조하여 정리한 프로그램 쪽 코드는 아래와 같습니다. 라우팅 경로가 두 개로 늘어난 점만 제외하면, 나머지는 앞에서 다루어 본 코드들입니다. 조금 낯선 코드는 json.dumps 명령어를 이용하여, JSON 데이터를 만들어 내는 부분입니다.

```
import json
import flask
import numpy as np

app = flask.Flask(__name__)

# d3sample 을 호출했을때의 템플릿을 설정합니다.
@app.route("/d3sample")
def showsample():
    return flask.render_template("d3sample.html")

# D3에서 가져갈 data url을 호출하면 반환할 json 데이터 만들어 냅니다.
@app.route("/data")
def data():
    # 그래프를 그릴 데이터를 지정 합니다.
    x = ['2017-07-10', '2017-07-11', '2017-07-12', '2017-07-13', '2017-07-14']
    y = [58.13, 53.98, 67.00, 89.70, 99.00]

    # 리스트를 json 데이터로 변환 합니다.
    return json.dumps([{"date": x[i], "close": y[i]}
        for i in range(5)])

# 앞과 비슷한데 문법만 조금 틀립니다.
if __name__ == "__main__":
    port = 5000
    app.debug = True
    app.run(port=port)
```

[파이썬 소스 – myweb_d3.py]

해당 코드를 복사하여 파일 형식은 "모든 파일", 인코딩은 "UTF-8"로 선택하고,
c:\python\flaskweb 폴더에 "myweb_d3.py"로 저장합니다(json.dumps 코드의 결과가

궁금하면 "http://127.0.0.1/data"를 브라우저에서 호출해 봅니다).

6.2 템플릿 구현

그 다음은 렌더링에 사용할 d3samlpe.html 템플릿 파일입니다. 안의 코드는 HTML 코드보다는 D3.js 라이브러리를 사용하기 위한 자바스크립트 코드로 가득 차 있습니다. 코드의 흐름을 보면, 맨 아래 "d3.json("/data", callback)" 함수에서 "http://127.0.0.1/data" 경로를 호출하여 JSON 형태의 데이터를 얻어 와서, "callback" 함수에 넘겨줍니다. callback 함수에서는 넘어온 데이터를 D3.js 라이브러리 함수에 입력하여 SVG 그래프를 그립니다.

상세한 코드들은 혹시 해당 라이브러리를 이용할 일이 있을 때(그래프 종류가 많아 각 쓰임새를 이해해야 합니다) 이해하면 되고 여기선 플라스크를 설명하는 것이 목적이니 대략 주석과 흐름만 보겠습니다.

```html
<!DOCTYPE html>
<meta charset="utf-8">
<style> <!-- 그래프 요소들의 스타일 지정 -->
body { font: 12px Arial;}
path {
    stroke: steelblue;
    stroke-width: 2;
    fill: none;
}
.axis path,
.axis line {
    fill: none;
    stroke: grey;
    stroke-width: 1;
    shape-rendering: crispEdges;
```

```
}

</style>
<body>
<!-- 라이브러리 로딩. 내부에서 돌리려면 다운받아서 static 폴더에서 읽어와야 할듯 합니다. -->
<script src="http://d3js.org/d3.v3.min.js"></script>

<script>

// 그래프 좌표 공간을 설정 합니다.
var margin = {top: 30, right: 20, bottom: 30, left: 50},
    width = 600 - margin.left - margin.right,
    height = 270 - margin.top - margin.bottom;

// 그래프 범위를 설정합니다.
var x = d3.time.scale().range([0, width]);
var y = d3.scale.linear().range([height, 0]);

// 축을 정의 합니다.
var xAxis = d3.svg.axis().scale(x)
    .orient("bottom").ticks(5);
var yAxis = d3.svg.axis().scale(y)
    .orient("left").ticks(5);

// 그래프 선을 정의 합니다.
var valueline = d3.svg.line()
    .x(function(d) { return x(d.date); })
    .y(function(d) { return y(d.close); });

// 캔버스 객체를 생성합니다.
var svg = d3.select("body")
```

```
    .append("svg")
        .attr("width", width + margin.left + margin.right)
        .attr("height", height + margin.top + margin.bottom)
    .append("g")
        .attr("transform",
            "translate(" + margin.left + "," + margin.top + ")");

// 20xx-xx-xx 식으로 데이터를 해석하게 지정합니다.
var parseDate = d3.time.format("%Y-%m-%d").parse;

// 전달 받은 데이터를 이용해서 그래프를 그립니다.
var callback = function (data) {
    data.forEach(function(d) {
        d.date = parseDate(d.date);
        d.close = +d.close;
    });

    // 실데이터에 맞춰 그래프 범위 지정 합니다.
    x.domain(d3.extent(data, function(d) { return d.date; }));
    y.domain([0, d3.max(data, function(d) { return d.close; })]);

    // 선을 그립니다.
    svg.append("path")
        .attr("class", "line")
        .attr("d", valueline(data));

    // x축 그립니다.
    svg.append("g")
        .attr("class", "x axis")
        .attr("transform", "translate(0," + height + ")")
        .call(xAxis);
```

```
    // y 축을 그립니다.
    svg.append("g")
        .attr("class", "y axis")
        .call(yAxis);

    };

    // flask 에서 만든 http://127.0.0.1/data 를 호출하여 json 데이터를 가져와 callback 함수 호출
    합니다.
    d3.json("/data", callback);


</script>
</body>
```

[파이썬 소스 – d3sample.html]

해당 코드를 복사하여 파일 형식은 "모든 파일", 인코딩은 "UTF-8"로 선택하고, c:\
python\flaskweb\templates 폴더에 "d3sample.html"로 저장합니다(한글 주석이 있어
utf-8 인코딩이 아니면 렌더링 과정에서 에러가 납니다).

그럼 모든 코드가 구현되었습니다. c:\python\flaskweb\으로 이동하여, 아래와 같이
myweb_d3.py 파일을 실행합니다.

```
c:\Python\flaskweb>python myweb_d3.py
  * Restarting with stat
  * Debugger is active!
  * Debugger PIN: 288-594-455
  * Running on http://127.0.0.1:5000/ (Press CTRL+C to quit)
```

이후 브라우저를 열고 "http://127.0.0.1:5000/d3sample"을 입력하면, myweb_d3.py

상에서 "d3sample"에 해당하는 "showsample( )" 함수를 실행하여, "d3sample. html" 템플릿을 호출합니다. 그러면 해당 템플릿 내에서 "http://127.0.0.1:5000/data" URL을 호출하여, JSON 데이터를 받아서 D3.js 라이브러리를 이용해서 브라우저 화면에 아래와 같이 그래프를 출력하게 해줍니다(HTML 페이지에서 자바스크립트 D3.js 라이브러리를 이용해서 그래프를 그리는 것도 렌더링이라고 표현해도 됩니다).

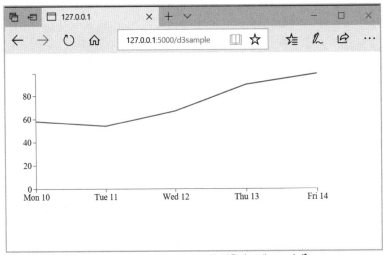

[그림 19교시-3: 플라스크와 D3.js를 이용해 그래프 그리기]

앞에서 설명한 방식으로 실제 동작하는지 확인하기 위해, 이전 시간에 배운 피들러를 띄우고 페이지 호출을 관찰해 보면, 아래와 같이 "/d3sample"과 "/data"가 차례로 호출되는 것을 볼 수 있습니다. 앞의 "/d3sample"은 브라우저 주소 창에서, 뒤의 "/data"는 템플릿 렌더링 과정에서 호출한 것입니다.

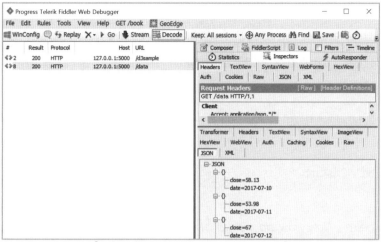

[그림 19교시-4: 피들러로 d3.js 호출 데이터 보기]

07 Matplotlib 그래프를 웹 페이지에 보여 주기

마지막 예제는 위와 비슷한 데이터를 matplotlib으로 그리고, 해당 그림을 HTML 페이지 안에 이미지(〈img〉) 태그 형태로 삽입하는 예제입니다.

7.1 애플리케이션 코드 구현

예제를 구현하기 위해 구글에서 몇 가지 샘플을 실행해 봤습니다. 파이썬 2.x대의 예제라서 라이브러리가 안 맞아 동작하지 않거나, 3.x대 예제임에도 실제로 에러 없이 이미지가 안 나오는(X 표시) 경우가 많았었습니다.

몇 개의 예제를 검토해 보니, 보통 두 가지 방법으로 구현하게 됩니다. 첫째는 그려진 이미지를 정적(Static) 폴더에 실제 이미지 파일로 저장한 후, HTML 템플릿 페이지를 띄워, 해당 이미지를 HTML 템플릿 내에 정적 URL 형식으로 포함시키는 방법입니다. 둘째는 이미지 태그 경로에 이미지를 생성하는 플라스크 URL을 지정하고, 이미지를 전달받아 브라우저에 표시해 주는 방식입니다. 여기서는 후자의 방법을 위해서 "python 3 flask matplotlib html"로 검색하여 아래의 구현 예제를 찾았습니다.

[Serving a matplotlib plot that follows good design practices using Flask – Data Viz Talk 사이트]
https://bit.ly/2xjXQmh

Much better! Now how do we go about serving this type of a plot via Flask? We will have to have two views, one that creates the image, and another one that serves the template that will contain the image. Our template, contained at templates/image.html should be as follows:

```
⟨html⟩
⟨head⟩
    ⟨title⟩{{ title }} – image⟨/title⟩
    ⟨/head⟩
    ⟨body⟩
        ⟨img src="/fig/" alt="Image Placeholder"⟩
    ⟨/body⟩
⟨/html⟩
```

해당 코드를 기반으로 데이터 생성만 간략하게 만든 버전은 아래와 같습니다.

```python
from io import BytesIO
from flask import Flask, render_template, send_file, make_response
import flask
```

```python
from matplotlib.backends.backend_agg import FigureCanvasAgg as FigureCanvas
import numpy as np
import matplotlib.pyplot as plt

app = flask.Flask(__name__)

# mypic 을 호출하면 mypic.html 로 렌더링 합니다.
@app.route('/mypic')
def mypic():
    return flask.render_template("mypic.html")

# matplotlib 그래프 파일을 생성하여 MIME 형식으로 보내줍니다.
@app.route('/plot')
def plot():

    # 그림판을 준비합니다.
    fig, axis = plt.subplots(1)

    # 데이터를 준비합니다.
    y = [1,2,3,4,5]
    x = [0,2,1,3,4]

    # 데이터를 캔버스에 그립니다.
    axis.plot(x,y)
    canvas = FigureCanvas(fig)

    # 그려진 img 파일 내용을 html 랜더링 쪽에 전송합니다.
    img = BytesIO()
    fig.savefig(img)
    img.seek(0)
    return send_file(img, mimetype='image/png')
```

```
if __name__ == '__main__':
    port = 5000
    app.debug = True
    app.run(port=port)
```

[파이썬 소스 – myweb_mat.py]

해당 코드를 복사하여 파일 형식은 "모든 파일", 인코딩은 "UTF-8"로 선택하고, c:\ python\flaskweb 폴더에 "myweb_mat.py"로 저장합니다.

7.2 Templates Code 구현

다음은 mypic.html 템플릿 파일입니다. 내부 코드는 무척 간단해서 이미지 태그를 만들면서, 이미지 소스(src) 위치를 "/plot"으로 지정합니다. 그럼 "http://127.0.0.1:5000/plot"을 읽어 오며 실행되어, 해당 데이터가 MIME 이미지 형식으로 HTML 쪽에 전달되어 결합됩니다(사실 이런 방식은 처음 보는 것이라서 조금 신기합니다).

```html
<html>
  <head>
    <title>image</title>
  </head>
  <body>
    matplotlib으로부터 만들어진 이미지
    <p>
    <img src="/plot" alt="Image Placeholder">
  </body>
</html>
```

[파이썬 소스 – mypic.html]

해당 코드를 복사하여 파일 형식은 "모든 파일", 인코딩은 "UTF-8"로 선택하고,

c:\python\flaskweb\templates 폴더에 "mypic.html"로 저장합니다.

그럼 모든 코드가 구현되었습니다. c:\python\flaskweb\으로 이동하여, 아래와 같이
myweb_mat.py 파일을 실행합니다.

```
c:\Python\flaskweb>python myweb_mat.py
 * Restarting with stat
 * Debugger is active!
 * Debugger PIN: 288-594-455
 * Running on http://127.0.0.1:5000/ (Press CTRL+C to quit)
```

이후 브라우저를 열고 "http://127.0.0.1:5000/mypic"을 입력하면, myweb_mat.py상
에서 "mypic" URL에 해당하는 "mypic()" 함수를 실행하여, "mypic.html" 템플릿을
호출합니다. 그러면 해당 템플릿 내에서 "http://127.0.0.1:5000/plot" 경로를 호출하
여, 이미지 스트림을 받아서 그림을 표시해 줍니다.

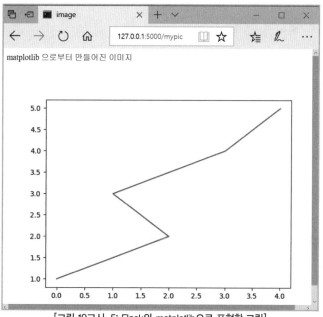

[그림 19교시-5: Flask와 matplotlib으로 표현한 그림]

이렇게 하여, 플라스크 프레임워크에 대해 간단히 살펴보았습니다. "라우팅(routing)", "동적 vs 정적 웹(dyanamic vs static web)", "템플릿 렌더링(rendering templates)"이 플라스크 프레임워크를 설명하는 키워드입니다. 이전 시간에 레거시 웹을 길게 설명하고 이 시간에 플라스크와 레거시 웹을 비교하면서 설명한 방식이 플라스크를 쉽게 이해하는 데 도움이 되었기를 바랍니다.

파이썬 웹 프레임워크를 비교한 여러 글에서 언급했지만, 프레임워크의 선택은 개인의 작업 스타일 취향과, 구현 목표에 해당 프레임워크가 추구하는 방향이 얼마나 적합한가에 따라 달라질 것입니다. 실제 구현하려다 보면, 전체 구현하려는 대상에 비해 프레임워크가 지원하는 기능이 정말 최소한인 것 같습니다. 물론 프레임워크가 꼭 필요한 에션셜을 지원해 주기는 합니다.

추가로 D3.js를 연계한 예제에서 봤듯이, 웹의 많은 기능이 자바스크립트 기반에서 움직이기 때문에, 파이썬 로직으로 모든 것을 해결하려 하는 것은 바람직하지 않습니다. 파이썬 웹 애플리케이션 모듈 쪽에서는 데이터를 가공하여 제공하고, 실제 웹 쪽 UI 구현은 자바스크립트 라이브러리를 이용하여 구현하면 더 효율적입니다(웹의 1/3 정도가 자바스크립트의 세상이고, D3.js를 이해하기 위해서는 자바스크립트와 그래픽 라이브러리에 익숙한 것이 유리하므로, 웹 전체에 연관되는 분야를 공부해 균형을 맞춰 놓는 것도 중요합니다).

다행히도, 파이썬에서 배운 "matplotlib"과 같이 용도가 비슷한 라이브러리를 사용해 본 경험이 많은 부분에서 비슷하게 적용됩니다. 이 시간에 만들었던 D3.js 예제를 떠올려 보기 바랍니다. 이 시간의 내용이 기반이 되어 다음 시간의 장고 프레임워크에 대해서도 적절하게 설명할 수 있길 바랍니다.

•20교시•

장고(Django)
살펴보기

이 시간에는 앞 시간의 플라스크(Flask)에 이어서, 파이썬을 대표하는 웹 프레임워크로 알려져 있는 장고(Django)를 살펴보려 합니다. 플라스크를 살펴볼 때와 비슷한 방식으로, 공식 매뉴얼을 기준으로 장고의 전체 구조를 살펴보고, 플라스크에서 구현한두 개의 예제(데이터베이스의 테이블 내용 표시, D3.js 그래프를 이용해 그래프 그리기)를 장고환경에서 똑같이 구현하는 과정을 보임으로써, 플라스크와는 어떤 측면들이 다른지설명하겠습니다.

01 들어가면서

혹시 이전 시간의 플라스크 내용을 건너뛰었다면, 먼저 19교시의 내용을 보기 바랍니다. 장고를 살펴본 결과, 플라스크와 대비되는 부분을 짚어 가며 설명하는 것이 효율적이라고 생각하기 때문입니다. 플라스크에서 설명한 URL 라우팅(URL routing), 정적 파일(Static Files), 템플릿 렌더링(Templates Rendering) 개념은 장고에서도 거의 동일하기 때문에 템플릿 소스도 일부만 수정하여 그대로 사용할 계획입니다.

이번 시간에는 ORM, MVT(MVC), 관리자 화면 지원 등 장고에 특화된 개념만 추가로설명하려 합니다. 개인적으로는 장고를 살펴보는 데 플라스크의 약 2~3배의 시간이걸렸고, 따라서 플라스크를 이해한다면 장고도 접근하기가 수월하겠다는 결론에 이르렀습니다.

플라스크와 비슷하게, 구글에서 찾다 보면 아래의 한글 페이지가 있습니다. 그러나 제목과 내용은 튜토리얼까지만 번역되어 있습니다. 다만 튜토리얼에는 전체 구조를 이해하는 데 단초가 되는 핵심이 많으므로, 튜토리얼을 한글로 보며 대략 돌아가는 상황을 파악한 후, 그 다음에 영문 문서를 보길 권장합니다.

[Django 2.0 한글 문서 - Django 공식 사이트]

https://bit.ly/2NUxBfG

또 다른 튜토리얼 레벨의 볼 만한 한글 문서는 구글에서 "django sample"로 찾으면 나오는 아래의 장고걸 사이트 문서입니다. 개인적으로는 체계적으로 잘 정리되어 있어 초기에 개념을 잡는 데 도움이 되었습니다. 파이썬 버전도 3.6.1 이지만, 아직 장고는 1.11 버전으로 설명하고 있습니다(꾸준히 업데이트되는 것 같습니다).

[장고걸 사이트]

https://bit.ly/2xw9Qka

마지막으로 영문 예제 사이트로는 아래 사이트가 볼 만합니다. 이 사이트는 파이썬 3.5.1, 장고 1.11 버전 기준 같습니다. 아직 장고 2.0으로 예제들이 업데이트 되진 않았지만, 위의 세 사이트의 내용을 훑어보면 장고 사이트가 어떻게 동작하는지 전체적으로 감이 잡힐 것입니다.

[Build Your First Python and Django Application - scotch 사이트]

https://bit.ly/2Da8DEs

구글에서 "django document"로 검색하면 아래의 문서가 나오는데, 2018년 2월 현재 2.0.2 버전이 최신입니다. 아래에서 공식 매뉴얼 페이지를 볼 수 있습니다.

[장고 공식 페이지]
https://bit.ly/2x2F1EF

"First steps"(처음 단계들) 안에 있는 Overview(전체 보기), Installation(설치), Tutorial(튜토리얼)에서는 장고를 이용해 사이트를 세팅하는 것부터, 라우팅(장고에서는 보통 URLconfs.라고 합니다)을 설정하는 법(urls.py), 모델을 만들어 해당 구조를 데이터베이스 및 어드민 기능과 싱크(Migration)시키는 법, 뷰와 템플릿을 사용하여 표시하고, 폼을 전송하여 받아 처리하고, 정적 파일들을 설정하고 접근하는 법에 대한 전체적인 흐름을 볼 수 있습니다.

"The model layer"(모델 레이어)에서는 모델을 상세하게 다루며, 모델에 대해 어떻게 클래스로 정의하고, 정의된 모델들을 지원하는 메서드들을 이용하여 쿼리를 요청해 값을 가져오고(QuerySet), 데이터베이스와 모델을 어떻게 싱크시키고(Migrations), 모델을 벗어난 커스텀 쿼리를 어떻게 데이터베이스에 날리며(Raw SQL), 데이터베이스별로 모델을 적용하는 데 필요한 여러 가지 참고사항과 주의사항들을 안내합니다.

"The view layer"(뷰 레이어)에서는 어떻게 라우팅을 구성하며(URLconfs), 어떻게 요청(Request)을 하고 웹 서버에서 받아서, 모델에 대한 검색을 지원하는 쿼리 셋(QuerySet)을 이용하여 결과를 가져와서, 어떻게 응답을 하는지(Requsest and response objects), 파일 업로드를 구현하는 법(File upload), 내장된 뷰(Generic view)를 이용하는 방법(Built-in display view) 등을 다룹니다.

"The template layer"(템플릿 레이어)에서는 템플릿에서 장고에서 지원하는 여러 가지 템플릿 지원 로직들을 사용하여 표현하는 방법을 설명합니다(for나 url 등 여러 문법의 사용법을 설명하는데, 앞의 플라스크와 비슷하지만 좀더 확장된 기능이라고 보면 됩니다).

이후 "Forms"(폼)에서 폼을 넘기고 처리하는 부분을, "The Admin"(관리 페이지)에서 모델과 연관되어 자동으로 업데이트되는 관리 페이지를 커스터마이징해 사용하는 부분을, "Security"(보안)에서 잘 알려진 보안 이슈들에 대응하는 설계의 구현 방법을, "Common Web application tools"(공통 웹 애플리케이션 툴)에서 웹사이트를 개발하면서 자주 만나게 되는 세션, 캐싱, 정적 파일, 사이트맵 등에 대해 구현을 지원하는 기능을 설명합니다. 그 외의 섹션에서는 유니코드라든지, 지역 로케일, 개발, 테스팅 방법 등의 다양한 내용을 다룹니다.

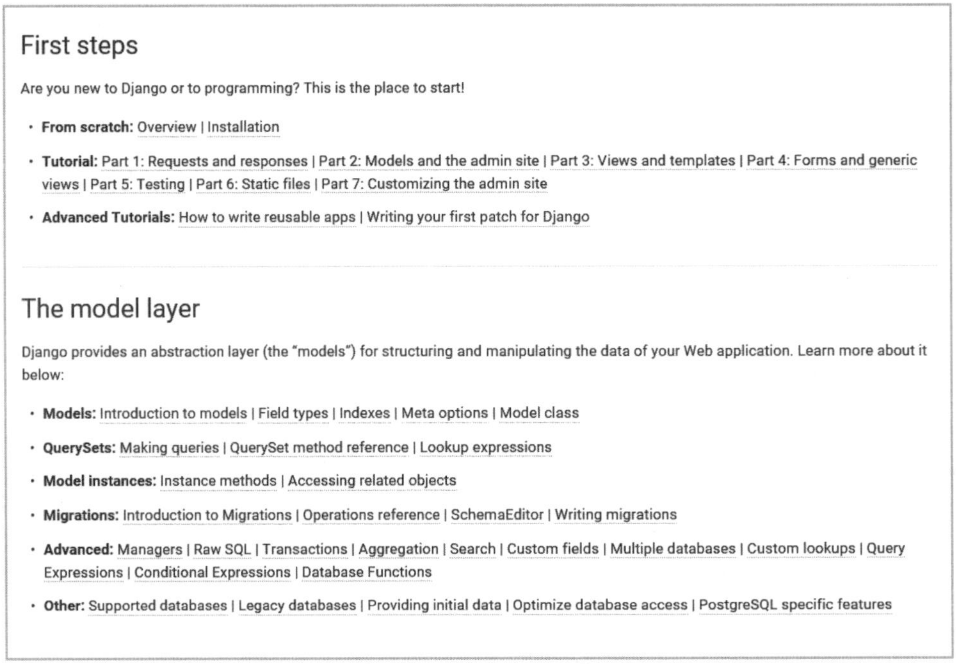

First steps

Are you new to Django or to programming? This is the place to start!

- **From scratch:** Overview | Installation
- **Tutorial:** Part 1: Requests and responses | Part 2: Models and the admin site | Part 3: Views and templates | Part 4: Forms and generic views | Part 5: Testing | Part 6: Static files | Part 7: Customizing the admin site
- **Advanced Tutorials:** How to write reusable apps | Writing your first patch for Django

The model layer

Django provides an abstraction layer (the "models") for structuring and manipulating the data of your Web application. Learn more about it below:

- **Models:** Introduction to models | Field types | Indexes | Meta options | Model class
- **QuerySets:** Making queries | QuerySet method reference | Lookup expressions
- **Model instances:** Instance methods | Accessing related objects
- **Migrations:** Introduction to Migrations | Operations reference | SchemaEditor | Writing migrations
- **Advanced:** Managers | Raw SQL | Transactions | Aggregation | Search | Custom fields | Multiple databases | Custom lookups | Query Expressions | Conditional Expressions | Database Functions
- **Other:** Supported databases | Legacy databases | Providing initial data | Optimize database access | PostgreSQL specific features

[그림 20교시-1: 장고 매뉴얼]

위에서 언급한 내용을 이해한 대로 그려 보면 [도식 20교시-1]과 같습니다. 브라우저가 폼이나 API를 통해 요청을 하면, 장고의 웹 모듈이(WGSI: 매뉴얼을 보면 이 기능은 테스트에만 사용하고 운영 시에는 아파치 등을 연동해 쓰라고 명시되어 있습니다) 요청을 받아, 라우팅(URLConfs) 기능을 통해 해당되는 뷰의 콜백(Callback) 함수에 전달합니다.

모델은 ORM(Object-Relational Mapping)이라는 패턴 기법을 이용해 데이터베이스를 가상의 프로그래밍적 객체로 모델링하여 정의하고, 마이그레이션(Migration) 명령어를 이용해 실제 데이터베이스에 테이블을 만들거나 수정하여, 장고와 데이터베이스 사이의 구조를 싱크(마이그레이션은 한 방향의 의미이긴 하지만 넓게 보면 싱크 개념인 것 같습니다)시킵니다. 또한 데이터베이스에 SQL 문을 날리듯, 모델에서 쿼리 셋(QuerySet)이라는 검색용 메서드를 제공하여, ORM 객체로부터 데이터를 조회해 오게 합니다(select, where, order by, join 등을 실제 비슷하게 구현합니다. 이전 시간을 떠올려 보면, "Pandas"가 가상의 메모리 객체(dataframe)를 만들고 비슷한 행동을 했었습니다).

양쪽을 싱크하는 과정에서 어드민에서 필요한 몇몇 테이블도 데이터베이스 안에 들어가게 되고, 어드민 쪽에는 모델에서 정의한 ORM 객체들을 살펴보고, 데이터를 넣거나 수정하거나 지우는 등의 관리 행동을 할 수 있는 파이썬 코드로 된 기본적인 인터페이스가 자동으로 싱크되어 구현됩니다.

이러한 모델에서 만들어진 ORM 객체들은 뷰에서 쿼리 셋(QuerySet)을 이용하여 호출되어, 사용자가 요청한 조건에 적합하게 가공되며, 템플릿과 조합되어 동적인 UI를 생성해 제공되거나, JSON 응답 등으로 템플릿과 상관없이 독립된 형태로 사용자에게 응답을 줄 수 있습니다. 템플릿은 HTML 베이스로 구성된 응답(Response)을 위한 기본 문서이며, 장고에서 제공되는 여러 가지 템플릿용 지원 기능들과 CSS, 자바스크립트 같은 정적 파일들을 이용하여 적절한 UI를 구성하고 처리 결과를 사용자에게 보여 주게 됩니다.

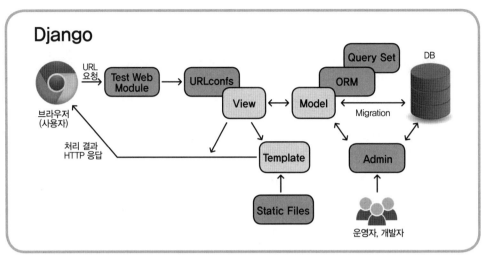

[도식 20교시-1: 장고 구조 도시]

위의 그림 중 대부분의 요소들은 이전의 레거시 웹이나 플라스크 시간에 함께 다룬 주제들이거나, 추후 매뉴얼을 보면서 자세히 항목들을 살펴봐야 할 주제들 같습니다. 그래서 이 시간에는 ORM과 그와 연관된 주제들(쿼리 셋, 마이그레이션), 장고의 뼈대를 구성하는 MVT라는 패턴 구조를 설명한 후, 나머지 플라스크와의 작은 차이들은 실제 샘플을 구현하면서 그때마다 얘기하려 합니다.

3.1 ORM

ORM(Object Relational Mapping: 객체 관계 매핑)은 데이터베이스의 테이블의 구조와 관계를 클래스와 프로퍼티(속성), 메서드를 이용하여, 객체의 관계로서 모델링하는 기법입니다. 구글에서 "orm pros and cons"나 "orm 장단점"으로 검색하면, 아래와 같은 많은 페이지가 나오면서 난상 토론을 보게 됩니다.

[Using an ORM or plain SQL? [closed] – stackoverflow 사이트]
https://bit.ly/2ryWAe1

[Hibernate ORM Framework vs JDBC Pros and Cons [closed] – stackoverflow 사이트]

https://bit.ly/2PNdq0J

[ORM의 장점과 단점 – 가리사니 사이트]

https://bit.ly/2OzfzwT

[ORM은 안티패턴이다. – ORM is an anti-pattern. – Layered's 님의 블로그]

https://bit.ly/2NKBHar

[ORM의 사실과 오해 – OKKY 사이트]

https://bit.ly/2PML8U9

ORM 사용에 대한 판단은 각자 해야겠지만, 생각해 봐야 할 몇 가지가 있습니다. 첫째, "ORM"은 "ODBC"나 셀레늄의 "웹 드라이버"처럼 원 소스 멀티 유즈(one source, multi use)를 표방합니다. 그러다 보니, 같은 모델이 여러 데이터베이스와 100% 호환된다는 보장은 사실 힘들 것 같습니다(매뉴얼의 "The model layer" 뒷부분에서 이런 차이들과, 모델로서 해결하기 힘든 경우 "raw sql: 직접 작성한 SQL"을 사용하는 내용을 안내하고 있습니다).

데이터베이스마다 문법이나 설계상의 미묘한 차이가 있을 수 있고, 데이터베이스 버전별로 100% 호환되도록 충분히 지원하고 테스트되었다고 보기도 어렵습니다. 마치 셀레늄에서 웹 드라이버의 종류에 따라 서로 다른 브라우저 간의 동작이 미묘하게 달랐던 것처럼 말입니다. 그래서 ORM을 사용할 경우, 해당 프레임워크가 가장 기본으로 지원하는 데이터베이스를 사용해야 계속해서 업데이트를 지원받고, 호환되지 않아 곤경에 빠지는 일이 없을 것 같습니다(예를 들어 장고는 매뉴얼에서 공식적으로 PostgreSQL, MySQL, 오라클, Sqlite3를 다룹니다).

둘째, ORM이 데이터베이스에서 구조와 성능을 위해서 지원하는 주요 기능 요소들을 충분히 모델 설계상에 포함하고 있는지에 대해서입니다. 장고에서 기본적으로 하나의 모델 객체는 하나의 실제 테이블에 마이그레이션되어 매칭되는 구조인데, 실제 복잡한 사이트에서 효율적인 설계가 해당 방식으로 100% 이루어질 수 있는지를 점검해 봐야 합니다(실세상에서는 수많은 테이블이 조인이나 제약조건으로 서로 얽혀 있는 경우가 많아서, ORM 모델로 구현 시 가독성이나 복잡도가 감당할 만한지 따져 봐야 합니다).

셋째, 레거시 데이터베이스를 사용하는 경우입니다. 관계형 데이터베이스의 특성상 많은 테이블들이 서로 연관되면서 파편화되어 있을 가능성이 높은데, 해당 부분을 현재의 모델로 흡수하여 구현하게 되면, 데이터베이스의 프로시저 등을 생산해서 추가적인 중계가 필요할 수도 있습니다. 이 경우엔 장고의 ORM에서 구현한 장점 중 하나인 마이그레이션 기능을 원활히 사용할 수 없을 가능성이 높아집니다.

넷째, DBA 팀 인력들과의 협업입니다. 개발 쪽에서 독자적으로 데이터베이스를 관리하고 책임지는 구조라면 모르겠지만(역할이 많이 통합된 DevOps 형태의 조직에선 어떨지 모르겠습니다), 데이터베이스 관련 팀 쪽에서 데이터베이스의 성능, 테이블 스키마 관리 등을 책임지고 있다면, 만들어진 모델을 검증하기 위해 일련의 일들이 필요하게 됩니다. DBA 팀 인력이 장고의 ORM을 구현한 클래스들과 쿼리 셋(QuerySet) 구성을 이해하고, 해당 부분이 실제 현재의 데이터베이스에 어떤 영향을 주는지 모델이 변경될 때마다 매번 검증해야 하는데, 이런 방식이 가능한 시나리오인지 의문이 듭니다.

마지막으로, 장고 쪽에 마이그레이션 기능을 위해, 데이터베이스의 스키마를 자동으로 바꿀 수 있는 권한을 주는 부분이 보안적으로 적절한가에 대한 고려와, 어드민의 요구사항이 경험상 단순히 모델 객체에 데이터를 넣거나 편집하는 것으로 이루어지진 않기 때문에 자동화된 어드민이 실제 얼마나 유용할까에 대한 의문입니다(뒤에 사용해 보니 데이터를 넣거나 할 때 편리하긴 합니다).

결론적으로 적절히 우호적인 환경에서는 장고의 ORM을 사용해 데이터베이스를 마이그레이션하여 관리하는 것도 좋지만, 이 경우 발생할 여러 가지 반대 급부도 고려해야 하며, ORM을 사용하는 것 자체가 개발자에게 데이터베이스를 덜 이해해도 된다는 면책권이 되는 것이 아님을 말하고 싶습니다.

오히려 개인적인으로는 ORM을 사용해 모델을 설계해서 테이블과 싱크시키고 싶다면, 장고의 모델과 쿼리 셋, 마이그레이션 쿼리, 객체지향 설계 각각을 잘 이해하고, 동시에 사용하는 데이터베이스의 여러 성능 요소를 결정하는 미묘한 특징들도 잘 이해해야만, 충분히 규모가 커져도 유지보수 가능한 좋은 설계가 나오리라 생각합니다. 하지만 이는 장고를 이용해 프로젝트를 해본 경험이 없는 필자의 생각이라는 점을 꼬리로 달도록 하겠습니다.

3.2 MVT

MVT(Model, View, Template) 패턴은 기존에 많이 쓰이는 MVC와 비교해 살펴보겠습니다. 구글에서 "mvc vs mvt"로 검색하면 아래의 페이지가 나옵니다.

> [Django vs. Model View Controller [closed] – stackoverflow 사이트]
> https://bit.ly/2QDHFbu
>
> *If you're familiar with other MVC Web-development frameworks, such as Ruby on Rails, you may consider Django views to be the controllers and Django templates to be the views.*

이들 페이지에 위와 같은 내용이 있습니다. MVC의 모델(model)은 장고에서 설명한 구조와 거의 같이 데이터베이스와 매핑되는(어떻게 보면 웹 프로그램이라서 그렇지 원래 ORM은 매핑되는 대상이 꼭 데이터베이스일 필요는 없습니다) 부분을 말하고, 컨트롤러(controller)는 장고나 플라스크의 URL 요청을 받아 해당되는 함수에 연결해 주는 라우팅 부분을 말합니다. 그리고 뷰(View)는 실제 모델로부터 데이터를 받아서 보여 주는 역할을 합니다.

그래서 장고의 경우 앞의 도식에 나타냈듯이, 뷰에 URLconfs 기능이 있기 때문에 MVT의 뷰는 컨트롤러 개념을 가지고 있다고 하고(사실 뷰에서 템플릿을 사용하지 않고 바로 응답 값을 줄 수도 있기 때문에, 템플릿과 뷰 개념을 같이 가지고 있다고 보는 것도 맞습니다), 실상 템플릿에서 모든 결과를 보여 주기 때문에 MVT의 템플릿은 MVC의 뷰와 같다고 말하는 것입니다. 따져 보면 일종의 말장난 같은 부분이 있으며, 기능이 어느 편에 붙었는지에 상관없이 전체적인 기능 요소들은 거의 동일하므로, 두 개가 사실상 같은 개념이라고 봐도 무방할 듯싶습니다(언어로 따지면 사투리 관계인데 뭐가 표준어인지는 모르겠습니다).

04 ▶ 사전 준비 - Django 설치

파이썬 3를 지원하므로 pip 명령어로 설치하면 됩니다.

```
c:\Python\code>pip install django
Collecting django
… 생략
Successfully installed django-2.0.2 pytz-2017.3
```

05 ▶ 데이터베이스에서 테이블 내용을 불러와 HTML 테이블로 보여주기

본격적으로 장고를 이용해서 이전 시간에 플라스크로 구현해봤던, MSSQL 데이터베이스의 테이블을 조회해 HTML 테이블 형태로 웹에 표시하는 부분을 구현해 보겠습니다. ORM 모델을 무시하고, 4교시에서와 비슷하게 pyodbc 모듈을 사용하여 모델을 무시하고 호출하는 것도 가능합니다. 하지만 그러면 장고의 모델 부분을 살펴볼 기회를 놓쳐 버리기 때문에 ORM을 최대한 이용하도록 구현해 보려 합니다.

5.1 장고의 모델에서 MSSQL을 지원하게 해주는 모듈 찾기

공식 매뉴얼에는 MSSQL 지원에 대해 언급된 내용이 없으므로, 구글에서 "django mssql"로 검색하여 아래의 페이지를 찾습니다.

[Django MSSQL Database Backend – 공식 사이트]

https://bit.ly/2xur15h

스토어드 프로시저(stored procedure)도 호출할 수 있고, 매뉴얼과 사용법 등이 그런대로 괜찮은 듯한데, 지원 버전을 보니 장고 1.8 버전까지 지원합니다. 적용하면 돌아갈지 모르겠지만 지원이 끊긴 듯해서 찜찜합니다. 그래서 다른 페이지를 찾아보니 아래 레딧 페이지에 "django-pyodbc-azure"를 쓰라는 조언이 있습니다.

[Django 1.9 with MSSQL as backend? – Reddit 사이트]

https://bit.ly/2NKCb0f

bradshjg

https://GitHub.com/michiya/django-pyodbc-azure

이 모듈의 깃허브 페이지로 가니, 장고 2.02 최신 버전과 MSSQL 2017까지 지원해 주는, 현재 활발히 유지되고 있는 모듈이 있습니다. 아마 마이크로소프트에서 지원해 주는 프로젝트 같습니다.

[django-pyodbc-azure – GitHub 사이트]

https://bit.ly/2D54q5u

설치 가이드에 있는 것처럼, pyodbc와 django-pyodbc-azure를 각각 설치해 보겠습니다. pyodbc는 4교시 때 이미 설치했으니 생략하겠습니다.

```
c:\Python\code>pip install django-pyodbc-azure
Collecting django-pyodbc-azure
...
Successfully installed django-pyodbc-azure-2.0.1.0
```

5.2 이미 만들어진 스키마를 장고 모델로 가져오는 방법 찾기

이제 모듈이 설치되었는데, 모듈이 잘 동작하는지 보려면 장고 모델을 만들어서 마이그레이션으로 MSSQL 데이터베이스와 싱크해야 될 것 같습니다. 그런데 다시 supermarket 테이블에 대한 모델을 만들어, 마이그레이션시키고 다시 장고의 어드민이나 SSMS(SQL Management Studio)를 통해 데이터를 넣는 부분이 귀찮기도 하고, 기존 레거시 데이터베이스를 사용하는 경우 모델을 어떻게 구성하는지도 궁금해서 구글에서 "django pre existing database"로 검색하여 아래의 매뉴얼 페이지를 찾았습니다.

그런데 다행히도 설정 파일에 연결 문자열만 맞춰 놓으면, manage.py의 inspectdb 명령어를 사용할 경우, 데이터베이스의 테이블을 자동으로 읽어 와서, 해당되는 테이블 구조에 맞는 model.py 파일을 만들어 준다고 합니다. 그럼 잠시 후 모델을 만들 때 이 기능을 사용해 보겠습니다.

[Integrating Django with a legacy database – 장고 공식 매뉴얼]
https://bit.ly/2OyFYLd

Auto–generate the models

Django comes with a utility called inspectdb that can create models by introspecting an existing database. You can view the output by running this command:

5.3 프로젝트 만들기

앞의 플라스크와 마찬가지로, 가상환경을 쓸 필요가 없을 듯해 virtul env 설정은 생략하겠습니다. 처음에 소개한 아래의 영문 설명 페이지를 기준으로 virtual env를 설정하는 부분과 마이그레이션하는 부분만 제외하고 적당히 따라해보기로 합니다.

[Build Your First Python and Django Application – scotch 사이트]
https://bit.ly/2Da8DEs

먼저 프로젝트를 생성합니다. 아래의 명령어를 입력하면, c:\python\code 아래 djangoweb이라는 프로젝트를 만듭니다. 뭐랄까 GUI 메뉴를 사용하는 방식은 아니지만, 이제부터는 비주얼 스튜디오나 이클립스 등으로 프로젝트를 만드는 느낌으로 따라오면 됩니다.

```
c:\Python\code>django-admin startproject djangoweb
```

이렇게 되면 매뉴얼에도 나오지만 아래와 같이 c:\python\code 폴더 아래 djangoweb 이란 폴더가 생성되면서, 아래와 같은 서브폴더와 파일 구조를 가지게 됩니다.

```
djangoweb/
    manage.py
    djangoweb/
        __init__.py
        settings.py
        urls.py
        wsgi.py
```

각각의 파일이 모두 나름의 역할은 있지만 자세한 부분은 매뉴얼을 참고하고, 이 시간에 의미 있는 요소들만 소개하면 다음과 같습니다.

1) manage.py - 애플리케이션(프로젝트 안에서 실제 돌아가는 프로그램 모듈 1개를 말합니다)을 만들거나, 데이터베이스에 모델 정보를 마이그레이션하는 등 여러 프로젝트의 관리에 필요한 기능들을 모아 놓은 장고 전용의 작은 파이썬 프로그램입니다.

2) settings.py - 프로젝트 전반에 필요한 설정들을 저장한 파일로 데이터베이스 연결 문자열, 사용하는 애플리케이션들의 정의, 로케일, 정적 파일 경로, WSGI(Web Server Gateway Interface: 사용자로부터의 웹 요청을 처리하는 모듈) 지정 등이 들어 있습니다.

3) urls.py - 1차 라우팅 설정이 들어 있습니다. 1차라고 한 이유는 나중에 애플리케이션을 만들면 그 안에 또 라우팅 설정이 있기 때문입니다. 들어온 요청을 각 애플리케이션에 분배하는 1차 라우팅 단계라고 보면 됩니다.

5.4 프로젝트 안에 애플리케이션 만들기

그 다음에는 애플리케이션을 만들기 위해서, "cd" 명령어를 이용하여 새로 만들어진 "djangoweb" 폴더 안으로 이동하고 supermarket 테이블에서 조회해 보여 줄 애플리케이션을 생성하는 명령어를 실행합니다(복잡해 보일지 모르지만, 장고를 사용하려면 그대로 따라 해야 하는 부분입니다).

```
c:\Python\code>cd djangoweb
c:\Python\code\djangoweb>python manage.py startapp supermarket
```

그 다음에 내부의 폴더에 supermarket 폴더가 생기며 안에 담긴 파일들은 아래와 같습니다. 새로 생긴 파일은 볼드체로 표시해 놓았습니다.

```
djangoweb/
    manage.py
    djangoweb/
        __init__.py
        settings.py
        urls.py
        wsgi.py
    supermarket/
        __init__.py
        admin.py
        apps.py
        migrations/
            __init__.py
        models.py
        tests.py
        views.py
```

이 역시 이 시간에 의미 있는 파일들만 언급하면 이렇습니다.

1) models.py - ORM 모델들이 클래스로 정의되어 있는 파일입니다. 현재는 빈 애플리케이션을 만들었기 때문에 안을 보면 내용이 비어 있습니다.

2) views.py – 뷰(view)가 정의되어 있는 파일입니다.

생성된 위의 리스트를 보면 좀 이상하다고 생각할 수 있는데, "templates" 폴더나 애플리케이션용 "urls.py" 파일이 안 보입니다. 나중에 보겠지만, 해당 폴더나 파일은 수동으로 생성해 주어야 합니다.

5.5 프로젝트 파일 설정에 애플리케이션 추가

가이드대로, 프로젝트의 세팅 파일에 새로 만든 supermarket 애플리케이션을 인식할 수 있도록 추가해 줍니다. c:\Python\code\djangoweb\djangoweb\settings.py 파일의 "INSTALLED_APPS" 정의 부분에 볼드체 항목을 추가합니다

```
INSTALLED_APPS = [
    'django.contrib.admin',
    'django.contrib.auth',
    'django.contrib.contenttypes',
    'django.contrib.sessions',
    'django.contrib.messages',
    'django.contrib.staticfiles',
    'supermarket',
]
```

[파이썬 소스 – djangoweb\djangoweb\settings.py]

5.6 프로젝트 라우팅에 애플리케이션 쪽 라우팅 추가

그 다음엔 "프로젝트의 urls.py"를 수정하여 요청이 들어왔을 때, 요청의 처리를 "supermarket 애플리케이션" 쪽에 위임해 보겠습니다. c:\Python\code\djangoweb\djangoweb\urls.py 파일에서 아래 import 문과 supermarket.url 항목 부분을 추가해 줍니다. URL 쪽이 장고 2.0으로 업그레이드 되면서 플라스크와 유사하게 되었습니다(1.11 때는 반드시 정규 표현식으로 정의해서 사용해야 했으며, 2.0 또한 정규표현식을 사용할 수 있는 호환함수가 있긴 합니다). 아래에서는 "''(시작하자마자)" 바로 "supermarket.urls"로 라우팅되기 때문에, 결국 supermarket 쪽으로 전체 라우팅 제어권을 넘기는 것과 마찬가지가 됩니다.

```
from django.contrib import admin
from django.urls import path
from django.urls import include, path


urlpatterns = [
    path('admin/', admin.site.urls),
    path('', include('supermarket.urls')),
]
```

[파이썬 소스 – djangoweb\djangoweb\urls.py]

5.7 애플리케이션 라우팅 파일 만들기

그럼 이제 프로젝트에서 supermarket 애플리케이션으로 위임한 경로를 해석해 주는 애플리케이션 라우팅 부분이 있어야 합니다. c:\Python\code\djangoweb\supermarket\urls.py를 메모장에서 만들고 아래의 내용을 넣어 utf-8 인코딩으로 저장합니다(앞 시간에 본 경우와 마찬가지로, 한글 주석을 달려면 utf-8 형식으로 파일이 저장되어야 장고 실행 시 에러가 안 납니다). 안의 내용을 잘 모르니, 위 튜토리얼의 예제 내용을 2.0 버전으로 살짝 바꾸어 넣어 보겠습니다. 웹 서버 루트 경로('': 경로가 없음)를 호출했을 경우, 앞서 얘기한 장고에서 제공하는 일반 뷰(generic view)를 사용하여 보여 주는 형태입니다(장고가 잘 돌아가는지만 보려는 것이니 상세한 문법은 넘어가기로 합니다).

```
from django.contrib import admin
from django.urls import path
from supermarket import views


urlpatterns = [
    path('', views.HomePageView.as_view()),
]
```

[파이썬 소스 – djangoweb\supermarket\urls.py]

5.8 애플리케이션 뷰 파일에 샘플 뷰 추가

자, 그럼 이제 애플리케이션에서 해당되는 라우팅에 대한 샘플 뷰를 만들어 보겠습니다. c:\Python\code\djangoweb\supermarket\views.py 파일에 아래의 내용을 추가합니다. 대략 문법을 보면 일반 뷰(generic view) 중 TemplateView라는 것을 이용해 index.html이라는 템플릿 파일을 지정했습니다.

```python
from django.shortcuts import render
from django.views.generic import TemplateView

# Create views
class HomePageView(TemplateView):
    def get(self, request, **kwargs):
        return render(request, 'index.html', context=None)
```

[파이썬 소스 – djangoweb\supermarket\views.py]

5.9 애플리케이션 뷰 파일에 해당되는 템플릿 만들기

마지막으로 템플릿 파일을 만들면 됩니다. c:\Python\code\djangoweb\supermarket\ 폴더에 templates 폴더를 생성합니다(c:\Python\code\djangoweb\supermarket\templates\). 이후 해당 폴더 안에 c:\Python\code\djangoweb\supermarket\templates\index.html을 만들어 저장합니다. 역시 한글 내용을 위해서 utf-8 인코딩으로 저장합니다.

```html
<!DOCTYPE html>
<html>
  <head>
    <meta charset="utf-8">
    <title>창고샘플</title>
  </head>
```

```
    <body>
      <h1>동작함</h1>
    </body>
</html>
```

[파이썬 소스 – djangoweb\supermarket\templates\index.html]

5.10 샘플 페이지 실행

다시 c:\Python\code\djangoweb 경로에서 아래의 명령어를 실행해 봅니다(manage.py를 실행시켜야 하니 실행 경로가 맞아야 합니다).

```
c:\Python\code\djangoweb>python manage.py runserver
Performing system checks...
You have 13 unapplied migration(s). Your project may not work properly until
you apply the migrations for app(s): admin, auth, contenttypes, sessions.
...
Starting development server at http://127.0.0.1:8000/
Quit the server with CTRL-BREAK.
```

기본 기능에 대한 마이그레이션이 안 되었다는 문구가 나오지만 이 부분은 일단 무시합니다. 그리고 웹 페이지를 띄워 "http://127.0.0.1:8000/"을 호출하면, 아래와 같이 웹 페이지가 동작함을 볼 수 있습니다.

[그림 20교시-2: 장고 동작 확인]

참고로 현재까지의 파일 구조는 아래와 같습니다. 추가된 파일과 폴더들은 볼드체로 표시했습니다.

```
djangoweb/
  manage.py
  djangoweb/
    __init__.py
    settings.py
    urls.py
    wsgi.py
  supermarket/
    __init__.py
    admin.py
    apps.py
    migrations/
      __init__.py
    models.py
    tests.py
    templates/
      index.html
    urls.py
    views.py
```

5.11 MSSQL 연결 문자열 추가

MSSQL 연결 문자열을 추가하기 위해(방법은 앞의 "django-pyodbc-azure" git 페이지의 문서를 참고했습니다), 프로젝트 내의 c:\Python\code\djangoweb\djangoweb\settings.py를 열어 DATABASE 설정 부분을 디폴트인 sqlite3에서 MSSQL로 수정합니다.

〈원본〉

```
DATABASES = {
    'default': {
        'ENGINE': 'django.db.backends.sqlite3',
        'NAME': os.path.join(BASE_DIR, 'db.sqlite3'),
    }
}
```

〈수정〉

```
DATABASES = {
    'default': {
        'ENGINE': 'sql_server.pyodbc',
        'NAME': 'mytest',
        'USER': 'pyuser',
        'PASSWORD': 'test1234',
        'HOST': 'localhost',
        'PORT': '1433',

        'OPTIONS': {
            'driver': 'ODBC Driver 13 for SQL Server',
        },
    },
}
```

[파이썬 소스 – djangoweb₩djangoweb₩settings.py]

5.12 모델 자동으로 만들기

앞에서 본 레거시 테이블을 자동으로 만드는 inspectdb 명령어를 이용하여 model.py 파일을 만들어 봅니다.

[Integrating Django with a legacy database – 장고 공식 매뉴얼]

https://bit.ly/2xprN3G

연결 문자열이 제대로 설정되었는지 보기 위해 아래의 명령어를 실행해 봅니다. 대충 출력된 내용을 보니 해당 데이터베이스 안에 기존에 만들어 놓은 "play"와 "supermarket" 테이블을 가져오고, 필드 이름들도 정상적으로 파싱해 가져오는 것 같습니다.

```
c:\Python\code\djangoweb>python manage.py inspectdb
# This is an auto-generated Django model module.
....
class Play(models.Model):
...
    class Meta:
        managed = False
        db_table = 'play'


class Supermarket(models.Model):
    itemno = models.IntegerField(db_column='Itemno', blank=True, null=True)
    # Field name made lowercase.
...
    price = models.IntegerField(db_column='Price', blank=True, null=True)
    # Field name made lowercase.
    class Meta:
        managed = False
        db_table = 'supermarket'
```

그럼 models.py 파일을 만들어 내기 위해서, 아래의 명령어를 실행합니다. inspectdb 를 하여 출력된 내용을 리다이렉션(">")을 이용해서 기존의 자동 생성된 models.py 파일에 덮어쓰기 합니다.

```
c:\Python\code\djangoweb>python manage.py inspectdb > supermarket\models.py
```

c:\Python\code\djangoweb\supermarket\models.py 파일을 열어 보면, 테이블의 구조가 자동으로 아래와 같이 model 파일로 만들어져 있습니다. 내용을 보면 앞에서 살짝 배운 클래스 안에 각 데이터베이스의 칼럼들이 정의되어 있는데, 앞의 소문자로 된 itemno, category 등이 나중에 QuerySet 등에서 명시되어 사용됩니다.

```python
# This is an auto-generated Django model module.
# You'll have to do the following manually to clean this up:
#   * Rearrange models' order
#   * Make sure each model has one field with primary_key=True
#   * Make sure each ForeignKey has `on_delete` set to the desired behavior.
#   * Remove `managed = False` lines if you wish to allow Django to create,
modify, and delete the table
# Feel free to rename the models, but don't rename db_table values or field
names.
from __future__ import unicode_literals

from django.db import models


class DjangoMigrations(models.Model):
    app = models.CharField(max_length=255)
    name = models.CharField(max_length=255)
    applied = models.DateTimeField()
```

```python
    class Meta:
        managed = False
        db_table = 'django_migrations'


class Play(models.Model):
    original = models.CharField(max_length=30, blank=True, null=True)
    encrypted = models.CharField(max_length=200, blank=True, null=True)
    decrypted = models.CharField(max_length=30, blank=True, null=True)


    class Meta:
        managed = False
        db_table = 'play'


class Supermarket(models.Model):
    itemno = models.IntegerField(db_column='Itemno', blank=True, null=True)
    # Field name made lowercase.
    category = models.CharField(db_column='Category', max_length=20,
    blank=True, null=True)  # Field name made lowercase.
    foodname = models.CharField(db_column='FoodName', max_length=30,
    blank=True, null=True)  # Field name made lowercase.
    company = models.CharField(db_column='Company', max_length=20,
    blank=True, null=True)  # Field name made lowercase.
    price = models.IntegerField(db_column='Price', blank=True, null=True)  # Field
    name made lowercase.


    class Meta:
        managed = False
        db_table = 'supermarket'
```

[파이썬 소스 – djangoweb₩supermarket₩models.py]

5.13 마이그레이션

여기서 마이그레이션 기능을 사용할 것도 아니고, 모델과 데이터베이스를 계속 싱크
시킬 것도 아니니 마이그레이션 명령을 돌리는 것은 생략하겠습니다. 하지만 마이그
레이션 명령어를 실행하면 아래와 같이 어드민 관련 테이블이나, 장고에서 지원되는
세션 같은 기능에서 사용하는 기본 테이블들이 데이터베이스 안에 만들어지게 됩니
다. 실제로 안 돌려도 되니 참고만 하기 바랍니다(실제로 돌려도 상관없습니다).

```
c:\Python\code\djangoweb>python manage.py migrate
Operations to perform:
  Apply all migrations: admin, auth, contenttypes, sessions
Running migrations:
  Applying admin.0001_initial... OK
...
  Applying auth.0008_alter_user_username_max_length... OK
  Applying sessions.0001_initial... OK
```

5.14 inspectdb를 통한 마이그레이션 성공 여부 확인

페이지를 모두 만들고, 만들어진 모델의 쿼리 셋(Queryset)이 정상으로 돌아가는지 확
인해 보겠습니다. 만드는 도중에 또 다른 실수를 할지 모르므로, 실제 사이트를 만들
기 전에 아래의 장고걸 사이트에 나온 대로, 장고 쉘(파이썬 쉘과 비슷하다고 보면 됩니다)
기능을 이용해서 모델이 잘 생성됐는지 확인해 봅니다.

[장고 ORM과 쿼리셋(QuerySets)# – 장고걸 사이트]
https://bit.ly/2xqbrrz

장고 쉘(shell)#
PythonAnywhere가 아닌 로컬 콘솔에서 아래 명령을 입력하세요.

(myvenv) ~/djangogirls$ python manage.py shell

일단 쉘을 실행합니다.

c:\Python\code\djangoweb>**python manage.py shell**

잘 실행되어서 "〉〉〉" 프롬프트가 나오면 아래의 명령어를 넣어 Supermarket 모델을 가져오고, Supermarket 모델에서 모든 내용을 가져옵니다.

```
>>> from supermarket.models import Supermarket
>>> Supermarket.objects.all()
    File "C:\python\lib\site-packages\sql_server\pyodbc\base.py", line 545, in
    execute
    return self.cursor.execute(sql, params)
django.db.utils.ProgrammingError: ('42S22', "[42S22] [Microsoft][ODBC Driver
13 for SQL Server][SQL Server]\ufffd\ufffd \ufffd\u0338\ufffd 'id'\ufffd\
ufffd(\ufffd\ufffd) \ufffd\u07f8\ufffd\ufffd\u01fe\ufffd\ufffd\ufffd\ufffd\
u03f4\ufffd. (207) (SQLExecDirectW)")
```

그런데 이상한 SQL 에러가 납니다. 에러 파일의 위치를 보면("pyodbc\base.py") 장고 쪽은 아니고, pyodbc 쪽 에러 같습니다. MSSQL을 불러오는 모듈 쪽은 이상이 없는 것 같아 일단 안심됩니다. 어떤 에러인지 찾기 위해서, 구글에서 "pyodbc 42S22 error"로 검색하여 아래 페이지를 찾아보니, 칼럼이 없는 경우 발생하는 에러인 것 같습니다. 그러고 보니 위의 에러에서 "id"라는 칼럼 이름 같은 항목이 보입니다.

[pandas with pyodbc – Nan error: [42S22] ERROR: Attribute 'QNAN' not found (31)

(SQLExecDirectW) – stackoverflow 사이트]

https://bit.ly/2xki3sh

42S22 – ODBC bridge error code for "invalid column name"

그런데 supermarket 테이블에는 "id"라는 칼럼 자체를 만든 적이 없어 이상하다는 생각이 들었습니다. 그러던 중 예전에 장고 매뉴얼을 읽다가 마이그레이션 설명 시 모델에 primary 키(겹치지 않는 유일한 값을 가진 필드 속성)가 없으면, 자동으로 테이블에 "id"라는 이름으로 숫자가 증가하는 primary 키를 만든다는 내용을 스치듯 본 기억이 났습니다. 해당 테이블에는 당연히 primary 키 설정이 없었고, 그래서 장고가 마이그레이션한 테이블처럼 id 필드가 무조건 있으리라 생각하고, 데이터베이스에 select 쿼리를 보낼 때 'select id, …'를 하여 에러가 났나 봅니다.

[Models – 장고 공식 매뉴얼]

https://bit.ly/2QE4cFa

•*An id field is added automatically, but this behavior can be overridden.*
See Automatic primary key fields.

그럼 두 가지 해결책이 있게 됩니다. 하나는 현재의 supermarket 테이블에, 자동으로 숫자가 증가하는(auto increment) "id" 필드를 추가하는 방법이고, 다른 하나는 기존 supermarket 테이블을 삭제하고 다시 만들면서 특정 필드를 primary 키로 지정하여 생성하는 것입니다(두 방식을 모두 해봤는데 둘 다 잘 해결되었습니다). 여기선 간단하게 하기 위해서, supermarket 테이블에 id 칼럼을 하나 추가하겠습니다. 구글에서 "mssql add column auto increment"로 검색하여 아래 페이지를 찾았습니다.

[SQL Server add auto increment primary key to existing table – stackoverflow 사이트]

https://bit.ly/2PFZ8yS

ALTER TABLE dbo.YourTable
ADD ID INT IDENTITY

아래의 명령어를 4교시에 설명한 SSMS(MSSQL Management Studio)를 실행해 쿼리 입력 창에서 "mytest" 데이터베이스를 대상으로 실행합니다(SSMS 사용법이 기억나지 않으면 4교시를 참고하세요).

```
use mytest
go
ALTER TABLE dbo.supermarket
  ADD id INT IDENTITY

ALTER TABLE dbo.supermarket
  ADD CONSTRAINT PK_supermarket
  PRIMARY KEY(id)

select * from dbo.supermarket(nolock)
```

[query16.txt]

명령 실행 후 supermarket 테이블을 셀렉트한 내용을 보면, 아래와 같이 숫자가 증가하는 id 값이 추가로 생겼습니다.

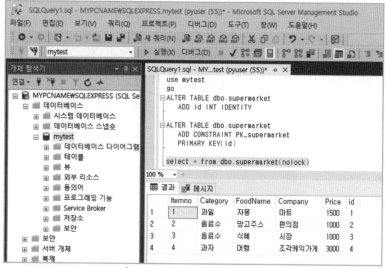

[그림 20교시-3: id 칼럼 추가 생성]

이후 다시 장고 쉘에서 같은 명령어를 입력해 보면 정상적으로 결과를 가져옵니다. 값이 아니라 오브젝트 자체를 가져오기 때문에 안의 내용이 표시되진 않지만, 설치한 장고용 MSSQL 모듈이 잘 동작하는 것을 확인했으니, 이제 실제 코드를 만들면 되겠습니다("CTRL+Z" 입력 후, 엔터키를 눌러 커맨트 창 화면으로 나올 수 있습니다).

>>> *from supermarket.models import Supermarket*

>>> *Supermarket.objects.all()*

<QuerySet [<Supermarket: Supermarket object>, <Supermarket: Supermarket object>, <Supermarket: Supermarket object>, <Supermarket: Supermarket object>]>

※ 참고로 기존 테이블에 id를 추가하는 것이 싫어서 테이블을 재생성하고 싶으면, 아래와 같은 itemno에 primary 키 속성이 있는 테이블을 만들고, 데이터를 다시 채워 넣으면 됩니다(물론 그전에 "drop table" 명령어로 기존 supermarket 테이블은 지워야 합니다).

```
CREATE TABLE [dbo].[supermarket](
    [Itemno] [int] NOT NULL PRIMARY KEY,
    [Category] [char](20) NULL,
    [FoodName] [char](30) NULL,
    [Company] [char](20) NULL,
    [Price] [int] NULL
)
```

[query17.txt]

5.15 어플리케이션 라우팅 추가

앞서 샘플 URL을 만든 것처럼, c:\Python\code\djangoweb\supermarket\urls.py 파일에 아래와 같이 supermk URL을 추가합니다.

```
from django.contrib import admin
from django.urls import path
from supermarket import views

urlpatterns = [
    path('', views.HomePageView.as_view()),
    path('supermk', views.supermk),
]
```

[파이썬 소스 – djangoweb\supermarket\urls.py]

5.16 어플리케이션 뷰 추가

마찬가지로 c:\Python\code\djangoweb\supermarket\views.py 파일의 기존 내용의 마지막에, 아래의 supermk 뷰를 추가합니다(따라오다 헷갈리는 경우는 다운로드한 전체 소스를 참고하세요). 예전 플라스크에서 구현한 것과 비슷한 구조로 Supermarket 모델에서 모든 값을 가져오고("supers = Supermarket.objects.all()"), 이후에 가져온 데이터("supers")를 super.html과 같이 렌더링합니다.

```
from django.shortcuts import render

# Create your views here.
from django.views.generic import TemplateView


# Create views
class HomePageView(TemplateView):
    def get(self, request, **kwargs):
        return render(request, 'index.html', context=None)



from .models import Supermarket


def supermk(request):
    supers = Supermarket.objects.all()
    return render(request, 'super.html', {'supers': supers})
```

[파이썬 소스 – djangoweb₩supermarket₩views.py]

5.17 어플리케이션 템플릿 추가

마찬가지로 c:\Python\code\djangoweb\supermarket\templates\super.html 파일을
메모장으로 utf-8 인코딩으로 저장해 만들면서 아래의 코드를 넣습니다. 역시 플라스
크와 비슷하게 "{{ }}"와 "{% %}"를 사용하여 루프를 돌리면서 〈td〉 태그 안에 각 칼럼
값을 넣게 됩니다(템플릿 엔진이 같은가도 싶습니다).

```
<table border="1" cellpadding="5" cellspacing="5">
{% for super in supers %}
  <tr>
    <td>{{ super.itemno }}</td>
    <td>{{ super.category }}</td>
```

```
    <td>{{ super.foodname }}</td>
    <td>{{ super.company }}</td>
    <td>{{ super.price }}</td>
  </tr>
{% endfor %}
</table>
```

[파이썬 소스 – djangoweb₩supermarket₩templates₩super.html]

5.18 supermarket 페이지 결과 보기

앞서 runserver로 웹 서버를 실행한 상태로 두었다면 소스의 변경사항이 자동으로 반영되었을 것이고(플라스크도 마찬가지였습니다), 종료했다면 아래의 명령어를 다시 입력해 실행합니다).

c:\Python\code\djangoweb>**python manage.py runserver**

이제 브라우저를 띄워 "http://127.0.0.1:8000/supermk"를 실행하면, 아래와 같이 플라스크로 구현한 것과 비슷한 화면을 볼 수 있습니다.

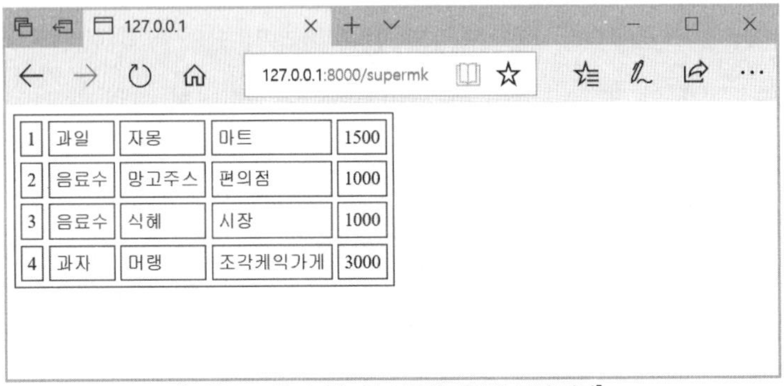

[그림 20교시-4: 장고를 이용한 테이블 조회 결과]

현재까지의 폴더 구조는 아래와 같습니다. 추가된 파일은 볼드체로 표시했습니다.

```
djangoweb/
    manage.py
    djangoweb/
        __init__.py
        settings.py
        urls.py
        wsgi.py
    supermarket/
        __init__.py
        admin.py
        apps.py
        migrations/
            __init__.py
        models.py
        tests.py
        templates/
            index.html
            super.html
        urls.py
        views.py
```

이 예제를 만들기 위해 플라스크에 있는 예제를 전환하면서 또 한바탕 헤매긴 했습니다. 헤맨 부분이 플라스크와 장고의 차이를 조금 보여 주기 때문에 일부는 말로 설명하고 일부는 해결 과정을 보여 주려 합니다.

6.1 D3.js 샘플 페이지 찾아보기

플라스크 때 구현한 코드를 장고로 옮기려면 두 가지 작업이 필요할 듯싶습니다. 첫째는 D3.js를 사용하는 템플릿 코드의 일부를 장고에 맞추어 변경해야 하고, 둘째는 D3.js에서 호출한 JSON 데이터를 반환하는 URL을 장고로 구현해야 합니다.

구글에서 "django d3.js json"을 검색하여 아래 페이지를 보니 해야 할 두 가지 작업의 힌트가 모두 있습니다. 첫째는 D3.js에서 URL을 호출하는 방식입니다. urlconfs 파일에서 URL을 정의할 때 "name" 속성을 이용해 정의하고, D3.js에서 "url" 문법을 이용해 경로를 호출합니다. 또 JSON 데이터를 만들어 내는 play_count_by_month 함수는 쿼리 셋을 이용해 결과를 가져와서 JsonResponse 함수를 이용해 JSON 응답을 생성합니다("JsonResponse(list(data), safe=False)"). "safe=False" 옵션이 있는 이유는, JsonRespons는 딕셔너리(dictionary) 형태의 데이터만 기본적으로 중계하고, 다른 데이터 형일 경우에는 "safe=False" 옵션을 넣어야만 형변환 에러가 나지 않기 때문입니다.

[Passing data from Django to D3 – stackoverflow 사이트]

https://bit.ly/2OyWT00

Since D3.js v3 has a nice collection of methods to load data from external resources[1], It's better to you not embed data into your page, you just load it.

This will be an answer by example.Let's start with a model definition:

 # models.py

from django.db import models

… 생략

A urlconf:

 # urls.py

… 생략

```
urlpatterns = [
    url(r'^api/play_count_by_month', play_count_by_month, name='play_count_by_
    month'),
]
```

And finally our views:

```
# views.py
… 생략
def play_count_by_month(request):
    data = Play.objects.all() ₩
        .extra(select={'month': connections[Play.objects.db].ops.date_trunc_sql('month',
        'date')}) ₩
        .values('month') ₩
        .annotate(count_items=Count('id'))
    return JsonResponse(list(data), safe=False)
```

And follows our graph/graph.html template that shows a graph of play counts by month:

```
… 생략
d3.json("{% url "play_count_by_month" %}", function(error, data) {
    data.forEach(function(d) {
        d.month = parseDate(d.month);
        d.count_items = +d.count_items;
    });
```

좀더 자세히 JSON을 반환하는 것을 살펴보려고 아래의 페이지도 찾아보았습니다. 장고에 추가된 메서드인 JsonResponse를 사용하는 것이 장고 2.0 버전에서는 적절해 보입니다.

[How to Return JSON-Encoded Response - SIMPLE IS BETTER THAN COMPLEX 사이트]

https://bit.ly/2MJOHIM

[JsonResponse objects - 장고 공식 매뉴얼]

https://bit.ly/2NV8Vnt

6.2 어플리케이션 라우팅 추가

c:\Python\code\djangoweb\supermarket\urls.py 파일에 아래와 같이 "data"와 "d3sample" 경로를 추가합니다. "data" URL에는 앞서 샘플에서 봤듯이 "name" 속성이 추가되었습니다.

```python
from django.contrib import admin
from django.urls import path
from supermarket import views


urlpatterns = [
    path('', views.HomePageView.as_view()),
    path('supermk', views.supermk),
    path('data', views.data, name='data'),
    path('d3sample', views.d3sample),
]
```

[파이썬 소스 - djangoweb\supermarket\urls.py]

6.3 어플리케이션 뷰 추가

다음으로 c:\Python\code\djangoweb\supermarket\views.py 파일에 아래의 내용을 추가합니다. "data" 함수 안의 내용은 거의 플라스크 때 JSON 형태로 만든 샘플 데이터를 최종으로 JsonResponse에 넘기는 것만 변경했습니다.

```python
from django.shortcuts import render
from django.views.generic import TemplateView

# Create views
class HomePageView(TemplateView):
    def get(self, request, **kwargs):
        return render(request, 'index.html', context=None)


from .models import Supermarket

def supermk(request):
    supers = Supermarket.objects.all()
    return render(request, 'super.html', {'supers': supers})


import json
import numpy as np
from django.http import JsonResponse
def data(request):
    x = ['2017-07-10', '2017-07-11', '2017-07-12', '2017-07-13', '2017-07-14']
    y = [58.13, 53.98, 67.00, 89.70, 99.00]

    myData = json.dumps([{"date": x[i], "close": y[i]} for i in range(5)])
    return JsonResponse(myData, safe=False)


def d3sample(request):
    return render(request, 'd3sample.html', context=None)
```

[파이썬 소스 – djangoweb\supermarket\views.py]

6.4 어플리케이션용 템플릿 추가

메모장을 열어 예전 플라스크 때의 코드를 복사하고 JSON URL을 호출하는 부분만 샘플에서 참고한 내용을 기준으로 변경한 후에, 인코딩을 utf-8로 하여, c:\Python\ code\djangoweb\supermarket\templates\d3sample.html 파일로 저장합니다.

```html
<!DOCTYPE html>
<meta charset="utf-8">

<!-- 그래프 요소들의 스타일을 지정합니다. -->
<style>
body { font: 12px Arial;}
path {
    stroke: steelblue;
    stroke-width: 2;
    fill: none;
}
.axis path,
.axis line {
    fill: none;
    stroke: grey;
    stroke-width: 1;
    shape-rendering: crispEdges;
}

</style>
<body>


<!-- 라이브러리 로딩. 내부에서 돌리려면 내려받아서 static 폴더에서 읽어 와야 할 듯합니다.-->
<script src="http://d3js.org/d3.v3.min.js"></script>

<script>
```

```javascript
// 그래프 좌표 공간을 설정합니다.
var margin = {top: 30, right: 20, bottom: 30, left: 50},
    width = 600 - margin.left - margin.right,
    height = 270 - margin.top - margin.bottom;

// 그래프 범위를 설정합니다.
var x = d3.time.scale().range([0, width]);
var y = d3.scale.linear().range([height, 0]);

// 축을 정의합니다.
var xAxis = d3.svg.axis().scale(x)
    .orient("bottom").ticks(5);
var yAxis = d3.svg.axis().scale(y)
    .orient("left").ticks(5);

// 그래프 선을 정의합니다.
var valueline = d3.svg.line()
    .x(function(d) { return x(d.date); })
    .y(function(d) { return y(d.close); });

// 캔버스 객체를 생성합니다.
var svg = d3.select("body")
    .append("svg")
        .attr("width", width + margin.left + margin.right)
        .attr("height", height + margin.top + margin.bottom)
    .append("g")
        .attr("transform",
            "translate(" + margin.left + "," + margin.top + ")");

// 2017-07-01 식으로 데이터를 해석하게 지정합니다.
var parseDate = d3.time.format("%Y-%m-%d").parse;
```

```javascript
// 전달받은 데이터를 이용하여 그래프를 그립니다.
var callback = function (data) {

    data.forEach(function(d) {
        d.date = parseDate(d.date);
        d.close = +d.close;
    });

    // 실 데이터에 맞춰 그래프 범위를 지정합니다.
    x.domain(d3.extent(data, function(d) { return d.date; }));
    y.domain([0, d3.max(data, function(d) { return d.close; })]);

    // 선을 그립니다.
    svg.append("path")
        .attr("class", "line")
        .attr("d", valueline(data));

    // x축을 그립니다.
    svg.append("g")
        .attr("class", "x axis")
        .attr("transform", "translate(0," + height + ")")
        .call(xAxis);

    // y축을 그립니다.
    svg.append("g")
        .attr("class", "y axis")
        .call(yAxis);

};


// 장고에서 만든 http://127.0.0.1/data를 호출하여 json 데이터를 가져와 callback 함
```

```
수를 호출합니다.
d3.json("{% url "data" %}", callback);

</script>
</body>
```

[파이썬 소스 – djangoweb\supermarket\templates\d3sample.html 에러 수정전]

6.5 에러를 만나다

그런데 브라우저를 열어 "http://127.0.0.1:8000/d3sample"을 호출해 보니 그래프가
표시되지 않습니다. 피들러를 띄워 확인해 보니 d3sample URL이 호출되고, 이후 /
data URL까지는 잘 호출됩니다. 그런데 왼쪽 상단의 "/data" 항목을 선택하고, 오른
쪽 하단의 응답 부분을 확인해 보니 "JSON" 탭의 결과는 아예 없고, "TextView" 탭
을 보니 결과 값이 쌍따옴표(") 문자 앞에 역슬래시(\)가 들어가 이스케이프 처리되어
있습니다(아마 여기서는 안전하지 못한 코드의 경우 JsonResponse 메서드가 방어하는 차원인
것 같습니다).

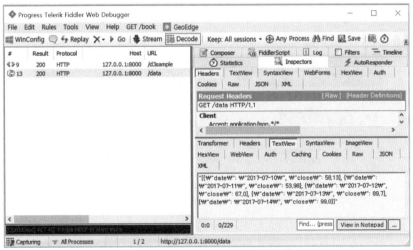

[그림 20교시-5: 피들러로 장고 호출 확인]

에러가 나는 지점을 찾기 위해서, 브라우저에서 "F12"키를 눌러, 예전에 배운 IE 개발자 도구를 연 후, "http://127.0.0.1:8000/data" 페이지를 로딩해 봅니다. 개발자 도구 창에서 "콘솔" 탭을 클릭한 후 "동그란 !표" 아이콘을 클릭해 보니, 아래와 같이 개체가 상이하여 루프 메서드를 실행할 수 없다는 자바스크립트 에러가 납니다.

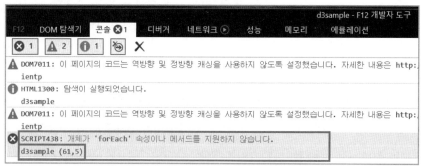

[그림 20교시-6: 개발자 툴로 자바스크립트 에러 확인]

에러 메시지 밑의 라인 링크("d3smaple (65,5)")를 클릭하면, 해당 소스 라인으로 가게 되는데, 아무래도 JSON 데이터를 받아 온 내용이 담겨 있는 data 변수가 기존 플라스크 때와는 다르게 JSON 형식으로 해석되지 않은 것 같습니다(위의 "\" 문자 이스케이프 처리 때문인 것 같습니다).

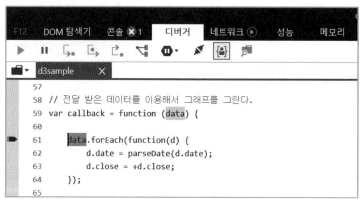

[그림 20교시-7: 장고 매뉴얼]

그래서 자바스크립트 안에 "document.write(data)" 구문을 넣어 data 변수를 뿌려 보니 아래와 같이 파일로 저장했을 때에는 보였던 이스케이프 문자(\)가 "d3.json" 함수를 통과하면서 없어진 듯하고, 정상적으로 뿌려짐을 볼 수 있습니다(해당 디버그 코드들은 최종 샘플에 주석 처리해 놓았으니 참고하세요). 그렇다면 문법적으로는 JSON 형태가 맞는 것 같습니다. 왠지 이스케이프 문자를 d3.json에서 처리는 해주었지만, JSON 데이터라고 생각하지 않아 적절한 데이터 타입(여기서는 자바스크립트 array)으로 변환을 해주지 않은 것 같다는 생각이 듭니다

```
// d3.json으로 받아 온 값을 담고 있는 data 변수의 값을 찍어 봅니다.
document.write(data)
```

[그림 20교시-8: D3.js가 가져온 데이터 확인]

그래서 data 변수의 타입을 확인해보기로 했습니다. 구글에서 "javascript print typeof"로 검색하니, 아래의 페이지에서 변수 타입을 문자열로 반환하는 함수를 얻게 되었습니다.

[Better way to get type of a Javascript variable? – stackoverflow 사이트]
https://bit.ly/2pkaHjW

You may find the following function useful:

```
function typeOf(obj) {
    return {}.toString.call(obj).split(' ')[1].slice(0, -1).toLowerCase();
```

```
// 데이터 타입을 string 형태로 반환하는 함수
function typeOf (obj) {
    return {}.toString.call(obj).split(' ')[1].slice(0, -1).toLowerCase();
}

// 에러추적 2 : data의 형태를 뿌려 보니, string이라고 나옵니다.
var datatype = typeOf(data);
document.write(datatype);
```

해당 디버그 코드를 넣어 데이터 타입을 확인하니 "string"이라고 표시됩니다.

[그림 20교시-9: D3.js가 가져온 데이터 타입 확인]

JsonResponse에서 "문자를 이스케이프 처리하는 부분이 확실히 문제인 것 같습니다. 처음에는 JSON 객체를 이스케이프를 안 하는 딕셔너리 형태로 변환해 볼까 이리 저리 궁리했습니다. 그러다가 data 변수의 타입이 문자열(string)이지만, 실제 내용은 JSON 데이터 형태인 것이 맞으니, 문자열 형태의 JSON 데이터를 파싱하여 배열로 만들면 되지 않을까 하는 생각이 들었습니다. 구글에서 "javascript parse json string into array"로 검색하여, 아래의 페이지를 찾았습니다. 해당 코드를 이용하여 변환한 후에, 데이터 타입을 화면에 뿌려 봅니다.

[Parse JSON string into an array – stackoverflow 사이트]
https://bit.ly/2PLhKO4

var data = JSON.parse(jsonString);

```
// string을 json 형태로 변환하여 뿌려 보니, array 라고 나옵니다.
// 확인 후 변환 코드는 남겨 두어, 넘어온 data 값을 변환하여 사용합니다.
data = JSON.parse(data);
var datatype = typeOf(data);
document.write(datatype);
```

위와 같이 변환한 후 데이터 형을 다시 확인해 보니 배열(array)이라고 나옵니다. 지금 다시 보니, 그래서 구글에서 찾은 샘플 페이지 뷰 함수의 JsonResponse 호출 부분에서 데이터를 리스트 형태로 바꾼 것 같습니다. 여하튼 문자열을 변환하는 코드만 주석 처리하지 않고 남겨 두어 사용해 봅니다.

[그림 20교시-10: JSON 파싱 후의 변수 타입 확인]

6.6 최종 코드

최종 코드는 아래와 같고, 디버깅 코드 등으로 변경한 내용은 볼드체로 표시해 놓았습니다. 브라우저의 개발자 도구의 조사식을 잘 사용할 줄 알면 이렇게 디버그 코드를 일일히 안 넣어도 될 것 같긴 합니다. 결국 넘어온 데이터를 "data = JSON. parse(data);"를 이용해 json array 형태로 바꿔 주면 비교적 간단하게 해결되는 상황이었습니다. 이 내용으로 d3sample.html 내용을 최종 수정해 줍니다.

```html
<!DOCTYPE html>
<meta charset="utf-8">

<!-- 그래프 요소들의 스타일을 지정합니다. -->
<style>
body { font: 12px Arial;}
path {
    stroke: steelblue;
    stroke-width: 2;
    fill: none;
}
.axis path,
.axis line {
    fill: none;
    stroke: grey;
    stroke-width: 1;
    shape-rendering: crispEdges;
}

</style>
<body>

<!-- 라이브러리 로딩. 내부에서 돌리려면 다운받아서 static 폴더에서 읽어와야 할 듯 합니다.
```

```
-->
<script src="http://d3js.org/d3.v3.min.js"></script>

<script>
// 그래프 좌표 공간을 설정 합니다.
var margin = {top: 30, right: 20, bottom: 30, left: 50},
    width = 600 - margin.left - margin.right,
    height = 270 - margin.top - margin.bottom;

// 그래프 범위를 설정합니다.
var x = d3.time.scale().range([0, width]);
var y = d3.scale.linear().range([height, 0]);

// 축을 정의 합니다.
var xAxis = d3.svg.axis().scale(x)
    .orient("bottom").ticks(5);
var yAxis = d3.svg.axis().scale(y)
    .orient("left").ticks(5);

// 그래프 선을 정의 합니다.
var valueline = d3.svg.line()
    .x(function(d) { return x(d.date); })
    .y(function(d) { return y(d.close); });

// 캔버스 객체를 생성 합니다.
var svg = d3.select("body")
    .append("svg")
        .attr("width", width + margin.left + margin.right)
        .attr("height", height + margin.top + margin.bottom)
    .append("g")
        .attr("transform",
```

```
            "translate(" + margin.left + "," + margin.top + ")");

// 2017-07-01 식으로 데이터를 해석하게 지정합니다.
var parseDate = d3.time.format("%Y-%m-%d").parse;

// 전달 받은 데이터를 이용해서 그래프를 그립니다.
var callback = function (data) {

    // 에러추적 1 : 데이터를 뿌려보니 \ 문자도 제거되고, 정상적인 json 문법인거 같습니다.
    // document.write(data)

    // 에러추적 2 : data 의 형태를 뿌려보니,string 이라고 나옵니다.
    // var datatype = typeOf(data);
    // document.write(datatype);

    // string 을 json 형태로 변환하여 뿌려보니, array 라고 나옵니다.
    // 확인 후 변환 코드는 남겨 넘어온 data 값을 변환하여 사용합니다.
    data = JSON.parse(data);
    // var datatype = typeOf(data);
    // document.write(datatype);

    // 첨에 이런 에러가 납니다(개체가 'forEach' 속성이나 메서드를 지원하지 않습니다).
    data.forEach(function(d) {
        d.date = parseDate(d.date);
        d.close = +d.close;
    });

    // 실 데이터에 맞춰 그래프 범위를 지정합니다.
    x.domain(d3.extent(data, function(d) { return d.date; }));
    y.domain([0, d3.max(data, function(d) { return d.close; })]);
```

```
    // 선을 그립니다.
    svg.append("path")
        .attr("class", "line")
        .attr("d", valueline(data));

    // x 축을 그립니다.
    svg.append("g")
        .attr("class", "x axis")
        .attr("transform", "translate(0," + height + ")")
        .call(xAxis);

    // y 축을 그립니다.
    svg.append("g")
        .attr("class", "y axis")
        .call(yAxis);

};


// 장고에서 만든 http://127.0.0.1/data 를 호출하여 json 데이터를 가져와 callback 함수를
호출합니다.
d3.json("{% url "data" %}",  callback);

// 데이터 타입을 string 형태로 반환하는 함수입니다.
function typeOf (obj) {
  return {}.toString.call(obj).split(' ')[1].slice(0, -1).toLowerCase();
}


</script>
</body>
```

[파이썬 소스 – djangoweb₩supermarket₩templates₩d3sample.html]

이후 브라우저를 열어 "http://127.0.0.1:8000/d3sample"을 호출하면 플라스크 때와 같이 그래프가 정상적으로 출력됩니다.

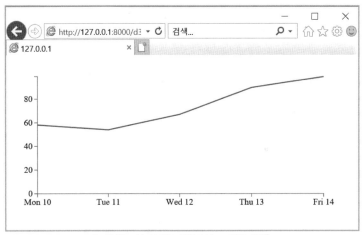

[그림 20교시-11: 장고에서 D3.js 그래프 출력]

앞의 뷰에서 구글에서 찾은 샘플처럼 myData를 넘길 때 list 변환을 하면 어떨까 생각할 수도 있겠지만, 실험 결과 그렇게 되면 아래와 같이 조금은 이상한 배열로 됩니다. 이 부분을 정상적인 배열로 넘길 수 있도록 잘 조정한다면, 템플릿 코드는 변경하지 않아도 될 것 같습니다.

```
return JsonResponse(list(myData), safe=False)
```

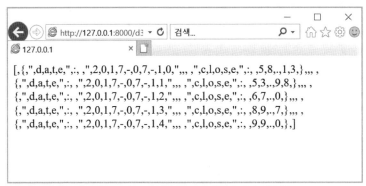

[그림 20교시-12: 뷰에서 리스트 변환 시 데이터 형태]

## 07

어플리케이션 뷰 코드 고쳐보기

이렇게 최종 코드를 만들고 보면, 아쉬운 부분이 하나 있습니다. 뒤의 자바스크립트를 수정하여 만들게 되면, 다음에 또 앞부분의 파이썬 데이터 형태가 변경될 경우 자바스크립트 쪽에 예외 처리 코드를 계속 추가해야 할 가능성이 높습니다. 그래서 자바스크립트를 수정하지 않는 대신, 앞부분의 JSON 데이터를 만들어 내는 뷰 코드를 수정해 맞춰 보려 합니다.

7.1 깃허브의 정상 샘플로 데이터 분석

앞에서 본 스택오버플로 페이지의 하단을 보면, 답변을 단 사람이 깃허브에 올려 놓은 동작하는 풀 소스가 있습니다.

[Passing data from Django to D3 – stackoverflow 사이트]

https://bit.ly/2OyWT0O

Hi @s.matthew.english, in order to help, I've put all together into an example project, on GitHub: GitHub.com/fgmacedo/django-d3-example . Please let me know! – Fernando Macedo Oct 18 '16 at 19:55

해당 링크에서 파일을 다운로드하고, 아래에 가이드된 대로 하나씩 실행하여 세팅해 봤습니다. 앞에서 진행한 내용과 거의 같고, 수정 코드는 따로 제시할 예정이니 실제 돌려 보고 싶은 독자를 위해 과정만 간략하게 설명하겠습니다.

[django-d3-example – GitHub 사이트]

https://bit.ly/2OB5q2J

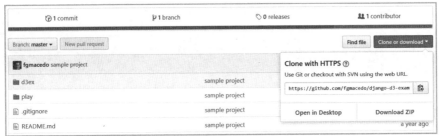

[그림 20교시-13: 깃허브 샘플 다운로드하여 데이터 형태 분석]

1) "Clone or Download" 버튼을 눌러 "Download ZIP" 파일로 내려받아, 적절한 폴더에 풀고, 장고 버전을 1.11.6 로 수정해 줍니다. 해당 예제는 장고 1.11 대 버전 의 예제 이므로, 장고도 pip uninstall django 를 이용하여 언인스톨 후에, 다시 pip install django==1.11.6 을 이용해서 재 설치 해야 합니다.

2) SQLite3로 움직이는 프로젝트이므로, 바로 마이그레이션 명령어를 실행합니다.

```
python manage.py migrate
```

3) 여기서 관리자 화면에서 데이터를 넣으려 하므로, 관리자 아이디를 만듭니다.

```
python manage.py createsuperuser
```

4) 이후 서버를 실행시킵니다.

```
python manage.py runserver
```

5) 어드민으로 로그인해서, 샘플 데이터를 넣습니다.

```
http://localhost:8000/admin/
```

6) 그래프를 봅니다.

```
http://localhost:8000/
```

실제로 해당 소스에서는 그래프가 잘 나옵니다. 아래의 경로에서 JSON 데이터를 확인해 보니, 리스트 안에 딕셔너리 항목들이 들어 있는 데이터 구조 같습니다.

```
http://localhost:8000/play_count_by_month
```

```
[{'month': '2017-08-01', 'count_items': 1}, {'month': '2017-09-01', 'count_items': 1}]
```

7.2 어플리케이션 뷰 코드 바꿔 보기

그래서 아래와 같이 JsonResponse 출력 부분을 똑같이 리스트 안에 딕셔너리가 들어가게 바꿔 보았습니다.

```
mylist[]
for intnum in range(5):
    mylist.append({"date" : x[intnum], "close" : y[intnum]})

return JsonResponse(mylist, safe=False)
```

전체 c:\Python\code\djangoweb\supermarket\views.py 코드는 아래와 같습니다. 해당 내용으로 변경합니다.

```
from django.shortcuts import render
from django.views.generic import TemplateView

# Create views
class HomePageView(TemplateView):
    def get(self, request, **kwargs):
        return render(request, 'index.html', context=None)
```

```
from .models import Supermarket

def supermk(request):
    supers = Supermarket.objects.all()
    return render(request, 'super.html', {'supers': supers})


import json
import numpy as np
from django.http import JsonResponse
def data(request):
    x = np.array(['2017-07-10', '2017-07-11', '2017-07-12', '2017-07-13', '2017-07-14'])
    y = np.array([58.13, 53.98, 67.00, 89.70, 99.00])

    mylist = []

    for intnum in range(5):
        mylist.append({"date" : x[intnum], "close" : y[intnum]})

    return JsonResponse(mylist, safe=False)

def d3sample(request):
    return render(request, 'd3sample.html', context=None)
```

[파이썬 소스 – djangoweb_json_modify\supermarket\views.py]

그 다음, d3sample.html은 에러가 나기 전 버전으로 원복하거나, "data = JSON.parse(data);" 코드 부분을 주석 처리해 주면 됩니다. 이 수정 버전은 파이썬 소스 파일의 djangoweb_json_modify 폴더 안에 구분해 넣었습니다.

08 ▶ 마무리하면서

이렇게 되어 플라스크에서 구현했던 예제들을 장고에서 똑같이 구현해 보면서, 장고 프레임워크의 여러 면을 살펴보았습니다(덤으로 자바스크립트도 약간 배운 것 같습니다). 생각보다 장고는 데이터베이스에 마이그레이션도 해주고, 어드민도 자동 생성하는 등 애플리케이션의 마법사 모드 같은 부분도 있으며, 확실히 플라스크보다는 체계적인 구조를 갖춘 듯합니다. 규칙의 사용 면에서도 엄격한 편입니다. 장고를 사용하는 것이 적절해 보인다면 이제부터 매뉴얼을 찬찬히 훑어보거나, 관련 책을 보거나, 구글을 검색하면서 필요한 부분을 찾아 공부하면 되겠습니다.

레거시 웹부터 시작해서 웹 쪽을 다루긴 했지만 파이썬 기능에 초점을 두었기 때문에, 웹 프로그래밍 책들에서 많이 다루는 게시판이나 로그인, 파일 업로드, CSS 등으로 화면 꾸미기와 같은 주제들은 다루지 않았으니, 웹에 관심이 있다면 공부해야 할 내용이 아주 많을 것입니다. 여기서는 레거시 웹, 플라스크, 장고 세 가지가 각각 비슷하면서도 다른 배경을 가지고 구성되었다는 점을 이해하셨다면 충분할 것 같습니다. 이렇게 해서 파이썬 웹 프로그래밍에 대한 여정을 마치겠습니다.

참고

전체 코드의 트리는 아래와 같으며 소스 폴더에 전체 내용을 올려 놓았으니 참고하세요. "djangoweb" 프로젝트는 자바스크립트 쪽을 수정한 버전이고, "djangoweb_json_modify" 프로젝트는 7.2 어플리케이션 뷰 코드 쪽을 수정한 버전입니다.

```
djangoweb/
   manage.py
   djangoweb/
      __init__.py
      settings.py
      urls.py
      wsgi.py
   supermarket/
      __init__.py
      admin.py
      apps.py
      migrations/
         __init__.py
      models.py
      tests.py
      templates/
         index.html
         super.html
         d3sample.html
      urls.py
      views.py
```

∘부록 1∘

이런저런
이야기

01 The Five Orders of Ignorance

개인적으로 소프트웨어를 바라보는 마음에 영향을 준 글을 소개하면서 이 책을 마무리하려 합니다. 〈Communications of the ACM〉 저널에 실렸던 "The Five Orders of Ignorance"(무지의 5계층)라는 소프트웨어 개발을 다룬 글입니다(아래 URL 안에 PDF 파일 링크가 있습니다).

[The five orders of ignorance - CORVUS INTERNATION INC]
https://bit.ly/2QF5Zd3

이 글에 필자 개인의 해석을 보태어 요약해 보겠습니다. 필자가 정리한 내용이 흡족하진 못하니, 꼭 원문을 한번 보시기 바랍니다.

***

인류가 가지고 있는 지식을 저장하는 매체가 계속 발전해 왔는데, DNA, 뇌, 하드웨어, 책을 거쳐 현재는 소프트웨어라는 형태로 발전해 왔다고 합니다. 소프트웨어는 뇌처럼 공간적으로 제한되어 있거나, 쉽게 변하지 않고, 책처럼 수동적이지도 않으며(읽는 사람에게 상상력과 회상과 감정을 일으킨다는 측면에서는 그렇지 않을지도 모르지만), 하드웨어나 DNA처럼 변화가 느리거나, 유연성이 부족하지도 않은 매체입니다.

우리가 소프트웨어 제품을 만든다는 것은, 특정한 제품 자체를 만든다기보다는 우리가 알고 있는 지식을 저장하는 매체를 구현하는 행위입니다. 그래서 소프트웨어의 잘 알려지고 체계화 가능한 지식은 프레임워크나 IDE를 통해 자동으로 코드를 만들어 낼 수 있는 반면에, 다른 부분들은 직접 해당 지식을 획득하여 구현해 내야 합니다.

예를 들어 파이썬 책을 다 읽은 시점에서, 새로운 파이썬 프로그램을 만든다고 가정해 봅니다. 어떤 부분은 이미 알고 있는 지식을 재사용하여 쉽게 구현할 수 있기 때문에, 만약 새로운 프로그램의 주요한 부분이 기존의 부분과 유사하다면, 정말 짧은 시간에 쉽게 새로운 프로그램을 만들 수 있을 것입니다.

그런데 만약 우리가 다루지 않았던 기능을 가진 프로그램을 만들려 한다면(예를 들어 스레드 구현) 해당 분야에 대한 지식을 추가로 획득해야 합니다. 추가적인 지식이 필요한 경우라도 유사한 프로그래밍 경험이 있거나 해당 지식의 영역을 경험해 본 적이 있다면, 좀더 쉽게 원하는 지식을 획득할 수 있을 것입니다. 아마도 최악의 사태는 해당 부분을 해결하는 방식에 대해 전혀 아이디어가 떠오르지 않는 경우일 것입니다.

이런 관점을 역으로 본다면, 소프트웨어 개발은 지식을 획득하는 활동인 동시에 '무지(ignorance)'를 줄이거나 제거하는 활동으로 볼 수 있습니다. 무지의 계층은 다섯 단계로 구분할 수 있습니다.

- 0계층 - Lack of Ignorance(무지의 결핍): 무언가를 오랫동안 충분히 경험해 왔기 때문에 그것에 대해 잘 알고 있는 상태입니다. 오랫동안 보트를 타본 사람은 항해란 분야에 대해 잘 안다고 할 수 있습니다. 프로그래머도 마찬가지입니다.
- 1계층 - Lack of Knowledge(지식의 결핍): 무언가를 모른다는 것을 정확히 알고 있는 상태입니다. 예를 들어 러시아어를 못한다는 것을 안다면, 러시아어를 공부하기 위해 학원을 다니거나 책을 봐야 한다는 것을 명확히 알 수 있습니다.
- 2계층 - Lack of Awareness(의식의 결핍): 무엇을 모른다는 것 자체를 인지하지 못하는 상태입니다. 무엇을 모르는지 자체를 모르기 때문에, 무엇을 해야 하는지도 모르는 상태입니다.
- 3계층 - Lack of Process(프로세스의 결핍): 인지하지 못하는 무지를 알 수 있게 해주는 특정한 프로세스(환경이나 계기) 자체가 없는 상태를 얘기합니다. 그것은 특정한 절차의 부재일 수도 있고, 필요한 환경의 부재일 수도 있습니다.
- 4계층 - 무지의 다섯 계층 자체를 모르는 단계입니다. 이 글을 읽으면 이 단계에서 벗어나는 셈입니다.

개인적으로는 이 글을 읽고 공감이 되어서 프로그래밍이란 영역을 좀더 편하게 바라보게 되었습니다. 소프트웨어에 대한 여러 다양한 업무들이 무지를 줄이고 숨어 있는 무지를 찾아내는 활동이라는 생각이 들었습니다. 결국 소프트웨어에 담긴 내용이 지식이기 때문에, 소프트웨어 이외 분야들의 좋은 접근법이나 개념도 무형적 지식이라는 측면에서 비슷하게 연결되지 않을까 생각했습니다. 무지의 영역을 한순간에 밝혀 주는 "show me the money" 같은 치트키는 없겠지만, 자신에게 필요하지만 모르는 부분을 계속 발견하고 채워 가는 것이 소프트웨어를 공부하는 재미가 아닐까 싶습니다.

08 마무리하면서

이 책의 목적은 독자들을 파이썬의 특정 수준까지 끌어 올리는 것이 아닙니다. 개인적으로 그럴 만한 경험과 능력도 안 된다고 생각합니다. 오히려 프로그래밍이란 생각 외로 답이 복수 개이며, 답들 간의 수준 차이도 클 수 있는 모호한 작업이며, 현대의 프로그램은 다른 사람들이 이미 만들어 놓은 수많은 지식과 접근법을 조합하여 문제를 해결하며, 완벽한 정답이 없는 선택적 영역이라는 얘기를 하고 싶었습니다. 물론 그러한 타인의 지식이 정말 우리에게 가치가 있는가는 조금쯤은 의구심을 가져야 하겠지만요.

또한 코드를 만드는 과정에서 무언가가 막혔을 때, 구글이라는 검색 엔진을 이용해 문제를 찾아 해결하는 과정에서 일어나는 "헤맴"이라는 활동을 실제로 보여 주고 싶었습니다(필자가 아닌 다른 사람들은 더 좋은 방식으로 헤맬 수도 있을 것입니다). 조금 욕심을 내자면, 각 시간에 다룬 영역들에 대해 조금이라도 먼저 길을 걸어 본 사람의 입장에서 새로 들어오시는 분들이 덜 헤매고 공부할 수 있게 접근 방법을 안내하고 싶었습니다. 얼마나 해당 부분을 충족했는지 모르겠지만, 목표했던 이야기들을 다 했으니 여기서 일단 글을 멈추려고 합니다. 아무쪼록 부담 없이 천천히, 하지만 꾸준하고, 가끔은 걸어 온 길을 돌아보면서 파이썬을 공부하시기를 바랍니다^^/.

∘부록 2∘

무료 파이썬 IDE 소개

이 책에서는 커맨드 창과 윈도우 메모장으로 진행했지만, 프로젝트 단위로 관리하거나 소스가 길어질 경우 메모장으로는 작업에 한계가 있습니다. 좋은 유/무료 파이썬 IDE가 많고, 플라스크와 장고의 경우와 마찬가지로 IDE의 관리 기능에 대한 범위의 차이에 따라 취향에 맞는 프로그램을 선택하면 될 것 같습니다. 또한 잘 알려진 IDE들은 문법 자동완성 등의 편리한 기능이 많습니다.

여기서는 아래의 페이지들에서 소개하는 파이썬 IDE 중 개인이 무료로 사용할 수 있는 PyCharm, ATOM(아톰), Visual Studio Code(비주얼 스튜디오 코드) 세 가지 프로그램을 설치하고 간단히 테스트 코드를 실행하는 방법을 살펴보려 합니다. 혹시 회사에서 상용으로 사용하는 경우에는 사용 가능 라이선스를 자세히 확인해보기 바랍니다.

[Python IDE: The10 Best IDEs for Python Programmers – noeticforce 사이트]
https://bit.ly/2q7dQSl

[12 Best Python IDE – Dunebook 사이트]
https://bit.ly/2QG0aMD

01 PyCharm

이 편집기는 아마도 파이썬 공부를 시작한 사람들이 가장 많이 들어 본 편집기일 것 같습니다. 기능이 풍부한 유료 버전이 있고, 무료로 사용할 수 있는 커뮤니티 버전이 있습니다.

1.1 PyCharm 설치

아래의 페이지로 가서 Community 버전 다운로드 버튼을 누릅니다.

[PyCharm 다운로드 – Jet Brains 공식 페이지]

https://bit.ly/1Sqq9Gi

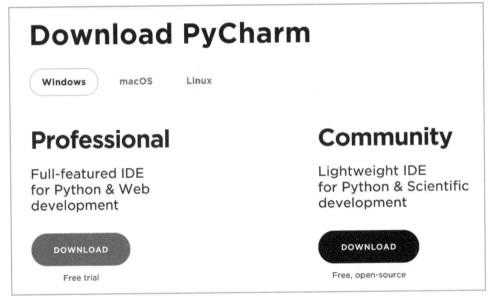

[그림 부록-1: PyCharm 다운로드]

다운로드한 설치 파일을 실행합니다. 설치 화면이 뜨면 "Next" 버튼을 누릅니다.

[그림 부록-2: PyCharm 설치(설치 시작)]

설치 폴더는 그대로 두고 "Next" 버튼을 누릅니다.

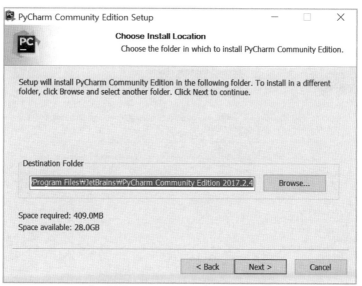

[그림 부록-3: PyCharm 설치(설치 폴더 지정)]

윈도우 10, 64비트 환경이기 때문에 "64bit-launcher"와 ".py" 확장자 연결을 체크합니다.

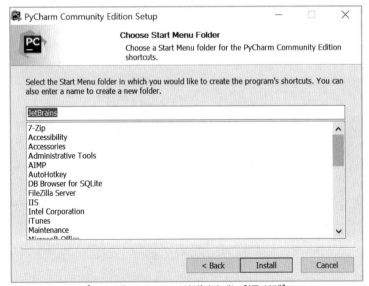

[그림 부록-4: PyCharm 설치(설치 버전 및 확장자 연결 선택)]

시작 메뉴 폴더는 그대로 두고 "Install" 버튼을 누릅니다.

[그림 부록-5: PyCharm 설치(시작 메뉴 항목 설정)]

"Run PyCharm Community Edition"을 선택하고 "Finish" 버튼을 누릅니다.

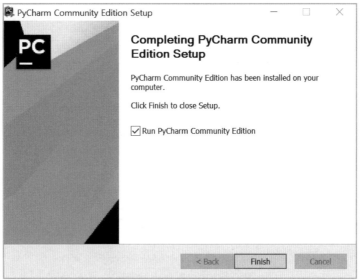

[그림 부록-6: PyCharm 설치(설치 완료)]

1.2 PyCharm 실행

프로그램이 실행되면서 이전 버전 환경을 가져오느냐고 묻습니다. 설치한 이전 버전
이 없으니, "Do not import settings"를 선택한 채 "OK" 버튼을 누릅니다.

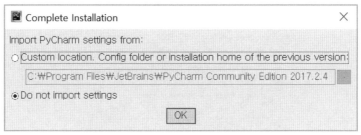

[그림 부록-7: PyCharm 실행(이전 버전 세팅 가져오기)]

라이선스 동의 창이 뜨면 "Accept" 버튼을 누릅니다.

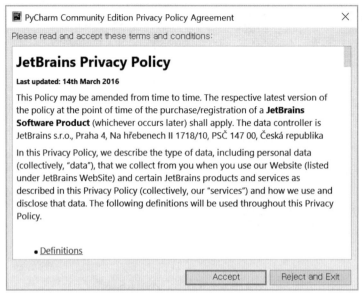

[그림 부록-8: PyCharm 실행(라이선스 동의)]

편집기 사용 환경을 선택하는 창이 뜨면, 디폴트 상태로 "OK" 버튼을 누릅니다.

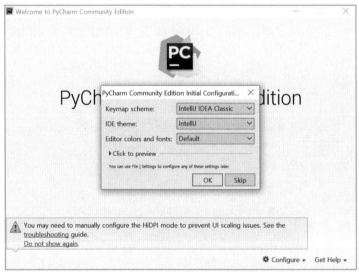

[그림 부록-9: PyCharm 실행(편집 환경 선택)]

중앙의 "Create New Project" 버튼을 누릅니다.

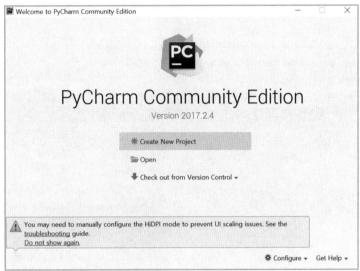

[그림 부록-10: PyCharm 실행(프로젝트 만들기)]

프로젝트 이름을 지정하고 "Create" 버튼을 누릅니다.

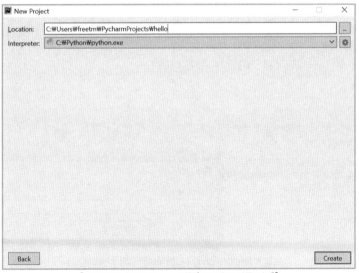

[그림 부록-11: PyCharm 실행(프로젝트 이름 지정)]

상단 메뉴 창에서 "File 〉 New 〉 File" 또는 "File 〉 New 〉 Python File" 메뉴를 선택합니다.

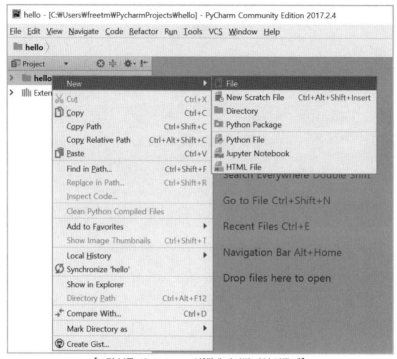

[그림 부록-12: PyCharm 실행(새 파이썬 파일 만들기)]

파일 이름을 지정한 후 "OK" 버튼을 누릅니다.

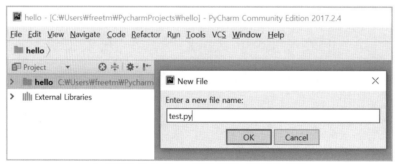

[그림 부록-13: PyCharm 실행(파이썬 파일 이름 지정)]

파일 편집기 창에 테스트 코드를 넣습니다.

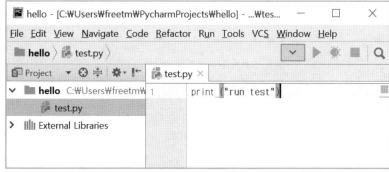

[그림 부록-14: PyCharm 실행(테스트 코드 작성)]

상단 메뉴 창에서 "Run 〉 Run…" 메뉴를 실행합니다.

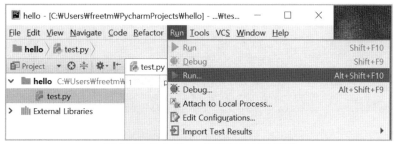

[그림 부록-15: PyCharm 실행(테스트 코드 실행)]

실행할 파일을 선택하는 작은 창이 나오면 만든 "test.py" 파일을 선택합니다.

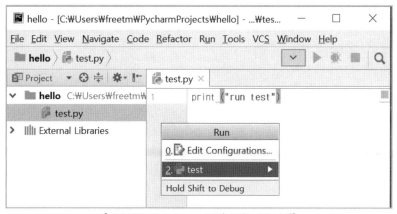

[그림 부록-16: PyCharm 실행(실행할 파일 선택)]

하단의 실행 창에 실행 결과인 "run test"가 표시됩니다.

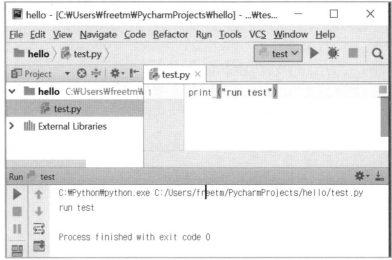

[그림 부록–17: PyCharm 실행(실행 결과)]

한 번 실행한 후에는 상단에서 실행할 파일을 선택하고, "▶" 아이콘을 이용해서 실행
할 수 있습니다.

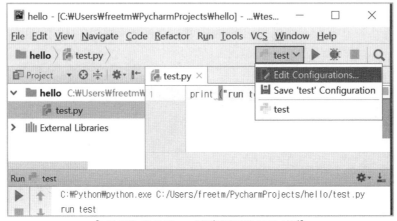

[그림 부록–18: PyCharm 실행(실행 아이콘으로 실행)]

02 › ATOM

2014년도에 개발된 오픈소스 편집기로 다양한 언어를 지원하고, 각 언어마다 풍부한 확장팩이 있어서 인기가 많은 듯합니다. 깔끔한 UI가 특징입니다.

2.1 ATOM 설치

설치 파일을 다운로드합니다. 특별한 설정 없이 바로 설치됩니다.

[아톰 공식 홈]

https://atom.io/

[그림 부록-19: ATOM 다운로드]

2.2 ATOM 실행

실행된 화면의 메인에서 오른쪽에 있는 "Install a Package" 버튼을 누릅니다.

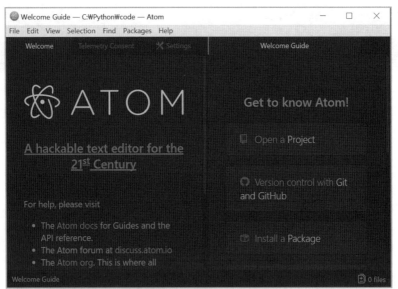

[그림 부록-20: 패키지 설치 보기]

하단에 나오는 "Open Installer" 버튼을 누릅니다.

[그림 부록-21: 패키지 설치 관리자 실행]

기본적으로 아톰은 편집 창에서 바로 파이썬 코드의 실행이 가능하지 않습니다. 대신 그것을 가능하게 하는 크롬의 확장 프로그램 같은 여러 패키지들이 있는데, 구글에서 찾아본 결과 "Open Terminal Here", "atom-python-run", "PlatformIO IDE Terminal" 같은 패키지입니다. "atom-python-run"은 실행시키면 새 창으로 커맨드 창이 뜨는데, 개인적으로는 커맨드 창의 관리자 버전인 윈도우 파워쉘(Power Shell)이 문서 위치에 해당하는 경로로 뜨는 "PlatformIO IDE Terminal"이 현재 책 환경에서도 그대로 쓸 수 있는 것 같아서 이 패키지를 설치해 보겠습니다. 다른 패키지들도 설치해 보고 마음에 드는 것을 선택하면 되겠습니다.

패키지 인스톨러가 뜨면 검색 창에 "PlatformIO IDE Terminal"라고 입력한 후, "Package" 버튼을 누릅니다. 해당 패키지가 검색되면 "Install" 버튼을 누릅니다.

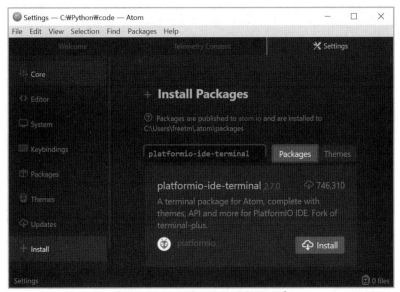

[그림 부록-22: 커맨드 패키지 검색 후 설치]

설치가 완료되면 삭제나 환경설정 버튼 등이 표시되는데, 패키지 제목을 클릭하면 사용 안내 페이지로 이동됩니다. 설명을 보면, "CTRL + `" 키를 눌러 터미널 창을 보였다 숨겼다 할 수 있다고 합니다.

[PlatformIO IDE Terminal 안내페이지 – 아톰 공식 사이트]

https://bit.ly/2tFvYGQ

platformio-ide-terminal stays in the bottom of your editor while you work.

Click on a status icon to toggle that terminal (or ctrl-'). Right click the status icon for a list of available commands. From the right-click menu you can color code the status icon as well as hide or close the terminal instance.

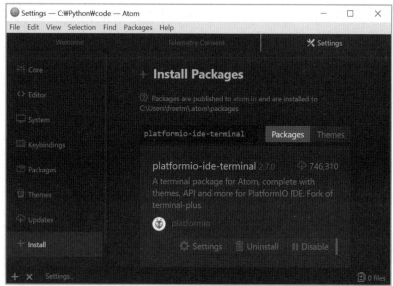

[그림 부록-23: 커맨드 패키지 설치 후 사용법 확인]

이제 상단 메뉴에서 "File 〉 New File" 메뉴를 선택해서 새 파일 편집 창을 열고, 테스트 코드를 넣습니다. 그 다음, 다시 "File 〉 Save" 메뉴를 이용해서 "c:\python\code" 폴더에 "atom_test.py" 파일로 저장합니다(기본적으로 파이썬 전용 편집기들은 자동으로 파이썬 3 표준인 "UTF-8"로 저장하는 것 같습니다).

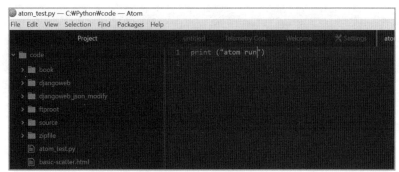

[그림 부록-24: 테스트 코드 작성]

이후 패키지 단축키인 "CTRL + `" 키를 입력하면 소스 창 하단에 파워쉘 터미널이 소스코드의 경로 기준인 "c:\python\code" 경로로 뜨게 됩니다. 그동안 해온 것처럼 "python atom_test.py" 명령어로 실행해 보면 됩니다.

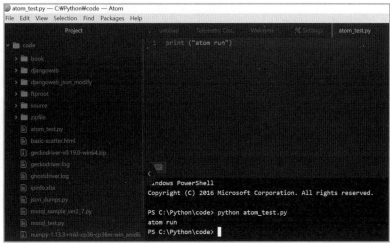

[그림 부록-25: 터미널 패키지 실행 후 사용]

03 > Visual Studio Code

이 IDE는 마이크로소프트가 비주얼 스튜디오의 전체 기능 중 필수적인 코드 편집 기능만 분리하여 만든 소스코드 편집기입니다. 무료로 사용할 수 있고, 비주얼 스튜디오의 편리함을 계승한 디자인이라서 애용자가 점점 늘어나는 것 같습니다.

3.1 Visual Studio Code 설치

다음 경로에서 "Download for Windows" 버튼을 눌러 설치 파일을 다운로드합니다.

[Visual Studio Code 홈]

https://code.visualstudio.com/

[그림 부록-26: Visual Studio Code 다운로드]

설치가 시작되면 "다음" 버튼을 누릅니다.

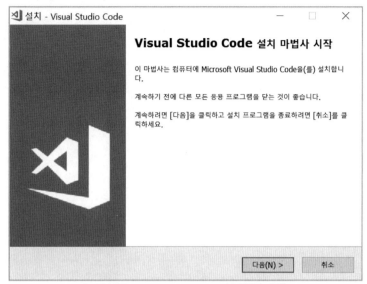

[그림 부록-27: Visual Studio Code 설치(설치 시작)]

사용권 계약에 동의하고 "다음" 버튼을 누릅니다.

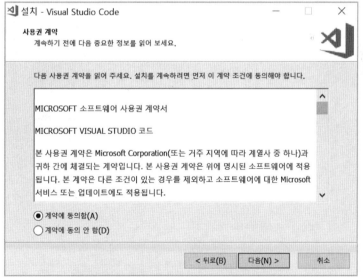

[그림 부록-28: Visual Studio Code 설치(라이선스 동의)]

설치 경로는 그대로 두고 "다음" 버튼을 누릅니다.

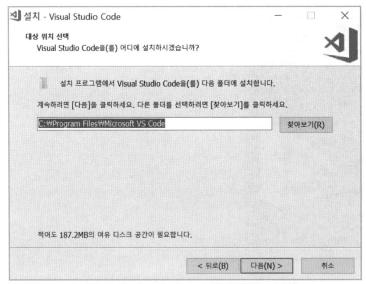

[그림 부록-29: Visual Studio Code 설치(설치 폴더 선택)]

시작 메뉴 폴더 선택도 그대로 두고 "다음" 버튼을 누릅니다.

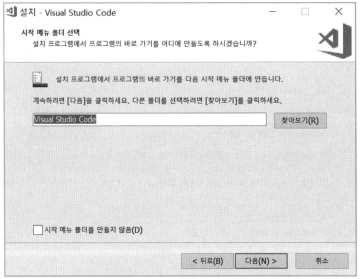

[그림 부록-30: Visual Studio Code 설치(시작 메뉴 폴더 설정)]

"PATH에 추가" 및 다른 탐색기 메뉴 옵션들을 모두 체크하고, "다음" 버튼을 누릅니다.

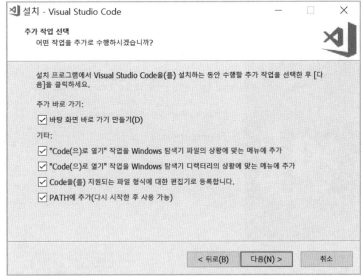

[그림 부록-31: Visual Studio Code 설치(바로 가기, 파일 연결 및 패스 설정)]

"설치" 버튼을 눌러 설치합니다.

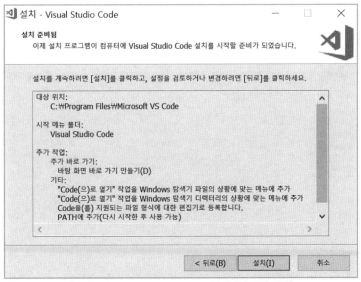

[그림 부록-32: Visual Studio Code 설치(파일 설치 진행)]

"Visual Studio Code 시작" 체크를 한 채로 "마침" 버튼을 누릅니다.

[그림 부록-33: Visual Studio Code 설치(설치 완료)]

3.2 Visual Studio Code 실행

시작 화면에서 "새 파일" 링크를 클릭합니다.

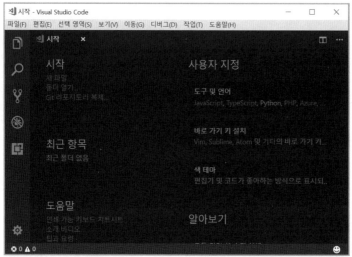

[그림 부록-34: Visual Studio Code 실행(새 파일 만들기)]

"c:\python\code" 폴더에, 이름은 "code_test", 파일 형식은 "Python"을 선택하고 저장합니다.

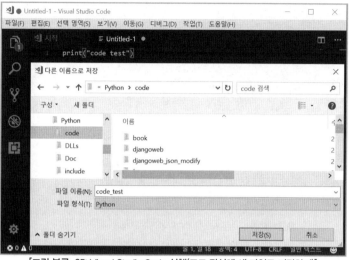

[그림 부록-35: Visual Studio Code 실행(코드 작성해 새 파일로 저장하기)]

테스트 코드를 입력하고, 상단에 나오는 파이썬 확장 패키지 설치를 가이드하는 알림 창에서 "권장 사양 표시" 버튼을 누릅니다. 아톰의 경우와 비슷한 확장 패키지 창이 나옵니다.

[그림 부록-36: Visual Studio Code 실행(확장 패키지 설치 안내)]

점수가 가장 높은 "Python 0.7.0" 패키지의 "설치" 버튼을 누릅니다.

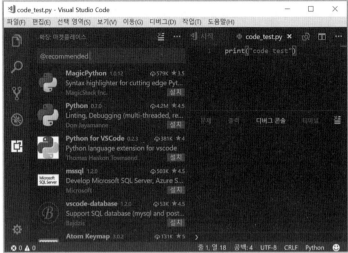

[그림 부록-37: Visual Studio Code 실행(확장 패키지 설치)]

설치가 완료되면 "다시 로드" 버튼이 보이는데, 해당 버튼을 누르면 창을 다시 로드
하겠느냐는 알림 창이 뜹니다. "창 다시 로드" 버튼을 누릅니다.

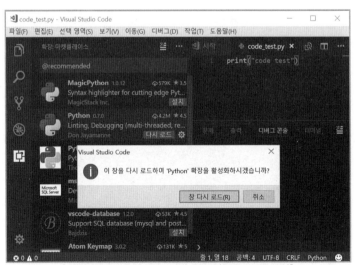

[그림 부록-38: Visual Studio Code 실행(확장 패키지 적용)]

이후 편집 창에서 디버그 키인 "F5" 키를 누르면 방화벽 허용 창이 뜨는데, "액세스

허용" 버튼을 클릭해 허용해 줍니다.

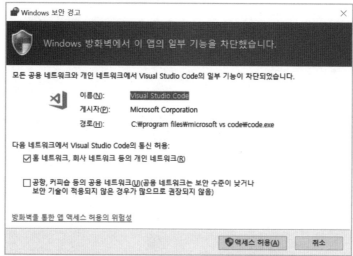

[그림 부록-39: Visual Studio Code 실행(실행 시 방화벽 허용)]

다시 "F5" 키를 누르면 비주얼 스튜디오 환경처럼, 편집기의 코드가 실행되어 하단 디
버그 콘솔에 표시됩니다.

[그림 부록-40: Visual Studio Code 실행(코드 실행 완료)]

이것으로 모든 내용을 마치겠습니다. 긴 글 읽어주셔서 감사합니다.

찾아보기

한국어

| 도서 링크 |

도서에서 소개한 사이트의 정식 URL은 구글로 공부하는 파이썬 관련 자료 페이지 (https://github.com/bjpublic/python_study/)에서 확인하실 수 있습니다.

구글로 공부하는 파이썬

구글에서 찾는 파이썬 실전 예제 분석

초판 1쇄 발행 2018년 3월 9일

지은이	**김용재**
펴낸이	**김범준**
기획/책임편집	**서현**
교정교열	**김묘선**
편집디자인	**이선영**
표지디자인	**홍수미**
발행처	**비제이퍼블릭**
출판신고	**2009년 05월 01일 제300-2009-38호**
주소	**경기도 고양시 덕양구 통일로 140 삼송테크노밸리 B동 229호**
주문/문의	**02-739-0739**　　팩스 **02-6442-0739**
홈페이지	**http://bjpublic.co.kr**　　이메일 **bjpublic@bjpublic.co.kr**
가격	**42,000원**
ISBN	**979-11-86697-55-9**